기로에 선 한국경제

비상과 추락의 갈림길에서
어떻게 생존할 것인가?

기로에 선 한국경제

김부겸·이찬우·최영록·정국교 공저

매일경제신문사

들어가는 말

"코로나19가 종식되어도 코로나 19 이전으로 회귀할 가능성은 없으며 미래사회는 완전히 새로운 모습A New Normal이 될 것이다"는 것이 세계석학들의 공통된 예측입니다.

코로나19 펜데믹으로 촉발된 코로노믹스corona+economics는 제조, 금융, 서비스, 산업, 교역 등 전 분야의 경제 질서와 환경에 큰 변혁을 초래했습니다. 전통적인 대면 산업들은 심각한 타격을 입은 반면 비대면 산업은 큰 호황을 누리면서 4차 산업혁명 시대를 앞당기고 있으며, 보호무역주의와 자국중심주의가 확산되고 있습니다. 국내 산업의 경쟁력과 대외 여건을 냉정하게 살피고 급격한 변화와 혁명의 시기에 직면한 한국경제의 성장 지속을 위한 논의가 필요한 시기입니다.

기술을 선점한 승자가 시장을 독식한다는 4차 산업혁명의 핵심인 인공지능, 빅데이터 분야의 시장은 마이크로소프트, 구글, 애플, 아마존, 페이스북 등 미국 기업들이 장악하고 있습니다. 사물인터넷, 통신장비, 전자상거래, 드론 산업 분야에서 한국에 앞서 있는 중국은 철강, 조선, 디스플레이 등 제조업 분야와 게임 산업에서도 한국과 대등한 위치에 있습니다. 중국의 휴대폰 업체들은 중국 시장에서 삼성 휴대폰을 퇴출시킬 정도로 성장했습니다.

반도체 분야 세계 6위인 마이크론이 삼성전자에 앞서 176단 낸드플래시를 양산했고, 반도체 회로 설계와 핵심장비 제조 기술은 미국과 영국, 일본, 네덜란드 기업들이 세계 최고 기술을 보유하고 있습니다. 삼성전자와 함께 인텔, 엔비디아, 애플, 퀄컴, AMD의 주문형 반도체를 위탁 생산하고 있는 분야 세계 1위인 대만의 TSMC는 올해 12조 원의 삼성전자 투자액의 두 배가 넘는 250~280억 달러 (27-31조 원)의 설비증설 계획을 공개하였습니다. 한국 반도체 산업의 지속적인 초격차 유지를 장담할 수 없는 이유입니다.

2019년 7월 일본의 수출규제를 계기로 집중 투자를 하고 있으나 소재, 부품, 장비 산업 분야에서 일본과의 기술 격차는 여전합니다. 한국이 4차 산업혁명 분야의 기술 강국들과 격차를 좁히는 노력을 하고 있는 가운데, 한국을 먹여 살리던 산업들은 중국에게 추월을 당했거나 추격을 당하고 있습니다. 2020년 포브스가 선정한 세계 100대 기업에 중국 11개, 미국 9개, 일본 5개 기업이 신규로 진입했지만 한국 기업은 한 개도 없습니다. 2010년부터 2020년까지 미국 37개, 중국 18개, 일본 8개 기업이 세계 100대 기업에 진입하는 동안, 한국 기업으로는 삼성전자만 유일하게 진입한 현실은 4차 산업혁명 시대에 직면한 한국산업과 기업의 경쟁력 현황을 여실히 보여주고 있습니다.

전 세계적으로 자국의 산업을 보호하고자 하는 경제적 논리가 확대되고 있습니다. 미국의 바이든 대통령은 7,000억 달러(약 837조 원) 규모의 경제 부양 정책을 발표하면서 "미국에서 제품을 생산하지 않는 기업들과는 미국 정부 차원의 어떤 계약도 없다"는 "buy american" 정책을 선언하였습니다. 연 5,000억 달러에 달하는 연방정부 조달 시장의 경우 미국 내에서 생산하는 기업들에 한하여 제품을 공급하도록 하고, 미국 내에 생산시설 건립, 개조 및 확대를 하는 기업들에게 세제 혜택을 제공한다는 정책입니다. 제조업 및 첨단기술 영역에서의 신규 일자리를 창출함으로써 미국의 경제 회복과 성장을 견인하겠다는 목적을 가진 자국중심주의 정책의 일환입니다.

우리는 이미 사드 배치라는 비경제적인 이유에 기인한 중국의 보복으로 막대한 손실을 입은 경험이 있습니다. 중국의 보복으로 롯데가 중국 시장에서 철수되었고, LG는 중국의 전기 자동차 배터리 공급에 차별을 받았으며 중국인들의 한국 여행은 통제되었고 한국 게임 접속도 차단되었습니다. 한국은 2020년 세계적인 마이너스 성장 추세에서도 OECD 38개 국가 중 최고의 성장률을 달성하였습니다. 하지만 대외의존도 63.5%, 수출의존도 33%인 한국경제 구조에서 4차 산업혁명 관련 산업의 열세와 경제대국들의 보호무역주의, 자국중심주의 강화 기조는 우려하지 않을 수 없습니다.

실물경제와 괴리된 금융시장과 자산시장의 과열도 우려됩니다. 코로나19 여파로 미국 등 선진국들이 공급한 14조 달러(약 1경 5,000조 원)의 유동성과 초저금리로 인해 자산가격의 버블이 형성된 상황에서 코로나19 백신 등의 성공으로 경제가 정상화되면 미국의 금리 인상 가능성이 있습니다. 과도한 유동성에 따른 인플레이션 발생으로 미국의 금리가 인상되거나 경제 불안으로 자산가격이 하락할 가능성 모두 한국의 부동산, 주식 등 자산 시장에 영향을 줄 것입니다. 가계부채 취약국가로 거론되는 한국의 높은 원리금 상환부담률은 금융시장과 자산시장 혼란의 뇌관의 될 가능성을 배제할 수 없습니다.

코로나19가 종식되어도 경제 회복과 성장은 K자형으로 이루어질 것입니다. K자형 경제성장과 4차 산업혁명 기술의 발전은 저소득층과 중산층의 일자리와 소득을 감소시키고 플랫폼 노동 등 비전형 형태의 노동자를 증가시키며 사회 양극화를 심화시킬 것입니다. 4차 산업혁명 관련 산업의 성장에 수반되는 '성장의 그늘'에 대한 사회 안전망의 강화와 재편에 대한 사회적 논의와 합의가 필요한 이유입니다.

초원에 풀이 마르면 육식동물들도 살아남지 못합니다. 초식동물들이 살아남지 못하는 사회에서는 육식동물들도 살아남을 수 없습니다. 기업과 노동자, 대기업과 중소기업, 넉넉한 사람들과 부족한 사람들은 포용하고 존중하며 함께 성장해야 합니다. 노동자의 권익은 철저히 보호되어야 하며 기업이 투자와 고용, 파괴적인 혁신을 통해 유지 발전할 수 있는 여건도 보장되어야 합니다. 고용을 확대하고 노동을 존중하고 중소기업과 함께 성장하며 봉사와 기부를 비롯한 사회적 책임을 다하는 기업인들이 상속으로 인한 경영권 상실의 위험에서 벗어날 수 있도록 차등의결권을 부여하거나 OECD 최고 수준의 상속세율 인하 및 유산취득세제로의 전환 등 세제개편도 논의해야 합니다.

포용과 화합으로 공존하고 함께 성장하면서 다음 세대에게 더 나은 삶을 살 수 있는 사회를 물려주는 것에 우선하는 이념이나 가치는 없습니다. 지난 해 출생아는 27만 5,815명이었지만 사망자는 30만 7,764명으로 2만 838명의 인구가 감소했습니다. 2028년으로 예상되었던 인구 감소가 8년 앞당겨 현실화된 것입니다. 출산율 감소로 인한 인구 감소는 국가의 존립을 위협하는 사안입니다. 청년 세대가 출산으로 인한 경제적 부담에서 벗어날 수 있도록 국가가 보육과 양육, 교육에 소요되는 비용을 부담하는 방안을 비롯하여 출산율 제고를 위한 정책을 강화해야 합니다.

가계의 교육비 부담을 절감하고 공정한 기회의 사다리를 제공하기 위해 학제개혁과 대학교육 과정의 개편도 필요합니다. 유아원. 유치원 과정에서 이미 초등학교 1학년 과정의 기초 지식을 충분히 습득한 상태의, 신체적인 성장도 중학생 수준에 있는 아동들에게 1950년대에 만들어진 초등학교 6년 과정을 적용해도 되는지에 대한 논의가 필요합니다. 대학교육 과정을 1년 단축하거나, 2년은 학문을, 2년은 직업실무교육을 강화하는 쪽으로 교육 과정을 개편한다면 가계의 교육비 부담을 대폭 경감하고 대학 졸업과 동시에 취업을 할 수 있는 효과를 배가하여 청년들의 사회 진출을 빠르게 할 수 있습니다.

"벚꽃 피는 순서로 지방 대학이 문을 닫을 것이다"라고 합니다. 지방 대학이 문을 닫으면 국가의 균형발전을 저해할 것입니다. 지방 대학을 직업교육, 훈련 또는 평생교육, 중소. 벤처기업 지원기관으로 전환하고, 대학의 학제개편과 교육과정에 지역기업들이 적극 참여하여 현장의 수요에 맞는 실무교육으로 인재를 양성하고 채용을 유도하는 '4차 산업혁명 직업교육 산학네트워크'는 '대학의 서열화'를 완화하고 지방대학의 활성화를 돕는 데 효과가 있을 것입니다.

이 책으로 코로노믹스 시대와 4차 산업혁명 시대의 고용과 노동 시장, 산업정책, 교육과 학제의 개편, 금융의 역할과 경쟁력 제고, 저 출산 고령화에 대한 대응, 지방자치단체의 자율과 혁신능력 제고, 포 용적 성장을 위한 거시경제 운용 등 경제 사회적 환경변화에 대한 대 안과 사회적 논의를 제안하고자 합니다. 1997년 IMF 사태를 목전에 둔 시점에서 실물경제 전문가들은 "반도체 호황이라는 마약에 사로 잡혀 한국 경제의 실상을 파악하지 못하고 있다"고 지적했으나 경제 관료들은 "펀더멘털이 견고하다"는 안이한 인식으로 국가적 불행에 적절히 대비하지 못했고 국민들은 참혹한 고통을 겪었습니다.

이 책은 한국경제의 새로운 활로 모색을 위해 1년여 동안 토론한 자료를 정리한 것입니다. 탁상공론이나 이념을 배제하고 실사구시의 관점에서 한국경제의 지속적인 성장방안을 고심하면서 엘리트 경제 관료, 청년기업인, 노동전문 변호사, 기업인들과 실물경제와 시장경 제, 거시경제에 대하여 자료를 살피고 시점별로 소주제를 정하여 기 탄없이 토론한 내용을 정리했습니다.

공저자로 참여해주신 기획재정부 이찬우 전 차관보, 최영록 전 세 제실장, 정국교 부국포럼 이사장, 한국경제의 성장 방안에 대한 토론 자로 참여하셔서 조언, 자문을 주셨던 농민신문사 하승봉 사장님, 여 시재 이종인 부원장님, 내일신문 김종필 이사님, '일의 미래 네트워 크' 소속 청년기업인, 벤처기업인, 경제인 여러분들과 매경출판 서정 희 대표님과 임직원분들께 감사를 드립니다.

코로나19 재난으로 가장 큰 고통을 받고 있는 자영업자, 소상공인

기로에 선 한국경제

여러분들과 가난한 서민들의 어려움을 충분히 풀어주지 못하는 부족함이 부끄럽고 죄스럽습니다. 방역과 치료 현장에서 희생하시고 헌신하시는 의료진 여러분들께 고개 숙여 감사의 말씀을 올립니다. 우리 국민들이 합심하여 하루 빨리 코로나 19로 인한 고통에서 벗어나 평온한 일상을 회복하기를 간절히 소망합니다.

2021년 봄
저자, 토론자들을 대표하여 김부겸

CONTENTS

PART 01

기로의 한국경제, 공멸이냐 공존이냐?

위기극복의 한국경제, 찬란했던 과거

유례없는 고속성장

한국경제는 세계 경제발전사에 유례없는 고속성장과 소득증대를 이루어낸 성공적인 모델로 알려져 왔다. 그 과정에서 많은 굴곡과 어려움도 있었다. 1970년대 오일쇼크, 1997~1998년 외환위기, 2008년 글로벌 금융위기 등이 대표적이었다. 위기마다 국민, 기업, 정부 등 모든 경제주체가 합심하여 고통을 분담한 결과 위기를 슬기롭게 극복했고 세계적으로 가장 위기극복의 모범사례라는 평가[1]도 받았다.

1970년대 9%대, 1990년대 7%대의 높은 성장률을 기록했으며 2000년대에도 4% 중후반의 성장률을 유지했다. 그 결과 1950년대 전후 극빈국에서 경제규모로 1980년에는 27위, 2019년에는 12위의 경제대국으로 부상했으며 수출규모로 세계 6위의 교역대국이 되었다. 국민들의 삶도 나아졌다.

경제개발을 시작하던 1960년대 초반, 1인당 국민소득 80불에 불과한 국가에서 1994년에는 1만 달러, 2006년에는 2만 달러에 이어 2017년 이후 3만 달러 이상의 고소득 국가가 되었다. 실질 구매력을 감안한 PPP_{Purchasing Power Parity} 기준[2]으로는 이미 1인당 국민소득 4만 달러를 넘어서게 되었다.

2009년에는 원조를 받는 국가에서 원조를 주는 국가로 도약한 유일한 국가라는 찬사를 받으며 경제협력개발기구_{OECD} 개발원조위원회 DAC의 정식 회원국이 되었다. 한국이 세계 저개발국에 지원하는 해외 원조_{ODA} 규모도 2019년 현재 26.9억 달러로 세계 15위에 이름을 올렸다.

가발 수출국에서 첨단산업 제조업 강국으로

고속성장의 배경에는 수차례에 걸친 경제개발 5개년 계획을 통한 정부 주도의 수출진흥정책과 1970년대의 중화학공업 육성정책 등이 있었다. 정부 주도의 제조기업 지원정책 지원 등이 고도성장의 견인차 역할을 했다. 정부 지원을 통해 성장한 30대 재벌의 자산총액 (2019년 1,747조 원)이 국내총생산의 91%[3]에 이른다. 경제력 집중이라는 비판도 있으나 이들 기업은 전 세계 시장에서 조선, 자동차, 반도체, LCD, 휴대폰 등 주요 제조업 분야에서 미국, 일본, 중국 등을 제치고 글로벌 리더로 부상했다.

» 선박 수주(만 GCT, 2019년): 전체 2,529 韓 943(1위) 中 855 日 328

» 자동차 생산(만 대, 2019년): 中 2,571 美 1,088 日 968 韓 395(7위)

» 반도체 매출(억 달러, 2019년): 인텔 66(1위) 삼성 52(2위), SK 22(3위)

» 스마트폰 점유(%, 2019년) : 삼성 19.2(1위) 화웨이 15.6(2위) 애플 12.6(3위)

한국경제 성장에 기여한 개별 기업도 세계 시장에서 주요한 플레이어로 각인되고 있다. 매출액, 순이익, 자산총액, 시가총액 등을 모두 감안하여 종합 기업 순위를 결정하는 포브스 세계 100대 기업에 2000년대 이후 1개 기업이 포함되었고, 매출액 기준만으로 평가하는 포춘 글로벌 500대 기업에 16개 기업이 게재되었다. 글로벌 100대 기업은 2000년에는 하나도 없었으나 2011년 이후 반도체, 자동차를 생산하는 3개 기업이 포함되었다.

» 포춘 글로벌 500(기업체 수) : 2000년12개 → 2011년14개 → 2020년16개
» 포춘 글로벌 100(기업체 수) : 2000년0개 → 2011년3개 → 2020년3개

안정적 일자리 기반 창출과 소득 증가세 지속

제조업은 한국경제의 성장을 이끌어왔고 주요한 고용창출원의 역할을 하고 있다. 2000년대 초 카드사태, 2008년 글로벌 금융위기에도 조선과 반도체 등 제조업 중심의 성장세가 유지되면서 연간 30만 개 내외의 새로운 일자리를 만들었다. 〈그림 1-1〉에서 볼 수 있는 것처럼 위기에 따른 경제적 충격이 있었던 해당 연도(2003년과 2008년)만 제외하고 2000~2010년 평균 일자리 창출 규모는 37만 개에 이른다.

안정적인 일자리 창출은 소득증가로 이어졌다. 가계소득도 위기 당시를 제외하고 매년 4%대의 높은 증가세를 지속했다. 가계의 평균소득 증가율은 매년 등락이 있었으나 소득규모 자체는 2000년대

그림 1-1 취업자 증감 추이

(단위 : 천 명)

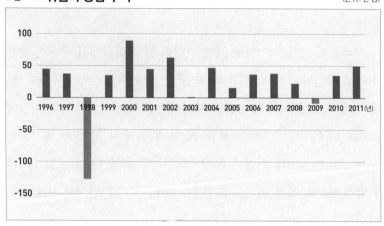

그림 1-2 가계소득 증감 추이

(단위 : 만 원, %)

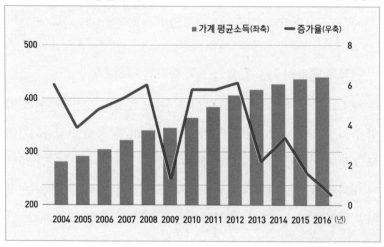

이후 지속적으로 증가했다. 소득분배 상황을 나타내는 지니계수와 5분위 배율(소득 상위 20%/하위 20%)도 점진적으로 개선되고 있다. 2010년대 이후 다소 악화되었으나 추세적으로 지니계수는 0.3 이하, 5분위 배율은 5배 이하로 안정적이다.

위기를 극복하고 일본을 추월한 대외 신인도

그동안 한국경제에 크고 작은 위기가 있었다. 그러나 위기는 한국경제의 구조적인 문제를 해결하는 계기가 된 '축복'이기도 했다. 극복과정에서 그동안 위기의 원인이 되었던 과도한 부채 의존도, 누적된 외채 등의 문제점을 해결할 수 있었다. 외환위기 당시 400%를 넘던 기업의 부채비율이 100% 이하로 하락[4]했고 은행의 건전성 지표인 BIS 자기자본비율도 7%대에서 16%대로 상승[5]하는 등 건실해졌다.

1997~1998년 외환위기의 원인 중 하나였던 외환보유액 부족도 해소되었다. 1997년 200억 달러 수준에 불과했던 외환보유액[6]이 2008년에는 2,000억 달러, 2020년 말에는 4,363억 달러를 넘어서는 등 세계 9위의 외환보유국이 되었다. 만기 1년 이내의 단기외채 비중[7]도 30%대에 머물고 있다. 국제신용평가 회사도 한국경제의 신인도[8]를 높여 이제 일본과 중국을 추월하게 되었다. 대외충격에 대비한 안전자산 확충 노력과 GDP 대비 40%에 불과한 국가채무비율 등 건전한 재정상태를 감안한 결과다.

그림 1-3 **외환보유액과 단기부채** (단위 : 억 달러, %)

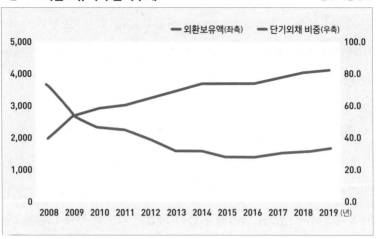

그림 1-4 **GDP 대비 일반정부부채**(2017년) (단위 : %)

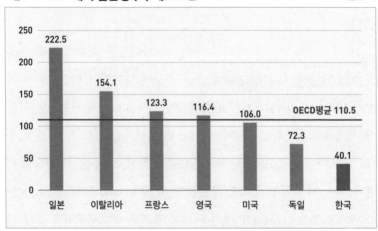

기로에 선 한국경제

뛰어난 인적자원, 세계 일류의 정보통신 인프라

유교문화의 영향을 받은 교육열과 교육에 대한 투자는 대학진학률 세계 1위, 최상위 수준의 학업성취도PISA 등으로 이어졌다. 최근 다소 낮아지기는 했으나 70%를 상회하는 대학진학률은 미국의 60%, OECD 평균 44%를 크게 뛰어넘는 수준이고 학업 성취도는 읽기 2~7위, 수학 1~4위, 과학 3~5위의 높은 성적을 기록[9]하고 있다.

정보통신기술ICT 인프라도 세계 일류 수준[10]이다. 인터넷 보급률이 미국과 일본 등은 70%대에 불과하지만 한국은 거의 모든 가구(99.5%)에 보급되어 있다. 스마트폰 보급률도 112%에 달하며 2019년 4월에는 세계 최초로 5G를 상용화하는 등 세계를 주도하는 국가가 되었다.

중국의 세계경제 편입 등 양호한 대외환경

2000년대 한국경제가 견실한 성장세를 유지하고 2008년 글로벌 금융위기에도 빠른 속도의 회복력을 보인 것은 중국경제가 세계경제에 편입되면서 급격하게 늘어난 세계 교역량과 중국 내수시장의 영향이 크게 작용했기 때문이다. 수출 위주의 한국경제의 특성상 세계 교역량 증가는 한국의 수출과 성장에 긍정적인 역할을 한다. 2000년 12월 중국의 세계무역기구WTO 가입 이후 교역량이 세계성장률을 넘어서면서 한국의 수출증가세에 기여한 것으로 보인다.

특히 중국이 WTO 가입으로 세계경제에 편입되면서 두 자릿수의 성장률[11]을 기록하고 세계경제에서 차지하는 비중도 2000년 3.6%에서 2010년에는 9.2%로 확대[12]되었다. 인접한 한국경제로서는 호재

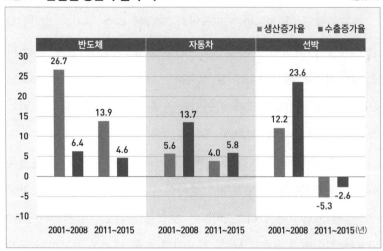

그림 1-5 **산업별 생산·수출 추이** (단위 : %)

가 아닐 수 없었다. 수출이 성장에 기여하는 성장기여율(수출기여도 평균/성장률 평균)이 70%를 상회하는 한국경제에서 중국경제의 영향력이 확대되었으며 전체 수출에서 중국으로 가는 수출이 10%대에서 25% 수준으로 늘어났다.

이처럼 양호한 대외경제 환경을 배경으로 한국경제의 주력 산업인 반도체, 조선, 자동차의 생산 및 수출증가세가 확대되었고 2000년대 초반에서 글로벌 금융위기 극복시점까지 한국경제의 성장회복에 기여했다. 〈그림 1-5〉는 반도체, 자동차, 선박의 경우 2000년대 초반에 생산 또는 수출 모두 두 자릿수의 뚜렷한 높은 신장세를 기록했으나 2011년 이후 둔화되고 특히 선박은 역성장을 하고 있음을 보여주고 있다. 2010년대 이후 한국경제의 성장동력이 약화된 것에는 이와 같은 주력산업의 성장세 둔화라는 배경이 있었다.

과감한 재정통화 등 거시경제정책을 추진

2008년 글로벌 금융위기 극복의 수단으로 국제통화기금IMF, 경제협력개발기구OECD, G20 회의 등이 제시한 것은 구조조정과 함께 적극적이고 확장적으로 거시경제정책을 추진하는 것이었다. 한국경제는 그간 유지해왔던 충분한 재정여력을 바탕으로 과감한 거시경제정책을 추진했다.

2008년 당시 중앙정부의 관리대상 수지가 흑자를 유지하고 있고 국가부채비율도 40%를 밑도는 등 건전한 재정상태를 유지했기 때문이다. 따라서 2009년 3월 28.4조 원(GDP의 2.5%)의 역대 최대 규모 추경예산을 편성하고 대출에 대한 보증만기 연장 및 신규 여신공급 확대, 중소기업 유동성 공급 확대 등을 추진했다.

또한 통화정책에서도 한국은행이 기준금리를 3차례에 걸쳐 250bp 인하(5.25% → 2.00%)하고 중소기업 등을 위한 총액한도 대출확대(6.5조 원→ 10조 원)와 같은 지원을 추진했다.

합의와 고통분담의 국민 DNA

양호한 대외경제 환경과 적극적인 거시경제정책만으로 위기를 극복하고 성장세를 유지할 수는 없다. 위기극복을 위해 필요한 구조조정과 이에 수반되는 고통을 분담하는 등 모든 경제주체의 노력이 필요하다. 2000년대까지 극복하고자 하는 의지와 고통을 분담하는 한국 국민의 DNA가 충분히 작용했다.

1997~1998년 외환위기 당시에는 노동자 대표, 기업 대표 및 정부 대표(공익 대표)가 참여한 노사정위원회를 구성(1998년 1월 15일)하고

구조조정에 필요한 노동시장 유연화 방안이 합의되었다. '경영상 필요'에 의한 정리해고를 허용하는 대신 10조 원 이상의 대규모 실업대책을 반영함으로써 기업 통폐합 등 대기업 구조조정을 추진할 수 있었다. 2008년 글로벌 금융위기 극복과정에서도 조속한 추경 예산안 통과와 금융기관과 선박 등 주요 기업의 고용조정에 대한 합의를 도출할 수 있었다.

한국경제의 현실, 성장시스템 붕괴 및 위기극복의 DNA 상실

성장시스템 붕괴, 2% 이하의 저성장 고착화

2010년대 이후에는 한국경제의 성장 동력이 약해지기 시작했다. 2000년대 초반, 즉 2001년~2010년간 글로벌 금융위기에도 한국경제는 평균 4.7% 성장하면서 위기 극복의 모범사례라는 칭송[13]을 받았다. 그러나 최근 성적은 부진하다. 그나마 2011년에서 2017년까지 평균 3.0% 성장했으나 현 정부가 출범한 2018년 이후 2% 초반으로 낮아졌다.

분기별 성장추세도 과거 전기 대비 1%대에서 코로나19 사태 이전까지 0.6% 내외로 하락했다. 한국경제 성장이 정상궤도에 있는지의 여부를 판단하기 위해 실제 성장률과 한국경제의 잠재력(잠재성장률)을 비교한다. 한국은행[14]에 따르면 잠재성장률이 2.5~2.6% 수준으로 하락한 것으로 추정하고 있어 성장률이 잠재성장률에 미치지 못하고 있다는 점을 보여주고 있다.

성장의 내용이 더욱 큰 우려를 자아낸다. 경제가 정부와 민간부문

표 1-1 성장률 추이와 부문별 기여도(전기 대비)

구분	2011년 ~ 2017년 평균	2018년 연간	2019년					2020년				
			연간	1/4	2/4	3/4	4/4	연간	1/4	2/4	3/4	4/4
성장률(%)	3.1	2.9	2.0	△0.3	1.0	0.4	1.3	△1.0	△1.3	△3.2	2.1	1.1
민간(%p)	2.4	2.1	0.4	0.0	0.0	0.1	0.5	△2.0	△1.6	△3.0	2.6	0.7
정부(%p)	0.6	0.8	1.6	△0.4	1.0	0.3	0.9	1.0	0.2	△0.3	△0.3	0.4
내수(%p)	3.0	1.9	1.1	△0.3	1.3	△1.0	1.3	△1.4	△2.1	0.9	△1.4	△0.3
순수출(%p)	0.1	1.0	1.0	△0.1	△0.3	1.4	0.1	0.4	0.7	△4.1	3.7	0.0

으로 구성되어 있으므로 주체라는 측면에서 보면 이들 주체가 골고루 성장에 기여하는 상황이 바람직하다. 물론 어느 한 부문이 부족할 경우 다른 부문이 보충할 수는 있다. 그러나 2015년 이후 한국경제는 전적으로 '정부 등 공공부문'에 의한 성장을 해왔다. 민간부문의 부족을 보전하기 위해 매년 추가경정예산 등 '땜질식 경기부양'을 했기 때문이다. 그 결과 2019년 2.0% 성장에서 80%인 1.6%p를 정부가 기여하고 있다. 코로나19의 영향을 받은 2020년의 경우에는 민간부문의 성장률 감소를 정부부문이 일부 보완하는 모습이다. 2008년 글로벌 금융위기 이후 처음 있는 일이다.

정부 등 공공부문의 역할은 민간부문을 위한 '마중물'에 한정되어야 한다. 공공부문이 과도할 경우 민간부문의 활동을 오히려 억제하는 구축효과가 발생하기 때문이다. 지금은 민간부문의 활력이 상실되자 공공부문이 직접 펌프 역할을 자처한 것이다.

1% 내외의 체감경기와 얼어붙은 소득 증가세

한국경제가 2% 초반의 성장을 했음에도 불구하고 국민이 직접 느끼는 성장률은 이미 1%대로 낮아진 것으로 보인다. 실질성장률은 "어느 한 연도(기준년)를 기준으로 삼고 물가 상승이 없다는 전제하에 국민이 생산한 부가가치의 합계이다. 실질성장률과 현실의 경제는 다를 수밖에 없다. 현실의 경제생활에는 물가가 반영되어야 하기 때문이다.

예를 들어, 작년과 올해 똑같은 물건을 생산했는데 가격(부가가치)이 100원이라고 하자. 물가가 10% 상승한 경우 작년의 물건 가격은 100원이고 올해는 110원이 된다. 물가를 제외한 실질성장률은 동일 물건 평가 시 작년과 올해 모두 100원으로 본다. 하지만 실제 생활은 그렇지 않다. 올해 체감하는 것은 100원이 아닌 110원이다. 이를 반영한 것이 경상(명목)성장률이다. 그런데 한국경제의 경상성장률은 이미 1%대로 하락했다.

소비자물가가 안정된 것도 경상성장률 하락에 기여한 것으로 보이지만 문제는 한국경제가 생산한 제품의 수출물가가 하락한 데 있다. 경제전체의 물가를 GDP 디플레이터라고 부르는데 2019년 이후 계속 하락하고 있다. 한국경제발전사에서 처음 겪는 현상이다.

한국경제가 생산한 제품의 가격이 오르지 않으면 벌어들이는 소득도 늘지 않는다. 현 정부가 출범하면서 추진한 '소득주도 성장'은 크게 보면 두 가지 이유에 기인한다. 거시경제적으로 보면 대외환경 악화에 대비하여 지속 가능한 성장을 위해서는 내수중심의 성장이 필요하고 이를 위해 소득이 확충되어야 한다는 것이다.

미시적으로는 저소득층 중심의 복지 확충과 소득 증대를 통해 소득불평등을 해소하고 탄탄한 성장기반을 갖추기 위한 것이다. 그러나 실제 결과는 의도한 것과 달리 경제 전체의 총가처분소득GDI이 2018년에는 증가율이 1%대로 하락했고 2019년은 감소세(△0.3%)를 보였다. 경제주체들이 나눠 가져야 할 파이가 줄어드는 현상이 발생했다.

잃어가고 있는 제조업 경쟁력

2000년대까지 성장과 일자리의 원천 역할을 해왔던 조선, 자동차 등 주력산업이 경쟁력을 잃어가고 있다. 일부 연구[15]에 따르면 2008년 글로벌 금융위기 이후 한국경제의 10대 주력산업의 부가가치 증가율이 2000년대 초반 9.7% 증가했으나 2012년 이후 0.3%로 둔화되었다. 같은 기간 중 오히려 기타산업이 3.0% 증가한 것과는 대조적이다.

수출도 마찬가지이다. 주력 산업의 수출이 2000년대 초반 두 자릿수로 증가했으나 2012년 이후 반도체와 일반기계를 제외하고는 수출이 감소하면서 기타산업이 주력산업 수출증가율을 앞질렀다. 그 결과 전체 제조업 수출에서 주력 산업이 차지하는 비중도 2008년 75.6%의 정점을 기록한 이후 점차 하락하여 2018년에는 58.5%를 기록했다.

경쟁력의 지표인 노동생산성도 부가가치와 수출증가세 흐름과 동일하다. 2000년대 초반까지는 주력산업의 노동생산성이 기타 산업에 비해 높은 증가율을 보였으나 2012년 이후에는 반도체와 정유산

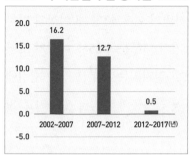

그림 1-6 **주력산업 수출 증가율** (단위 : %)

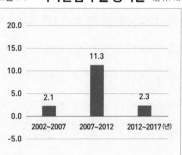

그림 1-7 **기타산업 수출 증가율** (단위 : %)

업을 제외하고는 하락했다. 그 결과 기타산업은 노동생산성이 2.3%
상승한 반면 주력산업은 오히려 생산성이 0.4% 하락하는 모습을 보
이고 있다. 주력산업의 생산성 하락은 같은 기간 중 부가가치 증가율
이 하락했음에도 불구하고 노동력 투입이 증가했기 때문이라고 추정
된다. 산업이 위축되고 있음에도 고용조정이 이루어지지 않은 데에
따른 결과이다.

상시화되고 있는 일자리 위기

한국경제가 만들어내는 일자리 규모가 2018년 9만 개로 추락했
으나 다행스럽게도 2019년 하반기 이후 다시 30만 개 이상으로 늘
어났다. 하지만 이 숫자가 전년동기에 비해 늘어난 일자리 숫자라
는 점을 감안하면 좋은 모습은 아니다. 이러한 효과를 제거하기 위해
2018~2019년 2년간 평균 일자리 창출규모를 산출하면 한국경제가
연간 20만 개의 새로운 일자리밖에 만들지 못하고 있다는 것이다.

일자리의 양과 함께 우려를 자아내는 것은 일자리의 내용이다. 한국경제가 더 이상 과거와 같은 건실한 일자리를 만들 수 있는 경제가 아니라는 점을 알 수 있다. 2019년 하반기 이후 40만 개 이상의 일자리가 생겨나고 있으나 과반수 또는 거의 대부분이 65세 이상의 고령자를 위한 일자리에 불과하다. 이러한 일자리는 대부분 정부 재정에 의한 일자리 사업에 의한 것이거나 민간부문의 저임금 일자리로 지속 가능하기 어려운 것들이다.

주된 취업 계층이라고 볼 수 있는 15~64세 대상의 일자리를 제대로 만들지 못하고 있으며 2020년 코로나19 사태 이전인 1분기까지도 감소하고 있다. 산업별로도 제조업의 일자리가 감소하거나 정체되고 있는 반면 복지행정 위주의 서비스업이 전체 취업자 증가세를 주도하고 있다. 코로나19 사태의 충격이 본격화된 2020년 2/4분기 이후 이러한 현상은 더욱 뚜렷해지고 있다. 2020년 연간으로 일자리가 44만 명 감소했으나 65세 이상의 고령층 일자리가 20만 명 이상 증가한 것이다. 노동시장에 미치는 충격을 흡수하기 위해 재정의 역할강화가 불가피하나 복지성의 쉬운 일자리에 집중하는 것은 결코 바람직하지 않다.

역설적인 현상은 취약계층을 위해 추진했던 최저임금 인상정책이 오히려 도소매, 숙박음식 등 취약업종과 임시일용직의 고용을 감소시키는 효과를 가져오고 있는 것이다.

» 지위별 취업자 증감(2018년/2019년, 만 명): 전체 9.7/30.1 임시 △14.1/△5.6 일용 △5.4/△3.1

» 업종별 취업자 증감(2018년/2019년, 만 명): 도소매 △7.2/△6.0 숙박음식 △4.5/6.1

» 도소매＋임시일용 취업자 증감(만 명): 2018년 △11.9 2019년 △6.3

한국경제가 새로운 일자리를 만드는 데 어려움을 겪는 이유는 글로벌 경기둔화와 제조업 경쟁력 상실 때문이다. 수출제조업 중심의 구조를 갖고 있는 한국경제가 피할 수 없는 숙명이다. 2010년 이전에는 성장과 고용이 동행하는 모습을 보였으나 그 이후 동행하는 모습을 찾아보기 어렵다. 2011~2015년까지는 성장률이 낮아짐에도 불구하고 취업자 증가세가 확대되었고 2017년 이후에는 그 반대 현상이 나타나고 있는 것이다.

2015년까지의 이례적인 고용 증가 현상은 당시 고용을 많이 수반하는 자동차와 조선 산업의 호황에 따른 것이라는 해석이 일반적이다. 이러한 시기를 제외하고는 성장과 고용증가의 관계를 나타내는 고용탄성치가 지속적으로 하락[16]하는 현상을 보이고 있다. 2010년대 고용탄성치가 0.55였으나 지금은 0.33 내외에 그치고 있다.

이러한 한국경제의 고용창출력이 하락하게 된 원인은 주력 산업이 경쟁력을 잃어가면서 과거와 달리 새로운 일자리를 계속 만들기 어려워졌기 때문이다. 10대 주력 산업의 고용이 2000년대 초반 4.1% 증가하여 기타 산업(0%)을 크게 상회했으나 최근에는 기타 산업의 1.7%에도 미치지 못하는 0.7%의 고용증가율에 그치고 있다.

제조업이 위축되면 일자리의 원천으로 서비스업이 보완하는 역할을 해야 한다. 선진국의 일반적인 모습이다. 그러나 한국경제에서는 제조업의 성장률이 둔화되는 가운데 서비스업의 성장률도 하락하고 있어 일자리의 원천이 되지 못하는 모습이다.

물론 양적인 측면에서 서비스업의 고용이 2000년대 이후 전체 고용에서 차지하는 비중이 50%를 넘어섰고 2010년대 후반에는 70% 수준에 근접하고 있으나 양질의 일자리가 되기에는 한계를 보이고 있다. 한국경제의 서비스업은 도소매, 숙박음식 위주의 국내 서비스 수준에 그치고 있어 생산성이 낮고 임금도 제조 대기업 평균 임금의 46%(2017년 기준)에 불과하기 때문이다.

임금 정체 및 소득분배 악화

한국경제의 총가처분소득이 감소하고 있는 가운데 가구 소득의 원천인 임금상승률도 경제성장률을 밑돌면서 소득불평등 현상이 심화되고 있다. 가계소득 증가율[17]이 2000년대 초반 3% 내외에서 2010년대 후반에는 1%대로 둔화되었다. 2010년 이후 누적 GDP 상승률과 실질 임금상승률의 괴리가 점차 확대되고 있다. 임금소득의 증가세가 둔화되면서 GDP에서 차지하는 가계소득의 비중이 70%에서 60%대 초반으로 위축되었다. 반면 기업소득은 10%대에서 25%를 상회하는 수준으로 확대되었다. 수출 및 대기업 중심의 성장 전략 추진과정에서 기대했던 낙수효과가 제대로 작동하지 않았기 때문이다.

임금증가세가 정체된 가운데 일자리의 위기상황은 소득분배 악화로 이어졌다. 정부 등 공공부문에 의한 복지 재정지출을 통해 이전소득을 보완하려는 노력에도 한계가 있다. 저소득 계층이 주로 취업하고 있는 임시일용직 등이 감소[18]하면서 소득 하위 20%(1분위)의 근로소득이 빠르게 줄어들고 있기 때문이다. 기초연금 등 현금 지원에도 불구하고 소득 5분위 배율이 악화되었다. 복지지출 증가로 인해 하위 계층의 소득에서 근로소득에 비해 정부 등에 의한 이전소득의 비중이 처음으로 커지는 현상이 발생했다. 복지지원이 필요하지만 일해서 번 소득보다 정부 지원소득이 많다는 것은 결과적으로 바람직하지 않다.

치솟는 생계비, 팍팍한 삶

일자리 부진으로 소득이 정체되거나 감소하고 있는 가운데 가계 소비에서 큰 비중을 차지하는 주거와 교육비 등의 부담은 한국경제 의 허리인 중산층을 붕괴시키고 있다. 1970년대 이후 제조업 중심의 성장 과정에서 자리 잡았던 평생고용제도에 기반을 둔 외벌이 가구 가 전체 가구의 과반수(2019년 54.0%)를 차지하고 있다. 따라서 그렇지 않은 다른 선진국에 비해 일자리 부진은 가구의 소득위기로 이어질 위험도가 클 수밖에 없다.

소득기반이 취약한 가운데 높은 주택가격에 따른 큰 규모의 주거 비용 지출은 가구의 재정 상태를 어렵게 만든다. 한국은 가계소득 대 비 주택가격 비율이 17.3 수준(2020년 기준)으로 미국(3.52), 독일(9.38) 보다 높은 상황이다. 주택구입을 위한 가계부채도 가계가 쓸 수 있는 처분가능소득 대비 171%를 넘고 있어 원리금 지출 부담이 크고 담 보 자산인 주택가격이 하락할 경우 가계 및 금융기관의 건전성을 위 협할 가능성도 크다. 또한, 다른 나라에 비해 과도한 교육열은 사교 육 등 교육비 지출 부담을 크게 만들고 있다. 주거비와 교육비 2개 항 목만으로도 가계소득에서 차지하는 지출비중이 1/3을 넘고 있다.

이러한 상황에서 전체 물가는 안정되었으나 교육과 주거 등 핵심적인 지출과 관련한 비목은 꾸준히 상승하고 있다.

세부적으로 가격의 흐름을 살펴보면 생활과 밀접한 재화와 서비스 가격의 상승 현상이 뚜렷하게 나타난다. 전체 소비자 물가는 전반적인 안정세를 보이고 있지만 필수 지출항목인 음식료품, 주거, 교육비 상승세는 전제 물가상승률보다 크게 높다. 2005년을 기준으로 전체 소비자 물가와 주요 지출항목의 누적상승률을 살펴보면 전체 누적상승률은 33.7%인 반면 소득에서 차지하는 지출 비중이 높은 음식료품은 55.7%, 주거비는 38.5%, 교육비는 38.6% 상승했다. 이러한 현상은 2017년 출범한 현 정부에서도 동일하게 나타난다. 2016년을 기준으로 분석하면 전체 누적 물가상승률은 3.8%인 반면, 음식료품은 6.3%, 주거비는 4.9%, 교육비는 4.2% 상승하여 전체 물가상승률을 넘어섰다.

소득위축과 지출증가로 인해 가구가 은퇴 또는 미래를 대비하기 위한 저축을 할 수 있는 여력이 위축되면서 가계저축률은 한 자릿수로 하락했다. 또한, 중산층(중위소득의 50~150%)에서도 가계지출이 소득을 초과하는 적자가구가 늘고 있다.

청년, 여성, 계층 및 세대 간 갈등 심화

소득이 줄고 지출이 늘어나는 것도 어렵지만, 계층 간 격차가 발생하는 것은 상대적 박탈감을 느끼게 하고 이로 인한 사회적 갈등을 가져온다.

일자리 위기에도 불구하고 4% 내외의 한국경제 실업률 지표는 우수한 편이다. 10% 내외의 유럽국가에 비해 매우 양호하다는 평가를 받는다. 그러나 단시간 근무, 임금 등 근로조건에 대한 불만 등으로 인한 불완전 고용, 공시와 취업 준비를 위해 쉬었거나 학원 수강 등을 감안할 경우 2020년에도 실제 실업률(확장 실업률)은 약 13.6%, 실업자는 407만 명 수준으로 낮은 것이 결코 아니다.

일자리 기회가 주어진 취업자 내부에서도 계층, 업종, 성별, 종사상 지위에 따라 임금 및 근로조건에 있어 많은 격차가 존재한다. 즉, 노동시장에 이중성이 존재하는 것이다. 먼저 한국경제에 많은 비정규직이 있고 지속적으로 늘어나고 있다. 비정규직은 한국에만 있는 독특[19]한 지표로서 상시 근로자와 달리 근로기간이 정해지지 않은 계약직, 일용직, 해당 사업주의 사업장에서 근무하지 않는 파견 도급직, 시간제 노동자 등을 총망라하고 있다. 2002년 노사정 합의에 의해 나온 것이다. 이들 비정규직이 전체 임금 노동자의 30%를 웃돌고 비정규직의 정규직 전환 노력 등에도 불구하고 2020년 8월 비정규직의 비중은 36.3%에 이르고 있다.

임금도 정규직 노동자의 53%에 불과하고 고용계약 지속기간도 정규직은 평균 7년 10개월이지만 비정규직은 정규직의 1/3 수준인 2년 5개월로 짧아[20] 일자리 지속가능성에 대한 불안감이 높다. 짧은 근로기간으로 훈련기회나 생산성을 높일 수 있는 인적자본 축적의 기회도 얻기 어렵다. 선진국은 임시직 또는 비정규직이 '좋은 직장으로 가기 위한 도약의 발판'이 되나 한국경제에서는 '비정규직의 함정'에 빠지는 결과가 된 것이다.

이러한 비정규직은 연령별로는 노인(60세 이상), 청년(30세 이하), 여성에 집중되어 있다. 노인이 핵심 노동 연령층에 비해 비정규직 비중

표 1-2 **실업률 및 확장실업률 추이** (단위 : %, 만 명)

구분	실업률 (B/A)	확장실업률 (B+C+D)/ (A+C)	경제활동 인구 (A)	사실상 실업자 (B+C+D)	실업자 (B)	잠재 경제 활동인구 (C)	시간관련 추가취업 가능자(D)
2015년	3.6	11.2	2,715	323	98	175	50
2016년	3.7	10.7	2,742	310	101	158	51
2017년	3.7	11	2,775	323	102	164	57
2018년	3.8	11.6	2,790	343	107	173	63
2019년	3.8	11.8	2,819	351	106	170	75
2020년	4.0	13.6	2,801	407	111	187	109

이 4배 이상 높은 것은 은퇴한 연령층이 비정규직으로 재취업한 결과이며 청년층은 일자리의 어려움을 반영한 결과이다. 기업 규모 및 업종별로도 저임금인 소규모 기업과 서비스업 등에 비정규직이 집중 분포되고 있다.

일자리 기회 부족과 임금 격차라는 어려움을 겪는 대표적인 계층이 청년과 여성이다. 한국경제의 경제활동참가율이 70%를 넘어섰고 고용률도 70%에 근접하고 있으나 청년 고용률이 40%대 중반에 머무르고 있고 여성 고용률은 50%를 갓 넘었다. 더욱 문제인 것은 성별 임금 격차이다. 2018년 기준으로 여성 평균임금이 남성 평균임금의 65% 수준에 불과하다. 남성의 저임금 고용비중은 다른 선진국과 유사한 수준에 있으나 여성의 경우 저임금 고용비중이 OECD 국가중 가장 높다.

세대 간 소득과 임금 격차도 확대되고 있다. 청년(30세 이하)에 일자

그림 1-8 **비정규직 계층별 비중**(2020년 8월) (단위:%)

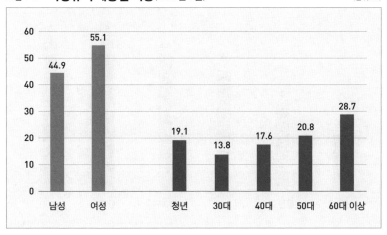

그림 1-9 **비정규직 업종별 비중**(2020년 8월) (단위:%)

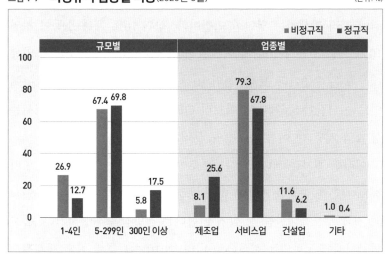

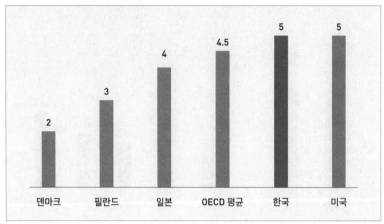

그림 1-10　**세대 간 계층이동성**　(단위 : 세대)

덴마크　2
필란드　3
일본　4
OECD 평균　4.5
한국　5
미국　5

리 기회가 적고 노인계층이 저임금-비정규직에 취업할 가능성이 커짐에 따라 발생하는 당연한 귀결이다. 상위 10% 계층 소득이 하위 10% 계층 소득의 10배에 이르고 있고 이는 10년 전의 7배에 비해 매우 높은 수준이다. 또한, 하위 10% 소득계층이 평균계층의 소득에 이르는 시간이 5.6세대에 이르러 OECD 평균인 5세대를 넘어서는 등 소득 계층 간 '이동 사다리'도 무너지고 있다.

이러한 격차는 세대 간 갈등으로 이어지고 청년층은 아무리 노력해도 자본을 축적한 계층에 비해 응분의 보상을 받지 못한다는 인식과 결국 부모세대만큼 잘 살기 어렵다는 절망감을 확산시킨다. 물론 한국경제에 국한되는 현상은 아니다. 2010년대 후반 이후 세계적으로 확대되고 있는 소득격차가 사회에 대한 불신과 외부세력에 대한 불만으로 치환되고 있다. 보호무역주의 등 탈세계화, 반이민운동과 함께 대중 영합주의 등의 움직임이 확산되는 배경이다.

절망과 각자도생의 시대

현재의 어려운 여건과 암울한 미래는 절망으로 이어지기 쉽다. 소득 및 일자리 등 경제적인 이유로 한국은 OECD 국가 중 가장 높은 자살률(10만 명당 26.9명, 2019년 기준)을 기록하고 있다. 자살동기에 대한 조사[21]에 따르면 경제적 어려움이 27.7%, 건강문제 27.6%, 부부 및 자녀 등과의 갈등이 18.6%로 나타나고 있다. 건강문제가 치료비와 관계가 있다는 점을 감안하면 사실상 경제적인 이유가 과반 이상을 차지하는 것이다.

특히 노인 자살률이 매우 높다. 경제사회 및 인구구조의 변화로 젊은 세대의 부모세대 부양에 대한 인식이 변하면서 독거노인이 증가하고 그 결과 경제적인 이유로 자살하는 노인인구도 늘고 있기 때문이다. 65세 이상 노인의 자살률은 10만 명당 54.8명으로 전체 자살률의 2배, OECD 평균의 3배 수준에 이르고 있다. 이들의 자살 동

그림 1-11 인구 10만 명당 자살률 추이 (단위: 명)

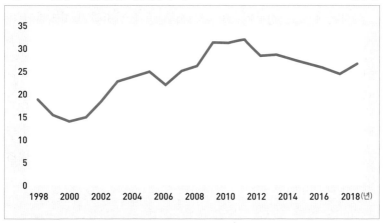

기[22]를 살펴보면 가장 큰 어려움이 '경제적 곤란(41.4%)'이며 노인 특유의 '건강문제(40.3%)'까지 앞지르고 있다.

다시 말하면 아직 한국경제의 노후복지 제도가 성숙되지 않은 상황에서 노후 안정적인 소득을 확보하기 어려워 빈곤으로 내몰리고 있다는 것이다. 〈그림 1-12〉에 나타난 바와 같이 한국의 노인 빈곤율이 비교 가능한 2018년 기준 43.8%로 OECD 평균(14.8%)의 3배를 넘는 현상이 이를 입증하고 있다.

일자리와 소득여건이 악화되고, 계층 간 격차가 확대되면서 이제 다른 사람을 돕기보다는 자기 이익을 우선하는 경향이 증가하고 있다. 또한 계층이 집단화되면서 이해와 소통을 통한 합리적인 의사결정보다는 힘의 논리에 의한 집단 결정이 늘어나고 있다. 대표적인 사례가 모빌리티 업체인 타다TADA, 첨단 ICT 기술을 활용한 원격의료 서비스 도입, 보험업계의 건강관리 서비스업 등 선진국에서 이미 활성화되고 있는 신규 서비스업이 이해집단의 반발로 좌초되는 경우이다.

사회단체 또는 정부기관이 나서서 갈등을 관리하고 합리적인 대안을 도출하는 경우가 있으나, 팍팍한 경제 현실이 이를 더욱 어렵게 한다. 소통을 통한 합리적 의사결정능력을 평가하는 '사회통합지수' 평가에서도 한국은 이스라엘 다음으로 OECD 30개국 중 하위 두 번째에 머무르고 있다. 통계청이 우리 사회에서 다른 사람을 신뢰할 수 있느냐는 조사[23]에서 49%가 별로 또는 전혀 믿을 수 없다고 답변한 것이 많은 시사점을 준다.

그림 1-12 **세계의 노인 빈곤율**(2018년) (단위: %)

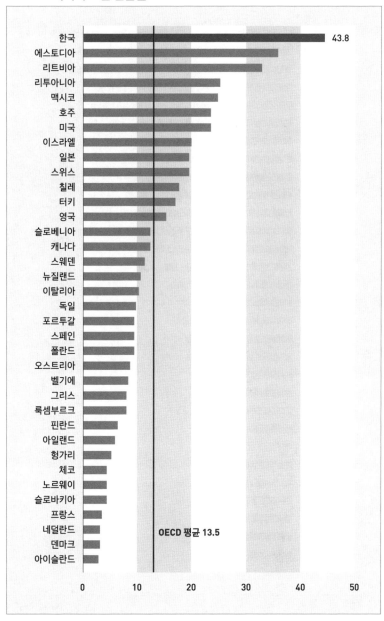

그림 1-12 세계의 노인 빈곤율(2018년)

한국	43.8
에스토디아	
리트비아	
리투아니아	
맥시코	
호주	
미국	
이스라엘	
일본	
스위스	
칠레	
터키	
영국	
슬로베니아	
캐나다	
스웨덴	
뉴질랜드	
이탈리아	
독일	
포르투갈	
스페인	
폴란드	
오스트리아	
벨기에	
그리스	
룩셈부르크	
핀란드	
아일랜드	
헝가리	
체코	
노르웨이	
슬로바키아	
프랑스	
네덜란드	
덴마크	
아이슬란드	

OECD 평균 13.5

그림 1-13 **OECD 국가의 사회통합지수**(2015년 기준)   (단위 : %)

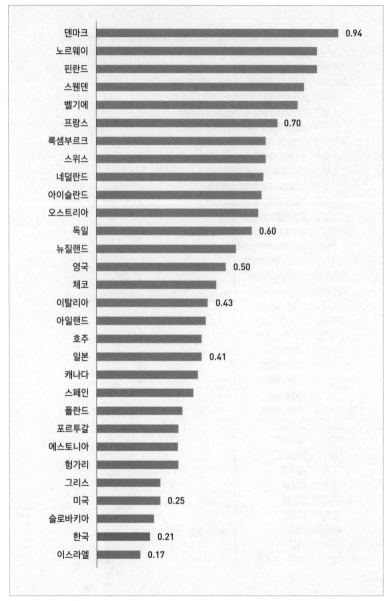

덴마크	0.94
노르웨이	
핀란드	
스웬덴	
벨기에	
프랑스	0.70
룩셈부르크	
스위스	
네덜란드	
아이슬란드	
오스트리아	
독일	0.60
뉴질랜드	
영국	0.50
체코	
이탈리아	0.43
아일랜드	
호주	
일본	0.41
캐나다	
스페인	
폴란드	
포르투갈	
에스토니아	
헝가리	
그리스	
미국	0.25
슬로바키아	
한국	0.21
이스라엘	0.17

자료 : 보건사회연구원

기로에 선 한국경제, 암울한 미래

멈춰버린 한국경제, 잃어버린 30년으로

한국경제에 저성장이 고착되고 일본의 '잃어버린 30년'이 재현될 수 있다는 경고가 국내외에서 나오고 있다. 2000년대 중반 이후 글로벌 경기둔화에 따른 투자부진, '저출산 고령화'로 인한 노동력 감소, 생산성 정체 등의 영향으로 한국경제의 성장잠재력은 2000년대 초반 5% 내외에서 이미 2%대 중반으로 떨어졌다. 한국개발연구원 KDI[24]은 2020년대 한국경제의 잠재력이 1%대 후반으로 추가 하락할 것으로 전망하고 있다.

외국 기관에서도 한국경제의 잠재력 하락을 예상하고 있다. 경제협력개발기구OECD[25]에 의하면 한국경제의 잠재력이 주요 경쟁국에 비해 매우 빠른 속도로 하락하여 2030년대에는 0%대(0.6%) 수준으로 추락할 것으로 전망한다. 사실상 한국경제호의 엔진이 약해진 것이다. 경제가 성숙할수록 성장률이 떨어지는 것이 어쩔 수 없는 현상이라는 주장도 있으나 그렇지만은 않다.

표 1-3 **주요국의 중장기 잠재성장률 전망** (단위: %)

구분	2001~2007년(A)	2012~2017년	2018~2030년	2031~2060년(B)	B-A(%p)
한국	4.5(3.2)	4.1(3.4)	3.3(3.4)	0.6(1.3)	△3.9(△1.9)
미국	2.4(1.7)	2.0(1.5)	2.1(1.7)	1.7(1.1)	△0.7(△0.6)
독일	1.2(0.8)	1.2(1.0)	0.9(1.5)	0.7(1.4)	△0.5(+0.6)
캐나다	2.6(0.8)	2.0(1.1)	2.2(1.7)	1.9(1.5)	△0.7(+0.7)
네덜란드	1.9(0.9)	1.4(0.9)	2.1(2.1)	1.5(1.6)	△0.4(+0.7)
일본	0.7(0.9)	0.8(1.2)	1.1(1.7)	1.1(1.8)	+0.4(+0.9)
중국	10.2(9.2)	8.4(7.9)	5.4(5.8)	2.1(3.0)	△8.1(△6.2)

※ ( )은 노동생산성이 기여도(%p). 노동생산성 기여도가 잠재성장률보다 높은 경우는 노동과 자본투입의 기여도가 (-)라는 의미.

〈표 1-3〉에서와 같이 성장잠재력의 하락이 세계적인 추세인 것은 사실이지만 일부 선진 경쟁국의 경우 하락 폭이 작거나 잠재력을 유지하는 경우도 많다. 괄호 안에서 설명하고 있는 바와 같이 노동과 자본 등 양적투입 확대에는 한계가 있으나 노동생산성 향상을 통해 보완하고 있는 것이다. 한국경제의 주력산업이 경쟁력을 잃어가고 있는데도 고용조정이 제대로 이뤄지지 않아 한국의 노동생산성이 경쟁국들과 다르게 하락하고 있는 모습이다.

몰락하는 제조업 강국

성장이 멈추고 있는 한국경제에서 주목해야 할 또 다른 모습은 '제조업 강국의 몰락'이다. 제조업이 지금까지 한국경제의 성장과 고용을 지탱해 왔으나 더 이상 기대하기 어렵다는 뜻이다. 2010년대 후반 어려운 대외환경에도 불구하고 한국경제의 주력산업 중 휴대폰, 반도체, 자동차, 조선 등이 선전했으나 경쟁력이 상실되거나 중국 등 후발개도국에 추월당할 위기에 있다. 1997년 한국경제가 '넛크래커'에 낀 모습이라는 컨설팅 보고서[26]가 회자되었다. '낮은 비용의 중국과 효율의 일본 사이에서 협공을 받아 마치 넛크래커 속에 끼인 호두처럼 되었기 때문에 변하지 않으면 깨질 수밖에 없는 운명'이라는 지적이었다. 지금은 후발 개도국에도 추격을 받고 있다. 이젠 '혁신' 제품을 내놓고 시장을 선점하지 못할 경우 경쟁력을 유지할 수 없는 상황이 되면서 과거의 방식으로는 안 되는 상황에 직면했다.

세부적으로 살펴보면 세계 휴대폰 시장은 한국, 미국, 중국의 3강 구도를 형성하고 있다. 삼성이 화웨이와 애플을 제치고 있으나 삼성의 경쟁력은 단말기 사양과 제조 기술에 있다. 하지만 시장은 가상현실AR과 인공지능AI 기술을 결합하는 등 새로운 디지털 서비스를 제공하는 개인정보 플랫폼으로 전환되고 있다. 고부가가치를 창출하는 자체 운용시스템OS 개발, 컨텐츠 서비스 제공과 관련해서 삼성 등 한국 제조사의 경쟁력이 취약하며 부품 제조 부문은 중국 화웨이 등의 도전에 직면할 것으로 예상된다.

특히 차세대 스마트폰에 적용될 사물인터넷IoT, 인공지능, 클라우드 등 디지털 경쟁력은 정보와 기술을 연결하는 정보인프라에 대한 각종 규제로 인해 미국 등 선진국에 비해 2~4년이나 뒤처져 있다.

반도체 부문도 지나치게 메모리 반도체에 집중되어 있다. 한국의 반도체 제조회사가 반도체 시장에서 75% 이상 차지하고 있는 만큼 한국의 메모리 분야 생산기술은 세계적이다. 하지만 시스템 반도체 등 비메모리 분야의 경쟁력이 취약하고 투자도 제대로 이루어지지 않고 있다. 4차 산업혁명이 진행되면서 일부 메모리 용량 증가에 따른 수요를 기대할 수 있으나 궁극적으로는 다품종 소량생산의 시스템 반도체 등의 수요가 급증할 것으로 예상된다. 이들 부문에서는 미국 또는 대만 등의 시스템 반도체 설계 및 주문생산FAB 업체를 따라가지 못한다.

자동차 산업도 빠르게 변모하고 있다. 내연 자동차 분야에서 전기와 수소 등 동력원이 다양해지고 있고 공유 서비스가 보편화될 뿐 아니라 무인 자동차가 개발되고 있다. 또한, 차량과 서비스가 융합되는 모빌리티 플랫폼 형태로 전환될 것으로 예상된다. 그러나 아직 한국 자동차 산업의 경쟁력은 부품 소재 개발과 제조기술에 집중되어 있어 새로운 분야에서는 취약한 것이 현실이다.

〈그림 1-14〉의 밸류체인 그림에서 볼 수 있는 바와 같이 테슬라 또는 GE의 사례 어느 쪽에도 가지 못하는 형국이다. 최악의 경우 테슬라 등이 디자인하고 GE가 구입에 대한 자금 또는 서비스를 제공하는 상황에서 한국의 자동차 산업은 차량을 OEM으로 제조하는 하청업체가 될 가능성도 있다. 국내사의 미래 자동차인 전기차 판매비중도 3% 수준에 불과하고 핵심 부품인 배터리 소재 및 원천기술 부문의 수준은 일본의 30%에 머무르고 있다.

2019년 한국의 최대 자동차 기업인 현대 자동차가 새로운 시장환경에 대비하기 위해 중장기적으로 노동자를 40% 이상 감축한다고 발표한 바 있다. 노조도 노사협의를 통해 우선 20% 감축하기로 합의했다. 한국 자동차 산업의 위기를 대변하고 있는 현상이다.

기로에 선 한국경제

그림 1-14 **자동차 산업의 글로벌 가치사슬 내 한국의 위치**

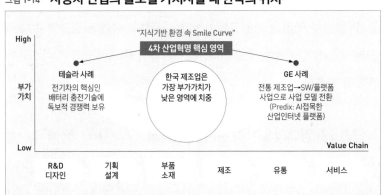

자료: 한영 EY 보고서

조선산업도 글로벌 환경규제의 영향으로 LNG 선박의 수요가 증가하면서 회복기에 접어들고 있으나 미래 기술인 스마트십 기술과 디자인, 운영관리 등 고부가가치 부문은 취약하다. 한국의 조선산업은 해외사의 디자인을 토대로 품질 좋은 선박을 제조하는 데 집중되고 있다. 그러나 부가가치는 LNG 원천기술, 선박설계, 선박 구매비용에 대한 금융서비스, 화물과 선복량을 연결하는 대고객 서비스에 있고 이는 대부분 해외사가 선점하고 있는 상황이다.

새로운 산업을 제약하는 환경, 규제 공화국

기존 주력산업이 경쟁력을 잃어 가면 새로운 산업이 나서야 한다. 그러나 한국경제의 토양은 척박하기만 하다. 유니콘 기업의 출현은 제약되고 세계시장에서 혁신 사업모델로 인정되고 있는 사업의 절반 이상이 진입규제 등으로 출발도 하지 못하고 있다.

아산나눔재단에서 조사한 바에 의하면 글로벌 누적투자액 상위

100대 업체 중 한국에서 규제나 이해관계자 집단의 반발로 사업을 할 수 없거나 어려운 기업모델이 31개나 된다. 이들 사업모델은 대부분 정보통신 신기술을 활용한 서비스 기업이거나 제조와 서비스업이 융합된 경우이다.

연간 9만 명대의 일자리 위기 및 양극화

한국경제의 성장률 하락으로 일자리 창출 여력을 찾기 어려운 상황에서 제조업의 몰락과 새로운 서비스업 진출 규제로 일자리 위기가 더욱 상시화될 것으로 예상된다.

이런 상황에서 성장률 둔화는 새로운 일자리 창출 규모를 추가로 줄일 것으로 예상된다. 일반적으로 경제의 일자리 창출 여력은 성장률과 일자리 창출 규모와의 관계(고용탄성치)에서 구할 수 있다. 매년 다소 차이는 있으나 최근의 고용탄성치 추세가 0.33이라는 점을 감안하면 1%대의 성장만으로는 연간 9~12만 개의 일자리를 만드는 데 그칠 것이라는 점을 예고하고 있다.

제조업이 주춤하면 양질의 서비스업이 대역을 해야 한다. 선진국의 경험이 그렇다. 그러나 한국경제의 서비스업은 아직 대역을 할 상황이 되지 못한다. 저임금 저생산성 구조를 갖고 있기 때문이다. 서비스업 고용이 임금과 생산성이 높은 정보통신이나 금융보험업보다는 국내 서비스를 대상으로 하고 있는 도소매, 음식숙박업 등에 집중되고 있다.

일자리의 성격과 요구되는 역량에 따라 임금 격차도 확대되고 있다. 대표적인 지표가 임금분포의 지니계수이다. 2000년대 이후 추세적으로 지니계수가 상승하면서 임금 격차가 확대되고 있음을 알 수 있다.

고숙련 전문직과 중간 계층 간 격차도 확대되고 있다. 이러한 현상을 '일자리 양극화'라고 한다. 파트3과 파트10에서 설명하는 것처럼 4차 산업혁명이 빠르게 진행되면서 더욱 심화될 것으로 보인다. 자동화가 가능한 중간계층의 직업은 대체되고, 고소득 숙련 직업의 임금은 생산성에 따라 상승하며, 비용효율적이지 못해 기계가 대체하기 어려운 저숙련 직업의 수는 많아질 것으로 보이기 때문이다. 결국, 최상위 직업과 최하위 직업만 늘고 중간 수준의 직업은 줄어들면서 직업 간 임금 격차가 확대되는 것이다.

저출산 고령화, 세대 갈등, 준비되지 않은 불안한 미래

세계에서 유례없는 '저출산 고령화' 현상으로 이대로 가다가는 한국이 2,750년에는 지구상에서 사라질 것이라는 말이 나온다. 과거 15년간 200조 원 이상의 재정투입에도 불구하고 합계출산율 1 미만의 유일한 국가로서 300년이 지나면 사라지는 '인구소멸 1호 국가'로 지정[27]되기도 했다. 고용정보원에서 조사한 '인구소멸 위험지수'[28]를 살펴보면 지방 행정기구인 '행정리'의 82%가 30년 내 소멸될 것으로 예상하고 있다.

인구문제도 한국경제의 미래에 영향을 미치는 중요한 요소이다. 1990년대까지는 인구가 지속적으로 늘면서 노동투입이 증가하고 소비 등 내수가 확대되면서 한국경제에 도움(인구 bonus 시대)을 주었다. 이제 인구가 감소하면서 노동시장에 참여하는 인구가 줄어들어 오히려 부담이 되는 시대(인구 onus 시대)가 된 것이다. 이미 생산가능인구(15세 이상)가 2018년에 정점을 찍었고 총인구도 2028년에는 정점을 찍을 것으로 예상[29]된다. 이미 초고령사회인 일본과 비교하면 속도가 빠르다. 노동력이 줄면 공급 측면에서 생산량이 줄고, 수요 측면에서 소비가 줄기 때문에 투자와 성장을 할 수 없게 된다.

다른 측면에서 '저출산 고령화'는 복지지출 등 재정에 부담을 주고 세대 간 갈등을 심각하게 하는 요인이 된다. 대표적인 지표가 '부양비율'이다. 현재의 추세라면 2020년대 후반에는 부양비율이 2:1이 되면서 생산연령인구 1인이 비생산 연령인구(15세 미만 + 65세 이상) 2인의 생계를 부담해야 한다. 소득과 일자리 문제로 어려움을 겪는데, 벌어서 바로 부모세대까지 부양해야 한다는 사실은 젊은 계층에 절망으로 다가온다.

더욱 문제가 되는 것은 노령층뿐 아니라 젊은 일하는 계층도 은퇴 후 미래에 대한 준비가 되어 있지 않다는 점이다. 국민연금, 기초연금, 기초생활보장 등의 제도와 정부 등 공공부문의 지원으로는 부족하다. 공적연금 소득대체율이 40%대에 머물러 있는 상황에서 미래를 대비한 저축을 지금부터 해야 한다. 순연금 자산[30]으로는 예상 은퇴기간에 비해 턱없이 부족하다. 다시 말하면 1차 직장에서 49세에 은퇴하는 한국의 현실을 감안할 때 은퇴 후 20년 이상을 버텨야 하지만 연금자산으로는 9년밖에 생활할 수 없는 것으로 나타나고 있다.[31]

어려운 현실로 인해 은퇴 등 미래를 위한 저축을 하기도 쉽지 않다. 맥킨지 보고서[32]에 의하면 〈그림 1-15〉에서 보는 바와 같이 은퇴를 위해 저축을 하지 않는 계층이 전체 인구의 58%에 이르고 전혀

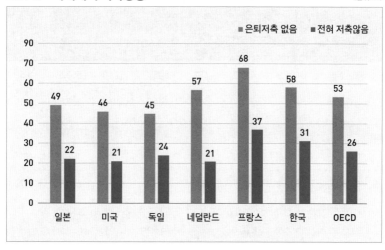

그림 1-15 **미래대비 저축성향** (단위 : %)

■ 은퇴저축 없음 ■ 전혀 저축않음

저축을 하지 않는 계층은 31%에 이르러 OECD 평균보다 높은 수준이다.

정책여력 소진, 미래 자산을 당겨 쓴 정책

어려운 시기 적극적인 재정과 통화정책 등을 통해 위기를 극복해왔으나 더 이상 정책을 추진할 수 있는 여유가 없거나 효과도 기대하기 어려운 상황에 직면하고 있다.

IMF 등 국제기구와 국제신용평가사에서 긍정적인 평가를 했던 재정건전성이 무너지고 있다. 더 이상 지출확대가 쉽지 않은 상황이다. 〈표 1-4〉에 2020~2024년 중기재정계획이 제시되어 있다. 2020년에 발생한 코로나19 사태의 경제적 충격을 흡수하기 위해 전례 없는 수준으로 재정의 역할을 강화한 결과, 1년 전에 작성되었던

표 1-4 **2020~2024년 중기재정계획** (단위: 조 원)

구분	2020년		2021년	2022년	2023년	2024년	연평균 증가율 (%)
	본예산	추경					
재정수입	481.8	470.7	483	505.4	527.8	552.5	3.5
국세수입	292	279.7	282.8	296.5	310.1	325.5	2.8
세외수입	27.9	29.1	28.6	28.9	29.9	30.2	2
기금수입	161.9	161.9	171.6	180	187.8	196.6	5
재정지출	512.3	554.7	555.8	589.1	615.7	640.2	5.7
관리재정수지	△71.5	△118.6	△109.7	△123.2	△128.2	△127.5	-
(GDP 대비 %)	(△3.5)	(△6.1)	(△5.4)	(△5.9)	(△5.9)	(△5.6)	-
통합재정수지**	△30.5	△84.0	△72.8	△83.7	△87.9	△88.1	-
(GDP 대비 %)	(△1.5)	(△4.4)	(△3.6)	(△4.0)	(△4.0)	(△3.9)	-
국가채무	805.2	846.9	945	1,070.30	1,196.30	1,327.00	-
(GDP 대비 %)	-39.8	-43.9	-46.7	-50.9	-54.6	-58.3	-

※ 통합재정수지 = 관리재정수지 + 사보기금(국민, 사학, 고용, 산재) 수지

2019~2023년 중기재정계획에 비해 크게 악화되어 있는 모습이다. 재정지출이 큰 폭으로 증가한 반면 경기부진 등으로 재정수입 증가세가 둔화된 결과 2022~2024년까지 관리대상수지 기준 재정적자가 3%대에서 6%에 근접하는 수준으로, 국가채무도 40%대에서 50%대 중후반으로 악화되고 있다.

이러한 계획도 지나치게 낙관적일 수 있다는 것이 문제다. 재정적자와 국가채무비율을 산정할 때 전제가 되는 경상성장률이 2021년 이후 4%대를 유지할 것으로 예상하지만 가능성이 작다. IMF와

OECD 등도 경제가 코로나19 사태 이전의 상태로 회복되는 것은 2022년 이후로 상정하고 있기 때문이다. 따라서 현재의 계획보다 국가부채비율은 2%p 수준 높아질 가능성이 있다. 더욱 큰 문제는 속도와 관련한 것이다. 국가채무가 매년 4%p 상승하고 있다는 점에 주목해야 한다.

코로나19라는 특수한 상황, OECD 국가 평균에도 미치지 못하는 국가부채 비율, 저금리 등을 감안할 때 재정적자와 국가부채 증가가 문제가 되지 않는다는 주장도 있다. 그러나 국가부채는 결국 미래 세대가 갚아야 한다. 증세를 통해 부채를 줄여야 한다. 미국, 유럽, 일본 등과 같은 기축통화국은 부채가 증가해도 화폐를 찍어 부담을 다른 나라에 전가할 수 있으나 한국은 그렇지 못하기 때문이다. 국가부채 비율이 대외신인도 평가에 상당한 비중을 차지하고 있어 신인도 하락에 따른 해외자금 조달금리 상승의 부담이 생길 수 있다. 코로나19라는 특수 상황으로 저금리가 지속되면서 국가부채에 대한 원리금 상환부담이 줄어들었지만 채무조달을 위한 국채발행 증가는 결국 금리와 물가상승을 유발한다. 의도한 바와 달리 저소득층에 부담을 줄 수 있다. 국채에 대한 원리금 상환부담으로 재정여력도 줄어든다. 1990년 GDP의 60% 수준에 불과하던 일본의 국가부채가 20여 년 만에 200%를 넘어선 일본의 사례를 유념해야 한다.

이러한 점을 감안하여 정부가 2025년 회계연도부터 재정준칙을 도입할 것이라는 계획을 발표했다. 세계에서 92개 국가가 재정준칙을 도입하고 있다는 점과 재정확대와 관련한 규율이 필요하다는 점에서 일정한 통제장치가 필요한 것은 사실이다. 사회보험 기금 수지를 감안한 통합재정수지 3%와 국가채무비율 60%를 병행하여 사용하는 것으로 되어 있다.

그러나 중기재정계획을 보면 2024년 낙관적인 전망으로도 통합재정수지 적자가 준칙의 기준인 3%를 넘고 있고 국가채무비율도 60%에 근접하고 있어 재정준칙을 적용할 수 있을지와 실효성에 의문이 생긴다. 재정준칙을 준수하기 위해 강력한 지출구조조정과 세수증대 노력이 필요하지만 이는 향후 재정정책의 자동경기조절 기능을 약화시키고 정책여력을 크게 축소시킬 것으로 보인다.

통화정책도 마찬가지다. 저성장 기조와 코로나19 사태에 대응하기 위해 한국은행 정책금리가 역대 최저수준(0.5%)으로 낮아져 추가적인 여력도 부족한 상황이다. 추가 인하할 수 있으나 달러-엔화와 같은 기축통화가 아닌 소규모 개방경제의 특성상 내외금리차로 인한 자본유출 우려 등으로 마이너스 금리정책을 펼치기에는 부담이 생길 수밖에 없다. 또한 민간부문 경제활동 위축 등으로 화폐 유통속도도 낮아지고 있어 통화정책의 유효성도 저하되고 있다.

가계부채, 언제 터질지 모르는 시한폭탄

높은 주택가격 및 주거비 부담으로 한국경제의 가계부채는 경제적 부담능력을 이미 초과한 상황이다. 가계부채 규모는 2020년 9월 처분가능소득 대비 171.1%에 이르러 OECD 국가의 처분가능소득 대비 평균 127.3%에 비해 크게 높다. 2017년 이후 가계부채 종합대책과 부동산가격 안정 노력으로 2019년 가계부채 증가율이 4%대로 둔화되었으나 2020년 코로나19 사태와 부동산가격 상승으로 하반기 이후 8%의 증가율을 보이면서 2020년 1년간 가계부채가 100조 원 이상 증가했다. 2004년 가계부채 통계 작성 이후 처음 있는 일이다. 가계부채가 줄어들 수는 없으나 경제 규모를 나타내는 경상성장률 수준의 증가율이 정상적인 것이라는 점을 감안하면 과도하다. 이러한 가계부채가 금융과 실물 부문의 뇌관으로 작용할 가능성이 있기 때문에 한국은행 등이 금리 정책에 조심스러울 수밖에 없다.

한국의 특성상 가구의 자산대비 부동산 자산비중이 50%를 넘고 있어 부동산 가격이 하락할 경우 소득감소를 통해 내수가 위축되고 담보 자산을 갖고 있는 은행 등 금융기관의 연쇄도산이 일어날 수 있다. 또한, 금리가 크게 상승할 경우 원리금 상환부담 증가로 가계 도산사태를 초래할 우려도 있다.

글로벌 보호무역주의, 기대하기 어려운 대외환경

2000년대 초반 성장과 위기극복을 가능하게 했던 글로벌 경제환경도 이제 달라지고 있다. 2008년 글로벌 금융위기 이후 저성장 국면이 지속되고 보호무역주의 또는 탈세계화 움직임이 확산되고 있어 수출과 생산증가에 기여했던 경제환경을 더 이상 기대하기 어렵다. 다시 말하면 세계성장세 둔화와 무역 갈등 및 기술진보 등에 따른 온쇼어링on-shoring 증가로 인한 글로벌 교역탄성치 둔화세가 수출중심의 한국경제에 타격을 줄 것으로 보인다. 과거 글로벌 경제성장률이 1%에 교역증가율이 1.1~1.2%였으나 최근에는 0.4% 이하로 줄어들었다.

특히 한국경제 수출의 1/4 이상을 수입하고 있는 중국경제의 둔화

그림 1-16 **국가별 GVC 참여도** (단위 : %)

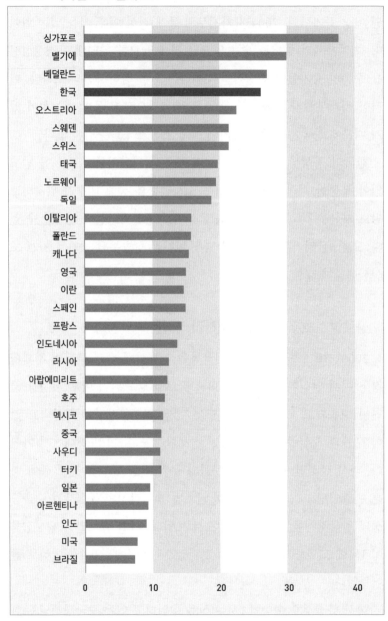

기로에 선 한국경제

가 문제다. 과거 거리상 가까운 중국이라는 시장이 한국경제의 축복이 되었으나 이제 위기 요인이 되고 있다. 중국경제의 성장률이 5% 이하로 낮아지고 내수중심으로 성장전략이 바뀌면서 한국경제 수출과 제조업 생산에 부정적[33]일 것으로 예상된다. 최근 빠르게 진행되고 있는 글로벌 가치사슬GVC 약화(2008년 14.1 → 15년 13.2%)도 GVC 참여도가 높은 한국경제에 부정적인 요인이 된다. 〈그림 1-16〉에서 보는 바와 같이 주요 선진국에서 4번째로 높은 GVC 참여도를 갖는 한국경제는 글로벌 가치사슬이 약화될 경우에는 수출과 생산에 타격을 입을 수밖에 없다.

4차 산업혁명, 기회이자 위기

디지털화, 자동화 및 산업 간 연계를 주요 내용으로 하는 4차 산업혁명은 한국경제에 기회이자 위기로 다가오고 있다. 기술진보를 통해 새로운 산업과 일자리가 창출될 것이라는 전망은 분명 한국경제에 기회가 될 수 있다. 한국경제가 정보통신기술과 반도체 등 첨단산업에 강점이 있기 때문이다. 그러나 이러한 기술진보가 아직 생산성과 소득증가로 이어지지 않는 초기 상황이고 오히려 자동화에 따른 일자리 대체 현상이 발생하면서 한국을 포함한 세계경제에 위험요인으로 작용할 우려[34]가 있다.

연구기관마다 긍정 또는 부정적인 분석을 제기하고 있다. 기술진보에 따라 새로운 산업과 일자리에 대한 수요가 증가하면서 일자리 총량은 증가할 수 있으나 중간 수준의 일자리는 자동화로 대체될 가능성이 크다는 것이 일반적인 관측이다. 4차 산업혁명을 처음으로 국

그림 1-17 **세계 스마트폰 OEM 이윤비중 및 국내 메신저 시장점유율** (단위 : %)

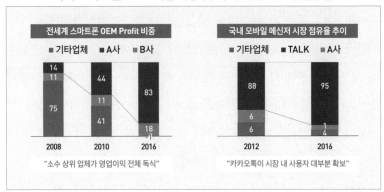

※ 2012년 이후 기타 업체는 지속적으로 적자 기록

제적인 관심 이슈로 제기한 세계경제포럼WEF에서는 2018~2022년 기간 중 주요 20개국에서 약 7,500만 개의 일자리가 사라지지만 1억 3,300만 개의 새로운 일자리가 만들어지면서 전체적으로는 6,000만 개의 일자리가 늘어날 것으로 예측[35]하고 있다.

총량에 있어 증가와 감소에 대한 분석은 결국 새로운 산업이 얼마나 창출될 것인가에 달려 있으므로 정확히 예단할 수 없다. 중요한 점은 총량과 관계없이 2030년까지 기술진보 등으로 인해 7,500만에서 3억 3,500만 개의 일자리의 내용이 변할 것[36]이라는 점이다. 일자리를 구하기 위해서는 역량 제고 또는 변화가 필요하다.

한국의 경우도 크게 다르지 않다. OECD에 따르면 자동화로 대체될 일자리는 전체 일자리에서 약 10%(290만 개)로 평가[37]되고 있으며 일자리는 유지되더라도 요구되는 기술 및 직업역량 변화를 겪는 일자리가 33%(890만 개) 수준으로 예상되고 있다. 역량 변화로 영향을 받는 정도가 기술 숙련도에 따라 다를 것으로 보인다. 중간 수준의 일자리가 기계도 대체되면서 가장 큰 영향을 받을 것으로 보인다.

이러한 현상을 일자리 양극화라고 부른다. 주로 이 부분에 종사하는 중장년층의 어려움이 가중될 것으로 예상된다. 중장년층이 이를 극복하기 위해서는 정보통신기술ICT에 대한 숙련도를 높여야 하는데 청년의 ICT 숙련도가 65%에 이르는 반면 중장년층은 10% 수준에 불과한 상황[38]이다.

4차 산업혁명의 기술선점의 효과, 숙련도에 따른 직업 간 양극화는 결국 계층 간 소득 격차로 이어지고 점차 확대될 것이다. 자동화로 일자리를 잃거나 숙련도를 높이지 못해 저임금 비전형 근로자로 잔류하는 계층과 전문성과 숙련도를 기반으로 고임금 일자리를 차지하는 계층으로 구분될 것으로 예상되기 때문이다.

기업별로도 차이가 발생할 것이다. 첨단기술과 플랫폼을 선점하는 상위 업체와 그렇지 않은 업체로 구분되면서 기업 영업이익에서도 양극화가 심화될 것이다. 예를 들어, 〈그림 1-17〉에서 보는 바와 같이 휴대폰 플랫폼 사업체인 애플의 이윤 비중이 2008년 14%에서 2016년 83%로 급증하고 국내 메신저 시장에서도 카카오톡의 시장 점유율이 2012년 88%에서 2016년 95%로 증가한 것을 보면 알 수 있다. 선점효과가 미래를 좌우하는 것이다.

코로나19 확산, 보건위기와 경제패러다임의 변화

이에 덧붙여 2020년 발생한 코로나 바이러스 확산에 따른 보건위기는 전 세계의 경제 패러다임을 바꾸고 있다. 21세기 세계경제에 불어닥친 네 번째 충격이지만 영향의 강도는 가장 크다[39]는 지적이 있다. 코로나 위기는 중국의 세계경제 편입, 4차 산업혁명이라 불리는 기술진보, 글로벌 금융위기에 이은 경제적 충격으로 정치, 글로벌 밸류체인 변화 등 경제 전반에 광범위하게 영향을 주고 있다. 바이러스 확산을 방지하기 위한 국경 통제, 사회적 거리두기 등으로 생산과 소비, 노동시장에서 경제 전반의 행태 변화를 요구하고 있는 것이다.

21세기 들어 대침체이라고 했던 2008년 글로벌 금융위기가 세계 성장을 0.1%p 감소시킨 반면 코로나19 사태는 5%p 이상 위축시킬 것이라는 전망 자체가 충격의 강도를 보여주고 있다. 한국을 포함한 세계 각국 정부가 초기 봉쇄조치와 방역노력을 강화하는 한편 경제적 충격흡수를 위해 금리인하, 유동성 공급확대, 기업에 대한 자금지원과 함께 실직과 고용유지 지원 등을 위한 대규모 재정지원을 추진하고 있다.

그러나 팬데믹을 불러왔던 초기 위기 상황과 달리 백신접종과 치료제 개발 등이 지연되면서 코로나19 확산이 조기에 진정되지 않을 경우 경기침체가 장기화되고 경제주체의 행태가 변화할 것이라는 예측도 확산되고 있다. 미리 이러한 환경변화를 예측하고 정책대안을 발굴하여 조기에 적응하는 것이 경쟁력 회복의 관건이 될 것이다. 한국경제도 마찬가지이다.

아직 위기가 진행형이기 때문에 환경변화를 단정적으로 예측하기는 어려우나 최근 연구를 종합하면 다가오는 세계는 '덜 세계화'되고, '더 디지털화'되며, '덜 평등'한 모습이 될 것[40]이라고 한다. 이와 함께 저탄소 경제로의 전환, 사회안전망 확대의 필요성 증대로 인한 정부의 역할이 강조될 것으로 보인다.

먼저 국경통제 등으로 인해 글로벌 공급망이 중단되거나 위축되면서 생산과 비용 효율화를 위한 아웃소싱에 대한 인식이 바뀌고 있다. 비용효율성을 강조하던 글로벌 공급망이 외부적인 충격에 의해 일시에 중단될 수 있다는 점을 깨닫게 된 것이다. 세계경제포럼[41] 등에서도 공급망을 소비지 인근으로 옮기라는 권고를 하고 있다. 보건재 등 필수적인 상품이나 서비스에 대해서는 국내 생산과 조달, 판매라는 생태계를 구축해야 한다는 인식도 확산되고 있다.

국내 공급망 구축이 어렵다면 최소한 신뢰할 수 있는 인근 국가에 공급망을 구축하는 지역주의 확산이 더욱 가속화될 것이다. '신뢰'라는 측면에서 환경보호와 노동기준에 대한 규율도 강화될 것으로 예상된다. 맥킨지의 조사에 의하면 다국적 기업의 93%가 향후 5년 내 공급망의 안정성 회복이라는 관점에서 재편할 것[42]이라고 한다. 수출 중심의 한국경제로서는 성장전략을 다시 짜야 할 뿐 아니라 생산과정에서 환경과 노동기준에 대한 고려도 추가해야 할 것으로 예상되고 있다.

한편, 사회적 거리두기는 생산자와 소비자의 밀접한 대면접촉을 통한 제품판매와 서비스가 더 이상 가능하지 않을 수 있다는 점을 보여주고 있다. 대안으로서 온라인 판매와 원격 서비스의 중요성이 증가하고 있다. 소비의 디지털화, 자동화가 가속화되고 있다. 원격 판매와 서비스가 소비자의 수요에 맞게 이루어지기 위해서는 개인정보보호 등 새로운 서비스와 상품에 대한 규제를 전면 재검토해야 한다. 생산과정도 동일한 경로를 겪고 있다. 코로나19의 확산으로 생산차질을 경험한 주요 제조업체가 생산시설의 자동화와 유연생산을 늘릴 것이다.

온라인, 디지털 생산과 공급확대는 2000년대 중반 이후 심화되고 있는 불평등을 심화시킬 수 있다. 노동자 계층 내에서도 디지털 기술에 기반한 생산과정에서 자동화에 적응할 수 있는 계층과 그렇지 않은 계층 간 차별화 현상이 발생하고 있다. 기업 측면에서도 디지털 플랫폼 기반을 갖출 수 있는 기업과 그렇지 않은 기업 간 경쟁력 격차가 심화될 것이다.

사실 계층 간 불평등은 2010년대 이후 세계적으로 발생하고 있는 문제였으나 코로나19 사태 이후로 더욱 확대될 것으로 보인다. 코로나19의 경제적 충격이 계층별로 달리 나타나고 있기 때문이다. 거시경제적으로도 저물가와 저금리 현상이 지속되면서 자산가격의 상승이 예상되고 이는 자산을 보유하고 있는 중년 또는 중산층과 청년 저임금 노동자층과의 격차를 더욱 확대시킬 가능성이 있기 때문이다.

미래의 위험요인에 대한 민감도가 증가하면서 기후변화에 대한 관심이 증가할 것으로 예상된다. 기후변화에 따른 환경재앙 또는 자연재해가 코로나19와 같은 생산과 공급차질로 이어질 수 있다는 인식이 확산되고 탄소세 등의 부과를 통한 세수증대 필요성도 작용하면서 저탄소 경제로의 전환이 본격화될 것으로 보인다.

마지막으로 바이러스 확산 대응과정에서 정부의 역할이 더욱 증가하면서 앞으로 정부 역할을 어떻게 규정하고 노동자와 기업, 국민과의 관계를 어떻게 정립할 것인지 고민이 필요할 것으로 보인다. 역사적으로 위기 당시 정부의 역할이 확대되는 것은 불가피했고 한번 늘어난 정부의 역할이 다시 줄어들기 어려웠던 것이 현실이다. 이러한 이유로 IMF 등 국제기구와 세계 석학[43] 등은 코로나19로 인한 위기 이후 세계경제가 지속 성장하기 위해 경제주체 간 새로운 사회적 계약이 이루어져야 한다는 주장이 제기되고 있다. 노동자와 기업을 포함한 국민이 새로운 환경에 대응하기 위한 사회적 책임을 다하는 한편 정부는 경제주체의 활동을 지원하고 새롭게 나타나는 취약계층을 보호하고 역량을 제고할 수 있는 역할을 해야 한다는 것이다.

한국경제도 예외가 될 수 없다. 특히 한국경제는 새로운 환경변화에 대응해야 함과 동시에 저성장세 고착화, 일자리 위기, 유례없는 저출산 고령화 등 구조적인 문제를 극복해야 하기 때문이다. 1997년 외환위기 당시 모든 경제주체가 비용과 고통을 분담하고 협력한 결과 당시 한국경제가 갖고 있던 구조적인 취약성을 해결하고 도약의 기반을 마련했다는 평가가 있다. 위기 극복은 한국경제의 문제점과 글로벌 경제환경 변화에 대한 면밀한 진단을 기반으로 이루어져야 한다.

우선 기업은 단기적인 수익과 주주의 이익뿐 아니라 환경보호 등 사회적 책임을 다하는 한편, 성장동력 확보를 위한 장기적인 투자와 노동자 권익 존중, 미래를 대비한 역량제고를 지원해야 한다는 세계적으로도 이러한 역할을 강조하는 '이해관계자 자본주의Stakeholders Capitalism' 움직임이 확산되고 있다. 노동자도 개인의 역량과 전문성에 따라 임금과 노동조건, 소득이 변화하는 상황에서 집단에 의한 이익보다는 미래를 대비한 역량 제고에 힘써야 한다. 정부는 규제를 개혁함으로써 기업의 혁신 활동을 지원하고 뒤처지는 부문과 취약계층을 위한 사회안전망에 대한 투자를 강화해야 한다.

이러한 개혁과정에는 모든 경제주체의 현실에 대한 인식공유와 협력이 필요하다. 상품시장, 노동시장, 복지 등 사회안전망 등 광범위한 분야의 개혁이 필요하다. 한국경제에서도 1998년, 2008년, 2015년 경제위기와 미래를 위한 노사정 합의를 이끌어냈던 경험이 있다. OECD가 1990년대 이후 주요 선진국이 추진한 개혁의 성공과 실패요인을 점검한 결과 개혁성공을 위해서는 사전준비, 공감대 형성을 위한 소통, 집행, 모니터링과 사후관리가 중요하다고 한다. 대표적으로 성공한 사례라고 알려져 있는 네덜란드의 바세나르 협약, 독일의 하르츠 개혁의 경우 상황에 대한 정밀한 진단, 정파를 초월한 논의기구, 이해관계자와의 소통, 개혁의 우선순위 설정과 조기성과 가능 분야 집행, 추진경과 점검과 사후 보완 등이 이루어졌다고 지적하고 있다. 중요한 것은 모든 개혁이 한 번에 이루어지는 것이 아니며 정부 등 개혁주체 세력이 개혁에 대한 주인의식을 갖고 꾸준히 추진한 결과 성과를 얻었다는 것이다. 한국도 단기적인 대응을 넘어 코로나19가 가져오는 미래 환경변화에 대응하여 노동자, 기업, 시민단체 등 광범위한 이해관계자와의 대화를 통해 개별 주체의 역할과 책임, 고통분담 등에 대한 사회적 합의를 이끌어내야 한다. 정부와 정치권이 적극 나서야 한다.

PART 02

왜 기본소득제인가?

기본소득제 도입과
논의의 출발

긴급재난지원금, 기본소득제 도입 논의의 출발점

코로나 바이러스 확산으로 열린 판도라의 상자

최근 저성장의 고착화, 소득 불평등 심화, 4차 산업혁명에 따른 일자리의 미래에 대한 불안 등으로 인해 학계와 정치권을 중심으로 기본소득제 도입 필요성에 대한 논의가 일어나고 있다. 사실 기본소득제는 2000년대 중반에도 일부 제기된 적은 있으나 본격적인 논의가 시작된 것은 2016년 이후이다.

국제적으로도 2016년 1월 다보스 세계경제포럼, 2016년 6월 스위스 기본소득 국민투표, 2017년 핀란드 기본소득 정책실험 등이 기본소득에 대한 관심을 높였다. 국내에서는 2016년 경기도 성남시가 기본소득과 유사한 청년배당정책을 시행하였으며, 2017년 대통령 선거과정에서는 일부 후보에 의해 기본소득이 제기되었다. 2020년 국회의원 총선에서는 '전 국민대상 기본소득 월 60만 원'을 공약으로 하는 기본소득당이 출범하게 되었다.

2020년의 발생한 코로나 바이러스 확산은 지금까지 논의의 대상으로만 있던 기본소득을 정책의 대상으로 전환시키는 계기가 되었다. 코로나 사태의 충격이 경제사회 전반에 그리고 취약집단에 빠르고 큰 피해를 입히고 있기 때문이다. 생산과 수출 등 경제전반에 충격이 가해져 실업률이 가파르게 상승하고 저소득층과 자영업자의 어려움이 가중되었다. 이를 계기로 이들 계층에 대한 기존의 사회안전망이 충분하지 않다는 인식이 확산되었다.

그만큼 코로나19 사태는 국내뿐 아니라 세계경제에 미치는 영향이 크다. 코로나19 사태로 인한 세계경제의 경로와 관련하여 국제기구와 연구기관에서도 다양한 시나리오를 제시하고 있다. 국제통화기금IMF은 기본 시나리오에서도 2020년을 포함한 상당 기간 세계 성장률이 감소[1]할 것으로 전망하고 있다. 국제노동기구ILO[2]는 2020년 2억 5천만 개의 일자리가 감소했고 2021년 위험도가 낮은 시나리오에서도 기준선에 비해 일자리가 3,600만 개 감소하고 중간 시나리오에서는 9,000만 개 감소를 예측하고 있다. 가장 비관적인 시나리오에서는 1억 3,000만 개 감소를 전망하고 있다.

충격 흡수와 위기 극복을 위해 세계 각국이 전례가 없는 과감한 대책을 추진하고 있다. 국가마다 다소 차이는 있으나 대책은 다음 세 가지로 요약될 수 있다. 첫째, 경제적 충격을 완화하기 위해 0%대 또는 마이너스 금리 등의 완화적인 통화정책과 재정지출 확대라는 적극적인 거시경제정책을 추진하고 있다. 둘째, 코로나 사태로 인한 정상적인 생산 및 경제활동이 어렵게 되면서 상대적으로 어려움을 크게 겪고 있는 항공, 관광 등 업종의 기업과 소상공인, 자영업자 등에 대한 유동성 지원이 이루어지고 있다. 마지막으로 실직위기 등으로 어려움을 겪는 계층에 대한 지원을 추진하였다. 노동시장이 유연한 국가는 실업을 전제로 실업급여 확대, 고용유지 기업에 대한 자금대출과 세액공제 등을 추진한 반면, 유로지역 등은 고용유지에 초점을 맞춰 사용자 부담경감에 역점을 두고 정책을 추진하고 있다.

한국에서도 고용유지 지원을 통해 해고를 억제하고, 실업수당 확대를 통해 실업자를 지원하며, 매출이 감소하고 있는 소상공인에 대한 소득지원과 금융지원을 강화하고 있다. 기업에 대해서도 경영상 어려움을 완화하기 위한 대출보증과 조세 납부유예 등의 조치를 취했다. 이와 함께 직접적으로 소득보전을 위해 중앙정부와 지방자치단체 차원에서 도입된 것이 긴급재난지원금이다. 이러한 긴급재난지원금이 기본소득과 관련 있는 것이다. 아직 다른 국가에서 기본소득을 도입한 국가는 없으나 2000년대 이후 빠른 속도의 기술진보에 따른 불평등 심화, 코로나19 사태 이후의 경제환경 변화에 대응하기 위한 수단으로 기본소득 도입의 필요성을 언급하는 사례가 많아지고 있다.

한국에서 긴급재난지원금은 중앙정부와 지방자치단체에서 각각 도입하였으며 이름, 지원단위, 지원대상 선정기준, 지원금액 모두 다양하다. 중앙정부에서 도입한 것은 2020년 2차 추경을 통해 전 국민을 대상으로 4인 가족 기준 100만 원의 긴급재난지원금을 지원하되 소득 상위 30% 이상의 계층에 대해서는 자발적인 기부를 유도[3]하는 제도였다. 긴급재난지원금 사용기간이 8월 종료되었으나 코로나 감염이 다시 증가하자 4차 추경을 통해 2차 긴급재난지원금을 도입하게 되었다.

7.8조 원으로 편성된 2차 긴급재난지원금은 전 국민을 대상으로 했던 1차와 달리 코로나로 인한 피해가 집중되고 있는 소상공인, 특수고용직과 프리랜서 등 고용취약계층, 생계위기 및 육아부담 가구 등을 대상으로 선별하여 지원하는 방식을 취했다. 지원기간은 10월에서 12월까지 3개월이었다. 그러나 2020년 11월 이후 코로나19 확진자가 다시 증가하면서 사회적 거리두기가 강화되고 이에 따라 어려움을 겪는 계층에 대해 2021년 1월부터 3차 긴급재난지원금을 지급하기로 하였다. 특수고용형태 종사자와 소상공인을 지급대상으로 하고 5조 원 규모가 집행될 것으로 예상된다. 정치권에서는 4차 긴급재난지원금 지급 필요성을 제기하고 있으며 선별적으로 할 것인가 또는 전 국민 대상 보편적 지급으로 할 것인가 또는 병행할 것인가에 대한 논란이 발생하고 있다.

긴급재난지원금을 기본소득제라고 볼 수 있는가?

많은 논란을 거쳐 도입된 긴급재난지원금에서 기본소득의 성격을 일부 찾을 수 있다. 코로나 바이러스 확산으로 인한 경제사회적 충격을 완화하기 위해 기존 사회보장제도의 틀을 넘어 전 국민을 보호할 새로운 정책적 발상과 과감한 실천을 추진했다는 점이다. 기존 사회보장제도는 '더 자주 더 큰 위험'에 노출되고 있는 국민들을 배제하고 있다는 인식에서 출발한다. 다시 말하면, 경제위기 상황에서 특히 취약한 비정규직 노동자나 특수형태 고용종사자, 자영업자, 그리고 청년 실업자와 고령층 실업자를 보호할 방안을 제시하고 있는 것이다. 또한 4차 산업혁명 등에 대비한 사회보장제도가 나아가야 할 방향을 제시하고 있다.

그러나 현재 도입되고 있는 긴급재난지원금을 기본소득이라고 보기 어렵고, 기본소득에 대한 본격적인 논의로 확산되는 데에도 한계가 있다. 먼저 긴급재난지원금은 소득지원의 '지속성'이 결여되어 있다는 점에서 기본소득과 차이가 있다. 오히려 일부 국가에서 채택되었던 '현금살포'에 가깝다. 경제위기 상황에서 전 국민 지원방식의 타당성에 대한 충분한 논의도 없었다. 시급성과 행정적인 비용 등을 이유로 성급히 도입한 것에 대해 아쉬움이 있다. 2차와 3차 긴급재난지원금을 도입하면서 피해 계층을 선별하여 지원하는 방식으로 전환하였으나 선정기준이 모호하고 제외된 계층의 반발로 집행과정에 혼선이 빚어졌다. 4차 긴급재난지원금 지급 여부와 대상에 대한 논란은 이와 관련이 있는 것으로 보인다.

또한 긴급재난지원금이 일회성이 아닌 기본소득 논의로 발전되기 위해서는 효과에 대한 실험과 검증이 이루어져야 하지만 준비되어 있지 않다. 사실상 현 정부에서는 3차례에 걸친 긴급재난지원금을 기본소득의 전조라는 인식보다는 2020년~2021년 긴급 상황에 한정된 제도라는 관점에서 대응하고 있는 것으로 보인다.

문제는 당장 현재의 코로나 경제충격의 향방이다. 경제충격이 2021년 이후에도 계속되면서 한시적 지급으로 예정된 긴급재난지원금에 대한 요구가 끊임없이 제기될 것이기 때문이다. 따라서 긴급재난지원금의 경우 막대한 재원이 요구되는 만큼 기존 사회보장제도 대안으로서의 기본소득제 도입 필요성과 방향에 대해 검토해야 하고 효과에 대한 분석이 필요하다.

기본소득제란 무엇인가?

미래를 위한 대안으로서의 기본소득제

그러면 '기본소득제는 무엇인가?'라는 의문이 가질 수 있다. 제도는 단순하지만, 그만큼 다양한 해석이 존재한다. 가장 일반적인 정의는 기본소득 네트워크BIEN: Basic Income Earth Network가 제시하고 있는 것이다. 기본소득을 '자산조사와 근로에 대한 요구 없이 모든 개인에게 무조건 지급하는 주기적 현금'[4]이라고 정의하고 있다. 이러한 정의에 따르면 기본소득은 보편성, 무조건성, 개별성, 정기성, 현금성, 충분성 등의 속성을 가지며 기존 사회보험이나 사회부조 등과는 근본적으로 차이가 있다.

'보편성'은 구성원 누구나 지원대상이 되고, '무조건성'은 지원대상 포함 여부가 소득과 재산 수준이나 고용 등과 관계없이 주어지며, '개별성'은 지급단위가 가구가 아닌 개인이 된다는 것이다. '정기성'은 지급주기가 월 단위 등으로 정기적이며, '현금성'은 지급방식이 현물급여 또는 조세지출과는 다른 현금이전 형태여야 하며, '충분성'은 지급수준이 최저생계비가 아닌 인간다운 삶을 누릴 수 있는 수준이어야 한다는 것이다. 여기서 '충분성'과 '현금성'은 도입 초기 다소 변형이 가능할 것으로 보인다. 재원 부담 등으로 인해 도입 처음부터 충분한 수준으로 지급하는 것이 쉽지 않을 수 있고 현금성도 상황에 따라 조정할 수 있기 때문이다.

이와 같은 기본소득의 연원[5]은 "인간의 권리로서 최소한의 소득을 보장해야 한다"는 16세기 계몽주의 사상가들에게서 찾을 수 있다. 한국에서 기본소득에 대한 관심은 2000년대 초반에 시작되었으나 2010년 이후에 본격적인 학술 논쟁으로 이어졌다. 당시의 기본소득 논쟁은 주로 진보진영에서 제기되었으며 '탈노동, 노동해방' 차원에서 논의[6]되었다. 2010년대 후반 이후에는 4차 산업혁명이 본격적으로 진행되면서 미래사회에 대비한 사회보장제도의 대안으로서 논의가 이루어지고 있다.

구체적으로 최근에 제기되고 있는 기본소득제 도입의 필요성은 세 가지 관점으로 요약할 수 있다. 첫째, 기존 사회보장체계의 보완 또는 대안으로서의 기본소득제 도입 필요성이다. 경제발전에 따라 서비스 경제화가 진행되고 4차 산업혁명에 따른 기술진보로 전통적인 산업사회에서의 표준적인 고용관계가 해체되고 있기 때문이다. 기술혁신으로 인해 이전에 기업 내부에서 담당했던 실질적 업무의 상당 부분을 외부화하도록 하면서 일터의 균열[7]로 이어지고 있다. 가장 대표적인 것이 프랜차이징이다. 도급과 하청, 제3자 경영이 확산되고 있으며 사용자와 노동자의 고용관계가 상호독립적인 시장거래로 전환되고 있다.

특히 4차 산업혁명에 따른 정보통신기술 발달은 플랫폼 노동을 확산시키고 있다. 플랫폼을 통해 노동이 상품과 같이 거래되면서 고용관계가 변화하고 있다. 정확한 추정은 없으나 플랫폼 노동이 전체 취업자의 9%에서 30%에 이른다는 분석도 있다. 이러한 노동형태의 변화는 기존의 임금노동 계약관계의 해체를 의미한다. 그 결과 임금노동 계약관계에 근거한 기존의 사회보장체제가 한계를 드러내고 있다. 사회보험에 가입하지 못해 사각지대에 놓여 있거나 가입하더라도 짧은 가입 기간 등으로 인해 충분한 보장이 이루어지지 못하는 것이다. 노동자의 입장에서도 안정적인 사회안전망이 제공된다면 높은 임금과 좋은 노동조건을 제공하는 일자리로 자유스럽게 이동할 수 있는 역량을 높이는 기회를 가질 수 있으나 그렇지 못하다는 것이다.

둘째, 사회적 양극화와 불평등 심화에 대한 분배정의 실현을 위해서도 기본소득이 필요하다는 주장이 제기된다. 이러한 논의도 기술혁신 등 4차 산업혁명과 관련 있다. 자동화로 인해 일자리가 감소할 것으로 예상될 뿐 아니라, 원래 모두의 것이었던 인터넷을 통해 축적된 지식과 모두에 의해 생산되고 있는 빅데이터를 통해 부가 축적되고 있지만 정의롭게 분배되지 않는 것이다. 이로써 불평등이 심화되고 있다.

기존 노동뿐 아니라 자유노동이라는 시민들의 활동과 이를 통해 축적된 빅데이터가 가치창출의 핵심 근원인 셈이다. 그럼에도 불구하고 공정하게 분배되기보다는 일부 기업들이 독점하고 있다. 사회에서 창출되는 부가 공유되어야 하며 이를 나누는 것이 기본소득이 된다는 주장이다. 기본소득당의 슬로건도 '모두의 것을 모두에게'라고 되어 있다.

마지막으로 한국경제의 지속가능한 성장을 위해서도 기본소득제 도입을 고민할 필요가 생긴다. 기술혁신과 4차 산업혁명으로 인한 비전형적 고용관계 증가에 대응함과 동시에 다음 파트3에서 설명하는 것처럼 성장을 위해 노동시장의 경직성을 완화함으로써 생산성을 높여야 한다. 한국경제에서 노동시장의 경직성은 노동자의 지위가 불안정해질 경우 고용보험이나 사회보장제도가 충분하지 못해 빈곤층으로 전락할 가능성이 있기 때문에 발생한다. 덴마크 등과 같이 실직할 경우 소득대체율이 80~90%에 이를 경우 유연한 노동시장 시스템을 충분히 받아들일 수 있을 테지만 우리의 경우 50% 수준에 불과하다.

또한 비정규직 또는 특수고용형태 노동자와 같이 사회보험의 대상이 되지 못하는 사각지대가 광범위하게 존재한다. 따라서 실직을 하더라도 인간적인 삶을 영위할 수 있는 수준의 기본소득이 보장될 필요가 있다. 그래야만 한국경제의 지속가능한 성장을 위해 필요한 최소한의 노동시장 유연성을 받아들일 수 있게 된다. 특히 사각지대의 대부분을 차지하고 있는 청년층에도 혜택이 돌아갈 수 있기 때문에 세계적으로 유례없는 저출산 현상 완화에도 도움을 줄 수 있다.

기본소득제 도입을 위한 다양한 실험

기본소득 도입을 위한 막대한 재원조달 필요성과 노동시장과 분배효과에 대한 논쟁, 기존 사회보장제도와의 관계에 대한 논쟁 등으로 인해 아직 완전한 형태의 기본소득 제도를 시행하고 있는 국가는 없다. 일부 국가에서 정책제안 단계이거나 실험 형태로 도입을 검토하고 있는 상황이다.

스위스와 프랑스 등에서는 기본소득제가 정책대안으로 제기된 바 있다. 스위스에서는 지난 2016년 국민투표를 통해 성인 1인당 월 280만 원(어린이 70만 원)을 지급하는 것을 골자로 하는 기본소득 방안에 대한 국민투표를 실시했으나 77%의 반대로 부결되었다. 중복

될 수 있는 기존 복지제도를 폐지하는 것에 대한 부정적인 시각과 막대한 재정적 부담 등이 이유였다. 프랑스에서는 2017년 사회당 대선 후보가 18세 이상 모든 시민에게 월 91만 원의 기본소득을 지급하고 그 재원은 로봇세로 충당하는 방안을 제안하였다. 미국 민주당 대선 후보 경선과정에서도 한 후보가 18세 이상 성인에게 월 120만 원의 기본소득을 지급하고, 산업 자동화 등으로 혜택을 보는 거대 기업과 구글 등 정보통신기업에 대한 부가가치세로 충당하는 방안을 제안했었다.

핀란드에서는 중앙정부 차원에서 일부 사회보장제도(실업급여 등)를 기본소득으로 대체하기 위한 정책실험을 실시했다. 2017년부터 2년간 25~58세의 실업자 중 2,000명을 대상으로 월 70만 원의 기본소득을 지급하되 실업급여 등은 폐지하는 내용이었다. 그리고 이러한 제도 변화가 노동시장 참여결정에 미치는 영향을 평가했다. 사회보장제도를 효율화하겠다는 의도였으나, 고용증대 효과는 크지 않은 것으로 나타나면서[8] 실험을 종료했다.

네덜란드, 캐나다 등에서도 자치단체 차원에서 기본소득 도입을 위한 정책실험을 하고 있다. 네덜란드에서는 2017년부터 유트레흐트 등에서 월 120만 원 수준의 기본소득 지급방안을 구직의무 완화와 연계된 4개의 실험군을 대상으로 시범실시 중이다. 캐나다에서는 2017년부터 온타리오주에서 4,000명을 대상으로 월 122만 원의 기본소득을 지급하는 실험을 했으나 재정부담 등으로 1년 만에 중단되었다.

기본소득제의 이상적인 형태에 가장 근접한 제도가 미국 알래스

카주에서 실시하고 있는 제도이다. 1976년 주 헌법 개정을 통해 석유와 천연자원 판매수익의 25%를 기금으로 출연하도록 하고 1982년부터 기금 수익의 일부를 배당형식으로 주민에게 지급하고 있다. 기본소득 지급액은 원유 등 자원판매를 통해 조성되기 때문에 연도별로 다소 차이가 있으나, 월 10~20만 원 수준이다.

기본소득제를 둘러싼 논쟁

기본소득제 정책실험 과정에서 지급 방식과 모델, 지급 수준, 재원조달 방안, 기존 사회보장제도와의 조화와 관련한 논쟁과 함께 기본소득이 소득재분배에 미치는 영향, 노동공급 및 근로의욕에 대한 영향, 민간소비와 성장에 미치는 효과에 대한 많은 연구와 논쟁이 있었다.

기본소득제의 다양한 변형

기본소득제가 전 국민에게 일정한 소득을 보장함으로써 '모두에게 실질적인 자유를 제공'하고 '모두의 것인 공동 부를 모두에게 제공'한다는 취지에서 지금까지 제시된 제도에는 두 가지의 유형이 있다.

〈표 2-1〉에 제시된 것처럼 진보진영에서 주장하는 전형적인 기본소득제와 신자유주의 진영이 제시하는 부負의 소득세NIT: Negative Income Tax 등 변형된 기본소득제가 있다. 부의 소득세는 일정 소득 이하의 소득자에 대해서는 세금을 환급하고 초과자에는 세금을 부과함으로써 일정 수준의 소득을 보장하는 제도이다. 자유주의 경제학자인 프리드만과 토빈 등이 제시한 방안이다. 차액소득보장[9]은 NIT와 같이 일정

표 2-1 **기본소득제도의 유형**

구분	제도 취지	제도 유형
진보 진영	기본소득 지급을 통해 임금노동으로부터 해방	기본소득제
신자유주의 진영	공적부조나 사회보험 대신 기본소득을 제공함으로써 복지제도 효과성 제고	부의 소득세 차액소득보장

소득을 정하고 부족할 경우 세제(세금환급)만으로 또는 세제와 복지 등 재정지출을 혼합하여 일정 소득에 이를 수 있도록 지원하는 방안이다. 사실상 NIT와 동일한 방안이라고 할 수 있다.

기본소득제는 아니지만 기본소득의 대안으로 학계 등에서 제시되고 있는 방안이 현재의 근로소득세제EITC를 확대한 '보편적 근로장려세제UEITC'[10] 이다. EITC는 일정 소득 이하의 노동계층에 대해서만 적용하는 것이나 UEITC는 모든 노동계층을 대상으로 EITC를 적용하는 것이다. EITC의 적용범위를 넓힌 것으로 노동계층과 비노동계층을 모두 대상으로 하고 있는 기본소득제와 달리 노동계층에만 적용하는 제도이다. 일하지 않는 계층에 소득을 지원하는 것이 적절하지 않다는 인식에서 출발한 것이지만 비전형 노동자와 플랫폼 노동자 등 노동의 경계가 불분명해지고 있는 지금의 상황에서는 적합한 제도로 보기 어렵다.

미치는 효과가 제마다 다르다는 한계

기본소득제를 도입할 경우 소득재분배, 노동공급, 소비 등에 어떤 영향을 미치는지 실험적 연구가 진행되었다. 실제 기본소득제와 이와 유사한 제도를 실제 도입한 나라가 없어, 보수 및 진보, 연구자에 따라 평가결과가 다르다.

먼저 기본소득제 효과에 대해 국내에서 가장 포괄적인 분석결과를 제시하고 있는 연구[11]는 '다음 세대 정책실험실LAB2050'이 제기한 것이다. 소득재분배를 목적으로 하는 보편적 기본소득제UBI, 부의 소득세NIT, 선별 수당(예: 생계급여), 보편적 사회수당(예: 아동수당) 4가지 제도를 재분배 효과, 행정비용 최소화, 민간소비 촉진, 자유노동의 안정과 촉진이라는 측면에서 평가하였다. 그 결과 보편적 기본소득제의 재분배 효과는 보통이지만, 나머지 측면에서 가장 높은 효과를 기대할 수 있으므로 최적의 제도는 보편적 기본소득제의 틀을 가져야 한다고 주장한다.

재원은 소득세제 정비를 통해 마련하고, 누진성을 높여 '부의 소득세'와 같은 재분배 효과를 가질 수 있다고 주장한다. 다시 말하면, 기본소득제와 소득세 누진성을 강화하게 되면 소득상위 20~30%(전 국민으로 환산하면 상위 10-15%)가 상대적인 손해를 보고 나머지 다수는 이익을 보게 되어 지니계수, 5분위 배율, 상대적 빈곤율 등 분배지표 모두가 개선되는 효과[12]를 보여준다는 것이다. 민간소비는 제도시행 초기에는 추가세금 우려로 잠시 위축된 후 전체적으로 소비성향이 높아져 민간소비가 완만하게 증가하거나 적어도 감소하지는 않을 것으로 추정한다. 지급관리 등 행정비용도 감소할 것으로 기대하고 있다.

재원 대책과 기존 사회복지제도와의 관계

한편, 재원조달 부담, 노동의욕 등 노동시장에 미치는 효과, 소득 재분배 효과 등을 종합할 경우 보편적인 기본소득제보다는 '부의 소득세NIT'가 효과적이라는 의견[13]도 있다. NIT와 기본소득제가 소득재 분배 효과와 함께 노동공급에 미치는 영향을 분석하면 두 가지 모두 소득재분배에는 긍정적이지만 기본소득제의 경우 모든 계층의 노동 의욕을 저하시켜 경제에 긍정적이지 못한다는 의견이다.

보다 자세히 살펴보면 NIT는 전 국민을 대상으로 최소한 생계급 여 수준의 세금을 환급하되 소득증가에 따라 지급액이 감소하는 모 형이다. 기본소득제는 앞서 언급한 제도와 동일하다. 모두 소득재분 배 효과가 있으나 노동환경에 미치는 영향 면에서 실업을 증가시키 고 고용을 감소시키는 노동 역유인 효과가 NIT의 경우 저소득층 중 심으로 나타나는 반면, 기본소득제의 경우 고소득층을 포함한 모든 계층으로 확대되는 것으로 분석된다. 효과는 일정 수준의 소득이 지 급됨에 따라 소비를 통해 성장에 미치는 긍정적인 영향과 노동공급 에 미치는 부정적인 영향의 정도에 따라 달라진다. 이들 연구는 총지 출 규모가 적은 경우에만 성장에 긍정적인 것으로 평가되고 있다.

한편, 현실 적용의 측면에서 기본소득제가 막대한 재원을 필요로 한다는 점에서, 도입을 하더라도 선별적이며 순차적으로 해야 한다 는 주장도 제기되고 있다. 기존 사회보장제도를 유지하면서 기본소 득제를 도입하면 조세부담률 상승이 불가피[14]하기 때문이다. 재정확 대에 제약이 없을 경우 당연히 기본소득 지급이 효과적이지만 재정 확대에 제약이 있는 경우 다를 수 있다. 재정이 제약된 가운데 기본소득제를 도입할 경우 유사한 성격의 사회보장제도를 폐지할 수밖에 없고, 그 경우 소득재분배 효과가 달라질 수 있기 때문이다.

일부 연구에서는 가초생활보장급여 폐지를 전제로 안심소득제(기준 소득을 설정하고 기준 소득과 실제 소득 간 격차의 40%를 지원)를 제시하면서 단순한 기본소득제 도입에 비해 지니계수 개선효과가 큰 것으로 분석하고 있다. OECD[15]에서도 프랑스 등 4개국에 대한 시뮬레이션을 통해 재정확대 없는 성급한 기본소득제 도입이 오히려 저소득층에 부정적인 효과를 가져올 수 있다고 지적하고 있다.

왜냐하면 보편성과 충분성 원칙에 따라 모든 국민을 대상으로 동일한 기본소득을 지급하고 기존의 사회보장 혜택을 축소할 경우 취약계층에 대한 지원이 상대적으로 감소하기 때문이다. 따라서 낮은 수준의 보편적 복지제도 도입보다는 아동, 청년, 노인 등 사회적 약자에게 집중된 보다 높은 수준의 선별적 복지가 필요하다고 강조하고 있다. 기본소득제를 도입하려면 재정확대가 불가피하며 재정 부담 억제를 위해 기존 중복사업 정리와 전달체계 효율성을 제고해야 한다는 주장이다.

보편적 복지제도는 재정부담과 기존 사회보장제도와의 조화를 위해 단계적으로 도입해야 한다는 의견도 있다. 제한된 재정 여건과 기존 사회보장제도 폐지 또는 축소가 어려운 상황임을 감안할 때, 재정에 무리가 되지 않는 범위 내에서 시도한 이후 정치사회적 여건이 허락할 경우 확대 여부를 검토하자는 것[16]이다. 우선 실행가능한 대안으로 상대적으로 사회보장혜택을 받지 못하고 있는 청년과 중장년층을 대상으로 실업수당 확대 또는 실업부조 도입을 제안하고 있다.

과도기적인 구상으로는 불안정 노동문제를 겪는 청장년층을 대상으로 기본소득 이용가능 기간을 4년으로 한정하는 '근로시민 기본소득 이용권'을 제안하는 주장[17]도 있다. 최저생계비 수준의 급여(중위소득의 30%)를 보장하되 전 생애에서 최대 4년, 1회 2년으로 제한하는 방안이다. 재원조달을 위해 사회보장세 신설을 제안하고 있다.

지금까지의 논의를 종합하면 기본소득제에 대한 핵심 쟁점은 노동의욕 관련 노동공급에 미치는 영향, 재원조달과 이와 관련한 기본 사회복지제도와의 중첩문제 해소 등으로 모아진다. 행정비용, 소비 등에 미치는 영향은 부수적인 쟁점이다.

기본소득제
도입을 위한 제언

기본소득제는 진보진영에서 주로 논의되기 시작했고 보수진영의 경우 부정적인 견해가 지배적이었다. 그러나 상황이 변화하고 있다. 저성장세가 지속되고 양극화와 소득불평등 심화 등 사회적 문제에 대한 해결방안의 하나로 기본소득이 학계와 일반 국민의 관심을 끌고 있다. 특히 기술진보와 4차 산업혁명에 따른 플랫폼 노동의 증가, 최근의 코로나 바이러스 확산에 따른 자동화 증가 상황에 기존 사회보장체계가 충분히 대응하지 못한다는 인식[18]이 보수진영에도 확산되고 있다.

특히 3차례에 걸친 긴급재난지원금이 종료되더라도 고용 등 경제적 어려움이 지속되고 있어 4차 지원금 논의가 이루어지고 있고 지원 여부와 대상 등에 대한 논쟁이 발생하고 있다. 향후 긴급재난지원금을 넘어 기본소득제로 갈지 여부를 결정하는 데는 도입에 필요한 막대한 재원부담, 기존 사회보장제도와의 조화 등을 감안할 때 세밀한 설계와 함께 국민적 공감대 형성이 중요하다. 제도 선택에 따라 소득

재분배, 노동의욕 등과 관련해서 노동시장과 경제성장 등에 미치는 효과가 다르기 때문이다.

지금까지 제시된 기본소득제의 다양한 형태에 대한 평가를 종합하면 전형적인 '기본소득'과 '부의 소득세'의 선택문제로 다가온다. 앞서 설명한 것처럼 '보편적 근로장려세제UEITC'가 노동의욕 등 노동 공급에 미치는 부정적인 영향을 최소화한 방안이기는 하지만 노동계층만을 대상으로 하기 때문에 비전형 노동, 플랫폼 노동이 늘어나고 있는 최근의 상황에는 적합하지 않은 제도로 보아야 한다.

기본소득과 NIT를 제외한 방안, 즉 노동계층만 지원 또는 단계적 지원 방안 등은 기본 사회복지제도와의 조화와 재원부담을 우려한 방안이다. 그러나 기본소득제가 4차 산업혁명 시대 사회복지제도의 비효율성을 해소하기 위한 방안이라는 점에서 이 또한 적합하지 않다. 재원부담을 줄인다는 장점이 있기는 하지만 사회복지제도의 근본적인 변혁을 가져오기 어렵고 수혜계층은 또 다른 복지제도의 하나로 인식할 가능성이 크기 때문이다.

사실 선택의 대상이 되고 있는 기본소득과 NIT는 기본소득의 한 유형이며 핵심적인 차이는 소득이 높은 계층에 적용하는 부분만 다르고 나머지 취지는 동일하다고 보아야 한다. 소위 "재벌에게도 기본소득을 지급하는 것이 맞는가"에 대한 입장이 다른 것이다. 노동의욕의 측면에서 전 국민에게 지급하는 기본소득은 전 국민의 노동의욕을 저하시킬 우려가 있다고 지적되고, NIT는 세금환급 대상이 되는 저소득층을 중심으로 노동의욕을 저하시킬 가능성이 있다고 본다. 다시 말하면 노동을 하지 않으면서도 소득이 생기기 때문이다. 노동의욕에 미치는 영향이 크지 않다는 연구도 있다.

따라서 노동의욕에 미치는 영향은 연구모형에 따라 다르게 나타나는 것으로 보이며 결국 정책실험 또는 정책적 판단의 문제로 인식하는 것이 적절하다고 판단된다. 고소득자에 기본소득을 지급하는 것에 대한 비판을 피하기 위해 전형적인 기본소득을 채택하더라도 재원조달방안의 일환으로 소득세 공제와 감면 축소, 폐지 등을 통해 소득세의 누진성을 강화하고 지급되는 기본소득을 세금으로 다시 거두어들이는 방법도 있다.

반면 NIT는 사전에 설정한 기준소득 이상일 경우 조세환급 및 납부 규모가 차등화되어 고소득층 지급문제를 해소할 수 있으나 공동의 부를 나눈다는 기본소득제의 취지에 부합하지 않는 문제가 있다. 또한 제도의 변화가 주로 조세부문, 특히 소득세에서 이루어지기 때문에 소득세 공제와 감면 폐지, 소득세율 인상 등 조세제도의 변화가 불가피해질 우려가 있다. 조세저항 등으로 사실상 실현이 어려울 수도 있다.

따라서 기본소득제의 취지 및 상대적인 조세제도의 변화 축소 등을 감안할 때 전형적인 기본소득 도입이 바람직한 측면이 있다. 물론 궁극적으로는 기본소득 도입을 위한 광범위한 토론, 협의, 연구와 함께 필요한 경우 일부 지역과 대상을 중심으로 정책실험을 추진할 필요가 있다. 앞으로의 논의를 위해 실현 가능한 방안을 제시하고자 한다.

보편적 기본소득제, 월 30만 원에서 단계적 확대를

보편적인 기본소득을 도입할 경우 재정여건, 실현가능성 등을 감안하여 1인당 월 12만 원에서 65만 원까지 다양한 수준이 제시되고 있다. 도입 초기에는 월 30만 원 수준이 적정한 것으로 보인다. 기본소득제와 유사한 성격을 갖고 있는 기초연금(최대 30만 원), 기초생활보장 생계급여(중위소득의 30%, 1인당 평균 월 25만 원, 2인 가구 기준 45만 원), 근로장려금(EITC, 연간 최대 300만 원) 등과 유사한 수준이다. 이들 제도가 기본소득제로 대체된다고 보면 적절하다.

1인당 월 30만 원을 지급할 경우 필요한 재원은 2021년을 기준으로 약 190조 원 내외로 추정된다. 경제 전체적으로 볼 경우에도 총 재원 추정금액 190조 원은 전체 국민소득GNI의 8.5%로서 국민소득의 10% 수준을 사전에 분배함으로써 모든 국민이 동일한 선상에서 출발할 수 있다. 전 국민이 창출한 부가가치의 10%에 불과하지만 그 수준이 적절하다는 국제적인 논의[19]와도 맥을 같이 한다. 시행 과정에서 기존 사회보장제도와의 조화와 재원 여건 등을 감안하여 확대할 수 있는 최소한의 출발점이 될 것으로 보인다. 궁극적으로 국민소득의 25%까지 지급하여 국민들에게 실질적인 자유를 주어야 하지만 초기에는 10% 수준에서 시작할 수 있는 것이다.

소요재원(약 190조 원 내외)에서 기존 복지제도 대체 또는 재정지출 조정으로 약 90조 원 내외를 조달하고 세제개편과 세정개혁을 통해 약 100조 원 수준을 조달할 수 있을 것으로 보인다. 세부적인 복지제도 대체와 지출조정, 세제개편의 내용에 따라 구성은 달라질 수 있다. 이럴 경우 조세부담률[20]이 5.3%p 증가하여 약 25% 수준으로 상승하게 된다. OECD 평균 조세부담률이 25% 수준이므로 복지제도 대체 또는 재정지출 조정이 순조롭게 진행된다면 조세부담률 차원에서 한국의 경쟁력을 저해하는 수준은 아니다. 또한 기본소득제 도입으로 한국이 '중부담 중복지' 국가대열에 진입한다는 의미도 있다.

재원조달을 위해 제도개혁을 먼저 추진해야

기본소득제에 관한 여러 연구에서 재원확보 방안으로 소득세 공제 및 감면 폐지 등 세제개혁과 함께 일부 사회보장제도의 폐지에 관해 종합적으로 제시하고 있다. 예를 들면, 기존 사회부조 수혜금 폐지(14.5조 원), 소득세 소득공제 및 세액공제 폐지(58조 원), 소득세율 10%p 인상(58조 원)을 통한 130조 원(월 21만 원 지급) 조달방안을 제안하는 연구[21]와 일부 복지제도 폐지와 사회보장을 제외한 공공부조 폐지를 통해 117조 원을 조성할 수 있다는 연구[22]도 있다. 또한, 소득세 감면 폐지, 세율인하, 기본소득 과세, 탈루 및 비과세 과세 강화와 일부 복지제도 폐지, 기금특별회계 정비, 지방재정지출 조정 등 구체적인 방안을 제시[23]하기도 한다.

기본소득제 도입을 결정한다면 재원조달을 위해 세제와 세정을 개혁하고 기존 사회보장제도와의 중복을 해소하며 집행의 효율성을 제고해야 한다는 원칙에 이견이 있을 수 없다. 다만 세제와 세정 개혁, 복지제도 및 재정개혁을 통한 구체적인 세부 재원조달방안 작성에 있어서는 개별 항목별로 타당성, 합리성, 실현가능성 등에 관한 면밀한 검토가 필요하다. 특히, 기본소득제 도입에 수반되는 개혁의 경우 계층별 가구별 형평성에 따라 영향을 미칠 수 있으므로 면밀한 시뮬레이션이 필요하다.

기본소득제가 도입될 경우 기존 사회보장제도에 새로운 제도가 추가로 얹히는 것이 아니라 유사하거나 중복되는 성격을 갖는 제도를 대체할 수 있어야 한다. 대체 또는 지출조정이 필요한 프로그램의 성격, 대상, 지급수준 등에 차이가 많고 소득재분배와 노동시장에 미치는 효과가 달라 확정적으로 대상 프로그램을 열거하기는 쉽지 않다. 궁극적으로 기본소득을 도입할 경우 정부의 재정계획 수립과 심의과정에서 엄밀한 검토와 분석이 필요하다.

여기에서는 프로그램의 성격을 기준으로 대체 또는 조정 가능한 대상을 예로 들도록 한다. 먼저 기본소득제 도입으로 기존 복지제도가 대체되더라도 수급자가 손해를 보아서는 안 된다. 이러한 측면에서 대체될 수 있는 기존 제도로는 특정연령대의 부분 기본소득의 성격을 가진 기초연금(15조 원)과 아동수당(2.2조 원), 국민기초생활보장법에 따라 지급되는 생계급여(4.6조 원)의 일부, 일자리 유지를 위한 사업자 지원정책인 일자리 안정자금(1.4조 원), 구직 지원정책인 청년내일채움공제(1조 원), 2021년에 처음 도입되어 기존 취업성공패키지와 통합 운영되는 국민취업지원제도(1.4조 원), 4대 사회보험의 사각지대 해소를 위한 두루누리지원사업(0.8조 원) 등이 있다. 생계급여와 중복 수급이 가능한 의료급여, 주거급여, 교육급여와 장애인 연금은 제외한다.

이와 함께 기금 특별회계 정비, 지방재정 지출조정, 융자사업 이차보전, 재정 자연증가분과 세계잉여금 등 유휴 신규재원을 활용하면 된다. 우선 2020년 기준으로 기금(54조 원)과 특별회계(177조 원)에서 고용보험기금, 신용보증기금과 같은 사회보험성과 금융성 기금을 제외한 복권기금, 국민체육진흥기금 등 계정성, 사업성 기금이 공공자금관리기금의 투자 풀에 예탁한 여유자금(13조 원)의 일부를 활용할 수 있다. 수입이 지출보다 현저히 많은 교통시설특별회계 등의 여유재원(2019년 기준 전입금 12조 원에서 지출금액 8.5조 원을 제외할 경우 3.5조 원)도 재원으로 확보 가능하다. 지방정부가 복지차원에서 현금을 지원하는 금액(90조 원 수준)의 상당 부분도 기본소득과 유사한 부문이 많아 조정 가능하다. 융자사업(30조 원 수준)의 상당 부분을 이차보전사업으로 전환할 경우 줄어드는 지출의 일부와 재정 자연증가분(중기재정계획에 따라 연평균 5.7% 증가할 경우 연간 25조 원 수준 증가)도 활용할 수 있다. 자연 증가분의 상당 부분이 복지수요 증가에 대응하기 위한 것이므로 기본소득에 활용할 여지가 충분하다. 이와 같은 재원 등을 구조조정할 경우 90조 원 내외의 기본소득 재원을 지출 측면에서 확보할 수 있을 것으로 보인다. 구체적인 검토는 도입과 관련한 논의를 진행하는 과정에서 세부 사업의 내용과 특성을 감안하여 세밀하게 진행할 필요가 있다.

국민부담을 최소화하는 방향으로 세제와 세정개혁을

기존 사회보장제도 대체와 조정 이후 남은 부분(약 100조 원 수준)은 세제와 세정개혁을 통해 조달해야 한다. OECD 국가 평균수준으로 조세 부담율을 상향조정하는 세제개혁을 통해 조달할 경우 한국 경제의 경쟁력을 저해하지 않는 범위 내에서 추진할 수 있다. 세부적으로는 OECD 국가들에 비해 과세가 취약한 소득세 및 부가가치세 분야 위주로, 조세지출 성격 또는 기본소득으로 대체 가능한 소득세 공제와 감면의 축소 또는 폐지(39조 원), 기본소득 과세(19.8조 원), 지방소득세 증가분 활용(5.9조 원)과 부가가치세 공제와 감면 축소 또는 특례폐지 등(11.4조 원)을 검토할 필요가 있다. 만약 재원이 부족할 경우 부가가치세 세율 3%p 인상(25조 원) 방안도 검토해볼 수 있다.[24]

소득세와 부가가치세 중심으로 재원 조성

조세(국민) 부담률이 OECD 국가평균에 비해 낮은 이유는 한국의 소득세와 부가가치세 과세가 취약하기 때문이다. 〈표 2-2〉에서 보는 것처럼 세원별 부담률을 비교하면 OECD 국가에 비해 한국의 조세 체계는 개인소득 과세와 부가가치세 부담률이 크게 낮은 것으로 나타난다. 따라서 기본소득제를 도입하기 위해 조세부담률을 올리려면 개인소득 과세와 부가가치세 부담을 늘려 OECD 국가 평균 수준의 조세체계를 구축하는 것이 맞다.

표 2-2 **국민부담률의 세원별 구성**(GDP 대비) (단위:%)

구분	국민부담률	개인 소득과세	법인 소득과세	재산과세	소비(VAT) 과세	사회보장 기여금
한국	(19.9)	4.9	4.2	3.1	7.0(4.1)	6.8
OECD	(25.0)	8.3	3.0	1.9	10.7(7.1)	9.2

소득세 공제, 감면 완전 폐지 및 소득세율 조정에는 신중

기본소득제 관련 연구에서 기본소득제가 매년 발생하는 국민소득의 일부를 사전 배분하는 제도라는 측면에서 소득세 개혁이 필요하다. 논리적으로 맞는 말이다. 그러나 소득세제를 단순화하고 누진성을 강화하기 위해 소득공제와 세액공제를 모두 폐지하거나 소득세율을 조정하는 방안은 신중할 필요가 있다.

소득공제와 세액공제가 폐지된다면 기본소득 지급을 고려하더라도 특정한 계층, 즉 중산층과 고소득층의 세부담이 대폭 증가하기 때문이다. 일부 연구에서 제시하는 대로 이러한 문제를 해결하기 위해 소득세율을 3%p 인하하더라도 연소득 4,700만 원 초과 계층에 대한 직접적인 증세조치[25]로 국민적 동의가 필요하다.

소득세 공제제도는 지난 2013년 소득세 형평성 제고를 위해 상당수 소득공제를 세액공제로 이미 전환하였으나 취지와 달리 세 부담의 증가로 인해 논란이 있었다는 점을 교훈[26]으로 삼을 필요가 있다. 또한, 공제제도를 모두 조세특례의 일환인 조세지출로 분류하지 않는 것은 성격상 기본 과세체계를 구성하는 측면이 있어 축소 또는 폐지가 어렵기 때문이다.

예를 들어, 근로소득공제는 사업자의 사업소득을 계산할 때 공제되는 필요경비에 대응되는 경비라는 측면에서 기본 과세체계를 구성하는 제도이다. 건강보험료와 고용보험료 등의 공제는 필수적으로 지출되는 경비이고, 연금보험료 공제는 추후 연금소득에 소득세를 과세하는 이론적 근거(선공제 후과세)가 된다는 측면에서 폐지하기 어렵다. 외국납부세액공제도 국제적인 이중과세 조정을 위한 제도이므로 폐지하기는 어렵다. 기부금 세액공제는 기부문화 활성화 측면에서 신중을 기할 필요가 있다.

세율조정도 쉽지 않다. 그간 수차례 고소득자를 대상으로 과세를 강화하여 소득세율이 6~45%(지방세를 포함할 경우 6.6~49.5%)의 8단계 누진세율 구조를 갖고 있다. OECD 국가의 평균 최고세율이 35.9%(지방세 포함할 경우 42.8%)인 점을 감안하면 최고세율의 추가 인상이 쉽지 않고 일괄적인 세율 3%p 인하도 최저세율을 3%까지 끌어내리는 결과를 가져와 바람직하지 않다.

소득세 부문 조세지출과 기본소득과 대체 가능한 공제 폐지(58.6조 원)

결국 소득세 부문의 제원조달은 과다한 소득세 공제, 감면제도 및 그에 따른 높은 면세자 비율, 근로, 사업, 금융소득 등 소득종류 간 과세 불형평성[27]을 완화하는 방향으로 검토할 필요가 있다. 기존 공제, 감면제도의 개편방향은 공제제도를 폐지하되 일률적인 폐지가 아니라 조세지출[28]로 분류하거나, 기본소득으로 대체 가능한 항목 위주로 폐지하는 것이다.

조세지출로 분류되는 소득세 분야 공제와 감면(30.3조 원) 중 소득공제(신용카드 소득공제 등), 세액공제(의료비, 교육비, 자녀, 보험료 세액공제 등) 비과세, 세액감면 및 금융소득에 대한 각종 감면을 원칙적으로 폐지(16.7조 원)하고, 근로장려금EITC과 자녀장려금CTC도 기본소득제로 대체 가능할 것으로 보여 폐지(5.7조 원)를 검토할 필요가 있다.

조세지출로 분류되지 않은 항목에서 기본소득제로 대체 가능한 인적공제는 폐지(11.5조 원)하고, 근로자(일용근로자 포함)에 대한 추가지원 성격의 근로소득세액공제도 폐지(7.7조 원) 가능하다고 본다. 사업자의 투명성을 저해하는 단순경비율, 기준경비율 특례도 폐지를 검토할 필요가 있다. 다만, 조세특례로 보기 어렵거나 유지가 필요한 근로소득공제, 건강·고용보험 등 보험료공제, 연금보험료공제, 기부금세액공제, 외국납부세액공제 등은 유지해야 한다. 결과적으로 소득세 공제와 감면체계 개편을 통해 약 39조 원의 재원을 조성할 수 있을 것으로 예상된다.

또한, 기본소득에 대해서도 일부 연구[29]에서 제안하고 있는 것처럼 국민 개세주의 원칙 구현 등의 차원에서 과세가 바람직하다. 근로소득과 종합소득 납부자에 대해서는 과세소득에 포함시켜 기본세율로 과세하고, 일반 국민에 대해서는 기타소득으로 보아 소득세 최저 명목세율(6% 원천징수)로 과세하면 약 19.8조 원을 조달할 수 있을 것이다. 물론 생계급여 수급자에 대해 예외를 인정할 필요가 있다.

이는 세율체계는 유지하면서 조세지출 성격 또는 기본소득으로 대체가능한 공제와 감면 위주로 폐지하여 계층별 세 부담의 변동 폭이 크지 않도록 하는 방안이다. 다만, 세 부담 증가 및 기본소득 지급에 따른 계층별, 가구 구성별 효과에 대해서는 향후 통합 소득자료에 근거한 정교한 시뮬레이션이 필요하다.

지방소득세 증가분도 활용해야(5.9조 원)

국세인 소득세가 증가하는 경우 10% 수준의 지방소득세도 함께 증가한다. 이러한 증가분 약 5.9조 원 수준의 지방소득세도 기본소득 재원으로 활용하는 것이 바람직하다고 본다.

부가가치세 공제, 감면 축소, 간이과세 폐지 필요(11.4조 원)

소비과세 분야에서도 OECD 국가에 비해 취약[30]한 부분을 개선하면 추가적인 재원을 조달할 수 있다. 소득세 개혁방안과 같이 조세지출로 분류되거나 기본소득으로 대체가능한 항목 위주로 폐지할 수 있다.

부가가치세 분야 조세지출(9.3조 원)중 자영업자 등에 대한 지원제도인 부가가치세 의제매입세액공제(음식점, 폐자원 등), 신용카드매출세액공제 등의 특례는 폐지(6.4조 원) 대상으로 검토 가능하다고 본다. 부가가치세 면세제도는 이미 금융과 교육용역 등을 과세로 전환해왔고 향후에도 지속적으로 축소할 필요(1.7조 원 수준)가 있다.

부가가치세 간이과세제도는 영세 사업자를 위한 과세체계로서 세금계산서 발급 면제, 간편 세금 계산 등을 통해 이들을 지원하기 위한 제도이지만, 부가가치세 거래질서의 투명성을 저해하는 주된 원인이 된다는 점에서 폐지를 검토할 필요가 있다. 세금계산상 편의만 제공하는 제도로 개선하거나 대체할 수 있기 때문이다. 이를 통해 확보할 수 있는 재원의 정확한 추정은 어렵지만 약 3.2조 원 수준(소득세 증가분 포함)이 될 것으로 예상된다.

부족재원 조달 위해 부가가치세 세율 인상(25조 원)

소득세와 부가가치세 분야 공제와 감면 축소, 특례제도 폐지 등을 위주로 하는 세제개혁을 통해 약 76조 원을 조성하더라도 약 25조 원 수준이 부족하다. 일부 연구[31]에서 추가 재원 조달을 위해 유가보조금, 농어업용 면세유, 유류세 탄력세율 정상화 등의 간접세 강화방안과 해외재산 신고 강화, 임대소득 과세 강화, 종교인 과세 강화 등 다양한 방안을 제안하고 있다.

그러나 유가보조금, 면세유 제도 등은 버스와 화물 운송업자, 농어업인 등 취약계층을 위해 도입된 제도이며 기본소득으로 완전 대체가 가능할지는 불명확하다. 또한, 유류세 탄력세율을 정상화할 경우 유가 상승으로 이어지므로 신중할 필요가 있다. 해외재산 신고강화, 임대소득과 종교인 소득 과세강화 등은 세법개정 시 논란이 불가피하고 효과도 명확하지 않은 부분이기 때문에 추가 재원으로 활용하기 어려운 측면이 있다. 국내외에서 제기되고 있는 로봇세 과세 신설, 보유세 강화, 부유세 도입, 상속·증여세 강화, 법인세 인상, 탄소세 도입, 디지털세 과세 등의 방안도 해당 세목의 내용 및 성격, 과세 현황, 실효성, 국제추세, 국민경제에 미치는 영향 등을 감안할 때 기본소득제 도입을 위한 재원확보 차원에서는 검토되기 어렵다.[32]

따라서 추가재원으로 조달할 필요가 있는 약 25조 원은 부가가치세율 3%p 인상을 통해 조달(지방소비세 포함)하는 방안을 신중하게 검토할 필요가 있다. 한국의 낮은 조세부담률은 특히 10%에 불과한 낮은 부가가치세율(OECD 평균 19.3%)에 기인하므로 3%p 수준의 최소한의 범위 내 인상은 보편적 기본소득제 도입을 위해 검토할 수 있다. OECD 국가에서 가장 낮은 수준(10%)인 세율을 적정수준으로 올리는 방안은 소득세법상 모든 공제제도를 폐지하거나 소득세 최고세율을 추가로 인상하는 정책, 유가보조금과 면세유 등의 폐지, 유류세 인상, 보유세 강화, 부유세 도입, 상속·증여세 강화, 법인세 인상, 탄소세 도입 등에 비해 논란 및 중장기적 관점에서 부작용이 크지 않을

표 2-3 **기본소득제 재원조달방안**   (단위: 조 원)

항목	금액
조세 분야	100~101 수준
소득세 공제 및 감면 축소 폐지 -기본소득과 대체 가능한 조세지출 축소 및 폐지. 기본소득 과세 등	60
지방소득세 증가분	6
부가가치세 공제 및 감면 축소 폐지(간이과세 특례 폐지 포함)	13
부가가치세율 인상	25
재정지출 분야	90 수준
기본소득과 대체 가능한 복지제도 축소 폐지	30
기금, 특별회계 여유자금 활용	10
현금성 지방재정지출 조정	15
융자사업 이차보전사업으로 전환	15
재정 자연증가분 활용	20
합 계	190~191 수준

것이기 때문이다.

다만, 부가가치세는 물가, 민간 소비, 부가가치세 역진성으로 인한 중산·서민층 부담 증가 등 국민 경제에 미치는 영향을 고려할 때 기본소득제 도입과 관련하여 사회적 합의를 추진하는 과정에서 신중하게 검토해야 한다.

사회적 합의와 정책실험을 추진

글로벌 금융위기 이후 양극화와 소득불평등 심화, 기술혁신과 4차 산업혁명에 따른 기업과 노동시장의 변화, 이에 대응하지 못하는 사회보장제도의 부적합성 등으로 인해 기본소득제 도입의 필요성에 대한 논의가 진행되고 있다. 특히 한국경제가 지속가능한 성장을 위해 노동시장의 유연성을 제고할 필요가 있으나 적절한 사회보장이 전제되지 않을 경우 논의조차 하기 어려운 상황이다. 따라서 이를 위한 장치로 기본소득의 필요성도 제기되고 있다.

이번 긴급재난지원금 도입으로 정책실험을 할 수 있는 계기를 마련할 수 있었지만 여기에는 기본소득의 기본적인 속성인 혜택의 지속성이 결여되었다. 또한 현재 완전한 형태의 기본소득이 도입되어 실현되고 있는 국가도 없고 대중적인 관심을 받도록 기여한 외국의 정책실험 사례도 엄격한 의미의 실험으로 보기 어렵다. 대부분의 실험이 이상적인 기본소득을 실험하기보다는 기본소득이 갖고 있는 여러 가지 속성 중 일부 작동 방식을 중심으로 설계되었거나 기존 사회보장제도를 개선하고 변형한 형태로 설계되었기 때문이다.

나라마다 산업화와 복지국가 발전 수준이 다르고 세제 등 재정제도와 복지제도의 성격이 다르기 때문에 하나의 모범기준이 존재하기 어렵다. 한국 사회에서 기본소득 도입을 위해서는 기존 사회보장제도의 적합성에 대한 검토와 함께 부담의 적정성, 참여자의 행태에 대한 정책 혁신 실험을 추진해야 한다.

단순히 기본소득 도입 가능성뿐 아니라 동시에 기존 사회보장제도와의 연계 가능성을 검토하는 것이 중요하다. 다양한 기본소득 지급방식 모형도 설정할 필요가 있다. 기본소득과 함께 근로를 통해 소득이 발생할 경우 추가적인 인센티브를 부여하는 방안, 일정 수준 근로소득이 발생할 경우 기본소득에서 차감하는 방안, 일정 수준 이상의 정규직에 취업할 경우 기본소득을 정지하는 방안, 직업훈련 등 사회서비스에 참여할 경우 추가 인센티브를 부여하는 방안 등이 대표적인 실험 모형이 될 수 있다. 이러한 성과에 대한 충분한 평가가 이루어질 경우 기존 사회보장제도와의 대체가능성과 재원조달에 따른 부담의 형평성을 논의할 수 있을 것으로 보인다.

논의 과정에 많은 논란이 예상된다. 노동시장과 경제와 재정 부담에 미치는 영향이 크고 계층별 부담이 달라지기 때문이다. 기본소득제 등 사회안전망 개혁이 성장, 노동시장에 직접적인 영향을 미칠 뿐아니라 막대한 재원이 소요되고 재원조달 과정에서 계층별로 받게되는 혜택과 비용부담이 달라지기 때문에 포괄적인 타협이 필요하다. 어렵기는 하지만 한국경제에 사회적 대타협을 이룰 수 있다. 기본소득제 하나만의 제도 도입 검토보다는 노동시장 개혁, 사회안전망 개혁과 연계하여 논의해야 한국경제의 지속 가능한 성장의 기반을 마련할 수 있다.

PART 03

사회적 이동을
보장하는
고용과 노동시장

줄어드는
사회적 이동 가능성

사회적 이동이 활발하고 역동적이었던 한국경제

사회 구성원은 지금 현실이 어렵다고 하더라도 내일의 삶이 나아질 것이라는 믿음이 있을 경우 자기 발전을 위해 노력하게 되고 이는 결국 사회유지와 경제성장의 동력이 된다. '공정한 노력에 대한 정당한 보상'이라는 원칙이 사회의 기반이 되고 있으며 노력의 최종적인 결과는 사회적 계층 이동과 행복으로 나타난다.

사회적 이동성을 높이기 위해서는 조세감면 또는 복지제도 등을 통한 사후적인 배분보다 일자리, 교육, 취약계층과 지역에 대한 투자 등 사전적인 투자가 효율적[1]이라는 것이 지배적인 견해이다. 다시 말하면, 교육과 직업훈련 등을 통해 노동시장에 진입할 수 있는 역량을 키울 수 있게 하고 창업 또는 취업을 통해 정당한 소득을 얻을 수 있게 해야 한다는 것이다.

그간 한국경제는 사회적 이동이 활발한 국가로 알려져 왔다. 극빈국에서 세계 12위의 경제대국으로 성장하면서 전체 경제 규모가 증

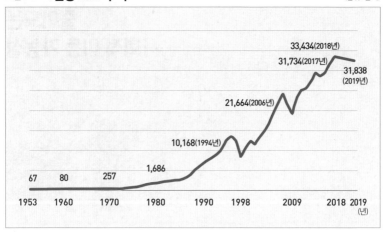

그림 3-1 1인당 GDP 추이   (단위 : 달러)

33,434(2018년)

31,734(2017년)

31,838
(2019년)

21,664(2006년)

10,168(1994년)

1,686

67   80   257

1953   1960   1970   1980   1990   1998   2009   2018 2019
(년)

가했고, 1인당 국민소득도 3만 달러를 돌파했다.

수출과 제조업 중심의 성장과정에서 안정된 일자리에서 소득을 얻고 축적할 수 있는 기회가 있었다. 그 결과 2010년대 중반까지 소득분배도 개선되었다. 자원부족, 빈곤, 정치적 불안을 극복하고 한 세대 만에 산업화된 중산층 사회를 이루어냈다. 개천의 인재들이 부상해 오늘날의 세계 유수의 재계 지도자, 학자, 정치 지도자가 되는 개인적인 성공 스토리도 만들어졌다.

희망을 잃어가고 있는 한국경제

넓었던 기회의 문이 현재 세대에서는 서서히 닫히고 있다. 과거에는 경쟁의 장이 공정했으나 '금수저', '흙수저'라는 얘기가 나올 정도로 출발선에 따른 격차가 심화되고 있다. 이는 일반 국민의 인식에서도 나타난다. 통계청의 사회조사[2]에 의하면 세대 간 또는 세대 내 이동 가능성에 대한 부정적인 인식이 지난 10년간 각각 52%에서 72%로, 62%에서 77%로 확산되고 있음을 알 수 있다.

시대가 지날수록, 세대가 젊을수록, 사회적 이동 가능성에 대해 회의적인 반응을 보이고 있다. 이러한 부정적 인식의 확산은 일자리 기회가 점점 줄어들고 일자리 간 임금 격차가 확대되면서 노력해도 소득을 얻거나 저축하기 어려워지는 데 원인이 있다.

2020년 세계경제포럼wef이 처음 평가한 사회적 이동성에 대한 평가[3]에서도 한국의 이동성은 전체 평가대상 82개국에서 25위에 머무르고 있다. 한국경제 규모가 12위임에도 불구하고 낮게 평가되고 있는 것이다. 전체 순위에서 덴마크, 네덜란드 등이 상위권에 있으며, 인접국과 비교할 때 일본(15위)보다는 낮으나 중국(45위)보다 높은 순위를 기록하고 있다. 요소별로 보면 전체 순위보다 낮은 항목이 교육의 질(29위)과 함께 사회보호(45위)와 임금 격차(36위) 등 노동시장과 관련한 분야 등이다.

사라져 가는 일자리 기회, 장기실업 및 저임금 일자리 증가

한국경제가 경쟁력을 잃어가면서 2000년대 초반까지 누려왔던 풍족한 일자리는 더 이상 존재하지 않게 되었다. 1970~1990년대 고속 성장 기간과 2000년대 초반 중국의 세계경제 편입 등에 따른 호황기처럼 매년 30~40만 개의 일자리가 만들어지기는 어려운 상황이다. 2010년대 후반 한국경제의 일자리 창출 능력이 저하되면서 2018년에는 9만 개 수준의 일자리만 만들어졌다.

2019년 하반기 이후 일자리 창출 규모가 평균 40만 개 이상으로

표 3-1 **취업자 증감 추이**   (단위: 천 명)

구분	2018년	2019년	2020년	2019년 3/4	2019년 4/4	2020년 1/4	2020년 2/4	2020년 3/4	2020년 4/4
전체	97	301	△218	366	422	288	△407	△314	△441
제조업	△56	△81	△53	△76	△41	6	△55	△57	△107
서비스업	51	348	△216	391	466	186	△353	△279	△418
15~64세	△48	74	△455	141	153	△15	△589	△568	△647
65세 이상	145	227	236	226	269	303	182	254	206

회복되었으나 이는 2018년 일자리 위기로 일자리 창출규모가 지나치게 낮았던 데에 따른 상대적인 증가폭 확대, 즉 기저효과에 의한 것이다. 따라서 일자리 증가폭을 2018년과 2019년을 평균해서 볼 경우 20만 개 수준에 불과하여 한국경제가 연간 30만 개의 일자리를 만드는 데 어려움을 겪고 있다는 것을 알 수 있다.

내용 면에서도 정부 재정에 의한 노인과 공공부문의 일자리가 증가세를 주도하고 있다. 노인 일자리 사업이 확대되면서 65세 이상의 고령층 일자리가 증가하고 있는 반면 과거 양질의 일자리 창출 원천이었던 제조업 일자리 규모가 감소 또는 정체되고 있다. 코로나19 확산의 영향이 본격화된 2/4분기 이후에는 제조업과 함께 서비스업 일자리도 감소하고 있으나 65세 이상 취업자가 지속 증가하는 특이한 모습을 보이고 있다. 공공부문에 의한 노인 일자리 사업의 영향인 것으로 보인다.

특히 〈그림 3-2〉과 〈그림 3-3〉에서 보는 것처럼 2010년대 들어 취

그림 3-2 **취직률 및 장기실업자 비중**   (단위 : %)

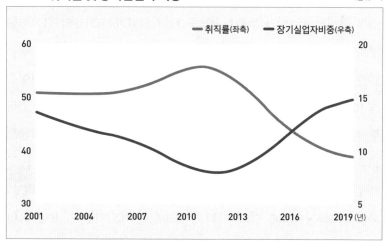

그림 3-3 **경활전환율과 구직단념자**   (단위 : %, 만 명)

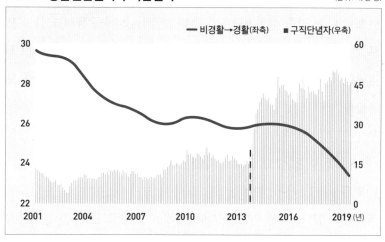

직률 하락 등으로 장기실업자 비중이 증가하고 노동시장에서 벗어났던 비경제활동인구가 노동시장으로 다시 진입하는 비율이 감소하는 구직단념자가 증가[4]하고 있다. 이러한 상황에서 코로나19의 충격은 일자리 상황을 더욱 악화시킬 우려가 있다. 노동시장의 이력현상으로 이어지면서 업무숙련도 등 인적자본이 잠식될 위험이 있다. 이러한 이유로 한국은행의 분석에 따르면 고용율이 위기 이전의 수준으로 회복하는 데 2~4년 정도 소요될 수 있다고 한다.

임금 측면에서 보면 저임금 일자리가 증가[5]하고 있다. 일자리 기회가 감소하는 것과 함께 사회적 이동성을 제약하는 주요한 요인이 된다. 정규직 노동자의 20% 이상이 저임금 노동자[6]이며 이는 15~16%에 불과한 OECD 국가의 평균보다 높다. 임금 분포상의 격차를 나타내는 D9/D1 배율도 높다. D9/DI 배율은 임금분포를 10단계로 나눌 경우 상위 9단계와 하위 1단계 임금수준을 비교한 것으로 상위 9단계의 임금이 하위 1단계 임금에 비해 5배나 높다. OECD 평균인 4배보다 높아 일자리 내에서도 불평등이 심화되고 있음을 보여준다.

노동시장 이중구조의 심화, 빠져드는 비정규직의 함정

임금 불평등에는 한국경제의 노동시장 이중성이 주요 원인으로 작용하고 있다. 다시 말하면, 대기업 정규직 중심의 1차 노동시장과 중소기업 종사자와 비정규직 중심의 2차 노동시장이 뚜렷하게 나뉜다는 특징이 있다.

비정규직이 전체 고용의 1/3 수준에 이르고 임금도 정규직 대비

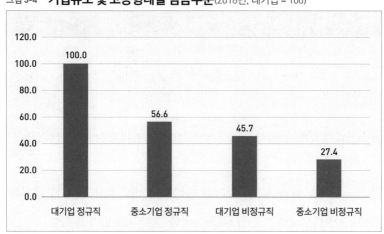

그림 3-4 **기업규모 및 고용형태별 임금수준**(2018년, 대기업 = 100)

32% 이상 낮다. 〈그림 3-4〉에 보는 바와 같이 2018년 기준으로 대기업 정규직 임금을 100으로 볼 경우 대기업 비정규직은 46% 수준이고, 중소기업 정규직은 57%, 중소기업 비정규직은 27%에 불과하다는 것이다.

비정규직이더라도 동일한 직장에서 정규직으로 전환할 수 있다면 임금 불평등은 오히려 생산성 향상의 유인을 제공할 수 있고 사회적 이동성 면에서도 제약이 없다. 그러나 비정규직의 고용 지속기간이 2년 5개월로 정규직의 7년 10개월에 비해 짧다.[7] 정규직으로 전환될 확률이 1년 이내는 16.1%, 3년 이내는 22.9%에 불과[8]하다.

비정규직을 자발적으로 선택했다면 문제가 되지 않는다. 유연한 근무시간을 통해 일-가정, 또는 일-학습을 병행하거나 경력을 쌓기 위해 유리한 측면도 있기 때문이다. 그러나 한국에서는 거의 과반에 해당하는 47%가 다른 대안이 없기 때문에 비정규직을 선택한 것으

표 3-2 **비정규직의 분포**[9](2019) (단위 : %)

연령		성별		교육수준		업종		기업규모	
~30세	19.1	남성	44.9	중졸이하	22.4	제조	8.1	~5인	26.9
30~59세	52.2	여성	55.1	고졸	43.6	서비스	79.3	5~299인	67.4
60세~	28.7	-		대졸이상	33.9	건설	11.6	300인~	5.8
						기타	1.0	-	-

로 조사[10]되고 있다. 세부 이유에 있어서도 대다수(70~90%)가 생계를 위해 돈이 필요해서 비정규직을 선택한 것이라고 답하고 있다.

선진국에서는 필요에 의해 비정규직을 선택하고 정규직으로 이동하는 '사다리'로 활용하는 반면 한국에서는 비정규직에 한 번 빠지면 헤어 나올 수 없는 '함정'이 되고 있는 것이다.[11] 취업 희망자는 이와 같은 이유로 대기업, 공공부문 등 1차 노동시장의 좁은 문을 통과하기 위해 혼신의 노력을 기울인다. 대학진학을 위해 과도한 교육열을 보이고, 좋은 직장 취업을 위해 휴학과 취업 재수를 선택하게 되며, 그 결과 한국경제에서 가장 심각한 문제 중 하나인 청년실업 문제를 심화시키는 부작용을 가져온다.

연령, 성별, 교육 정도, 업종, 기업 규모별로 전체 취업자 대비 비정규직의 분포도 다양하다. 〈표 3-2〉에서 보는 바와 같이 성별로는 여성이 과반수를 차지하고, 고졸 이하가 66%에 이른다. 업종별로는 제조업에는 많지 않고 건설업과 서비스업에 집중되는 경향이 있다. 기업 규모별로도 비정규직 대다수가 5인 이하의 사업장이나 300인 미만의 중소기업에 취업하고 있다.

이러한 한국경제에서 비정규직의 문제는 1997년 외환위기의 영향이라는 평가[12]도 제기되고 있다. 다시 말하면, 공급 측면에서는 대규모 기업구조조정 과정에서 '평생직장'이라는 전통이 약화되기 시작했으며 실직한 취업자가 생계를 위해 2차 노동시장에 진출하는 과정에서 고용 보호가 약한 비정규직을 받아들이게 되었고, 수요 측면에서는 유연한 생산 시스템 구축을 위해 다수 기업이 정규직보다는 비정규직 채용을 선호하면서 발생한 현상이라는 것이다.

정규직과 비정규직, 대기업과 중소기업, 제조업과 서비스업 간 격차

정규직과 비정규직의 격차 문제는 한국경제의 대기업과 중소기업의 격차, 그리고 제조업과 서비스업의 격차와 밀접하게 연관되어 있다. 대기업과 중소기업의 임금 격차는 궁극적으로 기업의 지불여력 차이 때문이다. 노동생산성이 대기업에 비해 40% 이하에 불과한 중소기업이 대기업만큼 임금을 지불할 여력이 없는 것이다. 서비스업도 마찬가지이다. 서비스업은 노동생산성이 제조업의 43%에 불과하여 미국의 61%, 영국의 78%보다 크게 낮다.[13] 생산성 격차는 기업의 영업잉여, 즉 지불여력 격차로 이어진다. 결국 중소기업과 서비스업 노동자의 임금을 올릴 수 있는 여지가 적어지게 되고, 이들 기업과 업종에 종사하고 있는 비정규직 노동자의 임금이 낮을 수밖에 없다. 중소기업과 서비스업에 많은 비정규직 노동자가 종사하면서 임금 격차가 더욱 심화된 것이다. 따라서 동일 직장 내 비정규직 차별 시정조치만으로는 정규직과 비정규직 간 임금 격차를 축소할 수 없다.

불평등한 일자리 기회와 격차

일자리가 줄어드는 가운데 특히 여성, 청년, 노령층 등 취약계층의 일자리 기회와 고용형태가 더욱 악화되는 불평등이 심화되고 있다.

상대적으로 좁은 여성의 취업문

먼저 여성은 출산과 양육 부담으로 일자리 기회가 상대적으로 적다. 그간 많은 정책노력 등에 힘입어 한국경제에서 여성의 경제활동 참가율과 고용률이 2020년 52.8%와 50.7%로 상승하였다. 2000년의 48.8%와 47.7%에 비해서는 큰 폭으로 상승하였으며 OECD 평균(경제활동참가율 52.5%, 고용률 49.6%)보다 높은 상황[14]이다. 그러나 출산 및 자녀양육 등으로 인한 경력단절여성이 200만 명 수준이며 2006년에서 2015년까지 경력단절 기간을 조사한 결과 평균 3년에 이른다. 과거 1996~2005년 사이 평균 6년에 비해 짧으나, 경력단절 현상은 〈그림 3-5〉에 나타나는 것처럼 개선되지 않고 있다. 즉, 출산 및 자녀 양육을 담당하는 연령대인 20대 후반에서 30대 중반 여성의 고용률이 현저히 낮아지는 소위 'M'자 현상이 뚜렷하다. 한국경제에 '저출산 고령화'가 급속히 진행되면서 경제활동인구가 2018년을 정점으로 점차 감소하고 있기 때문에 한국경제의 지속가능한 성장을 위해 여성의 노동시장 참가 확대가 중요한 과제로 인식되고 있다.

여성이 일자리 기회를 갖는다고 하더라도 출산과 양육으로 인한 노동시간 부족, 경력축적 미흡 등으로 인해 저임금-단기 일자리에 머물 가능성이 높다. 앞서 〈표 3-2〉에서 보는 바와 같이 여성이 비정규직에 잔류하는 경우가 남성보다 많다. 따라서 정규직에 종사하고 경

기로에 선 한국경제

그림 3-5 **연령별 여성고용률 비교**[15] (단위 : %)

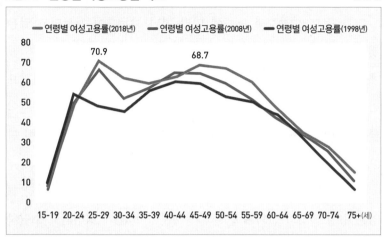

력을 유지하고 있는 남성과의 임금 격차가 다른 국가보다 크게 나타
난다. 성별 임금 격차는 남성 평균 임금에 비해 여성의 평균임금이
얼마나 낮은가를 측정한 것이다. 성별 임금 격차가 2000년 41.7%에
서 2018년 34.1%로 줄어들기는 하였으나 OECD 평균(13.2%)보다
크고 비슷한 문화를 갖고 있는 일본의 24.5%보다 매우 큰 편임을 알
수 있다.

취업기회가 없어 사장되는 청년 인재들

청년의 취업난은 한국경제의 가장 큰 문제 중 하나이다. 15세 이
상 전체 실업률이 4% 이내로 억제되어 있으나, 청년(15~29세)의 실업
률은 2018년 9.5%에 이어 2020년 8.1%로 여전히 높은 수준이다.
다른 나라의 경우 경기회복 등에 힘입어 미국과 일본 모두 4~5%대를 유지하고 있는 것에 비하면 상당히 높다.

그간 정부의 정책적 노력에 따라 청년 고용률이 개선되고 있는 것도 사실이다. 2013년 40% 이하로 추락한 청년 고용률이 수차례에 걸친 청년고용대책의 효과로 2020년 41%대로 2%p 상승하였으며 OECD 평균보다 높은 수준이다. 그러나 일자리의 질적 수준이 낮고 청년 취업난에 대한 목소리가 큰 상황이며 추가적인 노력이 필요하다.

청년의 취업은 중장년들과는 다른 행태로 이루어진다. 청년의 취업은 평생 직업의 선택과 연결되기 때문이다. 쉽게 생성되고 소멸하는 임시직이나 자영업, 영세사업체의 비공식적인 일자리는 기피하고 3D 직업은 임금이 높더라도 피하지만 저임금이며 비정규직이더라도 대기업을 선택한다. 미래를 생각하면 대기업이 영세 사업장보다는 큰 기회가 있다고 생각하기 때문이다. 미래가 불투명한 일자리보다는 대기업 취업을 위해 장기간 대기하는 것이 일생을 두고 본다면 소득이 더 크다고 기대하는 것이다. 결국 이러한 일자리의 부족이 청년 실업률을 높이고 취업 재수, 취업을 위한 학원 수강 등에 몰리게 한다.

구직활동보다는 취업준비생에 머물기 때문에 통계적으로 경제활동인구가 아닌 비경제활동 인구로 빠지게 되면서 실업자 또는 실업률에 포함되지 않게 된다. 따라서 청년 실업률은 실제보다 훨씬 높을 가능성이 있다. 이와 관련한 통계가 '직장에 다니는 것도 아니고 교육이나 훈련을 받는 상태도 아닌 젊은이NEET' 통계다. 공식적인 통계는 아니나 통계청 조사를 근거로 추정하면 2017년 기준으로 18.4%

에 이르러 OECD 국가의 평균(13.2%)보다 높다. 추세적으로는 2000
년 22.1%에서 낮아졌으나 최저였던 2014년 17.9%보다는 높은 수
준[16]이다. NEET에 머물러 있는 청년 중 43%가 대졸 이상의 학력을
보유하고 있으며 4%p 수준은 취업을 위한 비공식적인 교육이나 시
험 준비를 하는 것으로 추정된다.

생계 때문에 노동시장으로 몰리는 노령층

노령층의 문제는 일자리의 총량보다는 고령-저임 노동으로 인
한 빈곤과 삶의 질 악화와 관계가 있다. 노령층(55-64세)의 고용률은
2019년 67.1%로 OECD 국가 평균(62.1%)보다 5%p 정도 높다. 또
한 OECD 보고서[17]에 의하면 한국의 경우 남성은 72세, 여성은 72.2
세에 노동시장에서 은퇴하는 것으로 나타난다. OECD 평균인 65세
에 비해 크게 높은 수준이다. 한국 노동자의 첫 직장에서의 은퇴 연
령이 평균 49세라는 점을 고려하면, 이들이 은퇴 이후에도 생계 때문
에 20년 이상 노동시장에 내몰리는 상황에 처해 있는 것이다.

이는 노령층의 빈곤 문제와 밀접한 관련이 있다. 국민연금, 기초
연금 등의 복지제도 확충으로 과거 '가족에 의한 부양'에서 '제도에
의한 부양'으로 바뀌고 있으나 노령층의 빈곤 문제는 여전히 해결되
지 않고 있다. OECD 국가 중 가장 심각한 상황이다. 국민연금 등을
통해 충분한 소득보전이 이루어지지 않고[18] 재직기간 교육과 주거비
등 생계비 지출 부담으로 은퇴 또는 미래를 대비한 저축을 할 수 없
기[19] 때문이다.

〈그림 3-6〉에서 나타난 것과 같이 전체 빈곤율은 OECD 평균

그림 3-6 **연령별 빈곤율 비교**(2019년)　　　　　　　　　　　　　　　　(단위 : %)

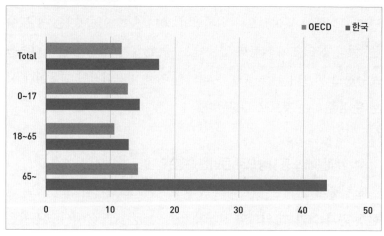

과 유사하지만 65세 이상 노령층의 빈곤율은 40%를 크게 상회하면
서 OECD 국가 중 최고 수준이다. 그 결과 생계를 위해 저임의 공공
일자리 또는 비정규직 등에 종사할 수밖에 없는 상황이다. 앞서 〈표
3-2〉에서 나타난 것과 같이 비정규직의 1/4 이상이 노령층 노동자임
이 이를 입증한다.

4차 산업혁명에 따른 노동시장의 변화와 새로운 도전

기술진보 등에 따른 자동화와 연결 등을 특징으로 하고 있는 4차
산업혁명이 일자리 현장에 혁명적인 변화를 불러오고 있다. 미국에
서는 이미 아마존 등에 의해 수납원 없는 매장(아마존 고)이 나왔고 국
내에서도 일부 기업이 이를 시험 운영하고 있다. 앞으로는 빅데이터,
인공지능, 사물인터넷, 양자컴퓨터 등에 따른 폭발적인 컴퓨터 기능

향상에 따라 비전형적인 업무마저 기계가 사람을 대체할 수 있는 시대가 올 것이다.

사무, 회계, 보고 등 당장 표준화되거나 정형적인 업무를 내용으로 하는 일자리가 먼저 기계로 대체되고 있다. 일자리의 업무 성격을 분석하여 대체 가능성을 검토한 OECD 보고서[20]에 의하면 평균 약 14%의 일자리가 자동화의 영향을 받을 것으로 보고 있다. 일자리가 유지된다고 하더라도 요구되는 역량의 내용에 상당한 변화가 이루어지는 일자리가 32%에 이를 것으로 전망하고 있다.

한국경제도 다른 OECD 국가와 유사한 경로를 겪을 것으로 보인다. 〈그림 3-7〉에서 보는 바와 같이 자동화로 대체될 위험이 큰 일자리가 약 10.4%가 되고 역량의 변화가 발생하는 경우는 32.8% 수준으로 평가되고 있다. 국내외의 다른 분석[21]에 의하면 일자리가 50% 수준까지 감소한다는 주장도 있다.

한편, 기술진보가 새로운 산업과 일자리에 대한 수요를 증가시키면서 과거에는 없는 새로운 일자리가 나올 수 있다. 대체되는 일자리와 새롭게 만들어지는 일자리를 종합하면 총량은 늘어날 수 있다. 세계경제포럼과 맥킨지 보고서[22] 등에 따르면 전문기술 R&D, 서비스 등과 함께 고령화 등으로 인한 의료, 보건 등의 서비스가 지속 증가하면서 이들 분야를 중심으로 일자리가 늘어날 수 있다고 분석한다.

지금까지의 자동화 등 기술진보가 일자리 총량에 미치는 영향에 대한 분석을 종합하면 일자리 총량은 미래사회의 변화와 대응에 따라 달라질 수 있으나 적어도 일자리 내용의 변화는 촉발한다고 볼 수 있다. 속도와 형태는 아직 명확하지 않지만 과거 10년간 OECD 국

그림 3-7 OECD국가의 자동화로 대체될 가능성이 있는 일자리 비중 (단위 : %)

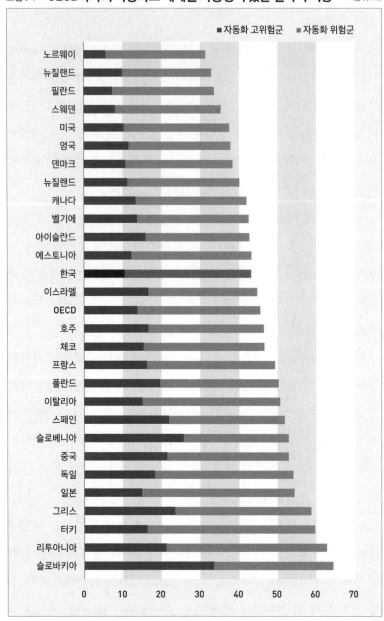

■ 자동화 고위험군   ■ 자동화 위험군

노르웨이
뉴질랜드
필란드
스웨덴
미국
영국
덴마크
뉴질랜드
캐나다
벨기에
아이슬란드
에스토니아
한국
이스라엘
OECD
호주
체코
프랑스
폴란드
이탈리아
스페인
슬로베니아
중국
독일
일본
그리스
터키
리투아니아
슬로바키아

0   10   20   30   40   50   60   70

기로에 선 한국경제

가에서 만들어진 새로운 일자리의 40%가 정보통신기술을 활용한 디지털 관련 업무라는 분석[23]이 이러한 시각을 뒷받침하고 있다. 4차 산업혁명 시대에 일자리를 유지하거나 구하기 위해서는 디지털 역량 제고가 필요하다는 뜻이다.

일자리의 질적 수준에도 영향을 미친다. 이미 제조업 일자리의 비중이 줄어들고 있는 한국경제에 자동화와 연결을 촉진하는 4차 산업혁명이 고용시장에서의 제조업 역할을 더욱 위축시킬 것으로 보인다. 이는 일자리 간 양극화로 이어진다. 특히 중간 수준의 숙련도를 갖는 일자리에 큰 영향을 미친다. 고숙련 일자리는 자동화가 어렵고 저숙련 일자리는 자동화 투자의 필요성이 낮기 때문이다.

과거 20년간(1995~2015년) 기술 수준별 일자리의 변화를 측정한 결과[24] 고숙련 일자리는 늘어나고 중간 수준의 일자리는 위축되는 경향이 발견된다. 중간 수준의 일자리가 기계로 대체되거나 해외로 유출되는 현상이다. 청소와 사무정리 등 저숙련 일자리도 기계로 대체되기 어렵다. 이러한 현상을 일자리 양극화로 부르며 우리나라도 예외가 될 수 없다. 한국은행[25]이 지난 10년간 기술 수준과 임금 수준별로 직업분포의 변화를 측정한 결과 대체가능한 단순노무, 판매, 기능, 장치조립 등의 일자리는 줄고 전문직은 늘고 있는 현상이 나타나고 있다.

일자리 양극화는 중산층, 연령별로는 중장년층에 어려움을 유발한다. 중간 숙련 수준의 일자리가 전통적으로 중산층 및 중장년층의 일자리와 관련이 있기 때문이다. 중장년층이 일자리를 유지하거나 구하기 위해서는 새로운 정보통신기술에 대한 숙련도를 높여야 하는데 청년층에 비해 매우 낮은 숙련도를 보이고 있다. OECD 자료에 의하면 청년층의 숙련도는 65%에 이르나 중장년층은 10% 수준에 불과한 상황이다. 일자리의 양극화로 인한 중산층의 위축은 사회적 이동 가능성에도 부정적인 영향을 미친다. 저소득층에서 상위 계층으로 올라갈 수 있는 중간 계단이 없어지기 때문이다.

또한, 정보통신기술이 노동시장에 접목되면서 플랫폼 노동이라는 새로운 모습의 고용형태가 나타나고 있다. 디지털 플랫폼을 통한 고용계약이다. 대표적인 것이 모빌리티 시장의 혁명을 유발하고 있는 '우버Uber' 등이다. 특정한 서비스를 디지털 플랫폼을 통해 연결할 수 있는 자료정리, 일반적인 서무에서 운송, 배달, 세탁, 청소에 이르기까지 플랫폼화될 수 있는 분야는 매우 다양하다. 단순한 업무에서 전문적인 지식과 기술을 필요로 하는 R&D까지 적용할 수 있다.

플랫폼 노동은 고용주가 필요로 하는 업무를 수행할 수 있는 노동자를 쉽게 찾을 수 있도록 하고 노동자도 유연한 노동을 할 수 있다는 장점이 있다. 유연한 노동시간 조정은 여성이 노동시장에 참여할 기회를 만들기도 한다. 반면 플랫폼 노동자는 현재의 노동 관련 법규상 자영업자 또는 특수고용이라는 비전형 노동자로 분류되기 때문에 법률에 보장된 노동자로서의 권리를 보장받을 수 없다는 한계가 있다. 전문적인 지식과 기술을 필요로 하는 고숙련 플랫폼 노동자는 노동시간, 임금 등 양질의 노동계약을 자기 희망에 따라 체결할 수 있으나 다수의 플랫폼 노동자는 임금, 노동시간, 작업환경을 노동자 본인이 결정하기 어려운 경우가 많다. 또한, 실직할 경우 실업급여 등 사회보호 측면에서도 다른 노동자에 비해 취약하다.

자동화와 연결, 이에 따른 플랫폼 노동의 증가는 노동시장뿐 아니라 관련된 사회안전망과 경제시스템에도 많은 변화를 가져올 것이다. 2016년 다보스 포럼에서 앞으로 직장(job)보다는 일감(용역 또는 work)이 중요해질 것으로 예상한 바 있다. 직장이라는 사업장 또는 공장에 노동자가 고정되지 않고 일감을 찾아다니는 형국이 된다는 의미이다. 앞서 언급한 근로기준법 등 노동관련 법규와 고용보험 등 제도는 고정된 사업장에 일하는 노동자를 전제로 하고 있어 앞으로는 그 유효성이 저하되거나 극단적으로는 의미가 없어질 수도 있다. 사회보호 시스템의 전면적인 개편이 요구되고 교육, 직업훈련 제도의 변화가 필요하게 된다. 국경의 의미도 약해진다. 그동안 서비스 교역 자유화의 가장 어려운 부분이 '노동의 국경 간 이동'이었지만 앞으로 플랫폼을 통해 용역이 자유롭게 교환되고 거래되는 것을 규제할 수 없게 될 것이다. 그렇다면 노동, 교육, 산업정책 등 모든 분야의 변화가 예상되는데 정부와 당국이 어떤 선택을 할 것인가는 아직 의문으로 남아 있다.

사회적 이동을 가능하게 하는
노동시장 정책 필요

일자리를 제공하여 사회적 이동 사다리 복원

한국경제의 성장 잠재력을 회복하고 사회발전을 이루기 위해서는 사회이동성 제고를 통한 사회통합이 전제되어야 한다. 모두가 출신 환경에 관계없이 양질의 교육을 받을 수 있는 기회를 가져야 하고, 학교를 졸업한 이후에는 양질의 일자리로 진출할 기회가 확대되어야 한다. 노동시장에서는 기득권보다는 능력과 노력에 따라 정당한 보상을 받을 수 있어야 한다.

동등한 교육기회, 공정한 노동시장이 확보된다고 하더라도 기업의 노동수요가 부족하다면 '교육과 일자리를 통한 계층 상향이동'이라는 공식이 성립하지 못한다. 따라서 어떤 형태의 기업이 많은 일자리를 만들어낼 수 있는지 고민하고 지원하는 방안을 검토해야 한다.

대규모 규제완화를 통해 신규 기업의 진입을 촉진

먼저 한국경제가 좋은 일자리를 많이 만들 수 있는 역량을 다시

키워야 한다. 지금까지 일자리는 대기업보다는 중소기업이 많이 창출한다고 알려져 있다. 최근에는 기업의 규모보다는 업력이 일자리 창출과 보다 밀접한 관련이 있다는 연구가 제기되고 있다. '작은 기업'이 아니라 '젊은 기업'이 일자리를 활발하게 만들어낸다[26]는 것이다. 국내에서도 전국 사업체 패널을 조사한 결과, 일자리가 만들어지는 것은 사업체 혹은 기업의 규모와 큰 관련성이 없으며 기업의 연령에 의해 좌우된다는 점이 밝혀졌다.[27]

다시 말하면, 젊은 기업은 성장기에 있으므로 일자리 만들기에 대한 기여도가 크다. 그러나 한국은 다르다. 2000년대 이후 기업의 신규 진입이 크게 줄고 있다. 기업의 성장기를 10년으로 본다면 그동안 신규 기업의 진입이 부진했기 때문에 앞으로 일자리 상황이 더욱 어려워진다는 점을 시사한다.

따라서 신규 기업이 활발하게 진입할 수 있는 경제환경을 만들어야 일자리 문제를 해결할 수 있다. 신규 기업의 진입이 촉진되기 위해서는 생산성이 저하된 기업의 퇴출도 병행되어야 한다. 기업의 신규 진입을 위해서는 규제를 개선해야 한다. 파트1에서 언급한 바와 같이 한국경제의 주력산업이 경쟁력을 잃어가고 있으나 각종 이해관계집단의 반발 또는 규제로 인해 새로운 산업 또는 기업의 진출이 지연되고 있다.

대표적인 사례가 공유 모빌리티 시장을 개척했던 '타다'의 사례이다. 정보통신기술을 매개로 원격의료에 필요한 각종 장비 등을 개발했으나 의료서비스에 대한 규제로 인해 국내에서는 사업화되지 못하고 해외에서 사업을 추진하는 사례도 생기고 있다. 데이터 관련 규제로 인해 인공지능AI, 가상현실AR 서비스 개발이 지체되고 있다. 미국 실리콘밸리에서 데이터, 원격의료, 모빌리티 시장을 위해 청년이 활발하게 창업하고 유니콘화되면서 일자리를 창출하고 있는 것과는 너무나 차이가 나는 현실이다.

특히 2020년 코로나19 확산으로 '사회적 거리두기'가 실시되면서 대면접촉을 하지 않는 사업모델이 각광을 받고 있다. 무인판매, 총알배송 등 온라인 거래, 원격진료 등 비대면 사업과 서비스가 급격히 늘어나고 있다. 국제적인 교역환경도 변화하고 있다. 영국의 《이코노미스트》[28]에서는 코로나 이후 세계는 '덜 세계화'되고 '더 디지털화'되며 '덜 평등'하게 될 것으로 예상하고 있다. 덜 세계화되더라도 제품이 아닌 서비스의 세계화는 꾸준히 지속될 것이다.

이러한 환경에서 투자를 유치하고 경쟁력을 유지하기 위해서는 데이터, 플랫폼, 노동, 창업관련 규제를 재정비해야 한다. 한국에서도 단순한 비대면 접촉 비즈니스는 증가하고 있으나 소비자인 개인의 특성에 맞는 서비스를 제공할 수 있는 원격 서비스는 제한되고 있다. 개인정보 보호 등과 관련한 규제 때문이다. 이를 도외시하면 경쟁에 뒤처지게 된다.

규제를 원점에서 재검토할 필요가 있다. 최근 주요 선진국에서 '샌드박스'의 방식으로 규제를 개혁하고 있다. 먼저 소규모로 시행해보고 문제가 있는 부분은 보완하는 방식으로 규제를 정비하는 것이다. 한국에서도 금융 등 일부 부문에서 도입하고 있어 다행스러운 일이지만 다른 분야로 보다 확대해야 한다. 데이터 보호와 관련해서도 선진국에서는 개인 식별정보를 제외하고 자유롭게 활용하는 것을 허용하되 위반했을 경우 매출액의 일부를 벌금으로 부과하거나 보상을 의무화하는 등 무겁게 처벌하는 방식으로 관련 산업을 육성하고 있다.

아울러 스마트한 규제를 도입하는 것도 검토해야 한다. 규제 도입 또는 개혁 과정에서 '원 포 원One-For-One[29]' 방식을 채택하거나 규제영향평가를 의무화하는 것이다. 한국도 유사한 제도가 있으나 사각지대에 있는 의원입법 관련 규제도 포함해야 규제영향평가의 실효성을 높일 수 있다.

규제개혁 시스템에 대한 전면적인 개편도 검토할 필요가 있다. 규제개혁위원회의 독립성과 전문성을 제고해야 한다. 현재 규제개혁위원회는 대통령실 소속이나 국무총리와 민간위원장이 공동위원장을 맡고 있어 사실상 국무총리실 소속으로 보아야 한다. 위원도 비상임이며 국무총리실의 규제조정실이 행정적인 지원은 하고 있으나 전문적인 분석기능을 갖고 있지 않다. 규제개혁의 중요도를 감안할 때 규제개혁위원회를 독립기구화하고 위원도 상임위원으로 전환하며 전문 연구기관 등이 지원하는 시스템을 검토해야 한다. 구체적인 규제개혁 방안이 불분명한 상황에서 규제대상자가 요청할 경우 규제를 하지 않겠다고 하는 비조치 의견서No Action Letter 방식과 2009년 한시적으로 도입했던 규제적용을 유예하는 방안도 기업 등 피규제대상자의 불확실성을 없애는 방안으로 유용한 수단이다.

벤처 창업 및 성장을 위한 상생 생태계를 만들어야

일자리가 젊은 기업에서 만들어진다면 새로운 기업의 진입을 촉진하기 위해 벤처 등의 창업에 정책의 중점을 두어야 한다. 그간 정부의 정책적 지원으로 창업활동이 활발하게 이루어지고 있으나 질적인 측면에서 개선의 여지가 많다. 한국의 창업활동에서 생계형 창업의 비중은 높지만 새로운 분야에서의 기회추구형 창업은 OECD 국가 중 최하위권[30]을 기록하고 있기 때문이다. 양적인 창업확대보다 창업 이후 시장개척과 성장이 가능하도록 하는 생태계 조성이 중요하다.

새로운 창업과 창업기업의 성장을 위해 다양한 금융지원과 함께 기술이 적용되고 확산되도록 해야 한다. 독일, 영국, 프랑스, 미국 등에서는 대기업 또는 다국적 기업과 연계하는 클러스터 전략을 추진하고 있다. 구체적으로 대기업 등이 중소 창업기업에 대해 새로운 사업기회, 기술, 판로 등을 자문하거나 지원하는 방안[31]을 시행하는 것이다. 미국[32]의 경우에도 제조업 부문을 중심으로 대기업이 중소기업에 대해 기술을 지원한다. 자세한 내용은 다음 박스에서 설명하고 있다.

대기업의 입장에서도 조직 특성상 대기업 자체가 혁신의 주체가 되기 어려우므로 중소 벤처 창업자와의 협업을 통해 새로운 혁신동력을 확보할 수 있다. 또한 특정 분야에서 경쟁력을 높일 수 있는 생태계를 만들 수 있다는 장점이 있다. 2019년의 일본 소재부품 수출제한 사례에서 보는 것처럼 글로벌 밸류체인 측면에서 소재부품 등을 아웃소싱하는 것이 단기적으로 효율적일 수 있으나 언제든지 통상분쟁이 발생할 수 있다는 점을 감안하면 자체적인 생태계를 조성하는 것이 중장기적으로 유리하다.

일본과의 분쟁으로 대기업이 국내에서 생산된 소재부품의 안정

주요 선진국 대기업의 클러스터 전략

›› **독일 Industry 4.0**   지멘스 등 대기업이 중소기업의 4차 산업혁명 관련 기술과 전문지식을 자문하고 개발된 제품과 서비스의 판매전략에 대해 협업하고 있다.

›› **영국 Innovative UK**   영국 기업에너지산업부Department for Business, Energy and Industrial Strategy가 설립한 독립 기구로서 60억 파운드의 재원과 영국 내 R&D 기관, 기업과 연계하여 혁신기술 전파, 자금지원, 기술 전문가 연결 및 컨설팅 등을 지원한다.

›› **프랑스 Digital In France**   에어프랑스, AWS, RTP, 마이크로소프트 등 국내외 유수기업이 파트너로 참여하여 중소 벤처창업자에 대한 자금, 기술, 판로 등을 지원한다.

›› **미국 Manufacturing Extension Partnership**   연방 정부의 NISTNational Institute of Standards and Technology와 주정부, 학교, 기업 등의 협업으로 설립되어 중소제조업체에 정부자금과 매칭한 자금, 기술 및 판로 등을 지원한다.

적인 수요처가 되어야 하며, 생산과 단가 인하를 위한 기술 등의 지원을 아끼지 않아야 한다는 인식이 확산된 것은 다행스러운 일이다. 2020년 코로나19 확산으로 '글로벌 밸류체인GVC'에 의존한 공급망에 대한 인식도 변화하고 있다. 안정적인 공급망 확보를 위해 최소한의 필수적인 소재, 부품, 원료 등은 최종 수요자와 지리적으로 인접한 곳에서 조달해야 한다는 인식이다. 대기업이라고 하더라도 안정적인 제품과 서비스 생산을 위해 국내 혁신 생태계를 조성해야 하는 이유가 되는 것이다.

창업 중소기업 지원을 위해 국부펀드가 나서는 다소 특이한 사례도 있다. 싱가포르의 경우 테마섹Temasek이 축적된 자산을 활용하여 선진기술 등을 확보하고 이를 자국 중소 창업기업에 제공하는 방식이다. 이러한 움직임은 기업의 자체 동기에 의해 발생하는 것으로 정부가 직접 만들 수 없으나 유도할 수는 있다. 대기업도 중소기업과 함께 동반자로 인식하고 협업 또는 상생 생태계 조성을 위한 노력에 대해서는 상생협력세제 등을 통해 지원하면 된다.

부실 좀비기업 정리, 공정한 시장경쟁을 확보해야

새로운 기업의 창업을 위해 생산성이 낮은 부실기업은 적극적으로 정리해야 한다. 새살을 돋게 하기 위해서는 환부를 도려내야 하는 것이다. 3년 이상 돈을 벌어 이자를 갚지 못하는 한계기업이 기업 100곳 중 14곳일 정도로 전체 기업에서 차지하는 비중이 점점 커지고 있다. 2018년 회계기준으로 대기업과 중소기업 모두 10.6%, 14.9% 증가했다.[33] 한계기업뿐 아니라 한계기업 상태로 전락할 기업[34] 비중도 상승하고 있다. 그러나 기업대출의 연체율은 정체되어 있다. 채권 금융기관이 부실기업임에도 불구하고 해당 기업에 대한 대출이 부실채권으로 분류될 경우 대손충당금 적립 등 손실이 늘어날 것을 우려하여 '빚내서 빚을 갚는' 관행을 용인해주고 있는 셈이다.

부실 좀비기업이 시장에 남아 금융기관 지원을 믿고 가격 '후려치기' 등 불공정 관행을 지속할 경우 혁신적인 기업이 시장에 발붙일 수 있는 기회는 사라진다. 따라서 한계기업에 대한 금융기관의 여신 감독을 강화하고 한계기업으로 분류될 경우 바로 워크아웃 또는 구조조정 대상 기업으로 분류하여 처리해야 한다.

그림 3-8 **한계기업 추이** (단위:%)

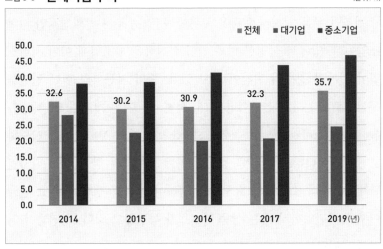

그림 3-9 **기업대출 연체율 추이** (단위:%)

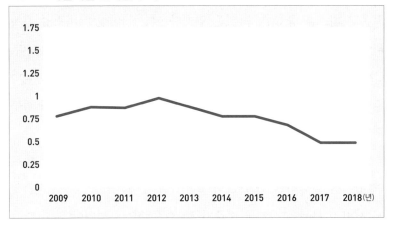

일자리 창출원천으로서의 혁신 서비스업 육성

제조업 부문 일자리 위축을 보완할 수 있는 부문이 혁신적인 서비스업이다. 앞에서 설명한 바와 같이 선진국은 제조업에 이어 서비스업이 일자리 창출의 원천이 되고 있다. 특히 자동화와 함께 연결을 특성으로 하는 4차 산업혁명 시대, 선진국은 기존 제조업에 금융, 유통, 판매, 소비자 관리 등 서비스를 융합한 제조-서비스업을 시도하고 있다. 아디다스, BMW 등의 스마트 팩토리와 같이 제품 디자인 단계에서부터 소비자의 요구를 반영하여 맞춤형 생산을 하고 판매 이후 사후관리까지 하는 상품 서비스가 등장하고 있다. 청년들이 취업하기 원하는 직장이기도 하다.

한국의 경우 도소매, 음식 서비스 등 생산성이 낮은 서비스업이 아닌 소프트웨어, 통신, 금융, 데이터, 인공지능 등 기존 제조업과 새로운 서비스를 융합할 수 있는 인재나 이와 관련한 서비스업 자체의 경쟁력이 취약하다. 서비스 R&D 투자에 소극적이기 때문이다. OECD 국가의 경우 서비스 부문 R&D 비중이 40.6%인데 한국의 경우 이들의 1/3 수준에 불과하다. 과거 제조업 중심의 사고와 정부 정책 때문이다.

서비스 부문에서도 제조업과 동일한 지원을 한다고 수년간 발표해 왔지만 현실적인 한계에 직면해 있다. 1차적으로 정부 R&D에서 서비스 부문을 선진국 수준인 40% 수준으로 늘려야 하고 민간 R&D 촉진을 위해 산업분류와 세제를 함께 개편해야 한다. 세제 지원을 위해서는 산업이 특정되어야 하지만 현재의 통계청 산업분류는 서비스업 전체가 하나로 분류되어 있어 지원에 어려움이 있다. 전문

서비스업을 세분화하여 재정·세제 지원을 할 수 있어야 한다.

일자리를 만들기 위한 유연한 노동시장 구조

유연하고 안전한 노동시장은 한국경제가 국민에게 안정된 일자리를 제공한다는 약속을 지키고 지속적인 발전을 위해 반드시 필요한 과제이다. 경직적인 노동시장은 일자리 수요를 늘리는 기업의 투자를 막고 생산성이 낮은 부문에서 높은 부문으로 인력 재배분을 저해하여 성장에 걸림돌이 되기 때문이다. 유연한 노동시장을 만드는 것은 노동자의 입장에서도 원하는 일자리를 얻고 교육과 훈련을 받으며 더 좋은 일자리로 옮겨가면서 사회적 이동성을 높이는 방안이 된다.

1997년 이후 외환위기 극복과정에서 사회적 합의를 이끌어왔던 노사정위원회는 2000년대 이후에도 경제사회발전과 노동자의 권익을 보호하기 위해 수많은 정책 대화를 추진해왔다. 하지만 사회적 혼란만 야기하고 의미 있는 결과를 가져오지 못했다. 노동자 입장에서 노동시장 유연화가 노동자의 희생만을 강요하는 것이라는 인식 때문이었다.

'쉬운 해고'가 아닌 노동 조건의 유연화를 추진

노동시장 유연화 논의에 대한 반발은 "유연화가 곧 쉬운 해고"라는 프레임에서 출발한다. '유연화'는 해고 조건과 절차에 관해서만 적용되는 것이 아니다. 광의의 '유연화'는 고용 외에 임금, 노동시간 등을 포함하는 것이다. 해고의 조건과 절차 등에 대한 법적 요건을 명확히 하되, 임금, 노동시간, 업무전환 등 노동조건의 변경을 유연하게 하는 것으로 확장함으로써 노동자의 반발을 줄이고 기업이 필요로 하는 유연성을 확보할 수 있다. 노동조건의 유연화는 한국 노동시장의 고질적인 문제인 정규직과 비정규직 간의 격차를 줄이고 이동성을 높이는 데 기여할 수 있다. 다시 말하면 1차 노동시장과 2차 노동시장 간 이중성을 완화하고, 비정규직이 '함정'이 아닌 정규직으로 이동할 수 있는 '사다리'가 될 수 있도록 하는 것이다.

노동시장의 환경에 따른 비정규직의 역할에 대한 많은 연구를 종합하면 경직적인 노동시장에서는 비정규직이 헤어 나올 수 없는 함정이 되지만, 유연한 노동시장은 정규직으로 전환될 수 있는 기회를 제공한다는 것이다. 국내 연구[35]에서도 500여 개 제조업체에 대한 설문조사 결과, 노동조건을 유연하게 변경할 수 있다고 느끼는 사용자일수록 비정규직의 정규직 전환 가능성을 높게 평가하는 경향이 있었다. 노동조건의 유연화가 정규직과 비정규직이라는 노동시장의 이중구조를 완화하는 데 도움이 된다는 점을 시사한다.

정규직과 비정규직 격차 완화

노동조건 유연화의 핵심은 비정규직이 아닌 정규직이다. 그간 사회적 대화를 통해 추진한 노동조건 유연화 방안이 노동시장에서의 이동성을 높이는 효과를 만들지 못했던 것은 정책의 대상이 정규직이 아니었기 때문이다.

2015년 노동시장개혁안도 전체 노동자의 70% 수준에 이르는 정규직보다는 기간제, 파견 등 비정규직의 사용제한을 완화하는 방안

기로에 선 한국경제

으로 한정되어 있다. 노조와 경영진, 정부 등 3자가 참여한 노사정위원회 등 사회적 대화에 비정규직의 참여가 제한되고, 다수인 정규직보다 소수인 비정규직의 보호 수준을 완화하는 것이 정치적으로 용이하기 때문인 것으로 추정된다. 그러나 노동시장의 이중적 구조가존재하는 상황에서 비정규직의 보호 수준 완화는 정규직과 비정규직간 격차를 더욱 확대하고, 비정규직에 주로 머물고 있는 청년, 여성, 노령층의 어려움을 가중시킨다는 문제가 있다.

정규직 보호 수준을 개혁을 통해 완화해야 한다. 정치적으로 어려운 과제이다. 그러나 한국경제의 지속적인 성장을 통해 양질의 일자리를 제공하고 성장의 과실을 골고루 나눈다는 포용적 성장이 반드시 필요하다는 사회적 공감대를 형성하면 된다. 이를 위해 절차적 합리성과 노동자, 사용자, 국민 간의 이익균형이 이루어져야 한다. 노동조건 유연화에 따른 취약계층에 대한 보호장치를 강화하는 노력을 병행함으로써 한국형 노동시장의 유연안정성 모델을 구축할 필요가있다.

임금, 노동시간 등 개인의 선택이 가능하도록

먼저 정규직의 보호수준을 완화함으로써 사용자가 비정규직을 정규직으로 전환하는 과정에서 부담을 줄여야 한다. 비정규직의 함정에서 탈출하여 정규직으로 이동할 수 있는 길을 열기 위한 것이다. 사용자가 경영환경 변화에 따라 임금, 노동시간, 업무 전환 및 배치를 자유스럽게 조정할 수 있어야 한다. 특히 빠르게 변화하는 경영환경에 대응하고 기업의 생산성을 높이기 위해 임금을 연공급이 아닌 생산성이 반영되는 직무급 등 임금체계로 전환해야 한다. 한국경제의 경우 아직 연공급 중심의 임금체계가 남아 있어 생산직의 경우 30년 근속한 노동자가 초임 노동자 임금에 3.3배[36]에 이른다. 일본(2.5배), 독일(2.0배)보다 매우 높은 수준이다. 이는 사용자가 장기 근속자 임금 부담으로 신규 채용을 꺼리게 하는 요인이 된다.

노동시간도 유연화해야 한다. 2018년 7월부터 사업장 규모별로 주 52시간 근로제가 시행되고 있다. 1주당 법정 근로시간 40시간에 연장 및 휴일근로 12시간을 더한 주 52시간제가 300인 이상 사업장은 2018년 7월부터, 50인 이상 299인 사업장에는 2020년 1월부터 적용되고 있다. 2021년 7월부터는 5인 이상 49인 이하 사업장으로 확대될 예정이다. 위반하는 사용자에게는 '징역 2년 이하 또는 2,000만 원 이하 벌금이 부과된다.

연간 2,000시간 이상의 살인적인 노동시간을 자랑하는 한국경제가 노동자의 생활권 등을 보장하기 위해 노동시간 단축은 반드시 추진해야 할 과제이다. 하지만 기업이 처할 수 있는 돌발 상황을 인정할 필요도 있다. 특정 기간에 업무량이 집중되거나 시설 정비, 리콜 등 돌발상황에 처할 경우 주 52시간을 지킬 수 없는 상황이 될 수 있다. 소프트웨어 개발, R&D, 디자인 등 업무량 편차가 발생하는 경우도 있고 정비 또는 계절용품 등 시즌별 집중 노동이 필요한 경우도 생긴다.

보완할 수 있는 제도가 유연근로제이다. 여기서 선택근로제는 1주를 대상으로 업무시작 및 종료시각, 1일 노동시간을 노동자가 자율적으로 결정하는 제도이다. 업무효율을 높이고 법정 주 40시간을 넘기지 않으면 연장 수당을 지급하지 않아도 된다는 장점이 있다. 노동자와 사업자 간 이와 관련한 취업규칙 개정과 서면 합의가 필요하다. 하지만 선택근로제는 총 노동시간이 주 52시간을 초과하지 못한다는 단점이 있다.

일시적으로 주 52시간을 초과할 수 있도록 하는 제도가 탄력근로제이다. 특정일의 노동시간을 연장하는 대신, 다른 날의 노동시간을 단축함으로써 평균 근로시간을 52시간 이내로 조정하는 방법이다. 현행 근로기준법은 탄력근로제의 기간을 최장 3개월로 설정할 수 있는데 계절 등 시즌에 영향을 받는 업종이나 납품 기간에 영향을 받는 중소기업 입장에서는 부족한 기간이다. 선진국과 같이 6개월 이상으로 연장하되 일본처럼 연간 총 노동시간을 제한하거나 독일과 같이 노사협의로 자율적으로 결정하는 방안을 검토[37]하는 것이 바람직하다.

노동시간과 관련 있는 또 다른 제도가 야간 또는 휴일근무 등 연장근무에 대한 수당지급이다. 근로기준법에 따르면 야간 및 휴일근무에 각각 50%를 할증한 수당을 지급해야 한다. 판례와 고용노동부의 지침에 따르면 휴일 연장근무의 경우에는 두 가지 사유가 중첩된다는 이유로 100%의 중복할증 수당을 지급해야 한다. 과거 저임 노동과 연장 근로가 만연했던 한국에서 노동자의 인권보호 등을 위해 불가피한 조치였지만 1인당 국민소득이 3만 달러를 넘은 상황에서 선진국과 비교하면 과도하다.

관련한 국제노동기구ILO 협약에서도 초과수당 할증률을 25% 이상으로만 권고하고 있다. 일본의 경우 25%의 할증률을 적용하고 있고 주 60시간을 초과할 경우 50%, 휴일 노동에는 35%를 적용하고 있다. 프랑스도 초과노동에는 25%, 8시간을 초과하는 노동에 대해서는 50%의 할증률을 적용한다. 독일은 노동시간과 마찬가지로 법률에 할증률에 대한 규정이 없고 노사 간 자율협약에 의해 결정하도록 하고 있다.

이미 노동시간 단축조치를 취하고 있는 상황에서 할증률도 선진국과 같이 25~35% 수준으로 조정되어야 한다. 특히 문제가 되는 휴일 중복할증 문제는 반드시 고쳐져야 한다. 중복할증은 근본적인 취지인 노동시간 단축에 도움을 주지 않는다. 사실상 휴일 근무가 대기업 중심의 사업장에 집중되고 있기 때문에[38] 중복할증에 따른 이익이 노동자에게 골고루 분배되지 않고 대기업 노동자만 혜택을 보고 있는 것이다.

경영상 해고 조건 및 절차를 명확하게

정규직 보호 완화와 관련하여 정치적, 사회적으로 가장 어려운 과제가 경영상 이유에 의한 해고에 대한 것이다. 노동자가 우려하는 '쉬운 해고'를 허용하는 것보다는 해고의 이유와 절차를 명확히 함으로써 불확실성에 따른 비용을 절감하고 부당하게 해고당한 노동자에 대한 보상을 강화하는 방안이 적절하다.

한국과 유사한 법적 불투명성을 갖고 있던 프랑스의 2016년 12월 개혁사례가 많은 시사점을 제공한다. 즉, 학설과 판례에 의존했던 경영상 해고사유를 법률에 명확히 규정하고 절차를 위반할 경우 노동자에게 보상하고 소송 제기기간도 조정했다. 다시 말하면 한국은 근로기준법 제24조에 따라 '긴박한 경영상의 필요성'만 규정한 반면,

표 3-3 **프랑스와 한국 해고사유 및 절차 비교**

프랑스	한국
경영상 해고사유	**경영상 해고 사유**
○ 법률에 명시된 매출감소 등 최소 1가지 이상 ○ 다국적 기업은 국내법인 경영사정만 고려	○ 긴박한 경영상의 필요(근로기준법 제24조) ＊ 구체적인 사유 불명확
해고절차 위반기준 명확화와 보상	**해고절차 위반기준 및 보상**
○ 해고 사전통지 템플레이트 마련 ○ 부당해고시 보상기준 마련(근속연수에 따라 최소 3개월~최대 20개월치 급여 지급)	○ 사전통지(50일전)와 노조협의 의무 ○ 부당해고 시 노동위원회 제소 및 이행강제금 ＊ 노동자에 대한 보상 없음
해고에 대한 소송제기 가능기간 단축	**부당해고에 대한 소송제기 가능기간**
(24→12개월 : 경영상 해고도 동일)	○ 3개월 (OECD 평균 수준)
단체협약에 따른 해고절차 신설(노동부 승인)	**단체협약에 의한 해고절차**
○ 단체협약을 통해 구조조정에 따른 재취업 교육, 취업알선, 퇴직금 지급(예 : 푸조 사례)	○ 사회적 논의 부재 ＊ 노동조합법상 단체협약에 임금·근로시간·복지·해고 등 조건을 정할 수 있으나, 현실적으로 불가
법정퇴직금 상향 조정	**법정퇴직금**
○ 최소 근무기간 단축(12→8개월), 퇴직금 상향조정(계속근로기간 1년 임금의 1/5→1/4)	○ 계속근로기간 1년에 30일분 수준

프랑스는 법률 개정을 통해 매출감소 등 법률에 규정된 사유 중 최소 1개 이상의 이유가 있으면 경영상 해고가 가능하도록 했다. 11인 미만의 사업장은 1분기 동안, 50인 미만 사업장은 2분기 연속, 300인 이상의 사업장은 4분기 연속 주문량 또는 매출이 전년동기 대비 눈에 띄게 하락하는 경우 경영상 어려움이 인정된다.

해고에 대한 사전통지 절차를 자세하게 규정하고 부당해고로 인정될 경우 노동자에 대해 근속연수에 따라 최대 20개월치의 급여를 지급하도록 했다. 해고에 대한 소송제기 기간은 해고가 있은 날로부터 24개월에서 12개월로 단축함으로써 절차적 불확실성을 완화하였다.

구조조정을 위한 대규모 정리해고에 관한 사항도 추가하였다. 노동조합과의 단체협약을 통해 해고를 받아들일 경우 노동부의 승인을 통해 퇴직금과 실업급여를 함께 받고 사용자는 퇴직 노동자에 대해 재취업 훈련을 제공하거나 장기 계약직으로 채용하는 제도이다. 개혁 초기에 노조가 연대파업을 하는 등 반발이 있었으나 마크롱 대통령이 직접 대토론Grand Debat에 나서서 합의를 이끌어냈다. 해고사유 관련 프랑스와 한국 제도를 비교하면 〈표 3-3〉과 같다.

프랑스의 경우 이러한 개혁에 따라 해고비용이 감소하고 부당 해고비용도 현저히 감소하였다. 푸조 등 대기업도 노사합의[39]에 따라 노동자가 구조조정에 의한 해고를 받아들이는 대신, 재취업 훈련과 취업알선 서비스를 사용자로부터 받을 수 있게 되었다. 한국의 경우 노동조합법상 단체협약에 임금, 근로시간, 복지, 해고 등의 사항을 정할 수 있는 근거는 있으나 사실상 그런 사례는 거의 없다. 한국도 프랑스와 같이 사회적 합의를 통해 경영상 해고의 사유를 보다 명확히 하고 절차를 규정함으로써 노동자를 보호하고 기업의 불확실성을 제거함으로써 한국경제의 경쟁력을 제고해야 한다.

과도한 비정규직 사용을 억제하고 이익균형을 추구

정규직 보호 완화와 함께 추진해야 하는 과제는 비정규직 사용에 대한 합리적 기준을 설정함으로써 사용자가 무분별하게 비정규직을 사용하지 못하도록 하는 것이다. 비정규직 사용제한의 접근방식은 기간 또는 사유 제한을 통한 것이다. 지금까지 한국경제가 적용하는 방식은 주로 기간 제한이었다.

1997년 외환위기 이후 급속하게 늘어난 기간제 또는 단시간 노동자 등 비정규직의 노동조건 개선과 권익보호를 위해 2007년 7월 비정규직 보호 3법[40]이 시행되었다. 비정규직 차별을 금지하고 기간제 노동자의 계속 사용기간과 파견근로자의 파견기간을 2년으로 제한한 법률이다. 기간제 근로자가 정규직 또는 새롭게 생겨난 무기 계약직으로 전환되는 긍정적인 효과도 있었으나, 비정규직이 늘어나고 많은 기간제 근로자가 2년마다 반복적으로 직장을 바꾸어야 하는 처지가 되었다.

법률 시행 전후를 비교하면 비정규직이 2007년 3월 580만 명에서 2009년 540만 명으로 다소 줄었으나 2011년을 기점으로 다시 증가하기 시작하여 2020년에는 742만 명에 이른다. 입법 이후 160만 명 이상 늘어난 것이다. 직장에서의 근속기간도 2007년 이후 정규직은 2년 늘어났으나 비정규직은 3개월 늘어나는 데 그쳤다. 정규직과 비정규직 간 이중구조를 오히려 고착화한 것이다.

보다 강력한 규제가 파견근로이다. 파견업체 사용자가 노동자를 고용한 이후 파견계약에 따라 사용자의 지휘를 받아 일하는 것으로 32개 업종에만 허용하는 포지티브 규제를 실시하고 있다. 제조업은 허용되지 않고 주로 컴퓨터 등 특수기술 관련 종사자와 문화 관련 업종이 허용대상이다. 주요 선진국에는 파견근로에 대한 규제가 없는 경우가 많고, 있는 경우에도 직접 고용한 노동자와 파견노동자 간 차별대우를 엄격히 금지하는 데 초점을 두고 있다.

특히 연구개발, 제조, 판매, 서비스 등이 융복합되고, 정보통신기술에 기반을 둔 제조-서비스 등의 플랫폼화가 진행되고 있는 상황에서 유연한 채용을 가로막는 한국의 파견근로 제한은 후진적이다. 과거 파견 노동자의 열악한 노동환경을 개선하고자 했던 취지는 급여와 노동조건 등에 대한 엄격한 차별대우 금지를 통해 충족할 수 있다. 오히려 전문지식을 갖고 플랫폼 등을 기반으로 유연한 노동을 할 수 있는 환경을 조성함으로써 기업의 경쟁력을 높이고 일자리를 늘릴 수 있다. 이러한 이유로 한국과 비슷했던 포지티브 규제를 갖고 있던 일본도 1999년 일부 금지업종만 규정하는 네거티브 규제로 전환하고 사실상 사용기간 규제도 없애 버렸다.[41] 이제 파견근로 규제를 네거티브로 전환하고 동일 직장에서 동일 노동에 대한 동일 대우 원칙을 확립해야 한다.

물론 사용자가 무분별하게 비정규직을 사용하는 것도 제한할 필요가 있다. 다시 말하면, 비정규직 사용 사유를 합리화하고 사용할 경우에 추가적인 부담을 하도록 함으로써 노동자와 사용자 간 부담을 공평하게 만들어야 한다. OECD[42]에서도 기간제 사용 등을 통한 유연성 제고 필요성은 있으나 과도한 기간제 사용은 노동조건의 악화와 함께 인적자본의 축적을 저해하므로, 예측 가능하고 노동자와 사업자 간 이익이 균형을 이루는 규제가 필요하다고 역설하고 있다. 먼저 비정규직 사용에는 객관적이고 정당한 사유가 있어야 하며, 그렇지 않을 경우 기간과 갱신횟수를 제한해야 한다는 것이다.

독일의 경우 객관적으로 인정되는 사유가 없을 경우 18개월 이내

그림 3-10 **프랑스의 실업률·불완전고용·장기실업률** (단위 : %)

그림 3-11 **프랑스의 정규직·계약직 비율** (단위 : %)

로 사용기간을 제한하고, 객관적 사유가 있는 경우에만 5년으로 허용한다. 한국에서도 '객관적 사유'가 있을 경우 원칙적으로 기간제 사용과 갱신을 허용하는 방안을 검토할 필요가 있다. 현 정부에서 추진하고자 하는 상시적 업무 및 안전관련 업무 비정규직 사용 제한과 함께 검토할 필요가 있다. 무리한 비정규직의 정규직 전환은 오히려 자회사 등을 통한 우회 고용을 촉진시켜 비효율적인 경영을 유도하고 노동 현장에서는 기존 정규직과 비정규직에서 전환된 정규직 간 노노勞勞 갈등만 유발하는 결과를 가져 온다.

기간제 등 비정규직 사용에 객관적이고 합리적인 이유가 있으면 허용하되 사용자가 비정규직 사용에 따른 이익을 추가적으로 부담하는 방안이 합리적이다. 기간제 등 비정규직을 사용할 경우 정규직을 사용하는 데에 비해 임금과 고용보험 등 사회보험 부담이 8~9% 이상 감소하므로 이익의 일부를 사회보험료 추가 부담 등을 통해 균형을 추구[43]하는 방안이다.

대표적인 노동개혁 사례로 평가받고 있는 프랑스 마크롱 대통령의 고용보험제도 개편에 따르면 음식숙박 등 단기 기간제를 많이 고용하는 11개 업종의 고용보험에 대한 사용자 부담을 인상하고 주 15시간 이내의 최단 기간 기간제 고용에는 정액(월 €10) 부담을 추가하였다. 현재 노동자와 사용자가 고용보험료를 균등 부담하고 있는 것에 비해 기간제 등 비정규직을 사용할 경우 그만큼 더 부담하는 것이다. 프랑스의 사례를 보면 효과가 있었다. 개혁 추진 결과 〈그림 3-10〉과 〈그림 3-11〉과 같이 실업률이 하락하고 정규직이 크게 증가(2019년 2분기 54.7%, 2003년 분기별 통계작성 이후 최고)하는 등 고용여건이

기로에 선 한국경제

개선"되었다.

최저임금 인상은 고용에 미치는 영향을 감안해서

비정규직과 정규직 간 임금 격차를 줄이기 위해 최저임금 정책은 합리적인 수준에서 추진되어야 한다. 최저임금 적용대상의 상당수가 비정규직이라는 점에서 최저임금 인상에는 비정규직의 임금인상을 통해 정규직과의 격차를 줄이는 장점은 분명히 존재한다. 그러나 최저임금 인상이 일자리에 미치는 영향과 중소기업 및 자영업자 등에게 주는 부담을 함께 고려해야 한다. 현 정부 출범 이후 임기 내 시간당 임금 1만 원 정책에 따라 2018~2020년간 30% 수준으로 인상되었다. 그 결과 최저임금이 평균임금 대비 60% 내외에 이르고 중간임금 대비 50% 수준에 이르게 되었다. 이미 주요 선진국 수준에 이르거나 일부 국가를 뛰어넘고 있다.

최저임금이 일자리에 미치는 영향에 대한 연구결과가 다양하지만 급격한 인상은 일자리에 부정적인 영향을 미치기 때문에 신중할 필요가 있다. 특히 최저임금이 적용되는 노동자가 전체의 40%를 넘는 상황에서 획일적인 최저임금 인상은 일자리 창출에 어려움을 초래할 수 있다.[45] 따라서 OECD의 권고 및 다른 나라의 사례를 감안하여 최저임금 인상을 비정규직과의 임금 격차를 완화하는 수단으로 활용하되 고용감소 가능성을 최소화하기 위해 업종별, 지역별로 차등화하는 방안을 적극 검토할 필요가 있다.

최저임금이 노동자의 생계비를 감안하여 결정하는 것이므로 지역별 생계비 격차를 반영한 지역별 차등화가 논리적 타당성을 갖고 있지만 1일 생활권에 있는 한국사회를 고려하면 실현 가능성이 크지 않다. 따라서 매출과 영업이익, 취업자의 특성을 감안한 업종별 차등화가 타당해 보인다. 영국, 독일 등 유럽 선진국의 상당수가 청년 또는 훈련생에게는 별도의 최저임금을 적용하거나, 음식·숙박업 등 청년이 많이 취업하고 수익률이 낮은 업종에 대해 다른 임금을 적용하고 있다는 점은 많은 참고가 될 것으로 보인다.

노동조건 유연화에 따른 사회안전망 확충

노동조건 유연화에 대한 사회적 수용성을 높이기 위해서는 실직자 또는 전직자에 대한 안전망을 강화해야 한다. 유연화로 인해 실직자가 될 경우 자신뿐 아니라 부양가족의 생계까지 영향을 미치기 때문에, 이에 대한 보장이 없으면 유연화를 받아들일 수 없다. 다시 말하면 유연성과 안전성을 동시에 추진해야 한다는 것이다.

실직자에 대한 대표적인 안전망으로 실업급여 제도를 들 수 있다. 실업급여 제도는 실업자에게 적극적인 구직활동을 전제로 단기적인 소득지원과 함께 재취업지원을 하는 사회보험이다. 1995년 도입 이래 지난 20여 년간 지속적으로 제도가 확대되었다. 실직자에 대한 소득보전 기능을 평가하면서 실업급여만을 볼 수는 없다. 실업급여 이외에 실직자가 저소득 계층일 경우 기초생활 보장제도와 근로장려금 EITC 등이 적용되고 공적 및 사적연금의 수혜대상도 될 수 있기 때문이다. 이를 모두 감안한 지표가 실직자에 대한 순소득 대체율NRR이다. 〈그림 3-12〉과 〈그림 3-13〉에서 확인할 수 있는 바와 같이 한국의 순소득 대체율이 꾸준히 상승하여 2018년 63%에 이르러 주요 선

그림 3-12 **한국 NRR[46] 추이** (단위 : %)

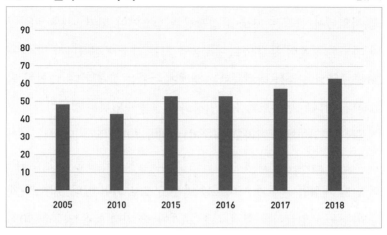

그림 3-13 **OECD 국가 NRR**(2018년) (단위 : %)

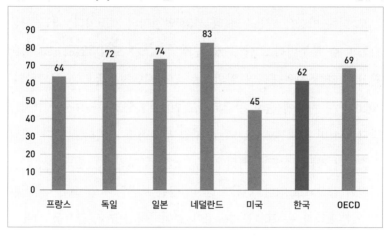

진국에 비해서는 아직 미흡한 실정이나 OECD 평균(69%)에는 근접하고 있다.

그러나 이는 유연화 과정에서 실직의 위험을 감수해야 하는 노동자의 입장에서는 아직 불충분하다. 외벌이 가구가 54%에 이르는 한국 사회에서 실직은 가구에 심각한 위험요인이 되기 때문이다. 이미 과도한 생계비 부담으로 어려움을 겪는 가구가 실직마저 할 경우 60% 수준의 순소득 대체율로는 생계에 위협을 받게 된다. 대안이 필요하다. 하나는 덴마크의 유연안정화 모델을 도입하는 것이다.

'골든 트라이앵글'이라고도 불리는 덴마크 모델은 기업이 노동자를 필요에 의해 자유롭게 해고할 수 있고 노동자는 충분한 실업급여와 함께 재취업 훈련과 서비스를 받는 구조로 되어 있다. 저소득 계층의 경우 실업급여를 실직 직전 24개월 중 가장 높은 임금의 90%까지 최장 2년 동안 받게 되어 생계에 부담을 느끼지 않으면서 재취업을 준비하도록 하는 시스템[47]이다.

또 다른 방향은 기본소득 등 사회 안전망의 재편이다. 최근 기본소득의 한 부분이라고 할 수 있는 실업부조가 도입되었고 코로나19 확산에 따른 지원대책의 일환으로 긴급재난지원금도 도입되었다. 2020년 두 차례에 걸쳐 지급되었고 2021년에도 3차 지원금이 지급되고 있지만 정치권에서는 추가 지급 필요성도 제기되고 있다. 지급 수준이나 지급대상도 보편적 지원과 선별적 지원이 병행되면서 많은 논란이 양산되고 있다. 긴급재난지원금은 보편적 지원이라는 측면에서 기본소득과 유사하나 지속성이 결여되어 있고 긴급성을 이유로 지급방식과 성과에 대한 면밀한 검토 없이 도입되고 있다는 점이 아쉽다.

한국형 실업부조는 국민취업지원제도라는 형식으로 중위소득 50% 미만 저소득층과 청년층에 6개월간 50만 원을 지급하는 제도이다. 수익자 부담이라는 원칙이 적용되는 고용보험 등 사회보험 가입 여부와 관계없이 재정을 통해 지급하는 제도라는 취지에서 기본소득과 유사하다. 그러나 이것만으로는 부족하다. 4차 산업혁명 등으로 비전형 노동자가 늘어나고 있고 생산현장이 자동화되고 있는 상황에서 일부 취약계층을 대상으로 지급하는 국민취업지원제도는 노동관련 제도라기보다는 복지제도의 성격이 강하다.

따라서 노동시장과 관련하여 고용보험 등 사회보호제도의 사각지대가 광범위하게 존재하는 한국경제에서는 기본소득제 도입 여부 등을 포함한 사회 안전망 재편을 논의할 필요가 있다. 2020년 8월 통계청 경제활동인구조사 부가조사에 따르면 고용과 실업대책에 취약한 초단기간, 일일단기, 소규모 영세사업체, 특수고용, 파견-용역 노동자의 규모가 전체 취업자의 28%인 742만 명이며, 이들 중 고용보험의 사각지대에 놓인 노동자가 459만 명에 이른다.

이들은 코로나 사태 등과 같은 경제위기 속에서 무급휴직과 권고사직 등에 의해 1차적으로 직장을 잃을 가능성이 높으며 고용보험에 가입되어 있지 않아 각종 정부 대책에서 배제될 가능성이 높다. 전국민 고용보험 가입이라는 정책을 추진하고 있으나 가입하더라도 현재의 대상 범위와 지원 수준에는 한계가 있다. 더욱이 자동화와 4차 산업혁명이 진전되면서 특수고용 또는 플랫폼 노동 등 비전형근로형태가 더욱 늘어날 것으로 보인다. 새로운 접근방식으로 기본소득 등 사회안전망 재편을 논의할 필요가 있는 것이다.

다만 막대한 재원이 소요되고 다른 복지제도와의 관계 등을 감안할 때 이들 긴급재난지원금과 실업부조와 같이 기존 제도에 하나씩

엎어지는 방식은 바람직하지 않다. 기본소득 또는 유사한 제도를 도입하는 문제는 궁극적으로 한국경제의 지속가능한 발전을 위한 노동조건의 유연화를 추진하는 과정에서 연계하여 검토해야 한다. 재정은 곧 현 세대의 국민 또는 미래의 자녀세대가 부담하는 것이므로 퍼주는 것이 아니라 취지는 맞더라도 이익의 균형을 찾아가야 한다. 유연안정화 모델과 기본소득 등 사회안전망 재편이 서로 상충되지는 않는다. 덴마크와 같은 충분한 실업급여를 통한 소득보전을 기본소득 등으로 대체할 수 있기 때문이다.

파트2에서 설명한 것처럼 기본소득제에는 전통적인 '기본소득제'와 소득상황을 감안하는 '부의 소득세NIT'가 있다. 재원과 복지제도에 미치는 영향 등 현실적인 도입 가능성과 함께 노동의욕이라는 노동공급에 미치는 영향을 함께 고려하면서 취사선택과 설계가 필요하다. 노동시장과 연계한 사회적 대타협을 통해 현실적으로 도입 가능한 기본소득제 등 사회안전망 재편방안을 검토하는 것이 바람직하다.

청년, 여성, 고령층 등 취약계층 일자리 확대와 보호
청년 일자리를 위한 교육개혁과 기업과의 협력 강화

앞서 설명한 것처럼 2000년대 이후 청년 실업률 상승 추이는 매우 빠르며 수준 또한 높다. 청년 시기 실업은 경력 축적의 기회 상실을 의미하고 장기 실업으로 이어지거나 안정된 직장과 중산층으로의 사회적 이동 가능성을 잃게 만든다. 따라서 청년층에 양질의 일자리를 제공하는 것이 한국경제의 지속 가능한 발전을 위해서도 중요한 과제로 등장하고 있다. 청년층 일자리가 부족하게 된 근본적인 원인은 한국경제 전반의 일자리 창출 능력 저하로 인해 일자리 공급이 부족하기 때문이다. 우선 한국경제의 노동수요, 즉 일자리 창출 능력을 늘리는 것과 동시에 청년실업의 원인으로 오랜 기간 지적되었던 '일자리 미스매치'에 대한 새로운 접근을 모색해야 한다.

청년실업의 원인은 보다 정확하게 보면 동질적으로 양성된 청년들이 저숙련 일자리를 기피하는 현상으로 보아야 한다. '일자리 미스매치'는 결과일 뿐이며 '역량의 미스매치'가 근본적인 문제이다. OECD의 국제 성인역량 조사PIACC에서 확인되는 바와 같이 한국 청년의 평균과 하위권의 역량은 경쟁국에 비해 높은 수준이지만 상위 1%의 능력은 평가대상 국가 중 최하위권에 머물고 있다. 한국 청년이 중간역량에 집중되어 있는 것이다. 한편, 노동시장에서는 기술진보에 따라 고숙련 일자리가 늘어나고 임금도 상승하는 반면 중간 수준의 일자리는 감소하며, 저임금 저숙련 일자리는 늘어나는 '일자리 양극화'가 발생하고 있다. 이러한 이유로 청년이 일자리를 찾기 어려운 것이다.

이러한 문제 인식을 바탕으로 청년실업 문제는 교육과 연계해서 풀어야 한다. 먼저 4차 산업혁명 등을 통해 빠르게 변화하는 노동시장 수요에 맞게 교과과정을 개편해야 한다. 기존의 산학연 체제를 활용하되 대학의 설립, 학비, 정원관련 규제를 완화하여 기업의 수요가 교과과정에 반영되어야 한다. 시스템 반도체, 인공지능 등에 대한 과정을 신설하기 위해 학과 또는 대학원을 설립하려 해도 대학 설립과 정원에 대한 규제가 있다면 기존 학과의 반발로 추진하기 어렵기 때문이다. 자유롭게 허용하되 기초학문 등에 대해서는 별도 지원으로 보완하면 된다.

기업이 적극적으로 듀얼 트랙 시스템을 만들어 지원할 수도 있다. 미국의 보잉, 독일의 지멘스 등은 지역의 대학 또는 전문대학과 협업하여 기업부담으로 해당 기업에 필요한 전문지식을 교육하고 졸업 후 취업을 보장하는 프로그램을 시행하고 있다. 적극적인 계약대학 또는 계약학과의 일환으로 볼 수 있으며 교육기간 중 2년 내외의 해당기업에서 현장실습을 하는 것을 포함하고 있다. 고졸 대상으로 하는 과정에 한독상공회의소에서 시행하고 있는 아우스빌둥Ausbildung(쌍둥이교육)도 유사한 사례다.

기업의 입장에서 필요한 인재를 적기에 채용할 수 있고 참가자도 유수한 기업에 조기 취업할 수 있는 장점이 있다. 여기에서 듀얼 시스템 성공의 관건은 지금처럼 중소기업 위주의 일-학습 병행을 중견 및 대기업이 참여하는 방향으로 전환하는 것이다. 노동조건이 열악하고 청년층이 원하지 않는 중소기업의 경우 저임 노동자를 착취하는 도구가 될 수 있기 때문이다. 대기업을 파트너로 인정하고 이들 기업에 대해서는 투자와 비용에 대한 세제지원을 부여하면 된다.

2010년대 이후 정부가 추진해왔던 산학연 협력시스템도 재검토할 필요가 있다. 기업의 수요를 R&D, 대학교육 등에 연계하려는 목적으로 시도하였으나 기업이 주도하기보다는 학교, 교수 등 학교가 주도하는 제도로는 한계가 있다. 학제와 학위 등에 대한 규제가 적용되기 때문이다. 이러한 틀을 깨는 시도가 프랑스, 독일 등에서 일어나고 있다.

프랑스의 '에꼴 42(Ecole 42)'와 독일의 모델은 기업이 주도한다. 프로젝트 중심으로 운영하는 방식이다. 에꼴 42는 학위와 관계없이 기업이 요구하는 프로젝트를 수행하며 성공할 경우 기업이 채택하고 관련 연구 학생은 해당기업에 취업한다. 독일의 경우 기업이 대학원생 등에게 프로젝트를 주고 성공하면 관련 학위를 학교에서 부여한다. 기존 교육시스템에서 벗어난 것으로 현실적인 교육개혁의 출발점이 될 수 있을 것으로 보인다.

또한 취업의 다른 경로를 열어주어야 한다. 고졸 등에 대한 커리어 조기 상담에 대한 투자를 확대하여 고등학교 졸업 후 대학이 아니더라도 새로운 커리어 경로가 가능하다는 것을 인식하도록 해야 한다. 그간 직업경로를 선택하면 대학 등의 경로에서 벗어난다는 인식이 있어 활성화되지 못하는 측면이 있었다. 독일과 스위스 형태의 마이스터 고교 등을 도입했으나 크게 활성화되지 못했던 이유이다.

이를 보완하기 위해서는 직업경로를 선택하더라도 경력을 쌓은 이후 언제라도 대학 등 학문의 길로 갈 수 있는 경로를 활성화해야 한다. 독일의 경우 경력을 쌓은 후 직업 관련 대학에 진학하는 것이 장려되고 졸업 후 기업이 산학연 연계 등을 통해 설립한 대학 등에서 후배를 양성하고 학문을 겸하는 것이 활성화되어 있다. 일반 인문계 고등학교 졸업생도 대학을 가지 않을 경우 좋은 일자리를 구할 수 있도록 직업훈련의 기회를 주어야 한다. 앞서 언급한 것처럼 기업 설립 대학 또는 도제교육을 받아 전문 기술인의 경력을 쌓을 수 있도록 하는 2차 경로가 마련되어야 한다.

취업을 위한 2차 경로를 위해 현행 국민취업지원제도와 청년 내일배움카드제를 더욱 활성화할 필요가 있다. 청년층이 희망하는 일자리에 취업하기 위해서는 관련 훈련기관의 훈련비용에 대한 규제를 풀고 훈련 품질에 대한 관리감독을 강화해야 한다. 가격규제를 풀고 훈련기간 중 생계비를 함께 지원함으로써 충분한 기간을 갖고 고소득 고숙련 일자리를 위한 지식과 기능을 습득할 수 있어야 한다.

모성보호 강화를 통해 여성에게 일자리 기회를

여성의 취업기회를 제약하는 핵심요인은 출산과 양육부담이다. 일-가정 양립이 가능하도록 직장 및 육아환경을 바꿔야 한다. 육아휴직(아빠의 달 포함) 요건과 휴직 급여 수준[48]에 대해 그간 많은 제도 개선이 이루어져 OECD 국가 수준을 일부 상회하고 있다. 그러나 고용보험에 가입하지 않는 비정규직과 자영업자는 혜택을 받을 수 없고 휴직급여 수준이 낮아 충분한 기간 동안 육아휴직을 할 수 없다는 지적도 제기되고 있다. 따라서 취약해지고 있는 고용보험기금의 상황을 감안하여 출산과 육아 등 모성보호와 관련한 지출은 일반 재정에서 부담한다는 것을 전제로 휴직급여의 추가 인상을 검토할 필요가 있다.

자영업자와 비정규직에 대한 육아휴직 요건 완화는 사회보험 사각지대 해소 차원에서 고용보험 가입을 위한 사업인 두루누리 사업을 확대하거나 앞서 언급한 기본소득제와 연계하여 검토할 필요가 있다. 급여 수준은 최소한 월 기준 최저임금(2020년 1,795,310원) 기준으로 인상되어야 한다. 휴직기간 중 생계가 가능해야 하기 때문이다.

일-가정 양립을 위해 질 좋은 보육기관 제공이 필수적이다. 유아에 대한 질 좋은 교육이 아동의 미래 경쟁력을 좌우할 뿐 아니라 여성의 경제활동 참여에 기여한다. 따라서 보육기관에 대한 적극적인 투자가 필요하다는 것이 최근 연구의 결론이기도 하다. 한국에서는 질 좋은 보육기관은 국공립 보육기관이라는 인식이 퍼져 있다. 이런 점에서 현 정부가 임기 중 5% 수준에 불과한 국공립 보육기관을 40% 수준으로 확대하겠다는 약속을 한 바 있고 최근 이를 50%로 확대한다는 계획을 발표했다. 막대한 재정이 소요될 뿐 아니라 민간 보육기관의 반발을 불러일으켜[49] 사실상 실행이 어려울 가능성이 크다.

합리적인 대안은 민간 보육기관에 대해 표준화된 보육 프로그램을 적용하도록 하고 회계, 보육 수준에 대한 질적인 관리 감독을 강화하는 한편 민간 보육기관을 인수하는 방안이 오히려 바람직하다. 또한 기업이 직접 설립하는 직장 보육기관을 활성화하는 방안도 검토해야 한다. 설립보다는 운영에 따른 부담을 우려하여 설립을 꺼리는 경우가 많기 때문에 설립 후 기부채납을 통해 국가 또는 지방자치단체가 인수해 운영하는 것도 효율적인 방안이 될 수 있다.

육아휴직 또는 출산과 양육으로 인한 경력단절 이후 재취업에 대해 직업훈련 등 적극적인 노동정책도 추진해야 한다. 현재 여성가족부 중심으로 새일센터를 통해 재취업 훈련을 하고 있지만 이러한 별도의 프로그램보다는 노동자의 역량을 제고하고 재훈련을 도와주는 프로그램에 포함시켜 함께 확대하는 것이 바람직하다. 남성이든 여성이든 빠르게 변화하는 경제환경에 대응하여 노동자의 역량을 높이고 재훈련할 필요가 있기 때문이다.

일-가정 양립을 위해 유연한 근로시간제 등을 활성화하는 것도 필요하다. 육아를 위해 일정한 시간에 출근하여 퇴근하는 것보다 신축적인 노동시간을 원하는 경우가 있기 때문이다. 동일 업무에 대한 동일 대우라는 원칙을 유지하는 것을 전제로 30시간 이하의 유연근무제가 출산율을 높인다는 연구[50]도 있다. 다시 말하면 육아를 위해 하루, 주간, 또는 3개월 이상의 단위 기간 내에서 노동시간을 자유롭게 조정할 경우 여성의 양육부담을 완화할 수 있다는 것이다.

중장년 및 고령층, 일자리 양보다는 노동조건에 관심을

중장년 또는 고령층의 취업률은 OECD 선진국에 비해 높기 때문에 일자리의 양보다는 질적 수준과 노동조건에 대한 관심이 필요하다. 노령층의 1/4 이상이 저임금 비정규직에 종사하고 있기 때문이다. 먼저 중장년과 고령층이 저임금 비정규직에서 벗어나 질 좋은 일자리에 취업하기 위한 적극적인 노동시장 정책을 검토해야 한다.

청년층을 위한 취업성공패키지와 같이 은퇴 이전 또는 직후 해당 노동자의 적성, 역량 등을 평가하여 재취업에 필요한 훈련을 제공하고 적극적인 취업 알선 서비스를 제공하는 방안이 효율적인 것으로 보인다. 사실상 청년층 프로그램을 중장년 및 고령층에 확대 적용하는 것이다.

특히 고령층에 대한 문제는 노인빈곤과 연계해서 고려해야 한다. 40%대 중반에 이르는 고령층이 소득 중간값의 50%에도 못 미치는 빈곤에 허덕이고 있기 때문이다. 빈곤은 생계를 위해 저임-저생산 일자리를 받아들이게 한다. 이러한 빈곤문제는 기초생활보장제도와 아직 성숙하지 않은 연금제도 때문이다. 기초생활보장제도 개선을 위해 부양가족 요건을 지속적으로 완화해야 한다. 고령층을 위해 국민연금의 임의계속가입 제도도 개선되어야 한다.

국민연금 수령시기가 61~65세로 다양하지만(2033년 이후 65세로 통일) 60세 이후 사업자의 국민연금 납부의무는 없다. 따라서 노동자가 60세 이후 지속적으로 일을 할 경우 국민연금 계속 가입을 선택하여 연금 지급액을 높일 수 있지만 그럴 경우 사업자의 납부의무가 없어 노동자의 납부액이 2배로 늘어나게 된다. 노동 연령이 늘어나는 것을 감안하여 노동자가 국민연금 임의계속 가입을 선택할 경우 사업자도 동일한 금액을 납부하도록 의무화하거나 고령층 고용지속을 위해 납부액의 일부를 재정에서 부담하는 방안을 검토해야 한다.

일자리보다는 개인을 위한 사회안전망 확대

평생교육 및 직업훈련 기회를

비전형 노동자가 많은 상황에서 4차 산업혁명으로 플랫폼 노동자가 증가함에 따라 과거 안정적인 고정사업장을 중심으로 설계된 사회안전망의 유용성이 점차 상실되고 있다. 플랫폼 노동자의 경우 사업자가 필요에 의해 고용하고 자유롭게 노동계약을 해지할 수 있기 때문에, 직업훈련을 제공하거나 사회보험료를 지불할 필요가 없다. 노동자에게도 일-학습과 일-가정 양립 등을 위해 자유로운 계약을 체결할 유인이 있어 이러한 형태의 노동 형태는 계속 증가할 것으로 보인다. 문제의 본질은 영화제작을 예로 들면 더욱 명확하다. 영화제작을 위해 감독이 배우와 카메라 감독, 대본 작가가 필요할 때 실력을 갖춘 사람을 중심으로 고용하면 된다. 사전에 교육할 필요가 없다. 이들 노동자는 언제든지 고용될 수 있도록 역량과 시간을 갖추고 있어야 한다.

이러한 환경에 대비하기 위해 먼저 직업훈련 제도를 정비해야 한다. 직업훈련이 특정 사업장에 연결된 것이 아니라 개인의 권리라는 것을 인식할 필요가 있다. 정규직, 비정규직, 자영업자, 비전형 노동자 개인 모두가 생애 기간 중 훈련을 받을 수 있는 권리를 가져야 한다. 이런 제도를 개인훈련계좌제라고 부르며 한국에서는 내일배움카드라는 이름으로 2018년 도입되었다. 2021년에는 실업부조의 일환으로 국민취업지원제도라는 형태로 확대 정착될 예정이다. 그러나 취업을 위한 직업훈련 등이 필요한 청년 등 고용보험 미가입자에는 적용되지 않는 등 개선의 여지는 많다.

이러한 측면에서 현행 고용보험제도 정비를 검토할 필요가 있다. 특히 코로나 사태 이후 건강보험 등 필수적인 공공서비스는 국가가 제공해야 한다는 공감대를 바탕으로 고용보험에서 직업훈련을 필수 공공서비스로서 전국민 가입을 추진하는 것이다. 현 정부에서 고용 보험의 가입대상을 확대하기 위해 추진하는 전국민 고용보험 가입과 는 또 다른 것이다. 4차 산업혁명 등으로 노동자가 취업을 하기 위해 평생교육과 훈련이 필요하고 이를 기업이 제공할 가능성이 크지 않 으므로 국가가 제공한다는 것이다. 다만 재정에서 전적으로 부담하 는 것이 아니라 고용보험에서 가장 큰 계정인 직업개발 계정을 고용 보험 미가입자를 포함한 전 국민에게 적용하는 것이다.

현재 직업개발 계정을 기업만 부담하고 있으나 고용보험에서 분 리하여 일부 금액을 국민이 건강보험과 같이 납입하고 상당 부분은 현행과 같이 기업이 부담하는 것이다. 일부 부족한 부분은 재정에서 부담하면 된다. 기업에서도 훈련된 노동자를 채용한다는 측면에서 현행 재직자 직업훈련과 크게 다를 것이 없다. 또한, 직업훈련기관의 질적 수준에 대해서도 성과 위주로 점검하여 보완할 필요가 있다.

플랫폼 노동자에 대한 사회보호 시스템 정비를

비정규직과 플랫폼 노동자에 대한 고용보험과 국민연금 등 사회 보험에 의한 보호제도를 정비해야 한다. 사회보험도 고정사업장에서 의 노동자를 대상으로 하기 때문이다. 현행 제도에서도 건강보험을 제외한 국민연금, 고용보험, 산업재해보상보험에는 광범위한 사각지 대가 존재하고 있는데, 특히 국민연금과 고용보험은 적용 대상자 가운데 400~500만 명이 사각지대에 머물고 있어 문제가 심각하다. 더욱이 이 문제는 실직과 은퇴에 따른 소득상실 위험이 큰 저임금, 비정규직 근로자에 집중되어 있다.

그동안 정책적 노력에 의해 사회보험 사각지대가 상당 수준 해소되고 있다. 10인 미만 사업체에 노동자와 사업주가 부담하는 국민연금과 고용보험료의 40~90%를 지원하는 두루누리 사업 등을 시행하고 사회보험 징수처를 건강보험공단으로 일원화함으로써 사회보험 가입을 유도하였다. 그러나 사각지대가 여전하다. 〈그림 3-15〉에서 나타난 바와 같이 국민연금 가입 대상자 중 385만 명이 돈이 없어 국민연금 납부예외자로 남아 있고 100만 명 이상이 장기체납 상태로 있다. 이러한 상태가 지속되면 65세 이후 빈곤을 겪을 가능성이 높다.

고용보험도 마찬가지다. 2020년 2월 실업자가 113만 5,000명인데 실업급여를 받은 사람은 60만 명에 불과하다. OECD 평균인 70% 수준에 못 미친다. 고용보험의 가입률이 낮기 때문이다. 이런 상황에 덧붙여 비정규직 또는 자영업자와 유사한 성격을 갖는 플랫폼 노동자가 증가하면서 전통적인 의미의 사회보험 사각지대가 추가로 늘어날 가능성이 있다.

이는 정부의 노력만으로 해결되기 어렵다. 비전형, 플랫폼 노동자 보호를 위해 민간이 정부와 함께 노력하고 있는 미국 등 선진국의 사례를 참고할 필요가 있다. 비영리재단 또는 민간기업이 적극적으로 나서고 있다. 미국 뉴욕의 Black Car Fund와 영국의 Trezeo Account가 대표적인 사례이다. Black Car Fund는 1999년 뉴욕 주 택시 등

그림 3-15 국민연금 가입실태[51]

18~59세 총인구 32,632,000명(100%)					
비경제활동 인구 9,293,000명		경제활동인구 23,338,000명			
	공적연금 비적용자 239,000명	공적연금 적용자 23,099,000명			
		국민연금 적용대상 21,479,000명			특수직역 연금 1,620,000명
		납부예외자 3,852,000명	소득신고자 17,627,000명		
			장기체납자 1,036,000명	보험료 납부자 16,591,000명	
28.48%	0.73%	11.81%	3.17%	50.84%	4.96%
소계 14,421,000명(44.19%)			소계 18,211,000명(55.81%)		

의 운전자를 위한 보험으로 출발하였으나 우버 등 운전자에 대해서도 적용하게 되었다. 소득감소에 대한 보상과 의료비용 등을 보험금으로 지급하고 있다. 영국의 Trezeo Account는 크라우드 펀딩 형태로 설립된 민간회사로 자영업자와 플랫폼 노동자의 소득이 일정하지 못하다는 점을 감안하여 소득의 균등화와 질환으로 인한 소득감소를 보전하는 기능을 수행한다. 다시 말하면, 불규칙한 소득의 흐름을 분석하여 균등화한 이후 사실상 평균 소득이 채워지도록 노동자에게 지급하는 것이다. 일시적으로 소득이 감소할 경우에는 미래의 소득에서 당겨서 지급하고 넘칠 경우 미래를 위해 저축하는 방식이다.

플랫폼 형태의 노동자를 고용하는 사용자가 얻는 혜택을 불안정한 노동자를 위해 돌려주는 방안도 검토할 필요가 있다. 한국의 고용보험은 보수총액의 1.3%로 노동자와 사용자가 균등하게 부담하고

Black Car Fund와 Trezeo Account

›› **미국 뉴욕 Black Car Fund** 미국 뉴욕주 영업용 차량의 운전자를 위한 보험
서비스를 제공하기 위한 비영리 법인
- 1999년 설립되었으며 우버 등 플랫폼 서비스 운전자도 가입대상에 포함되고
7만 명 이상 가입
- 질환 또는 사고 시 소득감소분 보전, 의료비용 및 병원비 등을 지급
- 사망 시 가족의 생계를 위해 5만 달러 지급

›› **영국 Trezeo Account** 자영업자 또는 비정형 노동자를 위해 크라우드 펀딩
을 받아 설립한 민간회사(아일랜드 법인)
- 주당 3파운드의 가입비
- 불규칙한 소득상황을 감안하여 소득흐름을 분석하여 기간별 균등화한 후 지급
하고 질환에 대한 의료비 등을 지급

있다. 그러나 플랫폼 노동자 또는 비정규직을 고용하게 되면서 사용
자가 절감하는 비용을 독식하는 것은 바람직하지 않다. 이런 점을 감
안해서 고용보험료율을 현재와 같은 정액률 방식에서 경험요율 방식
으로 전환하는 방안을 도입해야 한다. 다시 말하면 고용과 해고를 자
주 반복하는 사용자가 고용보험료를 더 부담하는 것이다. 잦은 고용
과 해고를 반복하는 기업이 대기업보다는 중소기업일 경우가 많아
경험요율이 역진적인 부담구조를 가진다는 지적도 있다. 영세 중소
기업의 부담증가는 대기업과 중소기업 고용보험요율 격차를 일부 조
정하여 규모가 큰 대기업이 일부 추가 부담하는 방식으로 우려를 해
소하면 된다.

또 다른 측면은 고용과 해고를 반복하면서 임금소득이 감소할 경

우에 대비한 것이다. 일부 노동자가 직장을 옮길 경우 임금이 직전 직장보다 낮을 가능성이 있다. 이를 보완하는 방안으로 임금손실보험을 검토할 필요가 있다. 2000년대 초 독일 하르츠 개혁 당시 도입된 이후 정식 채택한 국가는 없으나 현행 고용보험의 계정(실업급여, 직업훈련)에 추가하여 도입하고 보험료는 사용자가 노동자에 비해 많은 부분을 부담하는 공적보험 방식으로 도입하는 방안이 합리적으로 보인다. 해고와 취업 등에 의한 잦은 전직은 사용자에 의한 경우가 많기 때문이다.

마지막으로 플랫폼 노동자 등 비전형 노동자에게 단체 구성과 교섭권을 부여해야 한다는 주장도 있다. 현행 노동조합이 전통적인 노동자를 중심으로 구성되어 있어 사회적 대화 또는 노사협의에서 비전형 노동자가 소외되기 때문이다. 기존 노동조합이 자율적으로 이를 인정하도록 유도하는 방안을 검토할 가치가 충분하다. 독일의 대표적인 금속노조인 IG Metall이 비전형 노동자의 가입과 대표권을 인정했던 사례가 많은 시사점을 준다.

PART 04

디지털시대의
산업정책 방향

우리 산업경쟁력의 현실과
환경변화

경쟁력을 잃어가고 있는 산업들

노동과 자본 등 양적 투입에서 생산성 향상으로

1960~1970년대부터 수출 중심형 성장 전략을 추진하면서 한국 경제의 산업화도 빠르게 진전되어 왔다. 초기 경공업 중심에서 중화학 공업 위주의 산업구조로 개편이 이루어졌던 1980년대를 거치면서 한국의 산업구조가 고도화되는 성과를 보였다. 특히 1980~1990년대에는 한국경제에서 인적자본과 연구개발에 대한 투자가 급속하게 증가하였고 그에 따라 생산요소별 성장의 기여도를 분석하는 성장회계 관점에서도 노동과 자본 등 양적인 투입보다는 산업구조 고도화에 따른 생산성 상승이 성장률에서 기여하는 정도가 커졌다.

2000년대에 들어서는 한국경제가 양적인 발전보다는 질적인 효율성이 중시되는 기술혁신형 경제로 진입하는 모습이 나타났다. 당시 기술혁신형 경제구조로의 변화는 선진국보다 더 빠른 속도로 진행된 것으로 평가되는데, 민간의 혁신에 대한 정부의 정책적 지원과 더불어 중국의 급격한 부상 등 기회요인을 활용한 대기업들의 신속한 대응이 주효했다.

구조조정의 기회를 놓치고 산업부문 간 격차는 확대

그러나 2010년 전후 경제구조의 변화에 대한 적응속도가 부문별로 다르게 나타나면서 양극화 등의 문제가 생기고 있다. 빠르게 적응한 소수의 대기업을 제외하고 대부분 기업들이 생산성 저하 등의 문제를 극복하지 못하고 사양화되는 단계로 진입했기 때문이다. 미국을 비롯한 선진국의 문제로 발생했던 2008년 글로벌 금융위기는 이러한 경제구조 변화에 적응하지 못한 기업들에게 충격을 주면서 부문 간 격차 또는 양극화 문제를 더욱 심화시키는 계기가 되었다.

글로벌 경제위기 극복을 위해 한국을 포함한 주요국 정부가 재정과 금융 등 확장적인 거시정책을 하는 것이 불가피했으나 이는 사양산업 또는 개별 기업차원에서는 한계기업의 구조조정을 더디게 하는 역효과도 낳게 되었다. 전례 없는 무차별적이고 확장적인 거시정책이 긍정적인 효과를 나타내면서 건실한 기업뿐 아니라 한계기업과 산업마저 유지되는 결과를 가져왔기 때문이다. 다시 말하면, 한국경제에서 생산성 저하 또는 산업의 사양화 문제를 제대로 인식하고 경쟁력 제고를 위한 구조조정의 기회를 놓치게 되었다.

그 결과 확장적 거시경제정책들에 의한 회복 국면이 지나간 2011년경부터는 한국경제 대부분의 산업에서 기술혁신형 경제구조로의 적응에 실패했다는 징후가 나타나기 시작했다. 이는 한국경제를 구성하는 많은 산업에서 대외경쟁력이 낮아지는 결과로 나타났다. 13

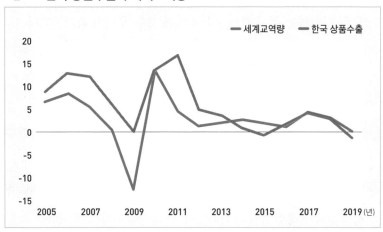

그림 4-1 **한국 상품수출과 세계교역량** (단위 : %)

그림 4-2 **제조업 생산능력지수**(2005년=100)

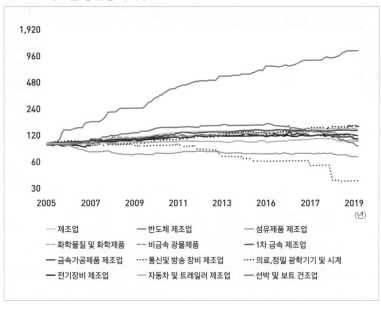

대 한국 수출품목의 세계시장 점유율이 2011년 5.7%에서 2015년 5.3%로 하락하는 등 수출경쟁력 하락에 대한 우려가 확대되었다.

또한 2010년대 이후 한국경제의 제조업 부진에는 글로벌 금융위기 이후 진행된 세계 경제의 무역 및 성장 둔화라는 근본적인 이유가 있지만, 중국 등 신흥국 기업들의 기술 추격과 이에 따른 상대적 경쟁력 저하에도 기인한다고 보아야 한다. 경쟁력 하락에 따른 매출부진과 수익성 저하 문제에 직면한 한국 제조업 기업들은 생산설비 확장과 미래를 위한 투자에 소극적인 태도를 견지하게 되었다. 이에 따라 생산능력과 생산성이 저하되면서 경쟁력이 추가로 약화되는 악순환이 발생한 것이다.

반도체 등 일부 산업이 주도하는 경제

물론, 한국경제의 성장률과 수출 증가율이 글로벌경제 성장률과 교역 증가율에 비해 다소 낮아졌다는 사실에 기대어 상황을 너무 비관적으로 보는 것 아닌가 하는 의문이 들 수 있다. 하지만 최근까지 한국경제의 성장과 수출이 일부 산업, 특히 반도체 제조업에 의해 주도되었으며, 그 외의 산업들은 성장률이나 수출 증가율에서 나타나는 것보다 훨씬 낮은 수준의 성과를 보여주었기 때문에 상황을 가볍게 보아서는 안 된다.

〈그림 4-2〉에서 나타난 것처럼, 한국경제의 생산능력이 투자증가를 통해 전반적으로 개선되는 것으로 보인다. 그러나 반도체 제조업의 대규모 투자와 생산능력 확충을 제외하면 나머지 산업에서는 소극적인 투자로 인해 생산능력이 답보하거나 약화되는 모습이다. 생

그림 4-3 **업종별 산업생산 증가율**　　　　　　　　　　　　　　　　　　(단위 : %)

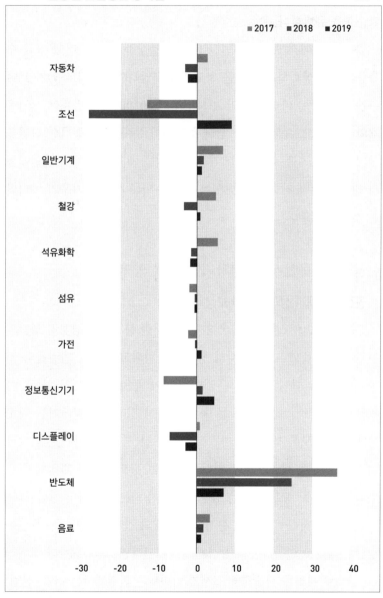

※ 자동차는 완성차, 조선은 건조량, 철강은 철강재, 석유화학은 3대 유도품 기준, 다른 산업은 금액 기준.

산능력 정체와 경쟁력 약화는 다시 투자를 더욱 소극적으로 만드는 악순환을 유발한다.

수출에 있어서도 과거 5년간 10대 수출상품 중에서 전체 평균 수출증가율을 상회하는 품목은 반도체가 유일하다. 〈그림 4-3〉가 보여주는 것과 같이 가장 최근인 2017년부터 2019년까지 반도체 산업을 제외하면 주요 수출산업의 생산 증가율이 눈에 띄게 증가한 산업을 찾기 어렵다. 이는 위에서 제기한 반도체를 제외한 나머지 산업에서의 대외 경쟁력 저하 우려가 일부 지표를 확대 해석한 기우가 아니라는 것을 보여준다.

공정하지 못한 시장환경과 기업가 정신의 후퇴

공정한 경쟁과 성과에 대한 보상기제 약화

그렇다면 2010년대에 한국경제의 어떠한 문제들이 경쟁력 하락의 원인이 되었을까? 세계경제의 성장이 둔화되고 신흥국 기업들의 기술 추격 등 위협이 커지는 환경에서, 대체 무엇이 한국 기업들로 하여금 투자에 소극적인 태도를 보이고 다시 경쟁력을 잃어가는 악순환에 들어가도록 만들었을까? 사실 어떠한 경우에서든 경쟁력이라는 것은 경쟁을 함으로써 드러나는 것이고 경쟁을 하는 과정에서 강화되는 것이다. 중요한 것은 경쟁을 하고자 하는 기업가의 정신이다.

기회가 공정하게 주어진 환경에서 경쟁의 결과로 얻어지는 보상을 정당한 성과로 인정하는 시장경제 상황에서라면 그 의지는 더 강해진다. 반대로 이러한 시장경제 질서가 약화되는 환경에서는 기업, 산업, 나아가 국가경제 전체의 생산성과 경쟁력이 낮아질 수밖에 없다.

한국경제도 산업화와 세계화의 진행에 따라 시장경제 질서를 도입하고 또 나름대로의 방식으로 구축해왔다. 하지만 여전히 공정한 기회와 성과주의에 입각한 정당한 보상이라는 기본요건을 충족시키지 못하는 역설적인 현상이 전개되면서, 국가경제 전체의 경쟁력과 생산성이 오히려 저하되었다고 할 수 있다. 예를 들어, 광범위한 산업에서 기득권의 지대추구를 보장하는 진입-영업 규제가 잔존하면서 자원배분이 왜곡되고 신규 진입을 통해 기존 기업들과 경쟁할 수 있는 기회 자체가 박탈되는 상황이 지속된 것이다.

대기업은 부당내부거래, 담합, 불공정 하도급거래 등을 통해 과도한 지대를 추구하고, 중소기업은 비효율적이고 반복적인 정부의 자금지원 등의 정책과 특정 업종 및 시장에 대한 대기업의 참여를 원천적으로 차단하는 제도에 과도하게 의존해왔다. 이러한 문제들이 지속되면서 기업활력이 약화되고 한국경제의 신진대사와 역동성이 둔화되는 모습이 나타났는데, 이것이 다시 산업 경쟁력의 회복을 지연시키는 요인으로 작용하는 것이다. 이렇게 악순환이 형성되는 것이다.

4차 산업혁명의 대두, 우리는 아직

한국경제의 산업 경쟁력을 평가할 때, 과연 앞으로도 제조업을 중심으로 한 선도 산업을 보유한 지위를 유지할 수 있을까에 대한 의구심과 우려가 들 수밖에 없다. 특히 4차 산업혁명으로 인해 이미 기술과 아이디어들이 융복합되고 있고 미래의 기술 변화에 부응하기 위한 시도와 그 성과가 확산되는 환경에서 한국 산업 및 기업들이 선도적인 역할을 하고 있다고 평가하기는 어렵다.

스마트 생산, 거점형 생산 등의 개념이 강조되고 또 현실화되는 상황에서 한국의 산업과 기업들의 모습과 역할을 찾아보기가 쉽지 않다. 특히 정보통신기술과 기존 산업이 서로 연결되면서 제조업과 서비스업의 융합servitization(제조업의 서비스화)이 급속히 이루어지고 있다. 한국경제의 산업이 사양화 추세에서 벗어나 새로운 성장의 계기를 찾기 위해 어떤 방향으로 가야 하는지 시급하게 재점검해야 하는 상황이다.

디지털시대의
새로운 산업정책 방향

새로운 산업정책의 모색

4차 산업혁명의 주도권 확보를 위한 발 빠른 움직임

세상의 모든 사물에 밝은 면과 어두운 면이 존재하듯이 4차 산업혁명이 초래하는 환경 변화도 한국경제에 거대한 위협일 수 있고 기회일 수도 있다. 하지만 기회냐 위협이냐의 이론적 논쟁을 계속하는 것보다 기회를 놓치지 않고 위협을 극복하기 위한 국가적 목표와 추진전략을 수립하고 실행하는 것이 더 바람직하다. 이를 위한 정책이 앞으로 전개될 새로운 디지털시대를 주도하는 기회를 제공할 수 있다.

한국 산업계에서는 이미 전략적으로 4차 산업혁명 대응에 관한 논의를 마치고 실행하고 있으나, 정부를 비롯한 공공부문에서 정책 논의는 일자리 감소의 부정적 영향 등 이론적이고 이념적인 이슈에 집중하고 있는 수준이다. 이와 대조적으로 주요 경쟁국들은 4차 산업혁명의 영향에 대한 종합적이고 입체적인 접근과 분석을 통해 정책의 우선순위를 설정하는 등 산업정책의 역할을 재정립해 나가고 있

표 4-1   **해외 각국의 4차 산업혁명 대응동향[1]**

구분	미국	독일	일본	중국
주체	민간 주도	정부 민간 협업	정부 주도	정부 주도
전략 활동	○산업인터넷컨소 시엄(IIC) ○첨단제조파트너 십(AMP)	○하이테크전략 2020 ○인더스트리 4.0	○일본재흥전략 2016 ○신산업구조비전 ○로봇신전략	○중국 제조 2025 ○인터넷 플러스 ○일대일로
특징	○소프트웨어 플랫 폼 강점에 기반 ○정부는 제조업 부활에 중점	○제조 설비 강점 에 기반 ○스마트공장 구 현을 위한 표준 화 등 추진	○로봇, 센서 등 강 점을 활용하여 고령화, 재해 등 사회문제 해결 지향	○제조업 및 사회 의 고도화 지향 ○유라시아 지역 경제 주도권 확 보 목표

다. 특히 디지털 기술을 활용한 산업 및 사회 혁신을 추구함에 있어서, 제조역량, 교육수준 및 문화 등 '강점을 활용'한 정책 기조를 강화하여 국가적 전략으로 설정하고 추진하고 있다.

미국의 경우, 정부가 제조업 부활을 위해 '첨단제조파트너십AMP'을 추진하고 있다. 대중소 제조업, 제조업과 서비스업 간의 동반 관계를 통해 GE 등의 기업은 산업인터넷 모델을 확산시키기 위해 '산업인터넷컨소시엄IIC'을 설립하는 등 준비에 박차를 가하고 있다. 독일에서는 제조와 디지털 기술의 통합을 지향하는 '인더스트리 4.0'을 추진하고 있는데, 최근에는 그 연장선으로서 '플랫폼 인더스트리 4.0'라는 체제를 구축하였다.

일본의 경우, '일본재흥전략', '신산업구조비전', '로봇신전략' 등의 중장기 비전 및 계획을 통해 로봇, 센서 등 자국이 강점을 보유한 분야를 활용하고 있다. 4차 산업혁명에서의 글로벌 지위를 확보하고 경제의 성장 모멘텀을 강화하는 것이 경제 문제와 함께 일본 사회가 직면한 고령화, 재해 등 사회 문제도 함께 해결할 수 있다는 시각에서 출발한다. 중국에서도 기업 부문에서부터 저임금 등 낮은 생산비용에 의존하기보다 첨단 기술 인재를 양산하여 활용하는 움직임이 확대되고 있다. 이를 뒷받침하기 위해 중국 정부도 디지털 기술을 기반으로 산업 인프라는 물론 사회 각 분야를 고도화하려는 '중국제조 2025' 및 '인터넷 플러스' 전략을 추진하고 있다.

이와 같은 주요국들의 산업정책은 과거 한국경제에 적용되었던 정부주도적 성격과 서구 국가들이 표방해왔던 시장주도적 성격이 혼재되어 구분하기 어렵다는 특징이 있다. 정부주도형 산업정책은 민간부문의 역량이 미흡하고 사회질서가 형성되지 못해 시장원리가 작동하기 어려운 경제발전 초기단계에서 정보나 자원의 우위를 보유한 정부 관료집단이 목표를 설정하고 민간부문이 이를 따르도록 유도하는 방식이다. 반면, 시장주도형 산업정책은 민간부문의 역량이 개선되고 확보된 상황에서 정부주도형 산업정책이 시장실패를 발생시킬 수 있다는 문제인식을 바탕으로 정부는 민간부문이 성장할 수 있는 여건을 조성하고 적극적인 개입은 가급적 지양하는 방식을 취한다.

그런데 최근에는 시장주도형 정책기조를 유지하고 있는 미국, 독일 등 서구 국가들을 비롯해서 대부분 주요국들도 산업경쟁력 제고 등 지속가능한 성장을 위한 정부의 역할을 강화하고 있다. 4차 산업혁명으로 인한 빠른 속도의 기술진보가 경제시스템 전반에 확산되지 않으면서 부문 간 격차가 발생하고 투자에 대한 불확실성이 여전하기 때문에 정부가 여건과 시스템을 조성하는 데 주력하고 있다. 다시 말하면, 미국과 독일 등의 경우 중국의 제조역량 발전에 대응하여 기업들이 '스마트화'라는 제품 혁신과 '자동화'라는 공정 혁신을 함께 추구하는 과정에 정부가 외곽에서 민간부문의 역량 제고를 지원하는 방식이다. 미국과의 격차 확대 및 아시아 신흥국의 추격에 대응하기 위한 정부 주도적 산업정책을 추진하고 있는 일본의 방식과도 차이가 있다.

지속가능한 산업정책 추진방식을 채택

한국의 경쟁국가들이 이와 같은 산업정책을 정교하게 설계하고 추진하는 상황에서 한국경제의 산업정책도 새로운 방식으로 재설계함으로써 기업 활동의 불확실성 해소 및 산업의 경쟁력 제고에 기여해야 한다. 특히 과거 개발연대에 적용되었던 산업정책의 태도와 방식에서 탈피하고 보다 미래지향적인 공동체의 지속 가능성을 중심으로 정책이 설계되어야 한다.

단기적인 시계를 가지고 정치적 이해관계에 민감하게 대응함에 따라 일관성이 저하되는 문제를 극복하기 위해 보다 장기적 관점에서 접근할 필요가 있다. 기초과학 교육 등 과학기술 인프라 확충을 통해 보편적 개념의 중립성과 일관성을 유지해야 한다. 또한 공공부문의 연구개발R&D 시스템의 개혁 및 민간부문에 대한 리더십 강화를 통해 국민 경제 전반에 대한 기술이 공급되고 확산될 수 있도록 하는 것이 중요하다. 정부가 자금 지원 등과 같이 시장에 직접적으로 개입하는 방식보다 제도적 환경을 개선함으로써 시장 참가자들의 활동 목표와 행태의 자발적 변화를 추구하는 등 법과 규제의 선진화를 동반하는 방식도 필요하다.

산업육성보다 기술혁신 중심의 산업정책 추진

이러한 산업정책의 방식을 바꾸는 것과 함께 더욱 중요한 것은 성장의 지속가능성을 목표로 산업정책의 기조를 설정하는 것이다. 한국경제의 산업과 기업이 보유한 강점을 적극적으로 활용하는 정책을 병행함으로써, 경제 전반의 활력 저하에 따른 부작용을 최소화하고 극복할 수 있어야 한다.

사실 과거 한국경제의 고성장 단계에서 적용되었던 산업정책은 산업육성정책으로 분류할 수 있다. 여기에서 산업육성정책은 정부가 전략산업을 선정하고, 자원을 인위적으로 집중하여 배분하며, 산업구조조정 및 시장경쟁을 정책을 통해 조정하는 방식을 활용하여 산업발전에 인위적으로 국가가 개입하는 행위를 의미한다. 정부는 이를 통해 산업기반을 조성할 수 있을 뿐만 아니라 선진기술을 도입하고, 확보된 자원으로 자체적 기술개발에 투자함으로써 경제발전을 가속화할 수 있는 것이다.

그러나 최근 4차 산업혁명과 같이 융복합화 경향이 강화되고 기술과 산업의 변화속도가 날로 빨라지는 환경에서, 제한된 정보와 역량을 가진 정부가 핵심산업과 핵심기술을 선정하는 것이 타당한지 의문을 제기할 수 있다. 특히, 급속한 기술 진보로 시장이 변하는 환경하에서 정부가 산업을 특정하여 육성하는 방식은 정부의 역량 미흡에 따른 정책의 실행 제약이 발생할 가능성과 더불어 예산 집행의 비효율성이 발생할 수 있는 것이다.

따라서 새로운 시대에 요구되는 산업정책은 기술혁신정책 또는 산업혁신정책으로 설정하고 과거의 산업육성정책과 차별화하는 것이 필요하다. 과거 산업정책은 설비투자를 중심으로 특정 산업을 육성하는 전략이었다. 정부에 의해 산업의 특화 및 성장이 좌우되는 정책적 환경에서는 경쟁이 약화되고 기업과 산업 부문 간, 특히 대기업과 중소기업 간 생산성 격차를 확대시키는 요인이 되면서 전반적인 생산성 제고에 장애로 작용하였다.

이에 반해, 앞으로 기술의 중요성이 절대적으로 커진 시대의 산업정책은 산업의 발전에 필요한 기술의 개발을 지원하는 방식으로 변해야만 한다. 민간의 역량이 성숙했기 때문에 정부가 개입할 여지가 좁아졌지만, 그 산업의 기반이 되는 핵심기술 개발에 투자부진 등 여전히 시장실패가 발생할 수 있다는 점을 새로운 산업정책이 필요한 근거와 정책의 의의로 제시되어야 한다.

일반적으로 기술혁신정책은, 먼저 미래의 산업지형을 예측하고, 핵심기술을 로드맵 등의 형태로 추적한 다음, 특정 분야에서 국가 주도의 대형 연구개발사업을 추진하는 형태를 취한다. 물론 이 과정에서 정책 대상 산업 선정이 필요할 수 있고, 기술혁신을 촉진하기 위한 다양한 정책들도 역시 산업지형에 근본적인 변화를 야기한다는 점에서 과거의 산업정책과 명확히 구분하기는 어렵다.

또한 민간부문과 가까운 영역에서 정부지원이 행해지므로 민간의 혁신이 저해되는 구축효과의 위험성도 높기 때문에 민간의 역량이 성숙하는 정도에 따라 그 수단과 개입의 정도를 검토하고 조절해야 한다. 기술의 연구개발 및 응용과 관련된 연구가 산업계를 중심으로 기업에서 이루어지기 때문에, 시장실패가 발생할 것으로 예상되는 기초기술 및 원천기술 진흥이나 과학기술인력의 양성 등에만 초점을 맞추는 방식도 가능하다.[2]

시장친화적 산업정책 체제 구축

우선 신기술 및 인적자원에 대한 시장의 수요에 효율적으로 대응하는 경제를 만들어야 한다. 시장친화적인 산업정책의 틀을 만들어 학계와 산업계의 연계를 강화하고 관련 제도를 보다 효과적으로 운영하는 노력이 필요하다. 시장의 압력에 노출된 기업들의 경우 혁신에 대해 더욱 적극적이지만, 이들 기업에 전문 인력과 기술을 원활하게 공급하지 못하고 있기 때문이다. 산업계의 수요를 조사하여 그 결과를 교육기관에 전달하는 시스템이 없지는 않지만 피상적 설문조사로는 한계가 있다. 시장과 현장의 핵심적 수요에 대한 상세한 정보가 전달되지 못하고 있고, 산업계의 인적자원 수요에 대한 교육기관의 공급역량 평가 및 교과과정 개편 등 정보의 교류가 없어 사실상 구조조정이 이루어지지 않고 있다.

특히, 공공재적 성격을 가진 인적자원 투자의 경우에는 정부가 적극적으로 수행하여 기업들에 공급하되 수요자 중심적인 정책 체계를 구축해 나가는 것이 새로운 산업정책의 모습이다. 과거 산업정책에서는 수혜기업의 자산으로 귀착되는 설비투자를 지원함으로써 기업의 호응을 유도할 수 있었지만 시장을 왜곡시키는 문제점도 컸다. 그러나 앞으로는 개별 기업보다는 집합적인 산업과 지역 단위의 인적자본 수요를 정부가 충족시키는 방향의 새로운 산업정책 체계가 바람직하다.

금융자원의 공급 및 규제 개혁 등을 통한 산업경쟁력 지원에 있어서도, 기존의 산업정책의 골격을 보완함으로써 민간주도의, 나아가 시장친화적인 산업생태계를 구축해야 한다. 이와 같은 정책적 시도는 신기술을 개발한 기업들이 이에 대한 사업화를 주도할 수 있도록 불확실성을 낮추어주는 지속 가능한 기업환경 개선정책이라 할 수 있다. 과거에도 기술사업화 정책을 통해 기업들의 신기술 사업화를 지원하는 시스템이 있었지만, 공공부문의 역할보다 민간부문에서 신기술이 시장에 효율적으로 진입하여 성공을 위해 진력하는 생태계가 자생적으로 나타나는 것이 바람직하다. 따라서 이 방향으로 시스템을 고쳐 나가야 한다.

이를 위해서는 기술사업화의 각 단계에서 공공부문의 개입이나 재량적 판단이 가능한 부분을 최소화하고 이를 민간부문의 전문성으로 대체하는 방향으로 정책 시스템을 개편해 나가야 한다. 사업화와 관련된 컨설팅, 법률, 회계 및 지식재산권 관리 업무를 지원하는 지식서비스 기업 등이 전문성과 역량에 맞게 활동할 수 있도록 TIPS 프로그램[3]과 창조경제혁신센터 등과 같은 기존의 인프라를 보다 적극적으로 활용할 수 있어야 한다. 민간부문 간의 연결을 위한 플랫폼을 제공하는 것으로 정책의 역할을 정립할 필요가 있다.

혁신산업 육성을 통한 고용 증대

혁신을 통한 신기술 개발 및 신산업 육성에 성공한 경제가 양질의 일자리를 창출한다는 것은 미국과 중국의 많은 사례에서 목격할 수 있는 사실이다. 파트3에서 설명하는 것처럼 일자리는 새로운 기업에서 창출⁴되며 이는 주로 혁신형 기업이 된다고 보아야 한다. 4차 산업혁명의 주역으로 활약하고 있는 구글, 아마존, 페이스북, 테슬라, 알리바바, 샤오미 등 혁신주도형 기업들 대다수가 창업 후 단기간에 성장한 젊은 기업으로서 수많은 고숙련 일자리를 창출하고 있다는 점을 보면 알 수 있다.

고용유발형 전통산업을 지원하는 것도 4차 산업혁명 등 신기술 도입으로 인한 부작용에 대비하는 의미가 있으나, 미래 일자리의 질적향상에 대한 기여 측면에서는 제한적일 수밖에 없다. 전통산업을 도외시하거나 몰락을 방치해도 된다는 것은 아니다. 혁신은 전통산업에서도 발생할 수 있다. 활발한 경제에서는 전통산업을 중심으로 한기존의 기업들도 신기술 도입과 융복합을 통해 혁신기업화할 수 있다. 정보통신기술을 융합한 스마트농업, 데이터를 활용한 구독경제 Subscription Economy, 스마트물류, 제조서비스업 등 혁신이 생겨날 수 있는분야는 무궁무진하다. 이를 적극 지원하면서 양질의 인력에 대한 수요를 증대시킬 수 있다.

한국경제의 문제는 오히려 4차 산업혁명의 진행에도 불구하고 이를 뒷받침할 수 있는 인력의 공급이 충분하지 못하다는 것이다. 특히, 그동안 하드웨어 엔지니어링 중심의 R&D에만 치중하고 서비스 R&D에 대한 투자에 소극적이었기 때문에 소프트웨어 기술 역량을 갖춘 인재가 부족한 실정이다. 한국의 전체 기업 R&D 투자 중 서비스업 R&D 투자 비중은 10%에도 미치지 못하고, OECD 34개국 중최하위에 머무르고 있으며 OECD 평균의 5분의 1 수준에 불과하다.

표 4-2 **국가 연구개발사업 수행주체 중 대학의 인건비 비중 비교**[5] (단위:%)

구분	2012년	2013년	2014년	2015년
한국 전체 R&D	23.20%	22.30%	21.70%	22.70%
한국 대학 R&D	30.10%	27.90%	27.10%	27.80%
미국 대학 R&D	43.10%	43.00%	43.30%	43.60%
일본 대학 R&D	63.70%	60.60%	62.50%	63.60%

이처럼 취약한 서비스 R&D 역량이 4차 산업혁명의 가장 중요한 요소인 '제조업과 서비스업의 융합을 통한 혁신'을 추진하기 어려운 환경을 제공하고 있다.

물론, 4차 산업혁명의 고용에 대한 영향에 있어서도 인공지능, 로봇 등 신기술이 고용에 미치는 '직접 효과'와 함께 신기술이 산업에 영향을 주고 산업이 다시 고용에 영향을 주는 '간접 효과'를 모두 고려해야 한다. 그러나 이를 고려하더라도 신기술 산업이 글로벌 경쟁력을 확보하지 못하면 고용증대 효과를 기대하기 어렵다. 따라서 인공지능, 플랫폼 등 핵심역량의 중요성에 대한 인식과 핵심기술을 둘러싼 산업구조 전망을 통해 고용 파급효과에 관한 다양한 시나리오에 대비해야 한다. 그리고 신기술 개발을 위한 시스템 역량을 강화하는 방안을 마련할 필요가 있다.

핵심역량을 글로벌 기업에 의존하게 되거나 개별 기업 차원에서 확보하기 어려운 경우, 다수 기업에 활용될 수 있지만 개발 비용이 큰 기술을 중심으로 정부가 주도적 역할을 담당해야 한다. 또한 인재 육성을 위한 R&D 투자를 증진해야 하는데, 과거의 사업 중심적인 지원보다는 소프트웨어 및 데이터분석 관련 이공계 고등교육 및 연구를 지원하는 고기술 인적자원을 확보하는 정책적 노력이 요구된다.

미래를 위한 산업정책 과제

국가 R&D 투자 효과성을 높여라

우리나라의 R&D 투자는 지난 10여 년간 빠르게 증가하였고 전체 경제규모에 대한 비중 측면에서 세계 최고 수준으로 산업경쟁력 유지에 기여해왔다. 그러나 효과성 측면에서는 여전히 후진적인 모습을 보이고 있다. 특히, 민간 R&D 투자의 상당 부분이 소수의 대기업에 집중되어 있고 중소기업의 혁신역량은 여전히 미약하다. 1990년대 후반 이후 중소기업 R&D 투자가 지속적으로 확대되었으나 중소기업에 대한 정부지원 확대에 따른 것에 불과하다.

신기술 개발보다는 기존 기술의 개량에 그치면서 오히려 민간투자를 구축하는 부작용도 초래한 바 있다. 이와 같은 배경하에서 R&D 투자의 효과성을 높이기 위한 많은 정책제언들이 있었다. 중소기업 R&D 지원체계의 정비, 대학 및 출연연구소 R&D 지원의 경제적 효과 극대화를 위한 제도개선, 범부처 간 R&D 및 혁신투자에 대한 종합조정 기능의 강화 등이 주된 이슈로 그 방향성은 여전히 유효하다.

먼저, 중소기업 R&D 지원체계를 정비해야 한다. 지원대상이 된 R&D 사업들의 효과성을 검증하고 지원체계에 있어서 선택과 집중의 원칙을 도입할 필요가 있으며, 직접 지원보다는 인프라 조성에 초점을 맞춘 간접 지원방식으로 정책을 전환할 필요가 있다.

둘째, 대학 및 출연연구소에 대한 R&D 지원의 효과성을 극대화해야 한다. 질적인 기초연구 과제 관리 시스템을 평가하고 혁신하는 한편 연구행정을 간소화하는 노력이 필요하다. 특히, 정책적 지원의 취지를 감안할 때, 미래 경제적 잠재력이 큰 고위험 고수익 R&D를 위주로 지원하고 신기술 등 연구 성과의 이전을 공정하고 효과적으로 확산하기 위한 체계를 정립할 필요가 있다.

셋째, 범부처 간 R&D 및 혁신투자에 대한 종합조정 기능을 강화해야 한다. 과거의 자금 투입 중심의 정책 패러다임하에서 형성된 부처별 분산 정책시스템에서 벗어나, 산업, 교육, 노동 등 경제사회 전 분야와 연계될 수밖에 없는 국가 R&D 정책을 기획하고 운영하는 정부 역할을 강화해야 한다. 이를 위해서는 미국 백악관 내 OSTP_{Office of S&T Policy}와 같이 국가경쟁력 강화 및 혁신시스템 확충을 위한 중장기 전략을 모색하고, 부처 간 정책과 투자를 조정하는 조직의 신설을 검토할 필요가 있다.

이와 더불어, 장기적으로는 공공부문의 R&D 리더십을 재정립하면서 그 방향은 민관협력과 사후적 성과보상을 통해 공공부문의 신기술 공급 지원역량을 강화하는 것으로 설정하는 것이 바람직하다. 대기업이 기술개발비용을 부담하고 정부가 비용의 일부를 보전하는 원칙을 유지하면서, 중소기업이 참여하는 기술컨소시엄 구성 등을 통해 신기술의 파급효과를 제고하는 방식이다.

이로부터 발생하는 수익을 대기업, 중소기업이 공유하는 등 R&D 지원체계를 기업참여 유도형 체계로 개편할 필요가 있다. 이를 통해 정책의 지원대상을 정부심사에 의해 사전에 선발함으로써 균등 배분 방식으로 자원이 투입되는 결과가 초래되는 과거의 방식에서 탈피해야 한다. 그리고 사후적으로 기술컨소시엄 참여기업들의 성과보상을 높이는 방식으로 재정립할 수 있다. 이는 곧 새로운 산업정책이 지향하는 모습과 일관된다고 할 수 있다.

제조업의 서비스화 가속화를 지원하라

4차 산업혁명이 진행되면서 글로벌 차원에서 제조업과 서비스업의 경계가 모호해지는 제조업의 서비스화가 가속화되고 있으나, 한국경제에서 제조업의 서비스화 수준은 경쟁국들에 비해 여전히 낮다. 그동안 하드웨어 엔지니어링 중심의 R&D에만 치중하고 서비스 R&D에 대한 투자에 소극적이었던 것이다. 그리고 개방형 플랫폼 기업군 등 인적·물적자원의 생산성이 높은 산업부문으로 유연하게 재배치되는 생태계 기반을 만드는 데 미흡했던 것이다. 낮은 제조업의 서비스화 수준은 제조업의 글로벌 경쟁력을 저하시키는 것은 물론 서비스업의 성장 정체를 고착화시키는 요인으로 작용한다.

한국경제가 4차 산업혁명의 큰 흐름에서 뒤처지지 않기 위해서는 제조업의 서비스화에 보다 능동적으로 대응할 필요가 있다. 이를 위해 산업 생태계가 중소기업에 혁신 유인을 제공하고 대기업이 창업 플랫폼으로서 기능하면서 개방형 혁신의 산업구조로의 전환을 유도하는 정책이 필요하다. 앞에서 언급한 기업참여 유도형 R&D 지원 체계와 유사한 방식을 통해 대기업이 주도하되 정부 및 공공부문이 투자 비용을 부분적으로 부담하고 투자 수익을 대기업과 중소기업이

그림 4-3 **서비스업 부가가치**(GDP 대비) (단위 : %)

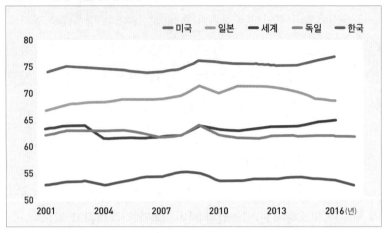

그림 4-4 **서비스업 1인당 부가가치** (단위 : 달러)

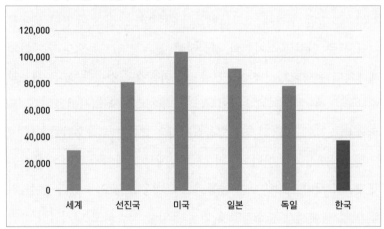

공유해야 한다. 주력 산업이 대기업 위주로 형성되어 있는 한국의 산업 생태계에 중소기업들의 혁신 유인을 강화하는 협력의 플랫폼을 개발하고 발전시킴으로써 산업경쟁력의 지속 가능성을 높이는 전략

기로에 선 한국경제

그림 4-5 **제조업 대비 서비스업 생산성 비율**[6](2016년 기준)

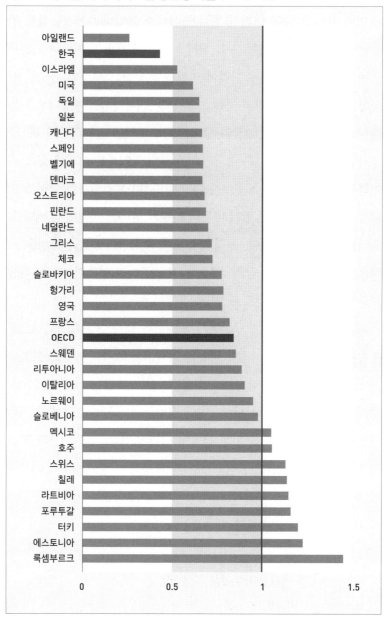

아일랜드
한국
이스라엘
미국
독일
일본
캐나다
스페인
벨기에
덴마크
오스트리아
핀란드
네덜란드
그리스
체코
슬로바키아
헝가리
영국
프랑스
OECD
스웨덴
리투아니아
이탈리아
노르웨이
슬로베니아
멕시코
호주
스위스
칠레
라트비아
포루투갈
터키
에스토니아
룩셈부르크

을 추구할 필요가 있다.

미국과 독일 등은 이러한 방식을 실천하고 있다. 미국은 앞서 언급한 '첨단제조 파트너십AMP'을 통해 대기업이 개발한 기술과 노하우 등을 스타트업 또는 중소기업에 지원하고 생산된 제품의 판로를 지원하고 있다. 독일의 경우 지멘스, SAP 등 대기업이 플랫폼 4.0을 통해 스마트 공장시스템 기술과 장비를 중소기업에 지원하고 있다. 중소기업과 스타트업기업은 첨단기술을 쉽게 도입하는 이점이 있고 대기업은 관련된 기술을 제공하는 대신, 기술 이행에 필요한 장비를 판매할 수 있다는 장점이 있기 때문에 정부의 별다른 지원이 없어도 효율적으로 운용되고 있다. 우리로서는 대기업의 자발적인 지원을 가치로 평가하여 세액을 공제(상생협력세제)해준다면 이러한 상생협력을 보다 촉진할 수 있을 것으로 보인다.

제조업의 서비스화를 추진하기 위해서는 대중소기업 협력만으로 부족하다. 서비스업의 규제 개혁을 적극적으로 추진하여 제조업의 서비스화 역량이 자생적으로 강화될 수 있는 여건을 정책적으로 조성해 나가야 한다. 특히 서비스업의 진입 제한 및 영업 규제가 기존 사업자와 기득권 보호를 위한 장벽이 되고 있다는 비판을 보다 적극적으로 검토해야 한다. 그리고 규제가 표방하는 정책목표의 타당성을 확보하고 규제의 부정적 효과 등에 세밀히 대응하는 근본적인 규제 개혁이 추진되어야 한다.

제조업 부흥을 위한 스마트화를 추진하라

제조업의 서비스화에 이어 또 다른 측면으로 제조업의 스마트화를 들 수 있다. 2000년대 중반 이후 지속되는 저성장을 타개하기 위해 주요국들이 제조업의 스마트화를 중심으로 제조업의 부흥을 적극 추진하였다. 독일의 인더스트리 4.0, 일본 재흥전략, 중국제조 2025 등이 대표적인 사례이다. 이들은 모두 데이터의 디지털화를 기반으로 생산의 효율화와 유연화, 고부가가치화를 추진한다는 점에서 공통점을 찾을 수 있다. 즉, 4차 산업혁명이라는 최근 기술변화를 제조현장에 접목하여 생산성을 제고하고 서비스화를 촉진하는 방안이다. 한국에서도 2014년부터 스마트공장 확대가 정책지원 사업으로 도입되었는데 2020년 총예산이 1.8조 원 규모로 확대되었고 2022년까지 3만 개의 스마트 공장을 추진한다는 목표까지 제시된 바 있다. 2021년에도 2.2조 원의 예산안이 반영되어 있다.

규모가 확대된 만큼 이제 내실을 기해야 한다. 향후 몇 개를 더 구축할 것인지를 계획하는 것보다, 국내 제조현장이 어떻게 더 스마트화될 수 있는지를 이해하고 이를 지원하는 것이 바람직하다. 현재의 지원방식이 대다수 자금지원의 형태로 이루어지기 때문에 기술도입을 용이하게 함으로써 간접적으로 제조현장의 스마트화에 도움을 주는 것은 사실이다. 하지만 이보다는 컨설팅 지원, 전문코디네이터 파견 등을 통해 제조현장이 자체적으로 준비할 수 있도록 하는 것이 바람직하다. 또한 정부 지원체계도 그간의 기업 지원과정에서 축적된 스마트공장 구축혜택, 달성 목표와 수단, 실패 사례와 그 원인을 제공함으로써 실질적인 도움을 줄 필요가 있다. 독일[7]에서는 '인더스트리 4.0 구축기업 지도'를 통해 지역별로 적용 사례, 제품 사례, 개발단계, 기업규모에 따른 구축기업 정보를 제공하고 있다.

마지막으로 정부가 주도하는 것이 아닌 민관 협의체가 실질적인 권한을 갖고 전략을 제공하는 네트워크 중심의 독일형 플랫폼 방식으로 전환이 필요하다. 급변하는 제조환경 변화에 대응하여 개별 공장별로 추진하는 파편화된 방식에서 벗어나 산업 전반의 경쟁력 제고로 이어져야 하기 때문이다. 지역별로도 추진할 수 있다. 한국경제 발전과정의 특성상 많은 산업단지가 전국에 분포되어 있고 이들은 과거 개발연대에 적합한 구조로 조성되어 있다. 이제 제조현장이 개별적인 스마트화가 아니라 산업단지 전체 차원에서 데이터에 기반한 스마트화를 추진할 필요가 있다.

혁신산업의 성장 촉진을 위해 규제를 개혁하라

한편, 경제 전반적으로도 혁신과 자유도를 높일 수 있는 네거티브 규제와 사후규제체계를 도입함으로써 규제 프레임을 전환함과 동시에 기업의 책무성을 강화하는 방향으로 규제 개혁이 필요하다. 4차 산업혁명에 효과적으로 대응하기 위한 규제체계 개선은 시장에서 새로운 아이디어, 제품, 서비스가 최대한 자유롭게 시도되는 환경을 조성하는 데 그 목적이 있다.

하지만 사전에 특정한 산업부문을 염두에 두고 포지티브 방식으로 설계된 기존의 프레임 안에서 규제를 완화하는 것만으로는 4차 산업혁명에 따라 출현하는 신기술을 유연하게 활용하기 어려운 것이 현실이다. 따라서 기업의 자발적 혁신 활동은 최대한 허용하면서, 그로 인해 발생할 수 있는 잠재적 위험은 사후에 관리하는 형태로 규제 방식을 전환해야 한다.

4차 산업혁명 등 융복합으로 인해 발생하는 규제의 불확실성을 해소하는 기법을 도입할 필요가 있다. 금융부문에서 활용하고 있는 비조치 의견서No Action Letter, 규제 샌드박스를 모든 분야로 확대하는 것이다. 규제가 없거나 불확실할 경우 선제적으로 규제의 대상이 아니라는 점을 확인받거나 일정기간 실험을 할 수 있도록 하는 방안이다. 2009년 적용했던 한시적 규제유예 방안도 검토할 가치가 있다. 앞선두 가지 방법과 달리 규제가 있지만 투자확대 등을 위해 일시적으로 적용을 유예하는 방안이다.

경제활력을 높이기 위한 경쟁제한 규제부터 개선하라

경쟁을 제한하고 있는 진입 규제와 영업 규제를 개선하는 작업은 균등한 기회를 제공하고 공정한 경쟁, 시장질서를 확립하고 경제에 활력을 준다는 면에서 상당한 의미를 가진다. 더불어 4차 산업혁명으로 전개되는 미래에는 새로운 아이디어, 제품, 서비스가 자유롭게 시도될 수 있는 환경이 국가경쟁력의 핵심이 될 것이므로, 경쟁 제한적 진입 규제와 영업 규제의 개혁은 4차 산업혁명 대응 측면에서도 중요한 과제일 수밖에 없다.

그동안 정부가 경쟁 제한적 규제 개선을 위해 노력하고 있으나 공정거래위원회의 역할만으로는 부족하므로 범정부 차원의 경쟁 제한적 규제 개혁을 위한 추진체계가 새롭게 구축되어야 한다. 특히, 기득권의 이해를 극복하기 위해서는 규제개혁 과정에 소비자의 목소리가 균형 있게 반영될 수 있는 채널, 수단을 범정부 차원에서 공식화해야 한다. 또한 공공적인 목표 달성을 위해 부과되는 규제들은 절차와 과정을 일일이 관리하고 통제하는 방식에서 벗어나 목표는 설정하되 목표 달성을 위한 구체적인 절차와 과정은 민간에 위임하는 방식이 되어야 할 것이다. 예를 들어, 빅데이터를 생산하고 활용하는 산업이 발전하기 위해서는 현행 개인정보 보호 규제 체계의 불확실성을 최소화하고, 안전한 보안시스템이 구축될 수 있도록 유도하는 방향으로 정책의 역량을 활용해야 한다.

대·중소기업 역할분담 및 상생 생태계를 구축하라

한국경제에서 대기업과 중소기업을 구분하는 것은 단순한 규모의 차이 이외에 근로자의 임금 등 고용 조건과 관련된 차이와 더불어 생산성의 양극화 측면에서도 상당한 의미를 가진다. 중소기업의 노동생산성은 대기업의 40%에도 미치지 못하는 수준이며, 특히 제조업의 경우에는 그 비율이 30% 이하로 평가된다. 이러한 상황에서 중소기업의 생산성을 높이는 정책은 향후 산업경쟁력을 높이는 데 필수적인 요소이다.

특히, 4차 산업혁명으로 인해 새롭게 전개될 경제 환경에서는 선도적 역할을 수행할 대기업은 물론 글로벌 협력에 참여할 중소기업과 벤처기업을 양성해야 한다. 이를 위해서는 폐쇄적 수직계열구조를 탈피하여 중소기업에 혁신 유인을 제공하고 대기업이 창업 플랫폼으로 기능하는 개방형 산업구조를 구축할 필요가 있다. 기존의 대기업과 중소기업 간 수직계열구조하에서는 대기업이 지대를 추구하기 때문에 중소기업은 정부의 지원과 보호에 더욱 의존하게 되어 건강한 생태계 조성이 불가능하다.

그림 4-6 중소기업대출 대비 금융지원[8](2016년 기준) (단위 : %p)

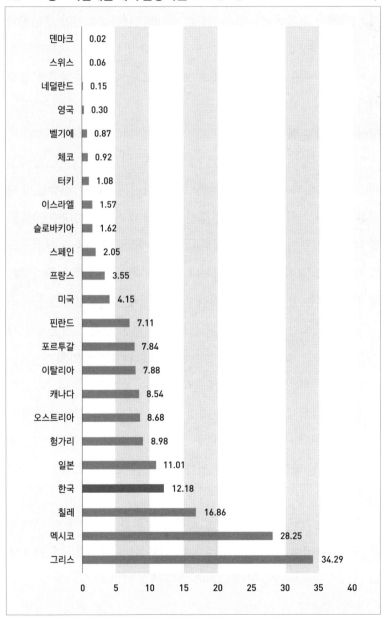

덴마크	0.02
스위스	0.06
네덜란드	0.15
영국	0.30
벨기에	0.87
체코	0.92
터키	1.08
이스라엘	1.57
슬로바키아	1.62
스페인	2.05
프랑스	3.55
미국	4.15
핀란드	7.11
포르투갈	7.84
이탈리아	7.88
캐나다	8.54
오스트리아	8.68
헝가리	8.98
일본	11.01
한국	12.18
칠레	16.86
멕시코	28.25
그리스	34.29

불공정거래에 대한 다양한 우려 속에 사회적 약자로서 중소기업의 이미지가 고착화되고 정부지원이 확대되면서, 중소기업 부문에서도 공정한 경쟁질서와 시장질서가 훼손되고 있는 것이 사실이다. 중소기업 금융지원이 생산성 하락을 초래하고 잠재적 부가가치를 감소시키고 한계기업의 잔존율만 높인다고 실증적으로 분석한 결과[9]도 제시되고 있는 실정이다.

따라서 정부의 중소기업지원 정책체계도 바뀌어야 한다. 한국경제에서 대기업과 중소기업 역할분담을 논하기 위해서는 건강한 생태계의 요건인 기회 균등과 공정 경쟁을 통해 대기업의 지대추구 행위를 억제하는 것이 우선이다. 이와 더불어, 시장실패 해소를 정책목표로 명시하고 그에 따른 성과지표의 설정과 평가가 정책에 주기적으로 피드백되는 합리적인 중소기업 지원 정책체계를 확립해야 한다.

나아가 중소기업 지원 정책의 목표는 '어려운 상황에 처한 중소기업을 도와주는 것'이 아니라 '성장하는 중소기업이 직면할 수 있는 시장실패를 예방하는 것'으로 명확하게 하는 것이 중요하다. 이와 같이 정책의 목표에 대한 분명한 설정을 통해 성과지표를 생산성 관련 지표로 전환함과 더불어 신용보증 등의 지원대상을 업력이 짧은 창업기업으로 좁히고 장기 수혜기업에 대해서는 보증 졸업제를 강화해야 한다.

더욱이 코로나19 사태로 인해 대중소기업 간 건강한 협력 생태계 조성의 필요성이 증가하고 있다. 코로나로 인한 보건위기가 세계화의 근거한 글로벌 공급망의 재편을 요구하고 있기 때문이다. 어느 정도 비용 상승을 감수하더라도 필수 상품과 서비스는 국내 공급망을

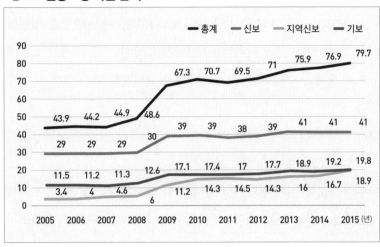

그림 4-7 **신용보증 지원 잔액** (단위: 조 원)

구축해야 봉쇄 또는 국경차단으로 인한 생산차질을 막을 수 있다. 또한 어느 정도의 여유를 가져야 다시 올 수 있는 충격을 흡수할 수 있다. 따라서 품목과 서비스에 따라 글로벌 공급망에 의존할 부분과 그렇지 않은 부분을 나누고 국내 공급망을 구축하게 된다. 이러한 과정에서 대기업이 중소기업을 편취의 대상이 아닌 협력의 대상으로 규정하게 되고 적극적인 상생지원을 할 필요성이 생긴다.

　일부 국가에서는 코로나 사태 극복을 위해 기업을 지원하면서 협력사와의 상생체계 구축을 요구하기도 한다. 이를 위해 협력회사의 경영자금을 대기업이 지원하는 방안을 검토할 수 있다. 대기업이 중소기업에 비해 우수한 신용도 등을 갖고 있어 낮은 금리로 조달한 자금을 협력 중소기업에 지원하는 것이다. 대기업은 주요 공급망인 중소기업의 생존을 지원할 수 있고 중소기업도 판로와 자금을 확보할 수 있는 방안이다. 독일[10]의 경우 직접 협력 중소기업에 자금을 지원하고 있고, 미국의 아마존이나 페이팔pay-pal 등은 자사 플랫폼 입접업체의 판매신용도 등을 감안하여 자사가 조달한 자금을 저금리로 지원하는 정책을 추진하고 있다. 대중소 상생협력의 좋은 사례가 될 수 있다.

벤처창업 융복합 생태계를 조성하라

다음으로는 벤처·창업 정책을 융복합 생태계 활성화 정책으로 재정립하는 노력이 필요하다. 벤처·창업의 활성화는 빠른 추격자로서의 성장모델을 선도형으로 전환하고 새로운 산업 및 일자리를 창출하기 위해 필수적이다. 한국경제에서도 이미 2000년대부터 시작되었다고 평가할 수 있다. 그러나 2010년 이후를 보더라도 기술 집약도가 높은 산업들을 중심으로 신생기업의 생산성 증가율이 낮아지는 등 지금까지 벤처·창업 활성화 정책의 성과는 성공적으로 평가하기는 어렵다.[11]

따라서 앞으로의 벤처·창업 활성화 정책은 창업지원기관의 플랫폼 및 멘토링 역할을 강화하는 방향으로 정책을 전환하고, 기술 혁신형 산업정책을 통해 개발된 기술들의 중소·중견기업 이전과 이들 기술의 사업화, 즉 판로 개척 및 투자·수출 등에 필요한 다양한 지원서비스를 제공하는 방향으로 정립되어야 할 것이다. 특히 창업기업들의 해외진출 애로를 대기업과의 파트너십 구축 등 생태계 형성을 통해 해소할 수 있도록 글로벌화의 인센티브를 제공하는 정책이 필요하다.

중소기업 적합업종 제도를 개혁하라

중소기업 적합업종 제도의 개혁도 필요하다. 이 제도는 대기업의 시장진입 또는 사업 확장을 제한하여 중소기업의 성장을 유도하기 위해 도입되었다. 그러나 정책목표가 타당함에도 불구하고 관련 시장의 비효율과 중소기업의 경쟁력 저하를 초래하는 원인으로 지목되기도 한다. 당초 목표와 달리 적합업종 지원 등으로 인해 대기업과 중소기업의 상생협력 관계가 붕괴되는 경우도 종종 발견된다. 대기업의 유통망을 중소기업의 판로로 활용해야 하지만 적합업종 지정으로 인해 대기업이 철수하면 중소기업의 부담만 늘게 된다. 따라서 철저한 시장조사와 효과에 대한 분석을 실시하여 적합업종을 지정하고 해제는 물론 제도 존폐에 관해 전문적이고 설득력 있게 결정할 수 있어야 한다.[12]

산업정책과 사회정책의 연계 강화

경제의 역동성을 복원하기 위한 산업정책을 효율적으로 실행하기 위해서는 과감한 구조개혁이 필수적이다. 이를 위해서는 정부, 국민, 이해집단 간의 상호 신뢰와 협력, 즉 사회통합이 필요하다. 사회구성원 간 신뢰와 통합이 갖춰지지 않은 상태에서의 구조개혁은 혼란과 갈등만 심화시킬 것이기 때문이다. 특히 구조개혁에 수반되는 대규모 고용조정은 노동시장에 많은 영향을 미친다. 노동계의 구조개혁을 위한 고용조정에 대한 동의가 이루어지지 않는다면 처음부터 추진하기 어렵다.

현재 한국경제에서 가장 핵심적인 과제인 노동시장 구조개혁은 새로운 산업정책의 일환으로서 보다 적극적으로 추진되어야 한다. 4차 산업혁명의 시대에는 급속한 기술진보로 인해 경제 환경이 더욱 빠르게 변화할 것으로 예상되므로, 경직된 노동시장의 부작용이 더욱 커질 수 있기 때문이다. 또한 경제성장은 노동과 자본이 생산성이 높은 부문으로 이동하면서 발생하는데 지나친 고용보호는 생산성이 저하된 부문에 노동력이 고착되는 문제를 야기하는 부작용을 초래한다. 더불어 고용보호의 수준이 과도할 경우 노동시장의 이동성을 제약하여 이미 일자리를 차지한 취업자와 새롭게 노동시장에 진입하는 구직자 사이 기회의 불평등도 야기할 수 있다.

이와 같이 필수적인 노동시장 구조개혁을 실행하더라도 그 과정에서 고용불안 등의 문제가 간과되는 부분이 없도록 해야 한다. 철저하고도 꾸준한 피드백 과정을 통해 사회정책을 보완할 필요가 있다. 즉, 생산성이 저하된 부문에서 생산성이 높은 부문으로의 노동력 이동이 활발하게 이루어지도록 하는 노동시장 구조개혁의 당초 목표는 달성하되, 이와 같은 개혁 과정에서 불가피하게 발생하는 실업의 고통은 최소화해야 한다. 적정한 수준의 고용안정성은 사회후생 관점에서 필요하며, 현실에서 일정 수준의 고용보호가 존재하는 이유도 여기에 있다.

장기적으로도 기술진보는 산업구조는 물론 전반적인 경제구조를 빠르게 재편시키는 요인이다. 이로 인해 발생하는 문제에 선제적으로 대응하는 차원에서 유연하면서도 안전한 노동시장을 갖추고 분배구조를 개선해 나가야 한다. 실업급여의 보장성 확대 등 사회안전망의 강화와 함께, 기술진보의 속도가 빠르고 방향도 예측하기 어렵다는 점을 감안해야 한다. 따라서 훈련기관이 시장수요에 발 빠르게 대응할 수 있는 시스템을 구축하는 등 구직자에 대한 직업훈련제도도 개선할 필요가 있다.

이와 관련하여 파트3에서 자세히 설명하고 있으나 프랑스의 적극적인 노동시장 개혁을 참고할 필요가 있다. 구조개혁이 필요할 경우 기업이 노사 간 협의를 통해 고용조정과 함께 실직대상 노동자에 대한 직업교육, 재취업 교육을 실시하도록 합의하는 것이다. 시장상황이 개선되거나 새로운 분야의 업종에 진출할 경우 이들 노동자를 우선적으로 고용하는 것도 합의내용에 포함된다.

구조개혁 등 산업정책을 추진하기 위한 노동시장 개혁에는 사회복지제도 확충을 통한 안전망 구축이 선결과제이다. 고용조정으로 인한 실직대상 노동자에게 재취업의 기회가 부여되고 기업도 이를 위해 적극적으로 노력한다는 신뢰가 전제되어야 한다. 특히 중요한 것은 실직기간 중 소득이 실직 이전에 비해 크게 감소되지 않아 생계가 유지될 수 있어야 한다.

이를 위해 노동시장의 개혁이 잘 이루어진 국가는 실직 후 소득이 실직 이전의 80~90%가 되고 있다는 점을 인식할 필요가 있다. 기업의 입장에서도 실직자를 위한 지출을 비용으로만 인식하는 과거의 자세에서 벗어나 미래를 위한 투자로 볼 필요가 있다. 맥킨지 등의 연구에 의하면 빈번한 채용과 해고 등으로 인한 직업훈련에 대한 투자보다 고용을 유지하거나 실직 대상 노동자에 대한 교육훈련 투자가 훨씬 비용 효과적이라는 분석[13]도 있기 때문이다.

한편, 4차 산업혁명으로 인해 야기될 수 있는 사회적 혼란 등의 문제에 대한 대응책 마련 등 미래에 예상되는 갈등관계를 해소하며 사회문제를 해결하는 동인으로써 산업정책을 활용하는 방안을 모색할 필요가 있다. 인공지능 등 기술진보는 사회 시스템 전반에도 큰 충격을 줄 것이다. 하지만 이와 관련된 산업정책을 실행하는 과정에서 예상되는 다양한 사회적 이슈를 해결하기 위한 국민적 논의는 아직 부족한 상태이다. 따라서 4차 산업혁명을 촉진하기 위해 법, 제도를 마련함과 동시에 고령화, 환경오염, 기후변화, 자원고갈, 도시화, 사이버보안 등 사회적 문제들을 신기술을 통해 해결하는 방안을 모색함으로써 사회시스템의 혁신을 유도해야 한다.

기업들도 이러한 추세에 따라 변화해야 한다. 코로나19 사태로 인한 보건 위기 이후 우려되는 블랙스완으로서 기후변화 등 환경에 대한 기업의 책임이 요구되고 있다. 또한 기업에 대한 글로벌 공급망의 신뢰도 제고라는 측면에서 노동기준 준수에 대한 요구가 증가하는 등 사회적 책임 이행에 대한 관심이 증가할 것이다. 기업이 적극적으로 대응하지 않으면 규제의 대상이 되고 결국 기업과 산업의 경쟁력 약화로 이어지기 때문이다.

PART 05

기회의 창을 여는
교육

교육과 인적자본 시장의 양적 팽창, 그러나 비용은?

세계에서 가장 빠른 교육기회의 팽창, 뜨거운 교육열

계급사회에서는 구성원의 운명이 출생 당시 부모의 계층 또는 소득에 의해 좌우된다. 이러한 엄격한 카스트 제도는 세계에서 극히 일부 국가를 제외하고는 존재하지 않으며, 어느 누구도 이러한 사회에서 살고 싶지 않을 것이다. 공정한 기회가 보장되지 않으며 노력해도 정당한 보상이 이뤄진다는 믿음이 없으므로 노력 없이 그저 소극적으로 자기 이익을 지키려고만 할 것이다.

그 결과 정치사회적으로 계층 간 마찰이 발생할 뿐 아니라 사회통합이 저해되면서 경제 성장에도 도움이 되지 않는다.[1] 타고난 잠재력이 사장되고 인재가 적재적소에 활용될 수 없기 때문이다. 다시 말하면, 공정한 교육기회를 통해 능력을 개발하고 적합한 일자리를 얻게되면 노력에 대한 정당한 보상이 이루어져 사회적인 계층 이동가능성이 보장된다는 사회적 합의가 필요하다.

그렇지 않을 경우 누구도 자기개발을 위해 노력하지 않게 되고 인적자본 축적 미흡으로 지속 가능한 성장을 저해하게 된다. 전통적으로 교육이 노동시장과 함께 이러한 이동성을 담보하는 중요한 수단으로 인정되고 있다. 한국의 교육기본법[2]에서도 학습권, 즉 모든 국민은 평생에 걸쳐 학습하고 능력과 적성에 따라 교육받을 권리를 가진다고 규정한다.

한국의 교육은 보편적인 교육기회의 확대라는 점에서 세계적으로 성공적인 모델로 인정받고 있다. 교육을 통한 인적자본 축적이 한국경제 고도성장의 배경이라는 평가도 받고 있다.[3] 3~17세 취학률이 90% 이상으로 OECD 국가에 비해 3~8%p 이상 높고 대학취학률[4]은 70.4%로서 OECD 국가보다 20%p 이상 높은 수준이다.[5] 교육성과도 우수하다.

한국에서 전문대 이상 학위를 가진 인구도 2018년 70% 수준에 이르러 지난 10년간(2008년-2018년) 12%p 늘어났다. OECD 국가 등 주요 경쟁국에서 가장 높다. 또한, 4차 산업혁명에 대비하여 필수적인 역량이라고 평가받는 STEM(과학, 기술, 공학, 수학) 전공비율도 34%로서 독일(40%) 다음으로 높다. 양적으로는 한국경제가 경제발전에 필요한 인적자본을 축적하고 있다는 사실은 누구도 부인할 수 없다.

유아(3-5세) 교육에서도 성과를 보이고 있다. 유아교육이 초중등교육과 달리 의무교육은 아니지만, 2011년 이후 급격히 늘어났다. 그 당시부터 사실상 보편적인 보육정책 등이 도입됨에 따라 정부가 어린이집 및 유치원에 대한 보육비 또는 양육수당 지급을 확대했기 때문이다. 2019년 기준으로 3세 이하의 영아는 56%, 3~5세 유아는 95%가 유아교육을 받고 있는 것으로 나타난다. OECD 국가들

그림 5-1 **GDP 대비 교육비 지출**(2016년) (단위: %)

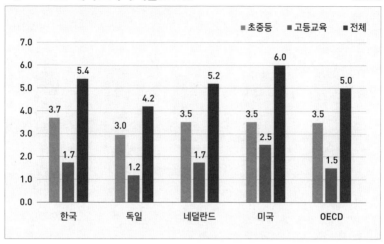

이 각각 36%, 87%에 머무르고 있는 것에 비해 매우 높은 수준이다. 3세 이하 영아의 등원률이 상대적으로 낮은 것은 부모들이 영아에 대해서 시설보육보다는 가정보육을 선택하고 있기 때문인 것으로 보인다.

교육을 위한 정부 등 공공부문의 지출도 큰 편이다. 〈그림 5-1〉이 보여주는 것처럼 다른 나라들과 비교하면 2016년 기준 교육부문 총지출이 GDP 대비 5.4%로 OECD 평균보다 0.2%p 높다. 여기에서 3.7%는 초중등 교육에, 1.7%는 전문대 이상 고등교육에 사용하고 있어 전문대 이상의 고등교육의 비중이 상대적으로 작다는 것을 알 수 있다. 초중등 교육투자 비중이 높은 것은 그동안의 한국경제 발전전략과 관계가 있다.

경제발전단계에 따라 경공업을 육성하던 초기 단계에는 초등교육

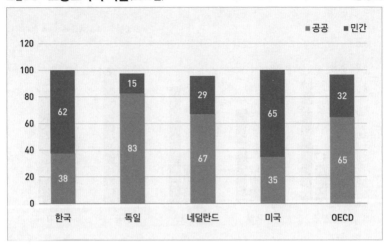

그림 5-2 **고등교육비 지출**(2016년)　　　　　　　　　　　　　　　(단위 : %)

에 집중하고, 중화학공업을 추진할 때에는 산업정책과 실업계 고교 정책을 연계하여 추진했다. 1990년대 이후에나 교육정책의 우선순위가 산업고도화와 다변화에 상응하여 필요한 인력을 공급할 수 있도록 고등교육을 강조하는 방식으로 옮겨갔다. 이러한 과정은 경제 발전의 성공요건으로 각국의 부존자원과 비교우위에 맞춰 발전단계별로 적합한 산업을 육성해야 한다는 전통적인 경제발전 이론과 맥을 같이 한다.[6]

OECD 국가에 비해 다른 점은 정부가 아닌 가계에 의한 교육비 지출이다. 가계에 의한 지출이 초중등교육에서는 14%인 반면, 전문대 이상 교육비에서 62%에 이른다. 엄밀히 말해서 이것은 우리가 알고 있는 학원 등 비공식 부문에 지출하는 사교육비가 아니다. 민간부문의 지출은 정부 재정이 아닌, 가계 또는 민간단체에서 학교에 지출

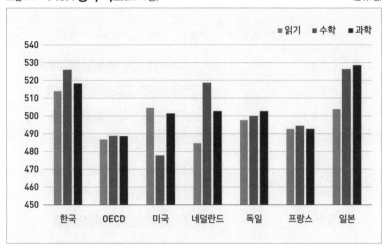

그림 5-3 **PISA 평가 비교**(2018년)　　　　(단위 : 점)

하는 비용과 학교에서의 비교과 과정에 지출하는 비용을 말한다. 특히, 대학의 경우 의무교육이 아니기 때문에, 가계에서 지출하는 비중이 높을 수밖에 없다. 그럼에도 불구하고 〈그림 5-2〉가 보여주는 것처럼 전문대 이상의 고등교육에 가계 등 민간부문이 지출하는 비중이 OECD 평균에 비해 두 배 가까이 많다는 점은 독특한 현상이다.

　　교육의 양적 팽창뿐만 아니라 교육 성취에서도 최고 수준이다. OECD PISAProgram for International Student Achievement는 2000년부터 3년 주기로 만 15세 이상 학생들의 학업 성취도를 읽기, 수리, 과학의 3가지 영역에서 평가하고 있는데 한국은 꾸준히 상위권을 유지하고 있다. 특히 주목해야 할 부분은 OECD PISA가 2009년 처음 실시한 디지털 읽기 평가[7]이다. 여기에서도 한국이 두각을 나타내며 1위를 차지하고 있다. 평균 점수가 568점으로 공동 2위인 뉴질랜드와 호주(537점),

그림 5-4 **평균 대비 디지털 이해능력 평가**(2009년) (단위 : %)

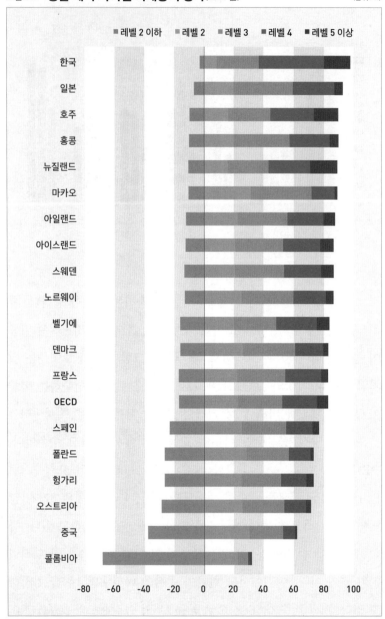

기로에 선 한국경제

일본(519점), 홍콩(515점) 등과 큰 격차를 보였다. 상위와 하위 학생 간 격차도 조사대상 국가들 중 가장 작아 디지털 부문에서는 뛰어난 경쟁력이 있음을 보여주었다.

만족할 수 없는 질적 교육수준, Value for Money?

높은 성취, 그러나 낮은 행복

시험성적과 같은 지표만으로 한국교육 전체를 평가할 수는 없다. 한국 학생의 성적은 우수하지만, 인성과 역량에 대해서는 개선의 여지가 많다는 학부모, 교사, 사회단체 등의 주장에 주목할 필요가 있다. OECD PISA에서 발표한 읽기, 수리, 과학 시험성적과 함께 다른 영역에 대한 조사를 보면 학생들의 사회적 감성적 역량이 부족하고 학교생활에서 행복감을 느끼지 못하는 것으로 나타났다.

사실 학생들의 행복도에 대한 국제적인 비교조사가 많지 않지만 2012년부터 PISA가 "학생들이 행복한가?"라는 담론을 갖고 진행한 조사결과를 보면 학생들 의식의 일부를 알 수 있다. 가장 최근 자료인 2017년 OECD 조사[8]에 의하면 한국 학생은 높은 성적에도 불구하고 학교생활의 만족도 평균은 6.36점(0-10점 척도)으로 OECD 국가에서 일본과 함께 최하위권에 위치하고 있다. 특히 학교생활에 만족한다는 답변을 한 학생의 비중은 18.6%로 최하위이다. 고등학생의 경우 주당 64시간[9]이라는 살인적인 학습(수업 + 사교육 + 자습)과 대입 경쟁에 쫓기고 있는 점을 감안하면, 어쩌면 당연한 일인지 모른다.

〈그림 5-5〉과 〈그림 5-6〉은 한국 학생의 '행복도'와 학교생활에서의 '학업에 대한 긴장'과 학급에서 최고가 되려고 하는 '성취 욕구'를

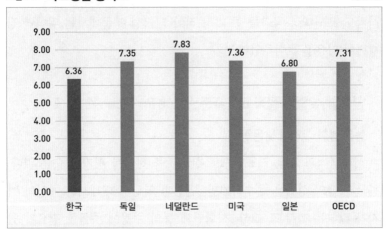

그림 5-5 **학교생활 행복도**　　　　(단위 : 점)

	한국	독일	네덜란드	미국	일본	OECD
	6.36	7.35	7.83	7.36	6.80	7.31

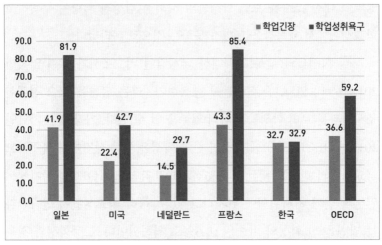

그림 5-6 **학업에 대한 부담 인식**　　　　(단위 : %)

■ 학업긴장　■ 학업성취욕구

	일본	미국	네덜란드	프랑스	한국	OECD
학업긴장	41.9	22.4	14.5	43.3	32.7	36.6
학업성취욕구	81.9	42.7	29.7	85.4	32.9	59.2

잘 보여주고 있다. 다른 OECD 선진국에 비해 만족과 행복을 찾기 어려운 구조이다. 물론, 학생들의 주관적인 답변만을 근거로 상대적으로 불행하다고 단정하기는 어렵다. 교육제도, 방식 등과 학생 행복

도에 대한 실증적인 연구는 없지만, 이러한 설문 답변은 한국 교육에 무언가 문제가 있다는 점을 시사한다.

낮은 수준의 교육 프리미엄

교육의 목적을 '민주 시민'으로서의 인성함양'이라고 하는 주장도 옳지만 앞서 언급한 바와 같이 사회 구성원이 적성에 맞는 교육의 기회를 부여받고 노력한 만큼 삶이 나아질 수 있도록 하는 것도 교육의 중요한 목적이다. 물론 교육을 받지 않아도 사회적으로 성공한 사례도 있지만, 일반적으로 교육을 받을수록 좋은 직업을 갖고 높은 수준의 임금을 받아 사회적 지위가 이동한다고 보는 것이 타당하다.

OECD[10]에 따르면 전문대 이상의 고등교육이 개인의 경제 상황에 상당한 영향을 미치는 것으로 조사되었다. 전문대 이상 고등교육 졸업자가 고등학교 졸업자에 비해 50% 이상(OECD 평균 57%) 높은 임금을 받고, 고등학교조차 마치지 못한 경우에는 고졸자에 비해 23% 적은 임금을 받는다고 한다. 교육이 미래의 소득에 상당한 영향을 미치는 것이다. 학문적으로 학력에 따른 임금상승을 '교육 프리미엄'이라고 한다.

한국의 경우에는 고등교육을 마친 대졸 이상 졸업자의 교육 프리미엄은 41%로 다른 OECD 국가보다 상대적으로 낮다. 고졸자 임금을 100이라고 할 경우, 고졸 이하는 75, 전문대 이상은 141의 임금을 받고 있다. 특이한 현상은 이러한 교육의 프리미엄이 청년의 경우에는 33%에 불과한 반면, 중년층 이상은 65%라는 점이다. 교육 프리미엄에서조차 세대 간 격차가 발생하고 있다. 세대 간 격차는 노동시장의 상황과 연계되어 있는 것으로 보인다. 다시 말하면, 파트3에서 논의한 바대로 청년층에 대한 양질의 일자리 기회가 제한되어 있고 일단 취업만 되면 연공서열형 임금체계 적용을 받기 때문에, 직업을 가진 중장년층일수록 많은 임금을 받게 되어 발생하는 현상이다.

과도한 대학입시 경쟁, 좁은 취업문

교육수준에 따른 소득의 격차는 결국 대학진학 열기로 연결된다. 한국에서의 대학진학률이 과거 80% 수준에서 70% 수준으로 낮아지기는 했으나 더 나은 직장과 소득을 위해 대학부터 가고 보는 상황에서 취미와 적성을 고려할 여지가 없다. 막상 대학을 졸업한다고 하더라도 취업난으로 인해 미취업자로 머무르는 청년의 비중은 2019년 기준으로 26.8%에 이른다. 뿐만 아니라 취업자조차도 상당수가 전공과 무관한 직장에 취직하고 있는 상황이다. 이를 전공 불일치라고 하며 〈그림 5-7〉에서 보는 것처럼 50%에 달해 OECD 국가에서 제일 높은 수준이다. 대학 이상의 졸업자의 상황이 이렇지만 중고교 교육은 대학입시에 얽매여 새로운 시대가 요청하는 역량을 키울 여유를 갖지 못하는 역설적 상황이 계속되고 있다.

취미와 적성에 맞는 전공을 선택한다고 하더라도 교육 내용이 만족스럽지 않고 졸업 이후 직장을 찾기 어렵다. 한국의 교육이 중간 수준의 인재를 양산하는 시스템에 안주하고 있기 때문이다. 졸업생의 역량을 평가하면 평균과 하위권의 역량은 경쟁국에 비해 높은 수준이지만 상위권의 역량은 선진국에 크게 미달된다. 이런 특징은 OECD의 성인역량조사PIACC에서 확인된다. 청년(25~34세) 상위 1%의

그림 5-7 **전공과 직업 간 불일치**[11]　　　　　　　　　　　　　　　　　(단위 : %)

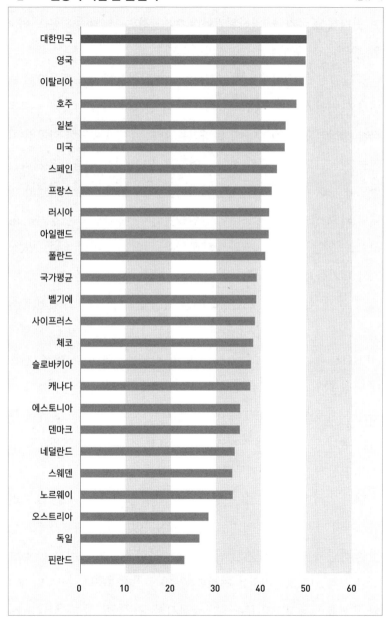

언어능력은 25위, 수리능력은 29위, 문제해결 능력은 26위에 불과하여 평가대상 국가 중 최하위권이다. 반면 하위 1%의 능력은 언어 4위, 수리 6위, 문제해결 능력 6위로 높다.

중간역량 중심의 교육시스템은 최근의 산업동향과 노동시장 수요 변화와 거리가 멀다. 중간역량에 밀집된 인재가 취업 시장에서 사무직과 생산직 등 중간 수준의 일자리를 찾고 있으나 이러한 일자리 기회는 기술진보 등에 따라 점차 줄어들고 있다. 낮은 수준의 일자리는 있으나 가려 하지 않는다. 청년에게는 일자리 선택이 평생 직업의 선택이 되고 생애 소득에 중대한 영향을 미치기 때문에 좋은 경력을 형성할 수 있는 일자리를 원하기 때문이다. 원하는 일자리가 없으면 장기간 대기를 선택하게 된다.

그 결과 취업 대기 또는 또 다른 학력을 취득하기 위해 비공식적인 교육을 받는 계층이 늘어나는 현상이 발생한다. 이들 계층이 NEET Neither Employed nor in Education and Training이며 한국은 청년층의 18%, 전문대 이상 학위소지자의 40% 수준에 이르러 OECD 국가 평균보다 매우 높은 수준이다. NEET의 비중이 높다는 것은 국가적으로 많은 투자를 통해 양성한 인재를 사장하는 결과를 초래하고 개인에게도 상실감과 함께 가계의 생계부담을 가중시킨다.

다시 말하면, 청년 등을 포함한 취업난의 근본적인 문제는 '일자리 미스매치'가 아닌 '역량의 미스매치'라는 것이다. 한국경제가 고도성장을 하면서 제조업-대기업 일자리가 충분히 생산되던 시기 한국 중장년이 겪었던 청년기와는 전혀 다른 양상이다. 따라서 청년 일자리의 문제를 노동시장의 문제에만 국한시켜 구인난을 겪고 있는 중소-

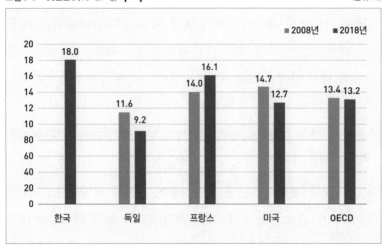

그림 5-8 **NEET**(15~29세) **추이**[12] (단위 : %)

중견기업과 매칭되도록 강조하는 정책은 일리는 있으나 성공하기 어렵다. 교육의 문제와 연계해서 풀어야 한다. 청년의 불만은 청년층 취업난을 다룬 기사에 달린 댓글에 잘 나타나고 있다.

청년층 취업난을 다룬 기사에 달린 댓글

486세대들이 그렇게 부르짖던 눈을 낮추라는 말에 의거해서 청년들이 눈을 낮춰 음식점, 편의점 등에 취직했으며, 486세대 정치인들은 이것을 취직이라 하며 청년 실업률이 낮아졌다고 좋아합니다. 외국인 바이어 오면 영어 한 마디도 못하던 세대가 토익점수를 청년에게 요구합니다. 대학 학점이 뭔지도 기억 못하는 세대가 학점을 요구합니다. 자격증을 요구합니다. 또 다른 스펙을 요구합니다. 경험은 없는데 경험도 요구합니다. 이게 정상입니까?

과도한 사교육비 부담, 끊어지는 허리

공교육에 대한 불만이 있는 가운데 학교 수업을 보충하기 위해, 좋은 직장을 가기 위해, 또는 대학 졸업 이후 스펙을 쌓고 취업의 좁은 문을 뚫기 위해 사교육에 의존하면서 사교육비 부담이 지속적으로 증가하고 있다. 이는 한국에서 발생하는 특이한 현상이다.

한국의 경우 초등학교에서 대학까지 한국의 공교육에 대한 지출은 전체 GDP의 5.4% 수준으로 정부가 3.8%, 민간이 1.6% 부담한다. 교육부문 정부지출은 총 정부지출의 12%에 해당한다. 2000년대 이후 연도별로 편차가 있으나 정부의 공교육 총지출은 GDP 대비 5~7%를 유지하고 있으며 OECD 평균과 비슷하거나 다소 높다. 학생 1인당 공교육 투자 규모를 1인당 GDP와 비교하더라도 한국의 공교육에 대한 투자 규모가 큰 것을 알 수 있다. 하지만 교육단계별로 전체 교육비에서 민간이 부담하는 비중을 살펴보면 전문대 이상의 고등교육에서 민간부문 비중이 62%에 이르러 다른 국가보다 월등히 높은 수준이다.

이러한 현상은 전문대 이상의 등록금이 민간부문에서 지출되고 있고 한국에서의 등록금이 다른 나라에 비해 상대적으로 높은 데 원인이 있다. 대학등록금 수준을 한국의 소득, 물가수준 등을 감안한 실질 구매력PPP:Purchasing Power Parity으로 환산하면, 2018년 기준으로 4,886 달러로서 OECD 국가에서 미국, 호주, 일본에 이어 4번째로 높다. 특히 사립대학의 경우에는 8,760달러로 국공립 대학에 비해 1.8배나 비싸다.

이에 덧붙여 한국경제에 부담을 주는 것은 비공식적인 부문에 대한 사교육비 지출이다. 1980년대 후반부터 급격히 증가하여 GDP의 2.1%를 기록한 이후 2010년 교육개혁 등의 영향으로 증가세가 다소 주춤했으나 2019년에는 21조 원 수준으로 전년대비 7.8%의 증가율[13]을 보이고 있다. 더욱이 통계청 조사가 사교육비를 가계가 직접 기입하는 '자기 기입식' 조사라는 점에서 상당 수준 과소 추정되었을 가능성이 높다.

이미 40대 가구의 가계지출에서 교육비가 차지하는 비중이 20%라는 점을 감안하면, 공교육비와 함께 과도한 사교육비 지출 증가는 가구의 생계를 위협하고 은퇴 등 미래를 대비한 자산축적을 하지 못하게 하는 주요한 원인이 되고 있다.

부러진 계층 이동을 위한 사다리, 개천에는 미꾸라지만

교육에 대한 또 다른 평가척도는 교육이 계층의 사회적 이동성에 얼마나 기여하고 있는가에 대한 답이다. 교육에 대한 열정과 함께 고도성장과 급속한 사회변화를 거친 한국의 고령층은 미국, 일본, 중국 등 다른 나라에 비해 노력의 성과에 대한 긍정적인 시각이 많았다. 그러나 젊은 층은 노력하면 성공한다에 대한 회의적인 시각이 다른 나라에 비해 오히려 강하다. 사회적 이동가능성에 대한 긍정적인 답변(전적동의와 동의) 비중이 60대는 75.5%인 반면, 20대는 51.2%에 불과하다. 60대의 긍정적인 답변이 많은 것은 고도성장기에 쉽게 취업하고 자수성가 한 사람이 많았기 때문인 것으로 보인다.

이러한 부정적 인식에는 경제환경 변화 등 여러 가지 영향도 있지만 교육이 미친 영향이 큰 것으로 보인다. 과거 가난한 학생이 명문

그림 5-9 **서울대 진학률**[14](평균 100 대비)

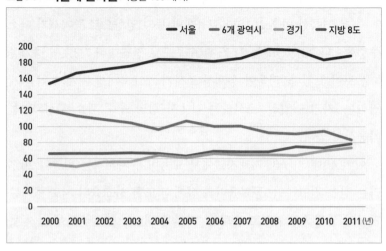

대에 진학하면 '개천에서 용이 났다'라는 말을 하곤 했다. 최근 듣기 힘든 말이다.

예를 들어, 그간 상징적인 의미를 가져왔던 서울대학교 입학생 추이를 보면 알 수 있다. 최근에는 대학이 출신지역별 입학생 비율을 발표하지 않아 다소 오래된 자료이기는 하지만 〈그림 5-9〉이 보여주는 바와 같이 서울대 진학률에 있어서 서울과 지방의 격차가 지속되고 있는 것으로 추정된다. 가장 최근 5년간 서울대 입학생의 출신지역을 분석[15]한 결과 서울이 27.0%를 기록하는 등 수도권(46.0%)과 지방의 격차가 큰 것으로 나타났다. 서울 내에서도 자치구별 격차가 커서 소위 강남 3구 등의 입학률이 높았다.

〈그림 5-10〉이 보여주는 것처럼 2019년도 학생 1,000명당 서울대 입학생 비율을 보면 강남 3구가 취약 5개구보다 무려 4.6배나 많은

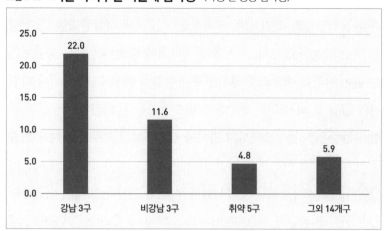

그림 5-10 **서울 자치구별 서울대 입학생**[16](학생 천 명당 입학생)

것으로 나타난다. 다시 말하면, 서울지역 출신이 많고 그중에서도 강남 3구가 차지하는 비중이 높다는 것이다. 학교 유형에 따라서도 격차가 뚜렷하게 나타난다. 특목고와 자사고의 강세가 뚜렷하다.

2019년 입학생 중 이들 학교의 출신이 전체 입학생의 43%를 차지하고 학생 1,000명당 입학생 비율도 40.6명으로 일반고의 8배에 이른다. 사교육이 이들 입학생 비율에 미치는 영향을 보기 위해 월평균 학원 교습비와의 상관관계를 분석하면 0.929로 매우 높은 것으로 나타났다. 사실상 '금수저'가 공평하지 않은 교육의 기회를 통해 이어지고 있는 것이다.

4차 산업혁명, 기술과의 경쟁에 뒤처지는 교육

공교육이 아닌 각자 미래를 준비하는 상황

'자동화'와 '연결'을 주된 특징으로 하고 있는 4차 산업혁명은 교육부문의 변혁도 함께 요구하고 있다. 기술진보가 노동시장 수요의 변화를 불러일으키고 있으며, 교육부문이 수요에 적합한 인력을 양성할 것을 주문하고 있다. 지식을 암기하거나 단순 적용하는 능력보다는 깊은 이해를 바탕으로 창의성과 융복합적 문제해결능력이나 타인과의 협업 및 의사소통 능력의 배양이 강조된다. 이러한 기술을 습득한 사람들은 노동시장에서의 가치가 상승하지만 그렇지 못하고 기술로 대체되기 쉬운 능력을 가진 사람들은 그 가치가 하락하기 때문에 필연적으로 소득불평등이 발생한다. 이러한 원리를 20세기 임금불평등을 분석한 골딘과 카츠(Goldin & Katz, 2008)[17]는 "교육이 기술과의 경주에서 뒤처지면 노동시장의 불평등이 커진다"라고 비유하였다.

소득불평등이 기업과 자본가의 탐욕에 따른 노동과 자본의 수익률 격차에 따른 것이므로 사후 분배정책을 통해 보완해야 한다는 주장도 제기되고 있다. 하지만 불평등의 원인 전부를 설명하지는 못한다. 임금과 소득격차 확대는 전 세계적인 현상이며 글로벌화와 기술진보가 급격히 진행되면서 발생한다는 점이 보다 설득력이 있다. 원인은 차치하더라도 대응방식에 있어서도 사후적인 대책보다는 사람들로 하여금 미리 준비하고 노동시장에서 가치를 올릴 수 있는 보완책이 바람직하다. 이런 점에서 교육의 역할이 매우 중요하다.

하지만 우리 교육의 현실은 이런 추세와는 거리가 멀다. 앞서 설명한 대로 기계로 대체될 가능성이 높고 일자리가 줄어들고 있는 데도 불구하고 보편적인 교육기회 확대라는 이유로 현실을 외면하고 중간 수준 역량을 가진 인재를 집중 양성하고 있다. 교육과정뿐 아니라 교사의 준비수준도 미흡하다. 디지털 시대에 대한 학생의 준비수준은 우수하지만 교사는 그렇지 않다.

OECD 자료[18]에 따르면 디지털 기술과 이해력 부족 학생이 7.7%에 불과하여 적응력이 매우 뛰어난 것으로 조사된 반면, 정보통신기술 관련 훈련이 필요한 교사의 비중은 76%로 일본 다음으로 높다. 학교에서 가르치지 못하면 학생은 결국 사교육에 의존할 수밖에 없고 교사는 오히려 학생에게 배워야 하는 상황이다.

교사의 직업만족도도 낮은 것으로 나타난다.[19] 한국의 교사는 세계에서 가장 높은 정도의 처우를 받고 있다. 초임은 OECD 평균에 미치지 못하지만 15년 경력을 가진 교사의 연봉은 OECD 평균을 훨씬 상회하고 있다. 교사의 연공서열형 보수체계로 인해 15년 재직 교사가 새내기 교사 연봉의 1.8배에 달하기 때문이다. 연공서열형 임금체계가 안정적인 직업군을 형성한다는 장점은 있으나 새로운 기술을 습득한 인재가 교사로 진출하기 어렵다는 한계도 있다. 새로운 시대를 대비한 질 좋은 교육을 기대하기 어렵다.

기술변화에 대한 적응도 개인이 중요

4차 산업혁명에 따른 기술진보의 특징은 속도가 빠르고, 분야 간 융복합이 활발하게 일어난다는 점이다. 따라서 정규교육에서 습득한 지식과 기술의 수명은 짧아져 적응하는 데 필요한 재교육, 재훈련 등 평생교육이 더욱 요구된다. 일자리의 이동성과 비전형 고용이 증가하면서 사용자와 노동자 모두 직장 내 훈련에 투자할 유인이 감소하고 있기 때문이다. 따라서 개인이 스스로 교육과 훈련의 주체가 되어 노동수요 변화에 대응해야 한다.

그러나 현재의 평생학습 시스템은 이러한 노동시장의 요구와는 거리가 있다. 오히려 계층 간 불평등을 심화시킬 구조를 갖고 있다. 2017년 한국교육개발원이 11,423명을 대상으로 실태를 조사한 결과를 보면 다른 조건이 동일할 때, 고학력, 대기업, 정규직, 고숙련 직종(관리직, 전문직, 사무직) 종사자일수록 평생학습 참여 가능성이 높은 것으로 나타난다. 기술변화에 위협받기 쉬운 판매, 기능, 조립, 단순 노무직에서 학습 참여율이 유의한 수준으로 낮다.

편중된 평생학습 참여는 대부분 국가에서 나타나는 현상이기는 하지만 한국의 경우 교육수준과 일자리 특성에 따른 격차가 주요 국가에 비해 큰 편이다. 2011~2014년 OECD가 주요 33개국의 26~55세 인구 16만 5,694명을 대상으로 평생학습 실태를 조사한 결과에 따르면 한국은 학력에 따른 평생학습 참여율 격차가 33개국 중 네 번째로 크고, 사업장 규모와 고용형태에 따른 격차도 33개국 중 각각 2위와 7위로 크다.

이러한 실태는 한국의 평생학습 관련 재정지원 구조와 관계가 있다. 2021년 예산안에서 평생학습 관련 재정지원의 2/3 수준이 일반회계 예산보다는 정규직 노동자와 사용자가 낸 고용보험기금으로 운용되기 때문이다. 중앙정부의 예산은 교육부 전체 예산의 3% 수준에 불과하다. 고용보험기금도 평생학습에 활용하는 직업능력 개발사업을 사용자가 전적으로 부담하므로 미취업자, 자영업자, 비정규직 노동자에게 교육기회를 부여할 수 없고 직무 관련성이 없는 교육 프로그램을 제공하기도 어렵다. 그러나 직무 관련성이 있는 교육은 기술진보에 따라 필요 없는 지식이 될 수 있다는 문제가 있다.

오히려 기술이 빠르게 발달할수록 인지적 능력이나 사회 정서적 능력과 같이 여러 직무에 활용될 수 있는 일반 역량의 중요성이 증가[20]하고 있다. 일례로 컴퓨터와 자동화 기술이 급속히 발전한 1980~2012년 미국 노동시장에서는 대표적인 일반 역량인 사회적 역량에 대한 수요가 빠르게 증가했다는 것에 주목할 필요가 있다.

사회통합과
미래를 위한 교육

한국의 교육은 보편적인 교육기회 확대, 국민들의 뜨거운 교육열 등으로 OECD 등 국제기구의 평가에서 우수한 성적을 보이고 있다. 경제성장을 이루는 데 이와 같은 우수한 인적자원의 힘이 컸다는 점을 부인할 수 없다. 그러나 경제발전 단계와 대내외 경제환경 변화에 유연하게 대응하지 못해 교육에 거품이 생기고, 학생, 교사, 학부모 모두 만족하지 않는 결과를 가져오고 있다. 다양한 산업수요에 맞는 역량을 키우기보다는 평균적인 인재만 양산한다는 지적도 제기되고 있다. 교육정책의 본질을 성숙한 민주주의 시민으로서의 역량 함양 정도로 본다고 하더라도 빠르게 변화하는 사회수요에 맞춰 "어떤 인재를 어떻게 양성할 것인가?"의 문제와 연결된다는 점도 무시할 수 없다.

특히 꺼져가는 한국경제의 성장 동력을 회복하고, 늘어가는 계층 간 갈등을 완화하기 위해서는 사회이동성 제고를 통한 사회통합이 먼저 이루어져야 한다. 전통적으로 계층의 사회이동이 발생하는 주요 경로가 교육과 일자리였다는 점을 감안하면 교육문제를 노동시장과 연계해서 살펴보아야 한다. 또한 노동시장에서 임금불평등을 심화시킨 기술진보의 속도가 4차 산업혁명 시대로 들어서면서 더욱 빨라진다고 보고, 이에 대한 대응책 마련도 시급하다.

이런 측면에서 모든 단계의 교육개혁이 시급하지만 핵심 연결고리는 대학교육이 되어야 한다. 좋은 대학을 나와야 안정적이고 높은 임금을 받을 수 있는 직장에 취업할 수 있기 때문에 대학 진학경쟁이 치열해지고, 초중등 교육이 왜곡되고 있기 때문이다. 산업수요에 맞는 대학교육 여부가 또한 평생교육과 연계되기도 한다. 따라서 교육개혁에서 노동시장과 산업의 변화에 부응한 대학 개혁이 먼저 이루어질 필요가 있다.

자율성 부여로 대학교육의 질적 수준을 높여라

한국 대학교육의 특징은 정부가 교육서비스의 가격(등록금)과 수량(정원)을 엄격히 통제한다는 점이다. 고등교육법에 따라 등록금 인상률은 직전 3개년 물가상승률의 1.5배를 초과할 수 없다고 규정되어 있으며 동법 시행령에 따라 수도권 대학, 국공립대학, 의약·교육 계열 등의 정원은 교육부 장관이 정하도록 하는 등 법령상의 규제가 적용되고 있다.

또한, 교육부 보조금 사업에 정원과 등록금을 평가요소로 반영하고 있어 행정적인 규제도 함께 적용되는 상황이다. 법령과 행정상 규제로 인해 10여 년간 등록금이 동결된 것이 가계의 생계비 부담 절감을 위해 유효했다고 볼 수도 있지만 이는 한 측면만 본 것이며 대학

교육의 질적 수준 저하는 결국 가계의 사교육비 부담으로 귀결되었다. 과도한 정부 규제는 다양한 부작용을 유발한다.

첫째, 대학 간 학생 배분의 효율성을 저해한다. 정원 규제가 학생 선호도가 높은 수도권 대학에 집중되었기 때문에 지난 2000년 이후 한국의 대학정원은 학생 선호도가 낮은 대학을 중심으로 증가[21]하고 있는 것이다.

둘째, 대학 내에서 전공 간 학생배분의 효율성도 저해한다. 정원 규제가 대학 내 전공 간 정원조정을 규제하는 것은 아니지만 총정원이 학교가 원하는 수준보다 낮게 규제되므로 특정 전공의 정원을 늘리거나 새로운 전공을 만들려면 다른 전공을 그만큼 줄여야 한다. 이것이 학내 반발을 불러일으킨다. 4차 산업혁명 대응을 위한 학과 신설, 시스템 반도체 등 새로운 기술에 대한 연구를 위한 기업연계 학과 개설 등이 대학 내 다른 학과의 반발로 무산되는 것이 그 일례이다. 2006~2017년 동안 사립대 학과별 정원변화를 실증 분석한 결과 수도권에서는 전공별 입학정원 조정이 전무[22]하다고 해도 무방하다는 연구결과가 나오고 있다. 만약 대학 서열화가 없다면 문제가 되지 않을 수도 있다. 유망한 전공이 개설된 비수도권 대학에 진학하면 되기 때문이다. 그러나 여러 이유로 수도권 대학을 선호하는 상황이라면 수도권 대학 진학을 위해 원하지 않는 전공을 선택하게 되고 사회적으로 인재의 적재적소 배치라는 균형점과 배치되는 결과를 초래한다.

셋째, 대학 간 건전한 경쟁을 저해한다. 훌륭한 교육 서비스를 제공하더라도 등록금을 올릴 수도 정원을 늘릴 수도 없으니 경쟁의 유

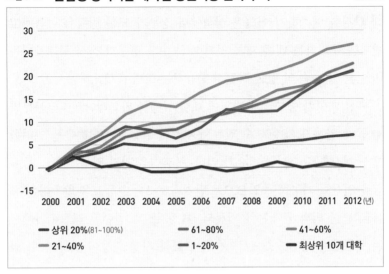

그림 5-11 **신입생 성적기준 대학별 정원비중 변화 추이** (단위 : %)

- 상위 20%(81~100%)
- 61~80%
- 41~60%
- 21~40%
- 1~20%
- 최상위 10개 대학

인이 저하된다. 경쟁이 있더라도 학생의 선택이 아닌 보조금을 받기 위해 정부 평가를 잘 받는 데 치중하는 경쟁에 몰두하게 된다.

〈그림 5-11〉는 과도한 정부규제가 갖고 오는 결과를 잘 보여주고 있다. 최상위 대학 또는 상위 20%에 있는 대학의 정원 비중은 정체되거나 크게 변화가 없는 모습이다. 사실상 대학 구조조정이 거꾸로 진행되고 있는 것이다. 이는 입시경쟁 과열로 연결된다. 대학 서열이 고착화된 가운데 학생 선호도가 높은 대학이나, 전공의 정원이 늘어나기 어려워 학생이 선호하는 소수 대학 및 전공의 좁은 문을 통과하기 위한 경쟁은 더욱 치열해질 수밖에 없다.

대학 교육의 수준을 높이기 위해 일정한 정부의 지원과 규제는 분명히 필요하다. 그러나 수요자인 학생의 선택을 존중하는 방향으로 지금의 과도한 이중규제는 완화되어야 한다. 4차 산업혁명으로 미래 환경을 예측하기 어려운 상황에서 정부가 모든 상황을 예측하고 변화를 주도하는 데 한계가 있기 때문이다. 정부가 직접 하기보다는 '보이지 않는 손'의 힘을 적절히 활용하는 방법이 필요하다.

우선 대학의 등록금과 정원에 대한 규제를 완화해야 한다. 무분별한 규제 완화가 가져올 수 있는 문제점과 현실적인 어려움을 고려할 때 단계적으로 추진할 필요가 있다. 독점력을 가진 일부 대학이 등록금을 인상할 가능성이 있으므로 단기적으로는 고등교육법에 따른 등록금 관련 법적 규제는 유지하되, 재정지원과 관련된 대학평가에서는 등록금을 평가요소에서 배제함으로써 시장 기능이 작동할 수 있는 최소한의 여건을 마련해야 한다.

이러한 규제 완화 과정에서 저소득 계층 학생이나 기초학문에 대한 어려움에 대해서는 정부가 보완적인 지원방안을 추진하면 된다. 학생의 소득수준에 따라 차등을 주어 정부가 학비 등을 지원함으로써 대학교육을 받을 기회가 제한되는 현상을 방지해야 한다. 기초학문을 우대하는 정책도 함께 추진하되 획일적인 지원보다는 연구자의 연구 성과에 따라 지원하는 방안을 강구해야 한다.

입학정원에 대한 규제도 재검토할 필요가 있다. 대학 서열화, 특히 수도권 대학 선호도가 큰 상황에서 전면적 해제는 지역균형발전 측면에서 신중해야 한다. 대안으로 부분 해제를 검토할 수 있다. 4차 산업혁명 관련 신산업 전공 분야는 총량적 정원규제와 관계없이 자율적으로 정하도록 해서 전공 선택의 왜곡을 축소해야 한다. 이러한 방안이 대학서열화와 수도권 집중의 문제를 더욱 심화시킬 수 있다

기로에 선 한국경제

는 문제에 대해서는 수도권 대학의 재정지원을 상대적으로 축소하는 방안을 통해 함께 보완하면 된다.

대학서열화는 지역산학협력 네트워크 구축을 통해 풀어라

현재도 심각하지만 입학정원 자율화로 더욱 심화될 수 있는 대학 서열화 문제에 대한 근본적인 접근도 필요하다. 지금까지 대학서열화에 대한 해법은 2004년 참여정부에서 제시되고 현 정부에서 공약화한 '거점 국립대 네트워크' 구축방안이었다. 10개 거점 국립대를 지정하고 이들 대학과 수준이 비슷한 사립대가 입학생 선발과 교육과정을 공유하는 것을 주요 내용으로 한다.

학생의 입장에서 자유롭게 대학을 옮겨 가며 강의를 듣고 학점을 취득하는 장점이 있다. 그러나 의도와는 반대의 결과를 가져올 수 있다. 우선 거점 국립대로 지정되지 않은 대학의 반발이 예상되고 수도권 집중을 부추길 수 있다. 학생의 입장에서 서울 등 수도권 대학의 강의를 선호할 가능성이 많으며 서울대 등은 강의를 개방하는 대신 재정지원을 받을 수 있는 여지가 생긴다. 대학 서열화 문제는 교육부문에 한정해서는 풀 수 없다는 점을 인식해야 한다. 대학 서열화 문제는 졸업생의 취업 및 미래소득과 관계있기 때문이다.

지역에 진출한 기업이 지역 대학과 협력하여 교육과정을 설계하고 졸업생을 채용한다면 자연스럽게 문제가 해결될 수 있다. 지역의 대학, 산업계, 연구기관, 지자체가 함께 노력해야 한다. 경상남도의 사례를 참고할 만하다. 지역혁신 플랫폼을 활용하여 지역기업이 필요한 인재를 지역 내 대학이 연합하여 양성하고 공급하는 것이다. 문제는 대기업, 우수 벤처기업 등 청년이 선호하는 기업이 지역에 진출할 수 있도록 하는 방안이 함께 이루어져야 성공할 수 있다는 점이다. 파트8에서 설명하는 것처럼 지역으로 이전하는 기업은 고용뿐 아니라 지역혁신 등에 대한 인프라를 구축하는 선도적 역할을 하기 때문에 대폭 지원해야 한다. 세제, 자금지원과 함께 극단적으로 배당유예를 허용하자는 주장[23]도 있음을 유념할 필요가 있다.

이와 함께 학령인구 감소에 따라 경쟁력을 잃어가고 있는 지방대학의 자발적인 구조조정을 유도해야 한다. 소위 "벚꽃 피는 순서로 대학이 문을 닫는다"라는 문제를 해결해야 한다. 독자 생존이 어려운 대학에는 정부가 재정지원을 하되 산업과 연계하여 졸업생의 취업률을 높이는 교육방안을 검토할 필요가 있다.

지원 평가기준으로 입학생 경쟁률이나 졸업생 소득연계장학금 대출CL 상환율을 활용하는 방법도 있다. 소득연계장학금의 경우 상환시점의 소득을 기준으로 상환 여부를 결정하는 것이므로 상환율이 높다는 것은 대학이 비용대비 양질의 일자리를 창출했다는 뜻이기 때문이다. 이러한 방안은 대학으로 하여금 형편이 어려워 학자금 대출을 받는 학생의 교육성과를 더욱 신경 쓰게 만드는 효과도 있다. 연구와 교육중심의 대학은 재정지원 없이 자율적으로 운영하도록 하고 생존 가능성이 희박한 대학은 평생교육 기관으로 전환하는 방식의 조정 또한 필요하다.

초중등 교육개혁, 길게 보고 적응력을 높여라

대학 입시경쟁 과열이 초중등 교육을 왜곡시키고 있다. 대학입시에서 출발하여 교과과정, 수업방식, 교원의 양성·선발·평가, 학교제도 등이 모두 연관된 문제이므로 어느 한 가지만 개혁해서는 효과가 없다. 2000년대 이후 추진된 수행평가, 수능영어 절대평가, 선행학습 금지, 학생부 종합전형 등 단편적인 개혁은 성과보다는 오히려 혼란만 야기한 측면이 크다.

'교육은 백년지대계'라는 말이 있듯이 장기간에 걸쳐 서서히 개혁해 나가야 한다. 긴 안목을 갖고 서서히 개혁을 추진한 홍콩의 사례가 대표적이다. 2000년에 전면적인 개혁안을 발표하고 당해 초등학교 1학년부터 개혁안을 적용하여 2012년 마지막으로 대학입시를 개혁함으로써 완료된 사례이다. 장기간에 걸쳐 추진함으로써 최초 계획을 끊임없이 수정 보완하고 학생, 학부모, 교사의 안정적인 적응을 유도하여 성공할 수 있었다. 높은 교육열과 OECD PISA 성적, 치열한 대입경쟁 등 한국 사회와 유사한 상황임에도 성공한 개혁 사례이므로 시사하는 바가 크다.

한국도 충분한 사회적 합의를 거쳐 청사진을 제시하고 장시간에 걸쳐 수정 보완함으로써 학생, 교사, 학부모 등이 적응하는 방식으로 개혁을 추진할 필요가 있다. 이를 위해서는 정권에 영향을 받지 않고 독립적으로 개혁을 추진할 수 있는 교육개혁기구가 필요하다. 홍콩의 사례에서 보는 바와 같이 개혁의 방향성은 명확하다. 학생의 선택권 확대, 지식전달보다는 미래역량 개발, 강의식보다는 토론, 실습, 체험형 학습, 대학입시 자율화 등이다. 왜냐하면 미래 인재가 갖추어야 할 역량은 창의성creativity, 비판적 사고critical thinking, 협업collaboration, 소통communication으로 요약되기 때문이다.

홍콩의 교육개혁 사례

» **배경** 높은 교육열과 PISA 성적, 1/4만 홍콩 내 대학에 진학 가능한 환경, 입시 위주의 주입식 교육에서 탈피하기 위해 2000년 교육 개혁안을 제시

» **목적** 교육과정의 다양화로 다양한 성공경로를 준비

» **개혁내용** 선택과목 확대, 토론-실습-체험형 수업, 수행평가, 수능 자격고사화, 대학입시 자율화 등
- 월~목 오전에는 4대 필수과목을 수강하고 오후에는 20여 개 선택과목, 직업교육, 기타 외국어 중 흥미에 따라 2~3개 과목을 수강
- 금요일 오후에는 인성, 체험, 봉사, 진로 교육에 할애
- 대입전형(HKDSE)은 고교 수강과목(필수+선택) 5등급 평가, 직업교육 3등급 평가, 기타 외국어 5등급 평가로 다양화 및 역량중심 평가(점수가 아닌 등급제, 선다형 보다는 논술형)
- HKDSE 등급, 학교 수행평가, 자기소개서를 제출하고 대학은 면접 등으로 선발

선택과목 확대, 학생의 적성과 선택권 보호

먼저 수요자의 학생의 선택권 확대를 위해 선택과목의 비중 확대가 필요하다. 이는 성취도 수준이 서로 다른 학생들이 함께 공부하는 현행 평준화 체제의 한계를 극복하는 데 도움이 된다. 선택과목이 많을 경우 학생마다 사실상 다른 과목을 이수하게 되므로 모든 학생을 한 줄로 세우는 방식의 교육에서 어느 정도 벗어날 수 있다. 따라서 학생 간 격차도 보완할 수 있다.

이러한 개혁에 교사의 적극적인 협조가 꼭 필요하다. 예를 들어, 현행 중고교 교과과정에서 주 1시간짜리 신규 과목이 개설되기 위해서는 교사 3,000명이 전공을 바꿔야 하므로 기존 교사에 대한 적극

적인 재교육이 없을 경우 실행이 불가능한 상황이다. 전공마다 학과가 나누어져 있는 현재의 경직된 교육대학 및 사범대학 시스템으로는 학생의 수요에 따라 교과과정을 개편하기 더욱 어렵다. 따라서 현행 시스템을 교육전문대학원 중심으로 전환하여 다양한 학부 전공을 거친 인력이 교직으로 진출할 수 있는 경로를 열어야 한다.

교육전문대학원 졸업생은 임용시험 없이 1~2년간 수습교사로 배치하고, 수업능력이 좋은 경우만 정식 교사로 채용하여 시험보다는 수업능력이 좋은 인재를 선별해서 채용해야 한다. 일정 교육 관련 과목을 이수한 인재도 동일한 경로를 밟을 수 있도록 하고 교원 자격 정기 갱신제를 도입하여 부자격자에 대한 검증도 주기적으로 추진해야 한다. 이러한 방식은 현행 연공서열형 임금체계로 인해 고여 있는 교직문화를 바꿀 수 있는 기회도 제공한다.

토론-체험형 수업방식으로

교사의 수업방식도 중요하다. 교사가 학생으로 하여금 수업시간에 충분히 생각하고 상호교류하도록 유도하는 것은 미래역량 함양을 위해 매우 중요하다. 과거 65,000여 개 연구를 종합한 결과 교사의 수업방식이 학생의 교육성과를 향상시키는 데 가장 중요하고 학급규모 축소, 보조교사 투입 등은 비용대비 효과가 미미하다는 분석[24]이 있다.

따라서 교사의 적극적인 참여를 위해 훈련기회와 인센티브가 제공되어야 한다. 이를 위해 교육전문대학원의 교육과정을 실질적인 교수법 위주로 구성하고 현직 교사를 강사로 채용하는 방안을 검토할 필요가 있다. 교사에 대해서는 수업평가에 기반한 성과급제를 강화해야 한다. 학생의 교사평가에 대한 부정적인 시각도 있으나 대학에서 학생이 교수를 평가하는 제도가 정착된 상황에서 초중등학교에서 평가를 백안시할 이유가 없다.

다양한 직업경로에 대한 경험과 인식 필요

청년층 실업문제로 인해 초중등 학교에서의 직업교육 확대 필요성도 제기되고 있다. 한국에서 초중등학교에서의 직업교육 참여율(18%)이 OECD 국가(44%)에 비해 크게 낮기 때문이다. 2000년대 이후 독일-스위스 등의 도제 시스템을 벤치마킹하여 마이스터Meister 고교 제도를 도입하고 특성화고 중심의 일-학습 병행제를 실시하였다. 이에 따라 대학진학률이 낮아지고 산업수요에 맞는 직업교육이 확대되는 등 긍정적인 변화가 이루어지고 있다. 그러나 개선의 여지는 많다. 마이스터 고교의 높은 취업률에도 불구하고 군복무 이후 다시 대학에 진학하는 비율이 늘어나고 있으며 특성화 고교의 일-학습 병행이 중소·중견기업의 저임금 노동자 확보의 수단으로 이용되고 있다는 비판이 제기되고 있다.

마이스터 고교와 특성화 고교의 일-학습 병행 제도가 실효성을 거두기 위해서는 대기업 등 우수한 기업의 적극적인 참여와 지원이 이루어짐으로써 일-학습 병행이 새로운 경력형성의 경로로 인식되어야 한다. 독일의 아우스빌둥ausbuildung과 같이 대기업과 대학, 특성화고가 함께 산업수요에 맞는 교육프로그램을 만들고 이수한 이후 대기업에 취업할 수 있는 경로를 만드는 것이 시급하다.

전통적인 취업과 학업경로에서 벗어나 새로운 경로가 자리 잡기 위해서는 학업이 아닌 취업경로를 선택하더라도 경력을 쌓고 안정적인 사회생활을 할 수 있다는 믿음을 주어야 한다. 대학 졸업 이후 취업하는 경로, 마이스터 고교 또는 특성화 고교 졸업 이후 취업하여 경력을 지속적으로 쌓을 수 있는 경로, 경력을 쌓은 이후 다시 대학 등에서 학업을 재개할 수 있는 경로 등 다양한 경로를 보장해주어야 한다. 이러한 경력을 사회적으로 인정하고 그에 따른 임금을 보장하는 등 직무급제를 함께 실시해야 한다.

산업수요에 부응하는 유연한 평생교육시스템 구축

한편 4차 산업혁명으로 인해 교육의 중심이 학교교육에서 평생교육으로 이동할 것으로 보인다. 기술수명이 단축되면서 새로운 기술을 학교 졸업 이후에도 지속적으로 재교육받아야 하기 때문이다. 학교에서의 직업교육을 강조하던 독일에서도 인더스트리 4.0 보고서를 통해 학교 직업교육의 비중이 58%에서 2025년에는 12% 수준으로 축소될 것으로 예상하고 있다.

평생교육은 대상의 확대와 함께 효율성 증대라는 두 가지 측면에서 검토해야 한다. 우선 평생학습 지원 대상을 확대하기 위해 고용보험기금 위주의 재원조달 구조를 일반회계로 보완해야 한다. 평생교육 재원의 90%를 사용자가 전적으로 부담하는 직업능력 개발 사업으로 추진한다면 고용보험 가입대상이 아닌 미취업자, 자영업자, 비정규직 등은 평생교육의 혜택을 받을 수 없기 때문이다. 별도의 일반회계 재원을 마련하고 현행 고용보험기금 직업능력 개발사업과 통합

싱가포르의 스킬스퓨처SkillsFuture 프로그램

›› 배경 2015년부터 전 국민의 평생학습 참여와 포괄적 역량 향상을 목표로 스킬 스퓨처 운동(Skills Future Movement) 정책을 추진

- 저출산 고령화에 대비하여 재교육, 재훈련 등을 통해 국민 개개인의 생산성을 높이고 은퇴연령을 낮추겠다는 취지

- 2014.11월부터 재무부, 산업부, 교육부, 노동부 장관, 산업별 사용자, 노동자 대표, 교육훈련기관 대표가 참여하는 스킬스퓨처 위원회(Skills Future Council)을 설립하여 논의

- 2015~2020년 동안 연간 예산을 1조 원으로 확대

›› 내용 교육부의 대학, 평생교육 기능과 노동부의 직업훈련, 고용서비스 기능을 통합

- 고등교육 및 스킬 장관을 신설하고 교육부 산하의 스컬스퓨처 싱가포르(SSG)와 노동부 산하의 워크포스 싱가포르(WSG)를 신설하여 운영기관을 지정

- 만 25세 이상 전 국민에게 SGD 500의 크레딧을 제공하고 SSG가 인증한 기관 강좌 수강

- 스킬스 프레임워크(Skills Framework)가 산업별로 예상되는 진로, 직무, 직급별 주요 업무와 필요한 역량, 임금 수준 등에 대한 정보를 제공

- 성인교육기관(Institute of Adult Learning)이 강사들을 대상으로 교수학습법을 지도하고 심사를 거쳐 어덜트 에듀케이터(Adult Educator) 자격 부여

- 훈련의 질을 관리하기 위해 SSG 품질경영부서(Quality Management Division)가 주기적으로 평가

- 재직자의 훈련참여를 독려하기 위해 훈련참여에 따른 결원에 대해서는 훈련 참여 근로자 인건비의 95%를 보조(Absentee Payroll Funding)

하여, 미취업자, 자영업자, 비정규직 등 전 국민 대상의 직업훈련 및 교육 지원에 활용할 수 있어야 한다.

지원방식도 기관설립 등 공급자 지원보다는 수요자를 지원하여 산업수요에 가까운 교육서비스를 제공하도록 유도해야 한다. 이를

위해 수요자가 진로와 학습에 대해 자신이 선택할 수 있도록 평생 학습바우처를 제공하는 방안을 검토할 수 있다. 대표적인 사례가 싱가포르의 스킬스퓨처 크레딧SkillsFuture Credit 제도이다. 한국의 내일배움카드제도 수요자를 지원하는 제도이지만 훈련단가와 교육과정을 정부가 규제함으로써 효과가 반감되고 있다. 수요자의 합리적인 의사결정을 지원할 수 있는 정보 시스템 구축도 검토할 필요가 있다.

바우처 수요자인 훈련대상자가 현재 노동시장에서 필요로 하는 기술은 무엇이고, 그 기술을 배울 수 있는 기관 등에 대한 정보가 충분하지 않기 때문이다. 박스에서 보는 바와 같이 싱가포르는 유연한 시스템과 훈련 대상자를 위한 종합적인 컨설팅 서비스를 제공하고 있다. 교육부의 대학, 평생교육 기능과 노동부의 직업훈련, 고용서비스 기능을 통합하여 산업별로 예상되는 진로, 직무 등 정보와 컨설팅 서비스를 제공하고 수요자는 자신에 맞는 프로그램을 선택하여 이수하는 것이다. 훈련의 질적 수준을 제고하기 위해 독립된 기관을 통해 주기적으로 평가하도록 한다.

교육격차 해소, 개천에서 용이 나올 수 있는 환경

사회적 이동성을 제고하기 위한 교육개혁에 반드시 포함되어야 하는 부분은 교육격차를 완화하는 것이다. 부모의 소득 및 계층과 관계없이 공정한 교육기회를 부여받고 성과에 대한 보상을 받을 수 있다는 믿음이 사회통합을 가능하게 만들기 때문이다.

유아교육 지원은 선별적으로

교육격차는 유아기부터 시작된다. 2000년 노벨 경제학상 수상자인 시카고 대학의 제임스 헤크먼James Heckman 교수 등의 연구[25]에 따르면, 유아기에 발생한 교육격차는 아이의 향후 인지적·비인지적 발달에 상당한 영향을 미치고 노동시장 성과와도 연결된다고 한다. 다시 말하면 적은 비용으로 유아기의 교육격차를 줄이는 것이 효과적이라는 말이다. 격차 완화를 위해 모든 가구를 동일하게 지원하는 보편적 지원보다는 취약층을 더욱 배려하는 선별적인 지원이 필요하다. 고소득층에 대한 무상보육 지원을 철회하고 그 재원으로 저소득층을 차등 지원해야만 소득 격차로 인한 유아교육 격차를 줄일 수 있다. 저소득층의 불리함을 보완하고 고소득층과의 격차를 축소하는 데 기여하기 때문이다.

초중등교육, 공교육의 질적 수준을 높여야

초중등교육에서의 격차는 주로 사교육에서 비롯된다. 공교육에 대한 접근성(취학률)이 이미 세계 최고 수준이고, 학교 간 교육 여건도 평준화 정책의 영향으로 비교적 균등한 편이다. 따라서 공교육 부실의 최대 피해자는 저소득층이다. 무려 2019년 기준으로 20조 원에 달하는 사교육을 통해 고소득층 학생은 공교육이 부실하더라도 얼마든지 보충할 수 있지만 저소득층은 어렵다. 이러한 점을 감안하여 교육예산의 집행에 있어서 취약층 지원을 각종 평가의 주요 요소로 반영해야 한다. 그리고 취약지역을 교육특별지구로 지정하여 특례를 부여하는 방안을 검토할 필요가 있다.

그림 5-12 **입학유형별 서울대 학생의 학점 변화**[26]

과도한 교육열의 원인이 되는 대학입시는 자율화하되 입학생의 지역별, 소득별 계층분포를 공개하도록 하여 대학의 책무성을 강화할 필요가 있다. 자율에는 사회적인 감시가 필요하고 특히 입학사정관제의 성패는 사회적 신뢰에 달려 있기 때문에 정보공개가 필수적이다. 여기서 강조해야 할 대학 책무성의 하나는 재능을 적극 발굴하고 이를 육성하는 것이다.

이와 관련하여 검토할 필요가 있는 제도가 2005년 서울대학교가 도입한 지역균형선발제도이다. 읍면지역에서 교장 추천을 받은 학생을 대상으로 수능점수가 다소 낮더라도 발전 가능성을 보고 선발하는 일종의 적극적인 시정조치이다. 이 제도는 저소득층 또는 지방 출신 자녀가 잠재력이 있으나 사교육을 받을 수 없어 서울대에 입학하지 못한다면 우수한 재능을 사장시키는 것이라는 인식에서 출발했다. 점수에만 근거한 선발의 문제점을 보완한 것이다.

〈그림 5-12〉에서 보는 바와 같이 이 제도를 통해 입학한 학생의 성적은 첫 학기에는 일반 전형 합격생과 유사하지만 특목고 등의 학생보다는 낮았다. 그러나 학교의 관심과 지원의 도움을 받아 4학기 정도의 조정기간을 거쳐 지역균형선발 학생이 특기자 전형 입학자에 비해 더 높은 성적을 받았다. 지역균형선발제도는 당장은 거칠지만 숨어 있는 훌륭한 보석을 발굴하는 방식이다. 실험결과를 반영하여 당장은 국립대가 선도하고 사립대에 인센티브를 부여하는 방식을 통해 이 제도를 확대할 필요가 있다.

중소기업 및 취약계층의 평생교육 참여 지원

평생교육이 현재 대기업, 정규직, 사무직 등을 중심으로 활성화되면서 격차를 확대하고 있다는 점을 감안하여 중소기업의 참여를 확대하는 방향으로 추진할 필요가 있다. 노동시간 유연화와 휴직사유 확대 등이 필요하다. 중소기업 노동자가 평생교육에 참여하기 어려운 이유는 시간적 여유가 없고 불안정한 고용계약 형태 때문이다.

우선, 재직자의 평생교육 참여를 위해 싱가포르의 사례를 벤치마킹할 필요가 있다. 재직자의 훈련 참여를 독려하기 위해 기업에서 훈련참여에 따라 결원이 발생할 경우 심사를 통해 노동자 인건비의 95%를 보조하는 제도를 운영하고 있다.

평생교육이 활성화되기 위해서는 기업과 사회단체 등의 적극적인 역할이 필요하다. 비전형 노동자가 증가하면서 자영업자를 포함한 이들 계층을 위한 평생교육 기회를 부여하기가 쉽지 않기 때문이다. 선진국에서는 기업이 앞장서고 있다. 독일의 디지털 회사인 SAP는 공정기술 이외에 디지털 혁신, 클라우드 제품에 대한 교육과 함께 리더십 교육 프로그램을 제공하고 있고 미국의 유통업체인 월마트도 하루 1달러만 받고 재직자를 대상으로 공정분석 및 다른 업체에서도 활용할 수 있는 범용의 역량을 교육하고 있다.

재직자뿐 아니라 일반인에게도 교육 프로그램을 오픈하는 경우도 있다. 독일의 자동차 제조회사인 아우디가 대표적인 사례이다. 코세라Cousera와 유다시티Udacity와 같은 온라인 교육 프로그램도 평생교육에 중요한 역할을 할 수 있다. 특히 유다시티의 경우 미국 노동자와의 약속이라는 취지하에 10,000개의 무료 온라인 교육 프로그램을 제공할 계획[27]이다. 정부의 역할은 이들 기업들의 비용에 대해 세제 등 재정을 통한 지원을 활성화시키는 것이다.

저출산 시대에 맞게 학제를 개편해야

시대가 요구하는 학제개편

학제에 대한 고민도 필요하다. 한국의 학제는 1948년 대한민국 정부가 수립되면서 교육제도를 법률(교육법)로 정한다는 제헌헌법 제16조에 따라 마련되었다. 그 이후 70여 년간 지속적인 개편이 있어 왔으나 초기 제정되었던 '초등(6)-중등(3)-고등(3)-대학(4)'의 근간이 유지되고 있다. 학계를 중심으로 다양한 개편방안이 제시되었으나 기존의 틀을 깨는 논의는 2007년 제시되었던 '2+5 전략'[28]을 통한 것이었다.

저출산 고령화로 인한 경제활동인구 감소에 대비하여 2년 빨리 노동시장 진입을 유도하고 5년 더 일하자는 전략이었다. 구체적인 방안으로 '5-3-3' 학제개편(1년 단축), 군복무 단축(24→18개월), '정년연장(5년)'이 제시되었으나 정년연장과 군복무 단축을 제외한 학제개편의 세부적인 방안은 제시하지 못했다.

군복무 단축, 정년연장에 비해 학제개편은 학생, 학부모, 교원 등 이해관계자의 이해충돌이 많기 때문이다. 특히 대학 등 입시와 취업 시장에 많은 변화를 줄 수 있다. 당시 학제개편과 관련하여 설문조사를 한 결과[29]를 살펴보면 이를 확인할 수 있다. 응답자의 과반수 이상이 현행 학제가 인재양성과 균등한 기회 제공에 적합하지 않아 개편이 필요하다고 답변하고 있으나 연령별로 보면 20~40대는 개편 필요, 50~60대는 개편을 반대하는 입장을 제시하고 있다. 이는 현재 재학생을 두고 있는 학부모의 경우 자녀의 재학 기간 중에 학제개편이 이루어질 경우 입시와 취업에 미치는 영향이 우려되기 때문인 것으로 보인다.

대학 교육과정 1년을 줄이면 가계 교육비 부담액을 2,000만 원 이상 절감할 수 있다. 대학의 직업 교육 강화로 대학 졸업 후에 취업을 위한 사교육비를 절감할 수 있다는 점까지 고려하면 대학에서의 직업 교육 강화 방안이나 조기졸업제 도입을 위한 학제개편을 종합적으로 검토할 필요가 있다. 노동시장에 진입하는 경제활동인구가 이미 2018년 정점을 찍은 뒤 감소하고 있고 통계청의 장래인구특별추계[30]에 따르면 총인구도 2028년 이후 감소할 것으로 예상되고 있기 때문이다. 또한 중장년이 노동시장에 머물 수 있도록 평생교육 기회를 제공하기 위해서도 필요하다.

학제개편으로 노동시장 진입을 앞당겨야

노동시장 진입을 앞당기기 위해 현행 '6-3-3' 학제를 2007년 제시된 것처럼 '5-3-3'으로 개편하거나 '초등학교 만 5세 취학연령제' 도입을 검토할 필요가 있다. 만 5세 취학연령제는 현행 6-3-3을 유지한 채 실시하거나 5-3-3과 병행할 수도 있다. '5-3-3' 학제는 학생의 인지발달 수준이 과거에 비해 빨라 1학년과 6학년을 동일 학교에 두는 것이 바람직하지 않다는 교육현장의 요구를 반영한 것이다.

'5-3-3' 학제로 인한 부실교육의 가능성을 차단하기 위해 초등학교 6년 과정을 단순히 1년 단축하는 것보다는 초등과정을 전면 개편하는 것을 전제로 한다. 실제 시행할 경우 시행 전년도 입학생과 당해년도 입학생이 입시와 취업시장에서 동시에 경쟁하는 문제가 생기고 교원과 시설부족 문제가 과다하게 발생하는 문제가 있어 학부모와 학생, 재정당국의 반발이 우려된다.

대안으로 검토할 수 있는 것이 초등학교 만 5세 취학연령제 도입이다. 최근 학생의 인지발달 수준을 감안할 때 충분히 수용 가능하고 3~5세의 보육지원 예산과 사교육비 절감효과도 기대할 수 있다. 다만, 보육기간이 3년(3-5세)에서 2년(3-4세)으로 단축되면서 유아 보육기관과 관련 학계의 반발이 있을 수 있다.

보육과 초등교육이 다르다는 지적도 있을 수 있다. 그러나 이미 누리과정을 통해 보육과정을 초등교육과 연계할 수 있도록 했고 유휴 보육교사는 초등 저학년의 보조교사로 전직[31]하도록 하면 된다. '5-3-3'으로의 개편과 같이 전년도 학생과 당해년도 학생이 함께 경쟁하면서 발생할 학생과 학부모들의 우려가 예상되지만 전면 시행보다 2개월 단위로 6년에 걸쳐 시행하면 충격을 최소화할 수 있다. 출생월을 기준으로 1-2월생, 3~4월생 등 축차적으로 조기 입학하면 충격을 1/6로 줄일 수 있다. 시설 등의 문제도 학제를 학교급제로 보는 관점에서 벗어나면 해결할 수 있다. 별도의 공공 보육시설을 확충하기보다 초등학교에 보육시설을 병설해서 운용하면 된다. 미국 등과 같이 초등학교에 'K_Kindergarden-과정'을 신설하는 것이다. 그럴 경우 보육과 초등교육이 통합 연계되면서 시설 부담을 완화하고 서비스 수준을 높일 수 있다.

일부 학계를 중심으로 '5-3-4'로 개편하자는 의견도 있다. 고등학교를 4년으로 하는 것으로 고등학교를 전반(2년)+후반(2년)으로 나누는 것을 핵심으로 한다. '초등(5)-중등(3)-고등 전반(2)'의 10년은 국민공통기본교육[32]을 시키고 후반 2년은 직업교육과 대학 등과 연계한 전문-고급 교육을 시켜 노동시장 및 대학과 연계를 강화한다는 취지이다. 타당한 측면이 있으나 고등학교가 대입 준비기간이 되고 있다는 현실을 감안할 때 대입기간이 현행 3년에서 4년으로 늘어날 우려가 있다. '9월 학기제'가 학제의 국제화라는 측면에서 제기되는 방안이다. 대다수 선진국이 9월 학기제를 실시하고 있으므로 유학생 등에게 도움이 되고 실제 입학연령을 6개월 단축하는 효과도 있다. 그러나 일부 계층을 위한 개편이라는 비판에 직면할 가능성이 있어 실행이 어렵다.

고등학교와 대학의 직업 전문교육 강화

지금까지 초중고교에 머문 학제개편의 범위를 대학까지 확대할 필요가 있다. 단순히 인구감소에 대비하여 노동시장 인력을 양적으로 늘리는 것과 함께 질적 수준을 높이는 것이 중요하기 때문이다. 특히 빠른 기술진보와 융합으로 특징되는 4차 산업혁명 시대에 적응할 수 있는 인재양성을 위해서 대학과정의 개편이 필요하다. 학문을 연구하고 학위 취득에 필요한 교육과정을 줄이자는 이야기가 아니다. 과정을 보다 유연하게 하자는 것이다.

학위취득을 위해 이수해야 하는 과목과 시간을 정하고, 학생이 자유롭게 선택하게 하여 조기졸업을 가능하게 하거나 기본과정(2년)과 전문융합과정(2년)을 이수하도록 하는 방안을 검토할 수 있다. 전문융합과정은 기업 등 산업계와의 대화를 통해 수요에 맞는 교육과정을 제공하는 것을 말한다. 이러한 과정에서 교수자격도 완화하여 기업의 전문 인력이 대학에 새로운 지식을 전수할 수 있어야 한다. 고등학교와 연계도 검토할 수 있다. 국민공통기본교육 이후 1~2년 동안 학생이 선진국과 같이 고등학교에서 대학이 인정하는 수준의 고급과정 Advanced Course 을 이수해서 대학의 학위취득 기간을 줄이는 것이다.

새로운 시대에 맞는 교육정책의 거버넌스 개혁

한국 교육의 발전전략이 당시의 경제발전 전략과 연계되어 설계되고 투자방향이 결정되었다는 점을 앞에서 설명한 바 있다. 4차 산업혁명으로 기술변화가 빠르게 진행되는 상황에서는 지금까지 추진했던 보편적인 교육을 넘는 전략이 필요하다. 일과 학습의 경계가 모호해지고 교육정책과 노동정책의 연계가 중요해지고 있기 때문이다.

교육투자에 있어서도 초중등 교육에서 전문대 이상의 고등교육에 대한 투자를 늘려 나가야 한다. 이와 함께 교육자치가 실시되고 있으므로 초중등 교육은 지자체와 교육청에 맡기고 중앙정부는 제도개혁과 방향 정립에 집중할 필요가 있다. 다시 말하면 홍콩의 교육개혁과 같이 교육의 장기 계획과 일정이 명시된 로드맵을 사회적 합의 과정을 거쳐 만들어야 하며 지속적으로 추진할 수 있어야 한다. 기본 정신은 '학생의 선택권 보호와 자유화'이다. 가급적 교육과정에 대해서는 정부와 교육청의 관료적 통제를 최소화할 필요가 있다.

교육정책과 노동시장정책과의 연계 필요성이 증가한다는 측면에서 중기적으로 평생교육은 노동부로 통합하고 교육부는 교원정책, 교과과정, 대입전형 개혁, 대학구조조정 등에 역량을 집중하는 방안을 검토할 필요가 있다.

PART 06

금융의
역할과
경쟁력

금융과 한국경제, 함께 한 고속성장

성장을 위한 관치금융의 역사, 필요악인가?

금융을 보는 두 가지 시각이 있다. 하나는 전통적인 주장으로 자유롭고 경쟁적인 금융시장이 돈의 가격인 금리를 매개로 한정된 재원을 효율적으로 배분함으로써 생산, 투자, 고용을 확대할 뿐만 아니라, 비효율적인 기업을 폐업시키거나 구조조정을 하도록 유도한다[1]는 것이다. 따라서 정부의 역할을 최소한으로 하고 금융 감독에 대한 독립성이 보장되어야 한다. 또 다른 주장은 정보 불확실성으로 인해 금융의 '공공성'을 인정해야 하며 효율적이지 못한 시장에 일임하기보다는 정부의 개입이 필요하다[2]는 것이다. 자유로운 시장이 금융 시스템을 안정시키기보다는 2008년 글로벌 금융위기와 같이 오히려 불안정을 증폭시킨다고 주장하기도 한다.

어느 주장이 옳은가에 대한 대답은 시대가 처한 상황에 따라 변화해 왔다. 1960년대 부존자원과 자본축적이 없는 상황에서 성장을 위해 관 주도의 정책금융과 대규모 기업집단을 육성하는 방식을 통해 한국경제가 현재의 성장을 이루었다는 데에는 이견이 없다. 민간 금융시장과 대규모 투자자본이 형성되지 않은 상태에서는 어쩔 수 없는 선택이라는 개발경제학의 관점에 부합한다.

그 과정에서 비효율적인 재원배분, 민간시장 구축, 정실 자본주의 등 많은 문제점도 동시에 잉태되었다. 한국의 경제발전사가 '관치금융'의 역사라는 지적도 있으나 일방적인 비판만을 할 수는 없다. 당시 한국경제 상황과 금융산업의 초기 조건을 고려한 여러 가지 금융시장 발전의 균형 경로 중 어느 한 경로를 선택한 불가피한 결과로 보아야 한다.

어떤 경우든 한국경제 성장을 위해 금융이 중요한 역할을 한 것은 사실이다. 금융지원이 제약될 경우 아무리 수익을 비롯하여 훌륭한 성과가 예견되는 사업이라도 제대로 자금을 확보하고 집행할 수 없었을 것이다. 다시 말하면, 금융이 기업의 생산과 투자, 고용 등 경제성장에 긍정적인 역할을 한 것이다. 금융 규모를 측정하는 지표인 민간신용은 1인당 GDP와 같은 실물경제 성장의 흐름과 유사한 모습을 보인다.

금융자율화, 단기적인 성과 위주 정책의 실패

1990년대 이후 자율화 정책을 통해 금융업을 민간중심 시스템으로 전환하려는 여러 시도가 있었으나 당초 의도와는 다른 결과를 가져온 경우가 많았다. 1997~1998년 외환위기는 정부 주도의 구조조정에 따른 시장개입과 정책기능 강화를 통해 관치금융을 확대하는 결과를 초래했다. 2000년대 신자유주의에 따라 다시 시장 중심으로 전환하고자 하였으나 2008년 글로벌 금융위기로 정부개입의 정당성이 오히려 확대되고 말았다.

구체적으로 살펴보면, 2000년대 이후 한국의 금융산업 정책은 글로벌 경제상황과 함께 정권별 정치적 과제와 연계되어 추진되었다.[3] 노무현 정부의 동북아 금융허브, 이명박 정부의 녹색금융, 박근혜 정부의 창조(기술) 금융정책이 대표적이다. 각 정권별로 신성장 동력 발굴을 위해, 그리고 임기 중 가시적 성과를 얻기 위해, 성과주의와 속도전을 추진했지만, 후임 정권에서 중단되는 문제가 되풀이되었다.

현 정부에서는 금융부문의 쇄신과 신뢰 구축, 생산적 금융 강화, 포용적 금융 강화, 금융산업 경쟁 및 혁신 강화라는 4대 추진전략을 진행하고 있다. 최근에는 코로나19 사태 이후 경제적 충격을 흡수하는 것을 넘어 한국경제의 지속가능한 성장을 위해 '한국형 뉴딜' 정책을 발표하고, 이를 지원하는 수단으로 민간자금 등 풍부한 시중유동성을 활용한 뉴딜펀드 조성을 추진하고 있다.

양적으로 팽창한 금융 서비스 접근성

이러한 과정에서 한국의 금융은 양적으로 성장했다. 금융 규모를 평가하는 민간신용이 GDP에서 차지하는 비중은 1960년 11%에서 출발하여 2015년에는 181%를 기록하였다. 이후 지속적으로 성장하여 2020년 9월 말에는 211%에 이르고 있다. 100% 수준에 머무르고 있는 OECD 국가 평균의 2배에 가깝다.

부문별로 보면 국내 은행[4]의 총자산은 2016년 말 1,435조 원에서 2020년 9월 말 1,880조 원으로 증가했다. 은행의 건전성 평가의

그림 6-1 **시가총액과 상장회사**

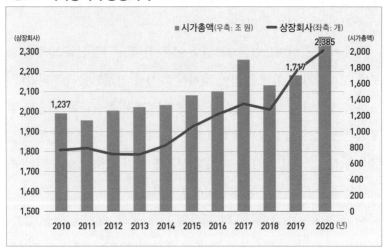

기준이 되는 자기자본비율이 2020년 9월 16.02%로 크게 상승하였으며 부실채권비율도 낮아지는 등 금융안정성 측면에서도 많은 개선이 이루어졌다. 부실채권비율도 글로벌 금융위기 이후 가장 낮은 0.65%에 불과하여 미국(1.13%), 일본(1.19%), 독일(3.08%) 등에 비해 크게 낮다.

자본시장도 양적인 측면에서 성장하였다. 주식시장 시가총액이 2018년 중국과의 마찰 등으로 소폭 감소하였으나 2019년 이후 다시 회복되는 모습이다. 2020년에는 저금리와 유동성 증가로 꾸준히 성장하고 있다. 코스피와 코스닥 등 주식시장 상장회사도 증가하고 있다. 특히 중소기업에 대한 대출증가율이 한정된 금융자원을 생산성이 높은 혁신형 중소기업과 벤처기업에 투자하는 생산적 금융 강화정책 등에 힘입어 2016년 이후 지속적으로 상승하였다. 벤처투자와

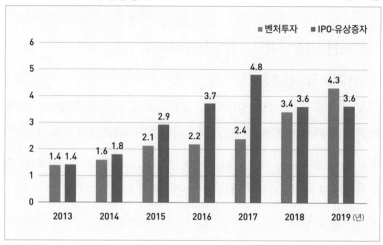

그림 6-2 **벤처투자와 유상증자** (단위: 조 원)

코스닥 시장을 통한 자금조달도 크게 증가하였다. 2019년 국내 벤처 투자액이 4.3조 원, 코스닥 시장을 통한 유상증자 금액이 3.6조 원으로 2013년에 비해 3배 가까이 늘었으며 1조 원(10억 달러) 이상의 가치 평가를 받는 유니콘 기업도 11개사가 되었다.

금융서비스에 대한 접근성을 높이기 위한 서민금융 정책도 성과를 보이고 있다. 소득이 낮은 서민에 대해 금융회사가 대출 등 상품공급 자체를 거절할 경우 이들은 고금리 대부회사 또는 사채시장 등 약탈적 시장으로 내몰리기 때문에 정책적 지원이 중요하다. 현 정부의 금융산업 4대 전략의 하나인 포용적 금융강화 정책에 따라 2008년 이후 도입된 미소금융[5], 바꿔드림론[6], 햇살론[7] 공급을 크게 확대하였다. 이에 따라 정책 서민금융 공급규모가 2013년 2.9조 원에서 2019년에는 3.8조 원으로 증가하였으며 2020년에는 코로나19 사태로 인한 서민의 어려움을 감안하여 상반기에만 2.2조 원을 공급하였다.

편중된 성장, 낮아지는 금융산업 경쟁력

뒤처지는 금융산업 경쟁력

한국 금융의 양적인 성장에도 불구하고 질적인 측면에서는 경쟁력이 취약하다는 지적이 많다. 대표적인 것이 세계경제포럼wef의 금융부문 경쟁력 순위이다. 141개국을 대상으로 평가한 결과에 따르면 국가경쟁력 종합순위는 2019년 기준으로 13위를 기록하고 있으나 금융부문 순위는 18위로 개선의 여지가 있음을 알 수 있다. 특히 세부항목 기준으로 살펴보면 〈그림 6-4〉에서 보는 것처럼 혁신형 중소기업에 대한 대출 노력에도 불구하고 벤처자본 이용가능성은 51위, 중소기업의 자금조달은 37위를 기록하고 있어 한국 금융 제도의 방

그림 6-3 **WEF 경쟁력**(2019년)   (단위 : 순위)

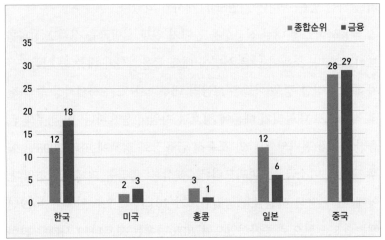

기로에 선 한국경제

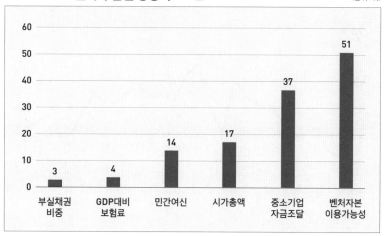

그림 6-4 **WEF 한국 부문별 경쟁력**(2019년)   (단위 : 위)

향에 변화가 필요하다는 것을 시사한다.

미흡한 부가가치와 고용 창출력

금융이 한국경제에 미치는 영향을 이해하기 위해 성장 또는 부가
가치 창출에 어떤 영향을 미치고 있는지 살펴볼 필요가 있다. 높은
임금과 우수한 인재가 선호하는 산업이라면 생산성이 높아야 하고
이로 인한 부가가치 창출금액도 많아야 한다. 한국의 금융산업은 그
렇지 않다. 〈그림 6-5〉은 GDP에서 차지하는 금융산업의 부가가치
비중이 2002년 6.4%로 최고치에 이른 뒤 계속 낮아져 5%대에 불과
하다는 점을 보여준다. 제조업의 부가가치 비중이 1992년 26.4%에
서 2019년 27.8%로 높아진 것과 대조적이다. 2016년 기준으로 금융
산업의 부가가치 비중은 〈그림 6-6〉에서 보는 것처럼 5.5%로 일본

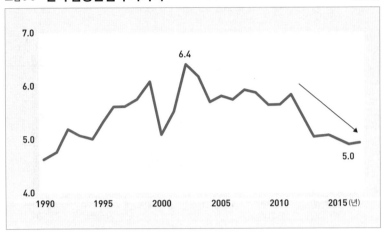

그림 6-5 한국 금융산업 부가가치 (단위 : %)

그림 6-6 국가별 금융산업 부가가치(2016) (단위 : %)

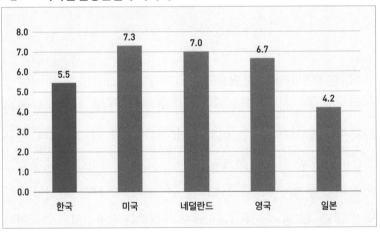

을 제외한 다른 주요 경쟁국에 비해 낮은 상황이다.

또 다른 측면은 고용에 미치는 영향이다. 파트3에서 설명한 바와 같이 경쟁력이 하락하거나 경제가 성숙하면서 고용 창출원으로서 제조업의 역할이 축소되고 서비스업의 비중이 증가한다. 한국경제에서도 제조업의 고용비중이 계속 하락하는 반면 서비스업에서 청년들이 선호하는 금융업의 고용은 증가추세에 있다. 국제적으로 비교 가능한 2015년 기준으로 금융업 취업자 비중은 OECD 선진국과 비슷한 수준이다. 고용의 총량 측면에서는 바람직한 모습일 수도 있지만 앞서 설명한 부가가치 기준으로 보면 고용은 많고 부가가치가 선진국에 비해 낮은 수준이라는 것은 문제일 수 있다. 최근 수익성 하락과 온라인 금융증가로 소매점포를 정리하면서 줄어드는 고용량이 부가가치에 어떤 영향을 줄 것인지는 좀 더 지켜볼 필요가 있다.

지나친 금융의 양적 성장, 금융과잉

금융산업을 평가하는 또 다른 잣대는 실물경제의 원활한 성장을 위해 기여하는 정도에 의한 것이다. 일반적으로 금융지원이 풍부하면 실물경제가 매끄럽게 작동하고 성장한다고 믿는다. 반대로 금융이 제약될 경우에는 수익이 기대됨에도 불구하고 필요한 부문에 투자를 하거나 고용을 하지 못하기 때문이다. 한국경제에서 금융부문이 제공하는 자금의 척도인 민간신용은 지속적으로 증가하고 있다. 세계 각국에서도 글로벌 금융위기 이후 성장세 회복을 위해 금리인하, 양적완화 등의 팽창적인 금융정책을 추진하면서 빠른 속도로 민간신용 비중이 증가하고 있다.

그러나 최근에는 이러한 양적팽창이 성장에 긍정적인 효과만을 가져오지 않는다는 연구가 나오고 있다. 경제발전 초기 단계에서는 금융발전이 성장을 촉진할 수 있지만 실물경제가 성숙단계에 진입하

그림 6-7 **GDP 대비 가계대출**(2016년)   (단위: %)

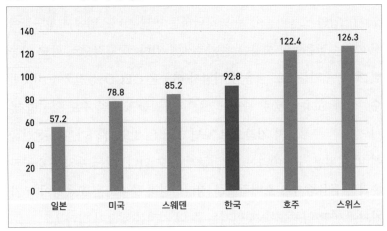

면 오히려 성장에 미치는 효과가 감소하고 경제의 불안정성이 확대되는 소위 '금융과잉' 현상이 나타난다는 것이다. 이에 대해서는 세가지 원인을 들고 있다. 우선 금융발전 초기에는 자금이 성장기여도가 높은 기업부문에 주로 공급되지만, 금융이 일정 수준 이상으로 팽창하면 성장기여도가 낮은 가계 부문에 집중되는 경향[8]이 있기 때문이다. 두 번째 원인은 고위험을 선호하는 금융기관에도 자금이 흐르기 때문에 금융산업의 위험도가 증가[9]하고 작은 외부충격에도 금융시스템에 큰 혼란을 가져올 수 있다는 것이다. 2008년 글로벌 금융위기를 가져왔던 서브프라임 모기지 사태가 이러한 유형이다. 마지막으로는 우수한 인적자원이 금융부문에 집중되면서 비금융부문의 생산성이 줄어들기 때문[10]이라는 것이다.

이러한 측면에서 한국의 금융시장도 과도하게 팽창되어 있는 상황[11]이다. 국내외 연구를 종합하면 GDP 대비 가계와 기업을 포함한 민간신용 비중이 120% 내외에 이르거나 가계에 대한 신용이 30% 내외에 이르면 금융이 성장에 미치는 효과가 감소하는 것으로 추정[12]하고 있다. 다만, 주식과 채권 등 자본시장은 발전단계와 관계없이 지속적으로 긍정적인 영향을 미친다[13]고 한다. 이미 한국경제에서 민간신용의 비중이 200%를 넘어섰고 가계신용도 100%를 상회하고 있어 성장에 긍정적인 영향을 미치는 임계치를 이미 넘어선 상황이다. 금융자산의 양적인 공급확대보다는 질적인 발전을 추구해야 한다는 점을 시사한다.

가계부채의 팽창, 한국경제의 시한폭탄

양적인 금융공급 확대는 부문별 재원배분의 비효율성을 초래한다. 금융공급이 확대되었으나 1997~1998년 외환위기, 2008년 글로벌 금융위기를 거치면서 기업대출부실로 인한 어려움을 겪은 은행 등 국내 금융회사들은 생산적인 기업대출보다는 가계대출 확대에 주력하게 되었다.

GDP와 비교한 가계신용 비중은 2009년 4분기 73.1%에서 2020년 9월 101.1%까지 증가하였으나 기업신용 비중은 110.1%로 증가세가 정체되고 있다. 기업대출이 감소한 것은 수요 측면에서 대기업의 재무구조 개선노력으로 대출수요가 감소했기 때문이기도 하다. 그러나 이는 혁신형 중소기업 등을 중심으로 기업의 투자를 제약하는 요인이 되고 있다. 다른 국가와 비교할 때도 한국은 스웨덴, 호주 등과 함께 가계대출 비중이 매우 높은 국가로 분류된다. 세계 주요국이 2008년 서브프라임 모기지 사태 이후 가계부채를 줄인 데 반해 한국은 급증세를 보였다. 다만 2018년 가계부채 종합대책과 부동산 시장 안정화 등으로 증가세가 2019년 4%대로 둔화되었다. 그러나 2020년 코로나19 영향으로 대출수요가 증가하고 부동산 가격이 상승하면서 한 해 동안 100조 원 이상 증가하고 있다. 주택담보대출과 신용대출을 억제하기 위한 방안을 하반기 이후 실시하고 있으나 가계대출 증가세는 누그러들지 않고 있어 우려스럽다.

기업대출의 양극화, 대기업은 감소 중소기업은 증가

기업대출에서는 대기업에 대한 대출 증가세는 둔화된 반면 중소기업 대출은 2005년 이후 급증하고 있다. 1997년 전체 기업대출에서 차지하는 중소기업 대출이 68.8%에서 2020년 9월 말 84.1%로 증가하였으며 대출규모도 65조 원에서 2020년 9월 말 1,118조 원으로 증가하여 연평균 10% 이상의 증가세를 기록하였다. 대기업은 회사채 등 직접금융 시장을 통해 자금을 조달하면서 은행 대출은 2015년 이후 감소세를 보이고 있으며 중소기업 대출은 은행 등이 적극적인 대출 취급 노력을 기울인 결과 빠른 속도로 늘고 있다. 다만 2020년에는 코로나19 대응을 위한 선제적 자금확보 노력에 따라 대기업 대출도 13%의 증가세를 보이고 있다. 위기 가능성에 대응하기 위한 조치로 보인다.

중소기업 대출 증가를 실물경제 성장을 위해 바람직한 현상으로 볼 수도 있다. 하지만 낮은 신용도와 수익성 등으로 인해 중소기업 대출 증가는 정책금융기관에 의한 대출 또는 보증에 의존하고 있다는 점을 감안할 때, 전적으로 긍정적인 현상이라고 보기는 어렵다.

그림 6-8 **중소기업 대출**(기업대출 대비)　　　　　　　　　　(단위 : %)

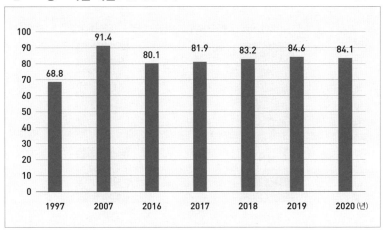

정책금융기관에 의한 보증이 중소기업에 필요한 원활한 자금공급을 위해 불가피하다고 볼 수 있으나 은행의 대출심사 역량 발전을 저해하고 경쟁력이 없는 기업이 보증에 장기간 의존하는 부작용이 발생하기 때문이다. 신용보증기금과 기술신용보증기금 등 공적 보증기관에 의해 보증이 GDP의 4% 수준에 근접하고 있고 10년 이상 장기간 보증을 받는 기업의 비중이 25%[14]를 넘고 있다.

또한 중소기업에 대한 대출은 부가가치 또는 생산성이 낮은 기업에 집중되는 등 비효율적인 면이 있다. 주식과 채권 등의 자본시장이 상대적으로 발전이 더딘 가운데 대기업이 2000년대 이후 자본시장을 통한 직접 금융시장에 의존하면서 대출과 같은 간접금융이 중소기업에 집중되었다. 이들 가운데 특히 50인 미만의 소기업의 경우 창출하는 부가가치에 비해 상대적으로 많은 규모의 자금이 집중되고 있다. 업종별로도 소기업에서 부동산업이 38%, 제조업 14%, 운수

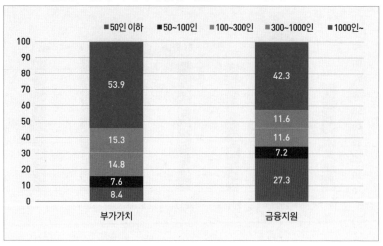

그림 6-9 **기업규모별 부가가치와 금융지원**(전체 대비 비중, 2018년)　　　(단위 : %)

및 창고업 13% 등 생산성이 낮은 부문에 집중되면서 양적 공급확대
가 재원배분의 질적 수준을 저하시키고 있다. 대기업의 경우 부가가
치 비중과 자금이 배분되는 비중이 유사한 것과 대조를 이룬다. 다시
말하면, 금융부문이 양적으로 팽창하는 과정에서 공적 보증기관의
보증을 바탕으로 중소기업에 대한 대출이 급증하였으며 특히 생산성
과 부가가치가 낮은 소기업에 집중되고 있는 것이다.

더딘 자본시장 발전

　은행 등 대출시장에 비해 주식과 채권 등 직접금융을 제공하는 자
본시장의 발전은 더디다. 기업이 자본시장에서 조달하는 자금의 비
중은 10%대에 불과하고 그 규모도 작다. 기업이 대출과 같은 간접시
장에 의존하는 것은 과거 한국경제 발전의 과정과 관계가 깊다. 정부

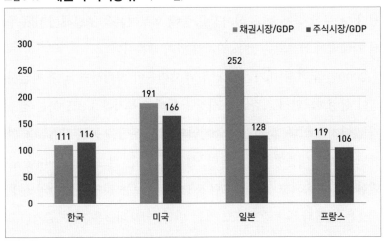

그림 6-10　**채권-주식시장 규모**(2015년)　　　　　　　(단위 : %)

■채권시장/GDP　■주식시장/GDP

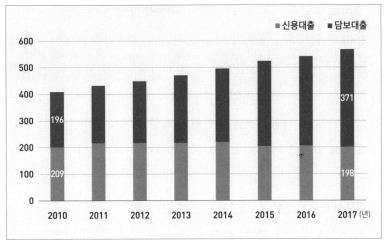

그림 6-11　**신용대출과 담보대출 규모**　　　　　　　(단위 : 조 원)

■신용대출　■담보대출

의 선별-집중 성장전략에 의해 은행 대출 등 자본이 충분히 공급(할
당)되었고 사업실패의 경우에도 은행 등을 통해 구제를 받았다. 이에

반해 회사채와 같은 시장을 통한 여신은 실패할 경우 구제받기 어려웠다. 유무상 증자 등 주식시장을 통해 외부자본을 조달해서 대주주의 지배력이 희석되는 것을 원치 않았기 때문이다.

2000년대 이후 대기업의 경우 부채비율이 하락하고 국내 자본시장이 활성화되면서 직접금융 시장을 통해 외부자본을 조달하는 경우가 많아지고 있다. 하지만 중소기업의 경우 은행을 통한 간접금융 의존도가 높고 대출형태도 기술력, 성장성보다는 담보-보증부 대출 쏠림현상이 지속되고 있다. 〈그림 6-11〉에서 보는 것처럼 기업의 신용대출은 정체되거나 감소하고 있는 반면, 담보대출은 지속 증가하고 있다.

새로운 도전과 기회, 금융안정성 회복이 먼저

2008년 글로벌 금융위기 이후 빠른 속도로 변화하고 있는 대내외 금융환경의 변화도 금융산업에 도전과 기회요인이 되고 있다. 세계 금융시장에서는 서브프라임 모기지 사태에 대한 반성에서 출발하여 건전성 제고 등 금융시스템 차원의 안정성 회복을 위한 금융규제 강화와 함께 저금리 기조 지속, 양적 완화 등이 이루어졌다.

저금리와 유동성 확대, 외부충격에 취약한 구조

저금리와 유동성 공급확대는 부동산 등 자산시장의 회복을 촉진함으로써 금융시스템의 안정성을 높이는 효과를 가져왔으나 새로운 위험요인이 되고 있다. 지속적인 유동성 공급확대는 자산시장으로의 자금 유입을 확대하고 실물경제 개선에 따른 차입수요를 증가시킴으로써 비금융부문의 부채비율을 증가시키고 있다. 저금리가 지속되면서 수익률 제고를 위한 부동산 등에 대한 대체투자와 위험선호 현상이 확대되고 비은행 금융회사 자산비중도 증가하고 있다. 따라서 실물시장과 부동산시장 등에 외부충격이 가해질 경우 이미 지나치게 확장된 금융부문으로 충격이 확산될 가능성이 크다.

이에 덧붙여 코로나19 사태로 인한 경제적 충격완화를 위해 추진한 초저금리와 양적완화 정책이 금융시장을 더욱 취약하게 만들 가능성이 높아지고 있다. 0%대의 정책금리로 인해 은행 등 금융기관의 순이자마진NIM:Net Interest Margin이 줄어들면서 수익성 확보를 위해 해외투자 또는 위험자산에 대한 투자가 증가하게 되고 자그마한 충격에도 금융시장이 불안해질 가능성이 있다. 미국과 유럽의 경우 기축통화국이라는 점에서 통화정책을 추진할 여력이 많으나 한국의 경우는 다르다. 경기 위축, 부동산 침체로 인한 가계부채 담보자산 가치의 변화 등으로 금융기관의 건전성이 쉽게 악화될 수 있으며 이 경우 자본유출로 인한 한국경제의 건전성마저 위협받을 수 있다.

2020년 하반기 이후 코로나19 확진자가 지속 증가하고 있고 백신 접종과 치료제 개발에 상당한 기간이 소요될 것으로 예상된다는 점을 감안하면 자영업자와 일부 기업의 상환능력에 문제가 생길 우려가 있다. 한국은행의 분석[15]에 따르면 코로나19로 인한 경기위축과 기업매출 감소 현상이 지속될 경우 2만 개 정도의 외부감사대상 기업 중 유동성 부족에 처하는 기업의 비중이 10.8%에 이르고 유동성 부족 규모는 54조 원을 상회할 것으로 보고 있다. 채무상환능력은 업종별로 음식숙박, 여행 등 취약업종을 중심으로 저하되고 있는 것으로 분석하고 있다.

특히 항공의 경우 7~8배로 악화되는 것으로 나타난다. 자영업자와 가계부문이 더욱 문제가 될 수 있다. 코로나19 사태의 영향이 컸던 2020년 2월 중순~4월 수준의 충격이 지속될 경우 현재 적자 상태인 자영업 가구의 20.4%는 6개월 이상 버티지 못할 것이라고 한다. 또한 임금근로자의 3.7%인 29만 가구가 보유 금융자산 등의 처분을 통해 필수 지출 및 원리금 상환에 대응할 수 있는 기간은 6개월 미만인 것으로 추정되고 있다. 결국 부실채권 증가로 이어져 이미 순이자마진이 낮은 금융기관의 안정성을 저해하게 된다.

정보통신기술과 금융서비스 융합, 도약 or 충격

4차 산업혁명으로 금융과 기술의 결합이 이루어지는 금융의 기술화 현상이 심화되고 있다. 특히 모바일과 애플리케이션 등 디지털화 과정은 금융서비스 변화에 비교할 수 없을 정도로 큰 파급효과를 일으킬 것이 예상되고 있다. 예를 들어, 미국의 대형 ICT 기업인 아마존, 페이스북 등 빅테크 기업이 직접 금융회사를 소유하거나 혹은 기존 금융회사와 파트너십을 통해 지급서비스, 신용제공, 보험, 예금과 투자 상품을 제공하고 있다. 빅테크를 포함한 핀테크 사업자가 제공하는 신용의 규모는 2017년 기준 글로벌 전체 민간신용의 0.5%에 불과하지만 2014년에 비하면 3년 만에 거의 10배 증가[16]한 셈이다. 미국 내에서만 볼 때 2017년 신규 무담보 개인 신용의 36%를 차지하고 있다.

이러한 현상은 ICT 기업의 빅데이터 분석 등을 통해 금융거래의 효율성을 제고할 수 있는 기회요인이 될 수 있는 반면, 빅테크 기업이 거대 기업으로서 과도한 지배력을 행사할 경우 금융시장에서의 경쟁을 제한함으로써 오히려 금융거래의 효율성을 저해할 수 있다. 이러한 서비스를 어떻게 보고 규율할지에 대한 정책당국의 판단이 요구된다.

실물경제 지원을 위한 금융산업 정책, 질적인 성장

관치와 자율에 대한 논란 종식

본질적으로 금융은 자금 수요자와 공급자 간에 자금중개자이자, 이들에 대해 축적된 정보를 바탕으로 투자계획에 대한 평가, 위험에 대한 평가, 거래의 촉진 등의 서비스를 제공하는 역할을 한다. 그러나 정보가 완전하지 않고 시장원리에만 의존할 수 없기 때문에 정부가 사적기관에 금융 중개업을 맡기되 일정한 정도의 공적 개입이 필요하다. 이러한 이유로 당국이 금융기관을 인허가하는 것이며 금융회사의 명칭에 '면허chartered'라는 단어가 붙기도 한다.

금융의 역사에서 튤립 위기, 동인도회사 위기, 대공황 등 여러 번의 시장실패로 인한 금융위기가 있었으며 이 과정에서 정부의 개입이 이루어졌다. 최근에는 2000년대 중반 글로벌 금융위기를 극복하는 과정에서 정부에 의한 막대한 구제 금융과 양적 완화를 통해 실물경제에 미치는 영향을 완화하기도 했다. 2020년에는 코로나 확산이 경제와 기업에 미치는 영향을 최소화하기 위해 각국의 중앙은행이 직접 기업에 유동성을 공급하고 기업과 개인의 대출에 대한 만기연장을 하는 등 전례 없는 지원을 하고 있다. 이러한 시장실패 교정 또는 외부 위기로 인한 충격완화를 위한 정부개입이 항상 옳은 것은 아니다. 정부개입이 반드시 효율성을 보장하는 것이 아니기 때문이다. 특히 정치적 목적과 관료주의의 비효율성에 따른 정부 실패가 발생하기도 한다. 따라서 지원의 기간과 방식, 사후관리에 대한 중요성이 부각되고 있다.

그동안 한국 금융에서는 경제성장을 위해 한정된 자원을 효율적으로 동원하기 위해 정부의 개입이 불가피한 측면이 있었다. 이제 한국경제가 선진국에 진입하고 자본축적이 이루어진 상황에서 정부의 개입은 신중할 필요가 있다. 특히, 2000년대 이후 정치적 목적에 따른 금융허브, 녹색금융, 기술금융 등의 정책이 결정되고 목표가 과도하게 설정되며 단기성과에 급급한 나머지 금융의 효율성을 저해할 우려가 있다. 현 정부에서 추진하고 있는 생산적 금융, 혁신 금융, 포용적 금융, 그리고 최근에 발표한 한국형 뉴딜 추진을 위한 펀드 조성 등도 과거 정부의 전철을 밟지 않도록 유의해야 한다.

따라서 금융이 실물기업 및 가계에 대한 효율적인 자금중개라는 공공성을 인정하되 금융부문별로 경쟁력을 높일 수 있는 방안이 모색되어야 한다. 금융의 안정이 실물경제의 안전판이라는 측면에서, 금융시스템의 안정성을 유지하면서 소비자 보호와 서민과 취약계층의 금융접근성을 확보하는 방안을 찾을 필요가 있다.

금융업 본연의 경쟁력을 키워라

우선 금융기관이 거시경제시스템의 구성원으로 금융자산을 효율적으로 운용하여 경제성장에 기여하고 부가가치를 만들어내야 한다. 그런데 국내 은행의 총자산수익률ROA과 자기자본이익률ROE 등 수익성이 글로벌 은행에 비해 낮은 수준이며 주가수익비율PER: Price Earning Ratio 과 주가순자산비율PBR: Price to Book-Value Ratio로 표시되는 주식시장에서의 시장평가도 여타 국내 제조업에 비해 낮은 수준이다. 앞서 설명한 바와 같이 GDP에서 차지하는 금융산업의 부가가치 비중도 5%대에 머물고 있다.

경쟁촉진을 통한 은행업 혁신

한국 금융산업의 낮은 수익성, 시장평가, 부가가치 비중 등을 높이기 위해서는 개별 금융업 자체의 경쟁력 강화노력이 필요하다. 은행의 경우 경쟁촉진을 통한 혁신노력을 강화할 필요가 있다. 시장규모 등을 감안할 때 새로운 시중은행 또는 지방은행을 신규 인가하기보다는 우선 인터넷 전문은행을 신규 인가하고 중장기적으로는 소형, 전문화된 은행을 확산하기 위해 인가단위를 세분화할 필요가 있다. 다시 말하면 은행업의 혁신을 위해 '메기'를 도입하자는 것이다. 카카오뱅크 진출 이후 신용대출이 활성화되었고 최근 인가된 토스뱅크는 외환 및 환전송금 등의 분야에서 은행업의 혁신을 이끌 수 있을 것으로 기대된다.

정책당국의 인허가와 관계없이 은행업의 혁신을 외부에서 강요하는 사례도 발생할 것으로 보인다. 강력한 플랫폼을 갖고 있는 '네이버파이낸셜'의 서비스가 2019년 11월부터 개시되었다. 네이버쇼핑 등의 판매 결제서비스에 불과하고 은산분리 등으로 인해 당장 수신이 가능하지는 않지만 네이버파이낸셜이 기존 은행과 협업을 통해 입점 업체에 대출 등 여신 서비스를 제공할 경우 은행업에 파란을 일으킬 수 있다. 미국의 아마존과 페이팔은 직접 여신 서비스를 제공하고 있다. 은행 서비스의 본말이 바뀌는 것으로 은행업이 오히려 여수신보다는 결제, 송금 등 서비스의 혁신에 이끌려가는 현상이 되는 것이다. 변신이 없으면 주종이 바뀔 수도 있다.

또한 신성장 분야에서의 자금중개기능 강화를 위해 기술금융과 동산담보 등을 적극 확대해 나가야 한다. 특히 부동산 담보가 부족한 혁신 중소기업의 자금조달을 지원하기 위해 기계 등 유형자산, 재고자산, 매출채권, 특허권 등을 담보로 하는 동산담보제도가 유용하다. 그러나 2012년 6월 동산담보법[17]이 도입되어 동산담보 대출상품이 시장에 출시되었으나 2020년 6월 말 현재 대출잔액이 2.3조 원으로 중소기업의 전체 담보대출의 5.8%에 불과하고 부실률이 전체 대출 부실률(0.8%)의 4배에 이른다.

은행 등 금융회사의 동산담보에 대한 평가, 관리, 회수 인프라가 부족하여 부동산 담보에 비해 위험이 크기 때문이라는 측면도 있으나 신용보증기금, 기술신용보증기금 등 공적보증기구의 보증 확대도 원인이 되고 있다. 다시 말하면, 공적보증기구의 보증을 담보로 할 수 있는 상황에서, 은행 등 금융회사가 자체 심사능력을 키워 동산담보를 평가하고 이를 근거해서 대출할 이유가 줄어든 것이다. 따라서 공적보증지원을 하더라도 보증범위를 현행 80~100%에서 추가로 낮춰 은행 등 금융회사가 자기 책임하에 심사 평가하도록 해야 한다.

저금리 시대 비이자 수익기반 확충

이자수익에 집중된 은행의 수익구조 개선을 위해 수익원을 다변화해야 한다. 특히 저성장세 고착화로 0%대의 기준금리가 고착화되고 있는 상황에서 은행의 순이자마진NIM이 지속적으로 하락하고 있어 은행의 수익구조가 악화될 가능성이 크다. 〈그림 6-12〉에서 보는 것처럼 은행권 예대금리차가 2%대 중반에서 2%대 초반으로 낮아졌으며 각종 비용까지 감안한 순이자 마진도 1%대 중반에 불과하다.

비이자 수익이 30~50%에 이르는 다른 나라와 달리 15% 수준에 불과한 한국의 은행은 특히 취약하다. 수익원을 다변화하여 비이자 수익비중이 40~50%에 이르는 글로벌 은행과는 사뭇 다른 모습[18]이다. 추가적인 순이자마진 감소는 당장 대응능력이 있는 대형은행보다는 덩치가 작은 지방은행부터 부실화할 가능성이 크다.

〈그림 6-13〉은 지방은행의 부실채권이 시중은행보다 높고 최근에도 크게 낮아지지 않고 있음을 보여주고 있다. 저금리 문제를 먼저 겪었던 일본의 사례가 이를 입증하고 있다. 장기간 저금리 상태에 있는 일본의 경우 지방은행 106개 중 50여 개가 적자를 기록하고 있다. 앞으로 저금리가 지속될 경우 한국도 예외가 될 수 없다. 더욱이 아직 부실채권비율은 낮으나 개인사업자의 건전성 악화, 한계기업 비중 확대가 현실화될 경우 은행뿐만 아니라 금융시스템 전체의 안정성마저 위협받을 수 있다는 점을 유념해야 한다.

비이자 수익을 늘리기 위해서는 자산규모 확대 경쟁에서 벗어나

그림 6-12 **시장금리와 순이자마진**　　　　　　　　　　　　　(단위 : %)

그림 6-13 **은행 부실채권 추이**　　　　　　　　　　　　　　(단위 : %)

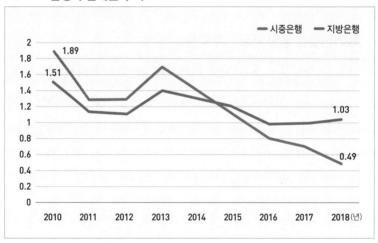

기초적인 은행서비스는 공짜라는 인식부터 바꾸어야 한다. 공짜 경쟁으로 은행 등 금융기관이 부실화되면 조세 등을 통한 국민 전체의 부담만 늘어날 것이다. 1997년 외환위기 당시 은행 구제비용을 결국 국민이 부담했던 전철을 밟을 수 없다. 따라서 소비자 보호에 바탕을 두고 현금 및 자산관리, 복합상품 등을 제공하고 적정 수수료 수입을 확보할 수 있도록 하며 비용절감 노력을 강화해야 한다. 고령화, 디지털화에 따른 인력과 점포 수요 감소에 대비하여 탄력적인 인원 재배치, 직무급, 성과급제도 등을 도입하는 것이 대표적인 과제이다. 또한, 금융업권 간 자기 영역을 보호하기 위해 과도한 규제를 했던 방카슈랑스, 신탁업 관련 규제를 완화하여 은행이 종합금융서비스를 제공하도록 할 필요가 있다.

해외진출을 통한 새로운 수익원

새로운 수익원 확보를 위해 해외 진출을 적극 확대할 필요가 있다. 국내 4대 은행의 순이익에서 해외부문의 비중은 14%대에 불과하지만 글로벌 은행의 경우 많게는 50%에 달한다. 중장기적인 안목에서 금융회사와 금융당국이 함께 노력하여 해외 진출에 필요한 전문 인력을 양성하고 진출대상국과의 금융외교를 강화해야 한다.

구체적으로 현 정부에서 추진하고 있는 신남방정책과 연계하여 현지 전략에 맞는 해외 금융사 인수합병을 통해 진출하는 방식을 검토할 필요가 있다. 금융 선진국 진출도 선진 금융기법 도입을 위해 필요한 측면이 있으나 해당국 금융기관과 경쟁을 하기 어렵기 때문에 오히려 시장 확대 가능성이 큰 베트남 등 동남아시아 등에 진출하

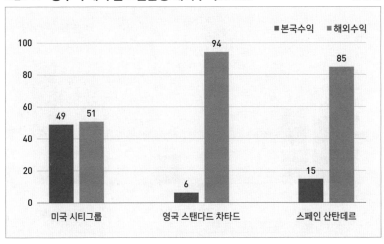

그림 6-14 **총수익 대비 글로벌은행 해외수익**(2017년) (단위 : %)

는 것이 검토 가능한 대안이다. 맥킨지 보고서 등에서도 동남아시아 등 아시아권을 세계 수요시장의 50%를 이상 차지하는 유망한 지역으로 보고 있다.[19] 아시아권에 대한 적극적인 진출과 현지화를 통해 한국기업을 위한 금융 서비스뿐 아니라 이들 지역에 진출하고자 하는 외국기업에 대한 서비스를 늘려 나가는 방안을 검토해야 한다.

인수합병 등을 위한 진출에 국민연금 또는 한국투자공사KIC 등 국부펀드를 활용하는 방식도 검토할 가치가 있다. 민간 금융회사가 인수 합병할 경우 국부펀드가 매칭펀드 형식으로 참여함으로써 자금조달 비용을 절감하고 국부펀드도 해외운용사에 자금을 위탁하는 것보다 유리한 조건의 수익률을 확보할 수 있기 때문이다.

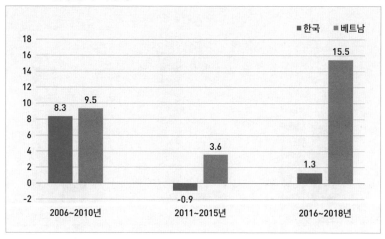

그림 6-15 **연평균 주가상승** (단위 : %)

트렌드에 맞는 금융투자업 사업구조조정

은행에 의한 과도한 신용증가는 일정한 임계치를 넘어서면 성장에 긍정적인 것만은 아니라는 지적(과잉금융)이 있으나 앞서 설명한대로 금융투자업 등 자본시장의 발전에는 임계치가 없다는 것이 최근 연구결과이다. 그간 한국에서는 초대형 투자은행 육성을 중심으로 사모펀드 활성화, 중소기업 특화 증권사 규제 완화 등을 통해 자본시장 활성화 전략을 추진해왔다. 그러나 글로벌 금융투자업의 경영환경이 변화하고 있다.

핀테크 업체들의 경쟁압력에 못 이겨 주식 매매비용이 무료화되고 있고, 평판이 좋은 혁신형 기업이 투자회사를 거치지 않고 직접 상장[20]하는 상황변화가 생기면서 금융투자업의 수익원이 약화되고 있다. 또한, 알고리즘에 바탕을 둔 퀀트 전략기반의 매매[21]가 이루어

기로에 선 한국경제

짐에 따라 위탁 수수료도 급감하고 있다. 금융투자업의 중심이 투자은행보다는 점차 자산 운용업으로 옮겨가고 있는 것이다. 이에 따라 글로벌 대형 금융투자회사가 투자은행 업무에서 리스크 관리에 이르기까지 업무 프로세스 전반을 자동화하고 고객 계층별로 특화된 플랫폼을 운영하는 등 사업구조조정을 추진하고 있다. 한국도 대형 투자은행 육성이라는 외형적 목표보다는 변화된 상황에 맞춰 특화된 서비스를 제공하는 기관으로 변신해야 한다.

이에 대응하기 위해서는 규모를 키우기보다는 정보통신기술에 기반한 크라우드 펀딩 등의 재원조달 서비스를 제공하고 로보 어드바이저나 개인종합자산관리 앱 기반의 자산운용 서비스 중심의 전문화 방향으로 전략을 재검토하는 것이 필요하다. 고령화 등 인구구조 변화에 대응한 고부가가치 서비스를 제공하는 방법이기도 하다.

과당경쟁으로 인한 위험을 축소하기 위한 보험업 구조조정

보험업의 경우 새로운 보장수요와 인공지능, 빅데이터 등을 활용한 새로운 보험 상품을 개발하는 등 수입원을 지속적으로 확충해 나가야 한다. 이와 관련한 사례가 애완동물을 위한 일본의 펫보험, 에어비앤비 등을 통해 집을 제공하는 호스트를 위한 온디맨드 형식의 보험업체인 '슬라이스Slice', 플랫폼 노동을 제공하는 비전형 근로자를 위해 근로시간이나 업무단위에 맞춰 가입단위를 쪼개는 영국의 인슈어테크 스타트업인 '제고ZEGO' 등이 있다. 인구구조 변화, 4차 산업혁명을 위한 고용의 비전형화 등으로 인해 새롭게 등장하는 수요에 대응하고 있는 것이다. 건강보험, 직장 이동에 따른 임금과 소득상실

그림 6-16 **보험계약률 추이** (단위 : %)

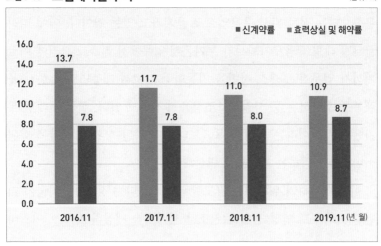

가능성에 대한 보험 등 상품개발의 여지가 충분하다.

새로운 상품개발 등과 함께 한국의 보험업은 구조조정이 시급한 상황이다. 저금리 지속과 국제회계기준위원회IASB가 제정한 국제회계 기준IFRS 17 적용에 따른 건전성 규제 강화에 대한 대응이 필요하다. 저금리로 인해 저축성 성격이 강한 생명보험의 계약률이 2016년 이후 하락하여 2019년 11월 10.9%를 기록하고 있는 반면, 효력상실 및 해약률은 상승세를 이어가며 8.7%를 기록하는 모습을 〈그림 6-16〉이 보여주고 있다. 따라서 수입보험료도 지속적으로 감소하여 2020년 이후 100조 원대[22] 초반으로 하락할 것으로 예상되고 있다.

반면 보험계약자에게 지급해야 할 부담이율은 여전히 높은 수준을 유지하고 있어 이차 역마진도 심화되고 있다. 생명보험사가 판매한 상품에서 확정금리형 상품 비중이 41.5%에 이르며, 확정금리 중

기로에 선 한국경제

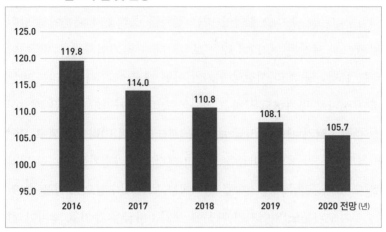

그림 6-17 **보험료 수입 및 전망**   (단위: 조 원)

금리 5% 이상인 상품이 61.3%를 차지하고 있기 때문이다. 손해보험의 실손보험과 생명보험의 실손특약도 과잉진료 등으로 인해 손해율이 증가하고 있다.

저금리에 대응하여 보험사들이 해외부동산, 신용파생상품 등 대체투자를 확대하고 있으나 투자자산의 부실화 가능성도 유의할 필요가 있다. 2019년 6월 말 국내 금융기관 등의 해외 대체투자 규모가 110조 원 수준이며 이중 보험사는 21조 원 수준으로 추산된다. 보험사 해외 대체투자는 2017년 말 대비 47% 증가한 것이며 이중 위험도가 높은 후순위 투자가 29%에 이르고 있다. 장기간 저금리가 지속되면서 이차 역마진 심화, 소비자 신뢰손상 등으로 인해 1990년대 이후 일본의 보험사 7개의 사례, 그중에서도 과도한 해외 고위험 상품에 대한 투자로 인해 2008년 글로벌 금융위기 당시 파산한 야마토생명 파산 사례를 유념할 필요가 있다.

더욱이 2023년 적용되는 새로운 국제회계기준IFRS 17은 보험사가 책임준비금을 추가로 쌓아야 하는 결과를 초래하기 때문에 부담이 될 것으로 예상된다. IFRS 17은 보험사가 향후 가입자에게 지급해야 하는 보험금을 계약 시점의 원가가 아닌 매 결산기 시장금리를 반영하여 시가로 평가하도록 하고 있다. 종전의 원가평가 방식은 계약시점에 결정되기 때문에 지급 보험금(보험사 부채)이 미리 확정되고 그에 맞춰 보험사가 책임준비금을 쌓으면 되지만 시가평가는 해마다 달라질 수 있다. 저금리가 지속될 경우에는 보험료 수입으로 얻을 수 있는 투자수익률도 떨어지기 때문에 책임준비금을 추가로 쌓아야 한다. 2023년에는 몇 개 보험사가 문을 닫아야 한다는 전망도 나오는 실정이다.

따라서 보험사의 위험을 완화하기 위해 과도한 외형확대와 금리경쟁을 하지 못하도록 감독을 강화할 필요가 있으며 금리연동 및 실적형 상품의 확대를 유도해야 한다. 최근 확대되고 있는 해외부동산과 고위험 파생상품 투자에 대한 모니터링을 강화할 필요도 있다. 손해보험사의 적정 손해율 유지를 위해 의료이용량이 많을 경우 보험요율을 높게 설정하는 차등요율제 도입과 함께 허위 과잉진료를 유발하는 비급여항목 관리 개선이 시급하다.

새로운 국제회계기준 도입에 따른 보험사의 재무건전성 강화를 위해 공동재보험coinsurance 제도 도입방침은 주목할 만하다. 즉, 공동재보험사가 보험의 위험과 금리위험까지 인수받게 되어 기존 보험사의 건전성을 유지하는 방안이다. 다만 공동재보험사로 위험한 계약을 이전하는 과정에서 외형확장을 위한 고금리 과당경쟁에 대한 책임

부여와 부실한 보험사에 대한 정리작업이 병행되어야 실효성이 있을 것으로 보인다.

혁신을 유도하는 금융지원

제도적 기반은 갖추었으나...

금융회사의 경쟁력 제고와 함께 중요한 부분이 금융의 실물경제 지원이라는 공공성을 높이는 것이다. 성장성이 높은 기업을 발굴하고 이들 기업의 성장단계와 사업유형에 적합한 대출, 투자 등 다양한 자금수요를 충족시킬 수 있어야 한다. 현 정부 출범 이후 벤처투자 활성화, 자산유동화 활성화, 사모펀드 규제개선, 클라우드 펀딩 제도 개선 등 일련의 정책을 추진하면서 양적인 측면의 혁신 창업 생태계와 제도적 기반은 마련된 것으로 평가된다.

앞으로는 기존 정책의 후속작업 추진과 함께 질적인 측면에서 대상 기업의 수요와 자금중개자로서의 금융기관 유인체계를 맞추는 방식으로 정책을 추진할 필요가 있다. 신규 투자금액, 투자를 받은 업체 수 등 전반적인 벤처투자 관련 지표는 지속적으로 증가하는 추세이지만 기업당 평균 투자규모는 25억 원으로 여전히 작기[23] 때문이다. 또한 한국 시장에서 후속 벤처투자에 대한 지원이 작다는 특징이 있다. 초기투자에 비해 벤처투자 단계가 심화될수록 지원규모의 격차가 크다. 벤처 중후기로 갈수록 미국의 투자규모가 한국에 비해 10배 이상 크다. 초기 벤처투자를 받은 기업이 후속투자를 받는 비율도 14.6%에 불과하다. 창업 벤처가 데스밸리를 넘어 수익을 내기까지 지원하기보다는 초기 지원 실적을 내도록 하기 위한 양적 확대에 불과하다는 지적이 제기되는 이유이다.

창업지원의 효과성을 높이기 위해서는 스타트업을 지원하기보다는 고성장 창업벤처 정책, 즉 스케일업으로 정책의 중심을 이동할 필요가 있다. 성장과 고용창출에서 스케일업 기업이 차지하는 비중이 높기[24] 때문이다.

창업 중후기를 위한 부채성 벤처대출 도입

창업 중후기 지원에는 지분투자보다는 부채성 자금조달에 비중을 둘 필요가 있다. 자금수요가 급증해도 이를 지속적으로 지분형태로 자금을 조달할 경우 창업자의 지분이 희석되면서 경영권에 문제가 발생할 수 있기 때문이다. 한편 민간 주도의 부채성 자금조달을 위해 미국 등에서 실시하고 있는 벤처대출[25] 제도 도입을 검토해야 한다.

벤처대출은 벤처캐피탈의 지분투자를 받은 기업을 대상으로 금융기관이 제공하는 부채성 자금으로 금융기관은 미래의 위험에 대비하여 기업으로부터 워런트를 받는 구조로 되어 있다. 이를 위해 벤처캐피탈과 은행권의 협업과 함께 모태펀드와 정책보증기관의 지원이 필요하다. 은행이 대출형 펀드를 구성하여 대출을 실행하고 한국벤처투자KVIC가 벤처대출전용 펀드로 후속 지분투자를 함으로써 대출을 상환받도록 하면 된다. 정책보증기관이 후속 지분투자에 대한 보증서를 발급하는 방식을 통해 투자위험을 줄이는 방안을 고려할 수 있다.

대기업을 포함한 기업의 창업생태계 참여 및 개방형 혁신

혁신성장은 금융회사의 역할만으로 이룰 수 없다. 기업이 혁신성장 생태계에 적극 참여해야 한다. 혁신형 창업기업에 대한 투자는 전략적 투자자(기업)와 함께 이루어져야 하며 성장단계에서 인수합병을 통한 퇴로가 확보되어야 하기 때문이다. 역량 있는 국내 기업이 창업단계에서부터 기획, 기술, 시장에 대한 자문을 제공하고 협업을 통해 성장을 이루는 개방형 혁신 환경을 조성할 필요가 있다.

좁은 국내시장에서 머물지 않고 다른 기업과의 파트너십 또는 해외 투자자와의 협력을 통해 벤처 창업 등 혁신에 성공하고 있는 나라가 이스라엘이다. 이들은 이스라엘 시장이 작다는 점을 인식하고 기술 및 제품개발 이후 홀로 성장하기보다는 독특한 기술과 제품을 큰 기업에 라이센싱해주는 파트너십 모델을 선호한다. 국내외 기업과 제휴해서 가능성을 키우는 것이 낫기 때문이다. 이 과정에서 해외 벤처 자금을 유치하고 혁신적인 제품을 써줄 수 있는 대기업과 협업함으로써 취약한 브랜드 마케팅 역량 등을 보완하는 것이다. 벤처와 협업과정에서 대기업이 시장수요 트렌드 또는 제조기술을 지원하기도 한다. 한국에서 대기업이 신생 벤처기업의 기술을 편취할 수 있다는 인식은 이제 버려야 한다.

시장원리에 입각한 기업회생 지원체계 구축

금융에는 실물경제를 지원하기 위해 자금을 지원하는 역할과 함께 중요한 기능이 한 가지 더 있다. 시장을 통한 한계기업에 대한 구조조정이다. 코로나 사태 이전에도 장기간 경기침체로 인해 이익이 감소하면서 부실징후기업[26]이 계속 증가하고 있었다. 특히 코로나 사태 이후로 한계상황에 몰리는 기업과 가계가 늘고 있어 향후 부실채권이 급증할 가능성[27]도 있다. 코로나 충격 이후 6개월에서 1년 이상 버틸 수 없는 자영업 가구가 48만, 임금근로 가구는 64만 가구에 이르고, 기업은 2,000여 개에 이를 수 있다는 한국은행의 분석[28]에 유의할 필요가 있다. 특히 중소기업은 대기업에 비해 경기변동에 취약하다.

현재 기업구조조정 제도로는 '워크아웃'이라고 불리는 금융기관 주도의 사적 구조조정[29]과 '법정관리'를 통한 공적 구조조정[30] 제도가 있다. 워크아웃은 채권은행의 3/4만 동의하면 바로 절차가 진행된다는 점에서 신속성과 효율성이 있는 반면 금융기관 채권만을 대상으로 하기 때문에 개인 채권자와의 이해관계조율이 어렵다. 법정관리 등 회생절차는 모든 채권을 대상을 조정할 수 있으나 절차가 공개됨으로써 낙인효과로 인한 신용추락 또는 기존의 거래관계 상실로 어려움을 겪을 수 있다.

따라서 경기변동에 취약한 중소기업에 대해서는 기존의 워크아웃 또는 회생절차와 다른 제3의 절차 마련을 검토해야 한다. 워크아웃 이전에 제3자가 해당 중소기업의 경영진단과 컨설팅 서비스를 제공하고 이를 토대로 채권에 대한 원금 및 이자 지급시기를 조정하는 리스케줄링을 가능하도록 하는 것이다. 채무자와 채권자 간의 협의가 아닌 제3자가 개입함으로써 워크아웃에 비해 공정성을 확보할 수 있다. 일본이 중소기업 재생지원 협의회를 설치하면서 이러한 제도를 도입하고 있으며 최근 활용빈도가 높아지고 있다. 우리도 관련법 제정을 검토할 필요가 있다.

대기업에 대한 구조조정은 구조조정에 관한 기본원칙, 즉 대주주 경영책임, 손실 분담을 준수하는 방향으로 계속 추진할 필요가 있다. 국민경제적으로 비중이 큰 대기업에 대해서는 민간은행보다는 산업은행 등 정책금융기관의 리더십이 필요하며 이를 위해 정책금융기관의 자본 확충을 적극 검토해야 한다.

정책금융기관의 역할을 줄이기보다는 새로운 분야로

민간 부문의 금융발전이 이루어지면서 정책금융기관의 비중과 역할에 대해 재검토할 필요가 있다. 산업은행, 기업은행, 신용보증기금, 기술신용보증기금 등 정책금융기관이 정부가 추진하는 수출지원과 중화학공업 등 특정 산업 육성에 장기 저리자금을 지원하는 역할을 수행해왔다. 1990년대 말 이후에 이 정책금융기관들은 금융위기에 대응하기 위해 구조조정 등 시장안전판 역할을 수행했다.

그 결과 〈그림 6-18〉에 나타난 것처럼 정부소유은행의 규모는 한국의 실물과 금융발전 수준과 비교할 때 다소 큰 편이다. GDP 대비 정부소유 은행 자산비중은 39.1%로 OECD 평균(25.1%)에 비해 높다. 은행산업 규모에 대비한 비중은 27.8%로 OECD 평균(29.6%)보다 조금 낮은 수준이다. 이를 통해 정책금융기관의 규모가 줄었다고 보기는 힘들고 민간은행의 자산규모가 커진 것으로 추정된다.

앞으로도 일정 수준 정책금융기관의 역할이 필요하다. 민간금융이 제대로 역할을 수행하기 어려운 분야에 대한 금융지원이 필요하기 때문이다. 선진국은 새로운 금융 수요에 적극적으로 대응하기 위

그림 6-18 **GDP 대비 정부소유은행**(2015년)　　　　　　　　　(단위 : %)

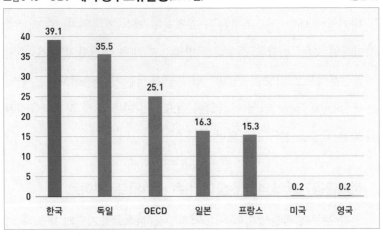

그림 6-19 **은행 자산 대비 정부소유은행**(2015년)　　　　　　　(단위 : %)

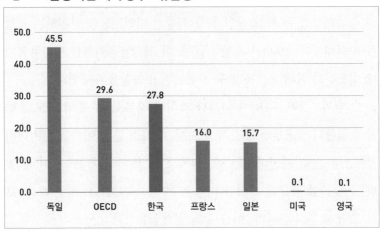

해 정책금융기관을 활용하고 있다. 독일의 재건은행KfW은 통일금융, 기후변화 및 환경보호, 신성장 산업 대응 등의 역할을 하고 있으며 EU의 유럽투자은행EIB도 위기 이후 성장잠재력 확보를 위한 장기투

자에 집중하고 있다. 한국의 금융도 4차 산업혁명 등에 따른 산업구조 변화에 대응, 국내기업의 해외진출, 남북경제협력, 친환경·사회적 책임경영·지배구조 개선ESG:Environment,Social,Governance, 지역개발금융 등에서 역할을 해야 한다. 시장의 실패가 존재하는 영역이기 때문이다.

우선, 4차 산업혁명 관련 고부가가치 첨단 지식산업으로의 적극적인 변화를 위해서는 위험을 감수하고 선도적인 투자를 할 수 있는 정책금융기관의 역할이 필요하다. 국내기업들의 해외 플랜트, 인프라 수주의 경우 위험이 커서 민간 금융기관이 지원하기에는 한계가 있다. 국제적 인지도를 갖고 있으며 낮은 금리로 자금을 조달할 수 있는 대형 금융기관의 금융지원이 필요하기 때문에 정책금융기관이 적극적인 역할을 할 필요가 있다. 향후 기대되는 남북 경제협력, 북한 개발 지원 등도 불확실성이 커서 정책금융기관이 선도적인 역할을 해야 하며 2000년대 이후 제기되고 있는 금융의 사회적, 환경적, 문화적 가치를 실현하는 데도 일정한 역할을 해야 한다.

마지막으로 지역 간 격차 해소를 위한 개발수요에 대응하는 것도 정책금융기관의 역할로 볼 수 있다. 재정을 통한 지원에는 한계가 있기 때문에 정책금융기관과 민간금융회사가 1:1 매칭이 되는 PPP 방식으로 지역개발펀드를 조성하여 지역기업의 회생, 혁신, 기술개발 등에 자금을 공급하는 방안을 검토할 수 있다.

가계부채 위험도 완화, 총량과 채무자 특성에 맞는 관리
총량억제를 위한 부동산 시장 등 종합적인 관리 시스템 정비
한국 금융의 또 다른 특색이자 위험요인으로 지적되고 있는 가계부채에 대한 적절한 관리가 필요하다. 그 방향은 총량 관리와 차주의 특성별 위험관리가 될 수 있다. 판매신용과 가계부채를 합산한 가계 신용이 2020년 9월 1,680조 원을 넘어섰고 GDP 대비 가계신용비율도 국제결제은행(BIS) 등 국제기구에서 제시하는 임계치인 80%를 초과하고 있다.

일반적으로 가계부채 증가는 가계의 소비 여력을 증가시켜 소비와 성장에 긍정적인 역할을 하지만 일정 수준을 넘어서면 원리금 상환부담 등으로 소비와 성장을 오히려 위축시킨다. 해외연구에 따르면 그 수준을 GDP 대비 50% 정도로 보고 있는데 우리는 이미 그 수준을 넘어섰다. 따라서 2014년 이후에는 가계부채 증가에도 불구하고 소비는 늘지 않았다.

그간 한국에서 가계부채 문제를 해결하는 방향은 총량 규모보다는 두 자릿수의 빠른 증가율을 억제하는 것에 있었다. 2015년 이후 가계부채 증가율이 8%대에서 2019년 4%로 둔화되었으나 2020년 다시 8%로 증가세가 확대된 것은 우려스럽다. 코로나19 대응이라는 일시적인 요인에 의한 불가피한 측면은 있지만 부동산 시장불안에 따른 가계부채 증가세 확산은 차단할 필요가 있다. 코로나19로 인한 금융완화 정책을 상당 기간 유지해야 하는 상황에서 가계부채가 증가한다면 금융시장 불안요인이 될 수 있기 때문이다. 따라서 임대주택을 포함한 주택공급 확대와 재건축 관련 규제완화 등을 통해 부동산 가격 안정심리 확산이 전제되어야 한다. 가계부채를 안정적으로 관리하기 위해서는 증가율을 경상성장률 미만으로 안정화하는 추가적인 노력도 필요하다.

이는 금융회사의 기업대출 증가로 이어지면서 금융의 실물경제 지원이라는 본연의 역할을 하도록 하는 효과도 있다. 은행의 예대율, 즉 대출금 잔액을 예금 잔액으로 나눈 비율에 대한 규제를 가계대출과 기업대출에 차등적용하는 방안과 경기대응 완충자본 적립의무도 2020년부터 도입되었다. 예대율 차등규제는 기본 규제비율을 100%로 하되 가계대출에 대해서는 15% 할증하고 기업대출에 대해서는 15% 할인 적용함으로써, 은행 등 금융회사가 기업대출에 적극 나서도록 하는 방안이다.

또 다른 규제인 경기대응 완충자본 적립의무도 경기상황에 따른 가계부채의 급격한 변동을 막는 효과가 있다. 가계대출이 급격히 증가할 때 은행이 일정 비율의 추가 자본을 적립하도록 하고 침체기에는 적립의무를 해제하는 방안이다. 시행경과를 보아 필요시 추가 조치를 검토할 필요가 있다.

이제 가계부채 대책의 핵심은 취약차주에 대한 관리강화로 전환되어야 한다. 특히 내수가 위축된 가운데 코로나19 확산에 따른 극심한 경기침체가 상당 기간 지속될 것으로 예상되고 있어 저소득 자영업자의 대출의 위험도 상승이 예상된다. 전체 가계부채 1,680조 원 대비 자영업자 대출이 670조 원을 상회[31]하는 것으로 추정되고 있다. 여기에서 연소득 3,000만 이하의 저소득층(45만 명)의 대출이 50조 원을 넘고 있고 요식업 및 소매업에 집중되고 있다. 내수와 경기위축에 직접적인 영향을 받을 가능성도 크다.

IMF의 분석[32]에 따르면 한국의 경우 전체 가계부채의 15% 수준이 위험한 상황이며 특히 부동산 시장 충격이 있을 경우 5% 수준의 가계부채가 부실채권화될 가능성이 있다. 이중 상당 부분이 자영업자에 집중되고 있는 것으로 보인다. 따라서 필요시 채무조정 프로그램을 가동하고 부동산 시장의 안정과 금융기관의 자본확충 노력 의무를 강화할 필요가 있다.

부동산 시장의 정상화

가계부채 총량과 관련한 위험요인은 담보자산인 주택 등 부동산 가격의 하락에 따른 가계부채 부실화 가능성이다. 지금까지 가계부채 총량은 서울아파트 가격과 밀접한 관련을 보여 왔기 때문이다. 부동산 가격이 상승하면 가계부채가 늘고 하락하면 조정되었다. 2017년 이후 형성된 부동산 시장의 거품이 붕괴될 경우 가계부채의 급격한 조정이 예상되고 있으며 이에 따른 은행 등 금융기관의 부실가능성에 대비해야 한다. 부동산 시장의 연착륙과 은행의 대출채권 관리에 대한 감독 강화를 추진해야 한다.

부동산 시장 정책은 중장기적으로 정책의 일관성을 유지하는 것이 중요하다. 정권별로 또는 시장상황별로 급격한 정책의 변화는 부동산 가격변동에 따른 눈먼 수익을 예상하도록 하여 부동산 투기를 조장하는 결과를 초래했기 때문이다. 특히 경기가 침체될 경우 부동산 경기를 부양할 것이라는 시장의 기대가 있었고 또한 실현된 경우가 많았다. 부동산 가격은 시장에 맡기고 정부는 주거안정을 위한 임대주택을 꾸준히 공급하는 것이 바람직하다.

이와 함께, 금융안정 측면에서는 주택가격 하락이 금융시장에 미치는 충격에 대비한 컨틴전시 플랜을 마련할 필요가 있다.[33] 코로나 사태 등으로 인한 위기가 장기화될 경우 생계곤란을 이유로 주택을 매각할 가능성에 대비할 필요가 있다는 것이다.

강남 등 서울 일부지역은 가능성이 크지 않으나 비수도권 등의 경우 가능성에 대비해야 한다. 유동성 악화로 어려움을 겪는 계층에 대해 한국자산관리공사KAMCO 또는 한국토지주택공사LH 등이 '주택비축은행'의 역할을 함으로써 주택자산을 유동화할 수 있도록 지원하는 방안을 검토해야 한다. 자가점유 주택의 경우 거주우선권을 통해 주거안정권과 '환매가능 권리'를 부여하는 방안이다. 공적 기관뿐 아니라 은행 등 금융기관에서도 채권 부실화보다는 안정적인 장기투자를 확보할 수 있는 방안이 될 수 있다. 은행 등의 입장에서는 대출이 투자의 개념으로 전환되기 때문이다. 또한 경매 주택의 경우 일정소득 이하의 계층에 대해서는 현재의 강화된 LTV, DTI 규제를 완화하여 매입할 수 있는 기회를 열어주는 것도 검토할 가치가 있다.

가계부채 채무자 특성별 세심한 관리

총량관리에 이어 중요한 것은 가계부채 채무자를 특성별로 관리하는 것이다. 소득계층별로 직업별로 가계의 소득이나 재산상태가 달라 경제상황에 따라 재무상황이나 부실화 가능성이 달라지기 때문이다.

가계의 채무부담을 측정하는 지표 중 대표적인 것이 자산대비 부채비율이다. 부채를 상환할 수 있는 궁극적인 능력을 나타내기 때문이다. 한국은 23.1%로 양호한 편이다. 소득분위별로 살펴보더라도 모든 분위가 20%대를 유지하고 있어 건전한 것으로 나타난다. 그러

그림 6-20 **채무자 특성별 부실위험 대출비중**(2018)　　　　　(단위: %)

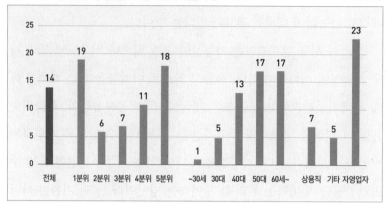

나 자산에서 다른 채무를 제외한 순자산 기준으로 보면 취약계층인 하위 20% 가구의 부채비율은 97%에 이른다. 또한, 벌어들이는 소득대비 부채비율에서도 계층별 격차가 크다. 취약계층은 120%를 넘고 있다. 저소득층 가계부채 문제가 심각한 것이다.

　가계부채로 인한 경제의 위험부담을 완화하기 위해 취약계층 등 경제력에 비해 과도한 채무를 갖고 있는 가구에 대한 면밀한 관리가 필요하다. 상환능력에 의심이 가는 과다채무 가구를 IMF에서는 원리금 상환액이 경상소득의 40%를 초과(DSR 40%)하는 가구로 정의하고 있다. 그러나 한국의 자산보유 현황 등을 감안할 때 자산매각을 통해 채무를 상환할 능력이 있을 수 있으므로 과다채무 가구를 부채가 자산보다 많은 가구로 한정할 필요가 있다. 이러한 기준을 적용할 때 전체 대출에서 14%가 과다채무 가구가 보유하고 있는 가계부채가 된다. 소득분위별로 보면 〈그림 6-20〉이 보여주는 것처럼 가계부채는 하위 20%인 1분위 가구가 가장 높고 연령별로 보면 50대 이상,

가구주의 직업 등을 보면 자영업자가 높은 것으로 나타난다.

경제상황 변화에 따라 부실위험 대출 비중의 변화를 추정하면 소득과 부동산 모두 10~20% 하락할 경우 부실위험 대출이 1~2%p 증가[34]하는 것으로 나타난다. 특히 자영업자의 부실화 가능성이 크게 높은 것으로 나타난다. 내수부진 등으로 인한 저성장, 고용상황 악화 등은 저소득 취약계층의 채무부담을 더욱 가중시킨다. 따라서 이미 한계 수준에 도달한 저소득층 부실채권 정리를 위한 제도적 기반을 마련할 필요가 있다.

부실채권 정리를 위한 조기 원금 조정

부실채권이 발생하면 추심과 채무조정을 통해 정리되는데 방식에 따라 채무자의 프라이버시와 권리 등이 침해되기도 한다. 특히 추심 과정에서 문제가 발생한다. 불법추심[35]과 부당추심[36]에 대해서는 채무자의 권리보호를 위해 강력히 규제되어야 한다. 금융소비자보호원을 통해 채권추심 관련 규제를 강력히 실시할 필요가 있다. 또 다른 방식은 추심과정에서 이루어지는 채무조정이다. 금융기관별로 자신의 고객을 대상으로 하는 방식과 신용회복위원회 등과 같은 외부기관이 부실채무자의 여러 채무를 모아(다중채무) 한꺼번에 조정하는 방식으로 구분된다.

금융기관의 채무조정은 해당 채권을 상각하기 전에는 원금이 조정되지 않는다는 문제점이 있다. 채무를 상각하기 이전에 원금을 감면할 경우 세무당국으로부터 손비 인정을 받지 못하고 오히려 채무자에 대한 특혜로 인식될 우려가 있기 때문이다. 원금 감면이 채무자의 재무적인 어려움을 해소하고 정상적인 사회 및 경제활동으로 복귀할 수 있는 기회를 부여한다는 측면에서 적극적으로 지원할 필요가 있다. 이러한 채무조정이 금융회사에 미치는 손실은 크지 않으며, 조기 조정이 이루어지면 일부 상환을 통해 손실규모를 더욱 줄일 수 있고 기존의 고객관계도 유지할 수 있는 장점도 있다.

따라서 미국의 TDRTroubled Debt Restructuring처럼 금융회사가 큰 폭의 채무조정을 했다는 사실과 채무자가 심각한 재무적 어려움을 겪고 있다는 점을 증명하면 금융회사가 채권을 상각하기 전이라도 손비를 인정하여 원금을 조정할 수 있어야 한다.

취약계층의 금융접근성을 높여라

저소득 취약계층을 위한 서민금융시장의 활성화도 필요하다. 신용등급이 낮은 서민을 위한 신용공급이 위축되고 이자율 쏠림현상이 심각하기 때문이다. 그들은 생계 또는 사업 등을 위해 필요한 자금을 은행 등 제1금융권에서 조달하지 못하게 되면서 신협, 저축은행, 상호금융 등의 문을 두드리게 되고 사실상 법정 최고금리를 적용받고 있는 셈이다. 이러한 대출은 경제상황이 변화하면 쉽게 부실화되고 채무자는 신용불량자 또는 빈곤계층으로 전락할 위기에 처한다.

금리구간별 신용대출 평균금리를 보면 이자율 쏠림현상도 뚜렷이 나타난다. 10~15% 수준의 중금리 대출이 5% 미만에 불과하여 소위 중금리 신용대출 시장이 정상적으로 작동하지 않음을 확인할 수 있다. 서민의 금융접근성 제고라는 포용적 금융을 위해서도 필요한 과제이다.

2008년 이후 미소금융, 햇살론, 바꿔드림론 등 서민금융상품을 도입했으나 공급확대 위주로 운영한 결과 이미 취약한 서민금융기관의 영업기반을 약화시키고 연체율도 높아 지속가능성에 대한 의문이 제기되고 있다. 2019년 바꿔드림론 및 햇살론의 대위변제율은 각각 28.4%와 10.0%에 이르고 미소금융의 연체율은 7.1%로 상당히 높은 수준이다. 또한 최근 한국개발연구원KDI의 실태분석에 따르면[37] 저금리 서민금융의 취지, 즉 고금리 대출이용을 줄이고 차주의 재무구조를 개선하는 효과가 단기에 그치고 있다. 그리고 이후에는 서민금융을 이용하지 않는 계층보다 고금리 대출을 많이 이용하는 것으로 나타나고 있다. 양적인 팽창이 주된 원인이지만 은행 등의 입장에서는 보증기구가 사실상 100% 보증하는 무위험 대출로 인식되고 있는 것도 하나의 원인으로 지적되고 있다. 취약한 서민금융시장에 긴급한 조치로서 정부의 개입이 불가피한 측면이 있지만 서민금융기관의 적극적인 역할을 위해 자체적인 노력을 장려할 필요가 있다.

우선, 서민금융을 지원하면서 신용관리교육을 의무화함으로써 차주의 자발적인 노력을 촉구하는 한편 보증비율도 현행 100%에서 독일의 재건은행KfW과 같이 80~90%로 서서히 축소하는 방안을 검토할 필요가 있다. 이와 함께 현재의 서민금융상품을 서서히 줄여가면서 상호금융권 전체가 참여하는 서민 대상 신용보증기구를 설립하고 중금리 대출을 실시하는 방안이 궁극적인 대안이 될 수 있다. 자체적인 정보공유와 신용심사 인프라를 갖출 유인을 제공하고 정부는 미국처럼 지역재투자기금Community Re-investment Fund과 같은 기금을 설립하여 상호금융기관의 부담을 경감하기 위해 상호금융기관에 저리의 자금 또는 보증을 제공하면 된다.

플랫폼 등 새로운 산업과 융합

마지막으로 정보통신기술과 결합된 빅데이터, 플랫폼 형태의 금융서비스를 적극적으로 활성화하는 한편 관련 감독체계를 갖추어야 한다. 아마존, 페이스북 등 플랫폼 사업자가 기존 금융회사와 협업을 통해 제공하는 금융서비스의 경우 판매자의 사업과 신용정보를 금융회사에 제공함으로써 자금이 효율적으로 배분될 수 있기 때문이다. 플랫폼을 이용하는 판매자도 은행 등 금융회사로부터 종전보다 낮은 금리로 담보 없이 사업자금을 얻을 수 있는 장점이 있다.

한국도 활성화될 수 있는 여지가 충분히 있다. 네이버와 같은 플랫폼 사업자가 은산분리[38] 등 법률 규제로 인해 직접 대출 또는 자금 조달을 할 수는 없으나 기존 금융기관과의 협업을 통해 소속 판매자의 정보를 제공하고 금융기관은 이들 정보를 기반으로 낮은 금리의 대출을 제공할 수 있다. 대다수 영세사업자인 이들 판매자도 이익을 보게 된다.

이와 같은 서비스를 보다 활성화하기 위해서는 감독체계와 관련 규제를 정비해야 한다. 자칫 금융회사가 플랫폼 사업자가 제공하는 정보만을 갖고 신용을 배분하게 되면 플랫폼 사업자에 종속되는 결과를 가져오기 때문이다. 현재 한국은 인터넷은행을 통해 플랫폼 사업자가 은행을 소유할 수 있도록 되어 있다. 은행의 혁신과 경쟁을 촉진하는 데 기여하고 있으나 앞으로 금융시스템의 효율성과 빅데이터의 종속성을 어떻게 판단할지 검토할 필요가 있다. 우선 기존 은행도 개인의 동의를 얻어 보유하고 있는 데이터를 활용할 수 있도록 관련 법령을 정비하고 플랫폼과 빅데이터가 금융회사와 협업하는 방식과 그 수준을 금융 감독 차원에서 검토할 필요가 있다.

PART 07

저출산
고령화에
대한 대응

저출산 고령화,
늦은 대응과 실패의 연속

OECD 국가에서 가장 빠른 저출산 고령화

유례없는 빠른 속도의 저출산과 20여 년 늦은 대응

저출산 고령화는 한국 사회가 직면한 가장 중요한 구조적 문제이다. 한국의 합계출산율TFR: Total Fertility Rate[1]이 2019년에는 0.92로 떨어졌으며 출생아 수[2]도 2020년에는 27만 명대로 추락하였다. 통계청의 2019년 장래인구특별추계[3]는 약 50년 후인 2067년에는 출생아 수가 21만 명으로 감소한다는 전망을 제시하고 있다. 비관적 시나리오는 14만 명 수준에 불과하다. 이러한 초저출산으로 인해 한국의 인구는 약 8년 후인 2028년 5,194만 명으로 정점을 찍은 뒤 지속적으로 감소하여 2067년에는 1982년 수준인 3,923만 명으로 줄어들 전망이라고 한다. 사망자 수가 출생아 수를 초과하는 소위 인구의 자연감소는 2019년 하반기부터 시작되고 있다.

OECD 국가에서 합계출산율이 1.0 이하인 국가는 한국이 유일하다. 출산율을 제고하기 위한 저출산 대책은 2006년부터 시작된 '저출산 고령사회 기본계획'을 중심으로 추진되어 지난 15년간 200조 원 이상의 예산이 투입되었다. 그러나 심각한 저출산 가속화 흐름을 되돌리지 못하고 있다. 한국의 저출산 현상은 크기와 속도, 지속성에 있어 세계에서 유례를 찾아보기 힘들다.

젊은 나라에서 늙은 나라로, 세대 간 갈등 증폭

이에 더하여 고령자의 기대여명 개선으로 65세 이상 노인인구의 비중은 〈그림 7-1〉에서 보는 것처럼 2010년 10.8%에서 2067년에는 46.5%로 4배 이상 증가하는 등 세계적으로 가장 노인인구가 많은 국가가 될 것으로 전망되고 있다. 노인인구의 증가는 장기적으로 재정지출 수요를 증가시켜 정부 재정의 장기 지속가능성을 저해할 뿐 아니라 노동력 투입 감소로 경제성장에도 부정적인 영향을 미친다.

이미 심화되고 있는 세대 간 갈등도 더욱 증폭시킬 것이다. 일하는 생산가능인구가 부양해야 하는 인구의 비율(총부양비율)이 2060년 경에는 1:1을 넘으면서 조세 및 연금 등 사회보험료 부담이 상대적으로 줄어든 젊은 계층에 집중되기 때문이다. "지난 세대보다 어려운 삶을 영위하고 있는 젊은 계층이 고도 성장기 많은 혜택을 향유했던 고령층을 부양해야 하는가?" 하는 불만이 확산될 것으로 예상된다.

출산율 하락과 기대수명의 증가는 한국사회뿐 아니라 전 세계적인 현상이지만 한국의 경우는 지난 50여 년간 강력하게 추진해온 인구정책이 크게 기여하였다. 인구정책이 2005년부터 출산억제정책에서 출산장려정책으로 전환되었으나 대체수준(합계출산율 2.1) 이하로 떨어진 것은 이미 1984년이다. 정책전환이 20년 이상 늦은 것이다.

그림 7-1 **연령층 인구구성비 전망** (단위 : %)

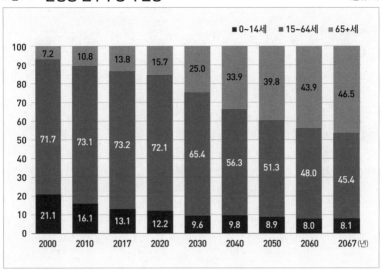

출산을 장려한다고 하더라도 최근까지도 인구정책의 패러다임이 인구통제에 머물러 있는 등 정책 내용 및 추진방식에는 사실상 변화가 없었다. 과거 '고출산' 현상을 경제성장의 걸림돌로 인식한 것처럼, '저출산' 또한 사회(재정적) 부담증가 차원에서 그 의미를 해석하는 경향이 강했기 때문[4]이다.

문제는 지난 20여 년간 지속된 초저출산 현상의 원인이 무엇이든 간에 단기간 내에 되돌릴 수 없다는 것이다. 인구학적으로 당장 합계출산율이 대체 출산율 수준(2.1)이 되더라도 향후 인구는 상당 기간 감소한 후에 2075년경 늘지도 줄지도 않는 정지 상태에 진입할 것으로 추정[5]된다. 장기간 계속된 저출산으로 출생아 수가 감소하고 이는 또 다시 미래(잠재적) 부모 수의 감소 현상으로 이어지면서 인구가 다

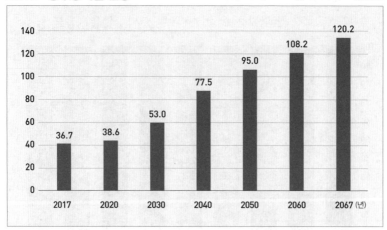

그림 7-2 **총부양비율 전망** (단위 : %)

시 줄어드는 '음의 모멘텀' 단계에 있기 때문이다. 당장 대체 출산율 수준에 도달하는 것이 비현실적인 가정이라는 점을 감안하면, 인구 감소 규모는 더욱 커질 수밖에 없다.

결혼 기피와 출산 연기로 인한 저출산 현상

2006년 저출산 고령사회 기본계획을 추진한 이래 자녀양육에 대한 지원이 확대되면서 보편적인 보육서비스가 시작되었다. 아동수당과 양육수당이 도입되고 육아휴직 제도에서도 큰 개선이 이루어졌다. 전체 저출산 예산의 85%가 유자녀 가구의 보육지원으로 배분되었다. 출산율 반등에 성공한 북유럽을 비롯한 서구의 나라들이 가족 및 일-가정 양립 지원을 위해 많은 정책적 지원을 한 사례를 벤치마킹한 것이다. 그럼에도 불구하고, 출산율이 오르지 않고 오히려 1명 이하로 더 하락하고 있는 것은 지금까지 한국의 저출산 대응정책인 유럽식 모형과 기존의 이론들이 한국에서는 작동하지 않는다는 것을 의미한다.

최근의 연구는 한국의 저출산 현상이 청년층의 혼인 기피와 사회경제적 어려움으로 인한 출산 연기에 따른 것임을 보여주고 있다. 과거 학력, 교육, 취업상태의 특징으로 본 하위계층이 상대적으로 높은 결혼율과 출산율을 보였으나 최근에는 계층과 관계없이 빠른 속도의 출산율 하락을 경험하고 있다. 취업과 소득에 대한 불안 등이 원인[6]이라는 지적이다.

따라서 지금까지 추진해온 유자녀 가구에 대한 보편적인 보육지원, 즉 자녀를 양육하는 가정이 직면한 경제사회적 취약성이나 양육하고 있는 자녀 수에 대한 고려 없는 일괄적인 지원 정책만으로는 한계가 있다. 저출산과 인구고령화에 대해 정책적으로 대응하기 위해서는 저출산에 대한 엄밀한 원인 분석과 함께, 재정의 지속가능성, 노후소득의 적정성 등을 종합적으로 고려하면서 추진해야 한다.

경제 흐름을 방해하는 저출산, 조로하는 한국경제

부쩍 어려워진 성장과 자본 축적

초저출산으로 인한 인구의 감소는 성장과 재정에 부담요인이 된다. 인구고령화로 인한 생산가능인구의 감소와 자본투입 증가율이 둔화되면서 장기간에 걸친 저성장 시대가 올 것으로 예상된다. 글로벌 컨설팅 회사인 맥킨지[7]에 따르면 한국과 중국의 총고용이 2024년을 정점으로 감소할 것이며 저출산이 향후 50년간 한국경제 성장의 40%를 감소시키는 요인이 될 것으로 분석하고 있다. 국회 예산정책

표 7-1 **가계순저축률 추이 및 전망** (단위 : %)

구분	2015년	2020년	2025년	2030년	2035년	2040년	2045년	2050년
순저축률	4.1	3.3	1.5	△1.0	△3.3	△5.8	△7.6	△9.4

처의 전망[8]도 유사하다. 2014년 발표된 자료에 의하면 한국경제의 실질성장률이 2060년 0.8%, 물가를 감안한 경상성장률은 2.3%까지 감소할 것으로 예상하고 있다.

한편, 빠른 속도의 고령화 진전은 은퇴 후 삶에 대한 불안감을 증폭시켜 가구의 소비, 저축, 자산축적, 자산보유 형태에 영향을 미칠 수 있다. 특히 한국의 경우 공적연금의 소득대체율이 OECD 평균에 비해 낮아 노후소득의 절반 이상을 근로소득으로 충당하고 있다. 한국에서 노령층의 취업자 수가 많은 이유이다. 장기 인구추계를 활용하여 인구구조의 변화가 저축률에 미치는 영향을 분석[9]하면 2025년경 초고령 사회에 도달하면서 〈표 7-1〉에 나타난 것처럼 저축률은 1%대로 하락하고 2030년 이후에는 순저축률이 마이너스인 '부의 저축dis-saving' 현상이 나타날 전망이다. 각 가구당 벌이보다 씀씀이가 많은 현상이며 이는 지속하기 어렵고 경제성장에도 부정적인 영향을 미친다.

저출산과 고령화는 재정에도 주름살을 가져온다. 일하는 사람이 줄어 조세와 사회보험료 납부대상이 줄어드는 반면 고령화로 사회복지 지원을 받는 사람은 늘어나기 때문이다. 국민연금의 경우 가입자 수가 2015년 최고점(2,052만 명)에 이른 후 점차 감소하고 있는 반면, 연금을 받는 2063년 1,460만 명까지 증가할 전망이다. 결과적으로

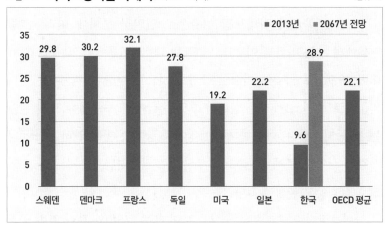

그림 7-3 **사회보장지출 국제비교**(GDP 대비)　　　　　　　　(단위 : %)

■ 2013년　■ 2067년 전망

	스웨덴	덴마크	프랑스	독일	미국	일본	한국	OECD 평균
	29.8	30.2	32.1	27.8	19.2	22.2	9.6 / 28.9	22.1

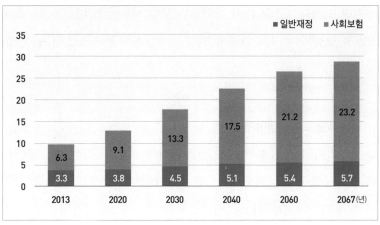

그림 7-4 **사회보장지출 장기전망**(GDP 대비)　　　　　　　　(단위 : %)

■ 일반재정　■ 사회보험

	2013	2020	2030	2040	2060	2067(년)
사회보험	6.3	9.1	13.3	17.5	21.2	23.2
일반재정	3.3	3.8	4.5	5.1	5.4	5.7

가입자 수 대비 수급자를 의미하는 제도부양비가 2020년 19.1%에
서 2068년에는 112.9%에 이를 것으로 예상하고 있다. 보험료를 내
는 사람보다 연금을 받는 사람이 더 많아진다는 뜻이다. 건강보험과
장기요양보험도 예외가 될 수 없으며 보험료 수입이 지출에 미치지

못하기 때문에 세금을 걷어 지원해야만 하는 상황이 된다.

그 결과 한국의 사회보장 지출은 노인인구 증가에 따라 〈그림 7-3〉에서 보는 바와 같이 2013년 GDP 대비 9.6%에서 2067년 GDP 대비 28.9%로 약 3배 가까이 증가할 것으로 전망[10]된다. 이는 현재 기준으로 보면 고복지를 실현하고 있는 국가의 수준에 이르게 된다는 것을 의미한다. 이러한 사회보장지출 증가는 향후 일하는 노동자 계층에 상당한 조세 및 준조세 부담으로 작용하면서 사회갈등 요인으로 작용할 가능성이 크다.

사회보장지출 증가분의 구성을 보면 〈그림 7-4〉와 같이 일반 공공 사회복지 지출보다 국민연금 등 사회보험 분야 증가분이 대다수를 차지하고 있다. GDP 대비 사회보험 분야 지출이 2013년 6.3%에서 2067년 23.2%까지 증가하여 전체 사회보장지출의 80%를 넘는 규모가 된다.

고용이 줄고 생산성마저

생산가능인구 감소와 고령인구 증가가 가장 직접적으로 영향을 미치는 부문은 노동시장이다. 많은 연구들이 생산가능인구의 감소가 노동인구의 감소와 생산성을 저하시킴으로써 경제성장에 부정적인 영향을 미친다고 분석[11]하고 있다. 통계청 추계[12]에 따르면 한국의 2019년 생산가능인구가 전체 인구의 72.7%였으나 2050년에는 51.3%로 급격히 감소하는 반면, 65세 이상 인구는 14.9%에서 39.8%로 증가하는 것으로 나타난다.

이러한 생산가능인구 감소에 따른 노동인력 감소를 해결하는 방법으로 OECD[13], 맥킨지[14]와 국내 연구 등은 50대 이상의 중고령층을 포함한 전 연령층의 고용률 제고를 제시하고 있다. 고령층의 교육 수준 및 건강상태의 긍정적인 변화 등을 감안하여 65세 이상 고령층의 고용율이 증가할 경우 보완할 수 있다는 연구[15]도 있으나 생산가능인구 감소 속도에는 미치지 못한다.

따라서 양적인 증가보다 중요한 것은 생산성을 높이는 것이다. 노동인구 감소를 생산성 향상으로 보완할 수 있기 때문이다. 그러나 현실은 반대 방향으로 갈 가능성이 높다. 인적자본 축적 이론에 따르면 연령이 증가할수록 인적자본이 축적되어 더 많은 생산성을 기대할 수 있다고 한다. 하지만 노화에 따라 능력이 감소하고 혁신적이고 역동적인 노동시장에 적응하기 어려워, 인적자본 축적이론이 현실과 부합한다고 보기는 어렵다.

생산성 향상을 위해 새로운 기술습득 등 역량 제고를 위한 직업훈련과 평생교육을 받을 수 있는 여건이 되어 있는지를 보면 알 수 있다. 한국의 경우 직업훈련 참여율이 OECD 국가 평균 수준이지만 다른 주요 경쟁국에 비해 낮다. 더욱 우려스러운 것은 청년층에 비해 중고령층의 직업훈련 참여율이 25%p 이상 낮다는 것이다. 중고령층의 직업훈련 참여도가 낮은 것은 향후 남은 노동기간 등이 청년층에 비해 짧아 역량제고를 위한 훈련의 필요성을 느끼는 정도가 청년층에 비해 낮고, 훈련을 위해 필요한 시간을 내기 어렵기 때문인 것으로 추정된다.

충분하지 않는 노후소득

저출산으로 인한 노인인구의 증가는 은퇴 이후 노후 생활에 대한 불안으로 이어진다. 아직 국민연금 등 공적 노후보장 시스템이 성숙되지 않아 노인 빈곤율이 높고 경제적 이유 등으로 인한 자살률도 OECD 국가 중 최고 수준이다. 인구감소에 따라 청년층은 노인부양 비율이 증가함에 따른 부담 과중에 대한 불만을, 과거 개발연대를 치열하게 살면서 자녀들을 교육시켰던 노인층은 소외에 대한 불만을 제기하면서 세대 간 갈등이 심해질 가능성이 크다.

과거 노인 부양의 주된 방식은 동거 또는 생활비 제공 등 '사적이전'에 의한 것이었으나 10년 전에 비해 근로소득, 사업소득과 공적이전 소득의 비중이 크게 증가하고 있다[16]. 〈그림 7-5〉은 지난 10년간 노인인구의 소득에서 근로소득의 비중이 6.5%에서 13.3%로 증가한 반면, 사적이전은 46.5%에서 22.0%로 줄었다는 것을 보여주고 있다. 노인인구 소득 구성에 큰 변화가 발생하고 있는 것이다. 노인이 자녀에 의존하기보다는, 이제는 자신이 직접 소득을 창출하거나 연금 등에 의존하는 비중이 증가하고 있다는 점을 시사한다. 그러나 근로소득과 연금소득으로 충분하지 못해 한국의 노인빈곤율은 40%를 넘어 세계 최고 수준에 이르고 있다.

〈표 7-2〉에서 보는 것처럼 통계청 가계금융복지조사에서도 은퇴 가구의 대부분이 국민연금 등 공적연금과 기초연금과 기초생활보장 제도 등 공적 수혜금으로 생활비를 마련하고 있는 것으로 나타나고 있다. 생활비 충당 정도 면에서 부족 또는 매우 부족하다고 느끼는 비율이 2017년, 2018년 모두 50%를 넘는 것으로 나타나고 있다.

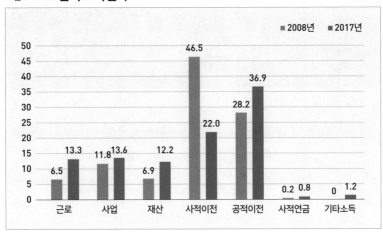

그림 7-5 **노인의 소득변화**   (단위 : %)

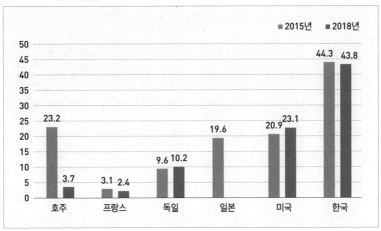

그림 7-6 **노인빈곤율 비교**   (단위 : %)

이러한 추세라면 은퇴 이후 노후생활을 위해 개인이 과중한 자녀
교육비 등을 줄이고 저축 등으로 노후 준비를 하거나, 정부가 공적
이전지출을 계속 늘려나가야 한다. 2013년 한국개발연구원의 설문

표 7-2 **가구주가 은퇴한 가구의 생활비 마련 방법**[17]　　　　　　　(단위 : %, B-A는 %p)

구분	은퇴가구비율	실제은퇴연령	생활비 마련방법				
			가족수입자녀친지 용돈	공적연금	개인저축사적연금	공적수혜금	기타
2017(A)	17.4	62.1	27.9	27.2	4.2	30.4	10.3
2018(B)	17	62.5	24.7	30.3	4.1	31.4	9.5
B-A	△0.4	0.4	△3.2	3.1	△0.1	1.0	△0.8

자료 : 통계청, 2018년 가계금융복지조사

조사[18] 결과, 모든 연령층에서 은퇴를 대비하여 자녀를 위한 지출을 줄여야 한다는 인식은 있는 것으로 나타나지만 실제 은퇴를 대비해 저축을 전혀 하지 못하는 가구가 31%에 이르고 있다.

　국민연금 등 공적연금을 통해 노후 생활비를 충당하는 방법도 있다. 하지만 공적연금에 의한 노후생활 충족에 대한 기대감이 연령이 높을수록 상승하는 모습을 보인다고 해도 여전히 30%대에 머무르고 있어 50%대인 일본과 대조를 이룬다. 그간 국민연금 재정의 지속가능성에 대한 회의적인 보도 등에 따른 것으로 보인다.

　또 다른 방식은 증세로 노인복지지출을 확대함으로써 노후 생활을 보장하는 방법이다. 앞서 언급한 설문조사에 의하면 증세를 지지하는 비중이 50~60대는 45% 수준이지만 젊은 층은 20% 수준에 불과하다. 따라서 증세를 통한 노인복지 지출확대에 대한 사회적 합의를 구하기 상당히 어려울 것으로 예상된다. 세대 간 갈등을 전형적으로 보여주는 현상이다.

의심받는 공적연금의 실효성

받아도 부족, 받을 수 있는지도 걱정

은퇴 이후 노인인구가 절반 이상의 소득을 연금 등 공적 수혜금에 의지하고 있기 때문에 노인세대의 자립적인 노후소득 보장을 위한 연금의 역할이 더욱 중요해지고 있다. 한국은 기초연금을 시작으로 1층에 국민연금, 2층에 퇴직연금, 3층에 개인연금이 도입되어 다층 노후소득 보장체계가 구축되어 있다. 그럼에도 불구하고 한국의 노인 빈곤율은 2018년 43.8%로 OECD 평균 12.6%보다 거의 4배 가까이 높은 수준이다.

먼저 국민연금의 경우 연금재정의 장기 지속가능성과 소득대체율에 대한 의구심이 여전하다. 국민연금은 연금재정의 지속가능성 점검과 제도 개선을 위해 5년마다 주기적으로 재정계산을 시행하고 있다. 가장 최근에 실시한 2018년 제4차 재정계산에 따르면 연금기금이 저출산과 인구고령화 등으로 인해 2057년 고갈될 것으로 예상하고 있다.

지난 제3차 재정계산에 비해 3년 당겨진 것이며 수지 적자가 시작되는 시점 역시 2044년에서 2042년으로 당겨졌다. 재정의 지속가능성, 노후소득 보장 등의 관점에서 정부가 〈표 7-3〉과 같은 개혁안을 제시했으나 실질적인 논의는 정치적인 부담 등으로 지연되고 있다. 소득대체율을 45~50%로 올리기 위해서는 제도의 지속가능성과 기금의 재정건전성 확보를 위해 보험료율 인상이 불가피하기 때문이다.

더욱이 국민연금의 낮은 소득대체율로 인해 연금 수혜자가 은

표 7-3 **국민연금 등 개혁안 주요 내용**

구분		현행유지방안	기초연금 강화방안	노후소득보장 강화방안 ①	노후소득 보장 강화방안 ②
-		소득대체율 40% 유지	소득대체율40% + 기초연금 40만 원	소득대체율 45%	소득대체율 50%
기본모형 (소득대체율)		국민40% + 기초 12%^{2}(52%)	국민40% + 기초 15%^{1}(55%)	국민 45% + 기초 12%(57%)	국민 50% + 기초 12%(62%)
국민연금	소득 대체율	현행유지 (2028년까지 40%로 인하)	현행유지 (2028년까지 40%로 인하)	2021년 45%	2021년 50%
	보험료율	현행 유지 (보험료율: 9%)	현행 유지 (보험료율: 9%)	2031년 12% (2021년부터 5년 마다 1%p씩 인상)	2036년 13% (2021년부터 5년 마다 1%p씩 인상)
기초연금		2021년 30만 원	2021년 30만원 2022년 이후 40만 원	2021년 30만 원	2021년 30만 원

퇴 이후 노후생활을 보장받을 수 없는 내생적인 한계도 있다. 세계은행의 1994년 이후 공적연금의 소득대체율에 대한 보고서를 종합하면 적정 대체율이 최저 40%에서 최고 60%라고 언급하고 있지만 한국의 국민연금은 40년 동안 가입했을 경우 명목 소득대체율이 40%(2028년 이후)로 설정되어 있는 상태이다. 실제 가입기간 및 미가입자 등을 감안한 실질 소득대체율은 이러한 기준에도 훨씬 미치지 못한다.

국민연금과 함께 공적연금으로서 노후소득 보장에 중요한 역할을 하는 기초연금의 역할도 아직 미미하다. 기초연금이 국민연금의 보충적 역할을 위해 도입되었으나 점차 보편적인 수당으로 변화하고 있고, 노인빈곤 완화의 효과를 기대했으나 그 효과는 5.5%p에 그치고 있다. 한국의 상대적 빈곤율이 OECD 평균값과 차이가 워낙 크기 때문에 기초연금액을 지금보다 2배 이상으로 인상하더라도 기초연금만으로는 노인빈곤 완화효과를 기대하기 어려울 것[19]으로 예상된다.

임의가입제도[20]로 운영되고 있는 퇴직연금도 노후소득 보장 역할을 하지 못하고 있다. 현행 퇴직금제도와 퇴직급여제도의 경우 중간정산과 중도인출이 허용되고 있으며 중간정산한 자금의 대부분이 생활비, 부채 해결 등과 같이 노후소득 보장 목적이 아닌 부문으로 지출되고 있기 때문이다. 또한, 2019년 말 현재 퇴직연금 적립금 규모가 221조 원에 이르고 있지만 일시금이 아닌 연금으로 수령하는 비율은 신규 수급인원 중 1.4%[21]에 불과하다.

금융기관에서 판매하고 있는 개인연금도 노후소득 보장의 역할을 제대로 수행하고 있다고 보기 어렵다. 기관에 따라 연금저축신탁, 연금저축펀드, 연금저축보험 등으로 구분되며 가입률이 16%대에 머무르고 있으나, 세제혜택을 받을 수 있는 한도 범위 내에서 이루어지고 있다. 가입목적이 노후자금 마련보다는 세제 혜택을 받기 위한 목적이 강하다.

건강한 노후를 위한 의료비 부담

저출산에 따른 노인인구의 증가는 보건의료부문에서 부담이 되고 있다. 건강한 노후가 삶의 질을 개선할 수 있고 근로능력을 높일 수 있고, 또한 경제 전반에도 긍정적인 영향을 미치기 때문에 정부의 개입이 필요하다. 반면 의료에 대한 수요 증가는 가계와 정부 재정에 상당한 부담을 줄 수 있다.

그러나 한국이 지출하는 의료비는 GDP 대비 7.6%로 주요국에 비해 아직 낮은 수준이지만 소득증가와 고령화 등으로 인해 증가속도가 빠르다. 머지않아 OECD 주요국 평균수준인 8.9%에 근접할 것으로 보인다. 빠른 속도의 의료비 지출은 65세 이상의 노인진료비 증가가 주도하고 있다. 2017년 기준으로 건강보험 대상 인구 중 노인인구가 13.4%에 불과하지만 건강보험에서 지출하는 총진료비에서 노인 진료비의 비중은 40.9%에 이른다.

노인 1인당 연간 평균 진료비도 426만 원으로 전체 인구 연간 평균 139만 원의 3.1배로 나타나고 있다.[22] 노인진료비의 빠른 증가세는 앞으로도 지속될 가능성이 높다. 연령대가 높을수록 여러 가지 질환에 복합적, 만성적으로 노출되면서 장기입원 또는 재입원 비율이 높아지기 때문인 것으로 추정된다.

고령화 등으로 인한 의료비의 증가속도에 대한 다양한 추계가 있다. 추계방식과 전제 등에 따라 다르지만 2050년 기준으로 작게는 116조 원에서 738조 원까지 다양하다. 65세 이상 노인진료비도 200~300조 원으로 증가할 것으로 예상하고 있어 앞으로 보험료 인상 또는 재정을 통한 지원이 불가피할 것으로 예상된다.

저출산 고령화에 대한 대응 전략

　저출산으로 인한 인구구조 변화에 정부는 2006년부터 15년에 걸쳐 저출산-고령사회 기본계획을 통해 대응하고 있다. 그러나 이러한 기본계획은 종합계획이라기보다는 개별부처가 실시하고 있던 대책을 모아놓은 것에 불과하고, 정책의 실효성에 대한 비판과 개선요구가 지속적으로 제기되어 왔다. 2017년 말부터는 저출산 대책의 최상위 목표인 합계출산율 목표(2020년까지 1.5명)를 버리는 대신, 모든 세대의 삶의 질을 보장하고 미래세대에 대한 사회 투자를 확대하는 것으로 정책방향을 선회했다.

　인구변동에 대한 대책을 '완화mitigation'와 '적응adaptation'으로 구분한다면 기본계획의 방향이 기존의 '완화'에서 '적응'으로 전환된 것을 의미한다. "출산과 관련한 자기결정권이 중요한 인권으로 인정되어야 하며 국가는 이에 필요한 정보와 수단을 제공해야 한다"[23]는 인구정책의 국제적 흐름에 맞는 결정이다. 그간 정책적 개입에도 불구하고 출산율 회복이 이루어지지 않고 있다는 현실적인 인식도 반영된 것으로 보인다.

그러나 인구구조의 변화에 대한 '적응'은 사후적인 성격을 갖고 있기 때문에 저출산 현상을 방치한다는 인식을 줄 수 있고 인구변동을 유발하고 있는 제도적 결함을 해결할 수 없다는 한계가 있다. 따라서 심각한 저출산 현상을 완화하는 것과 함께 인구 고령화와 인구 감소에 효과적으로 적응하는 노력을 함께 추진해야 한다. 출산목표 달성을 위한 직접적인 정책보다는 출산과 양육과 관련한 여건을 구축하고 출산을 희망하는 개인들이 계획을 세우고 이를 실현할 수 있도록 자신감을 갖도록 하는 것이 필요하다. 여기에는 가족, 보육, 교육, 노동시장, 주택, 조세 등 다양한 영역에서의 정책조합이 요구된다.

출산과 양육을 위한 적절한 환경

심각한 저출산 현상을 완화하기 위해서는 핵심적인 경제사회적 원인을 파악해야 한다. 한국의 저출산은 만혼화와 비혼화에 따른 출산의 포기에 따른 것이며 앞으로도 현격한 수준으로 출산율이 상승할 것을 기대하기는 어렵다고 전문가들은 보고 있다.

교육과 직업 등을 감안하여 사회 계층적으로 분석하면 과거 고학력이나 전문직의 출산율이 전반적으로 낮고 저학력의 출산율이 높았으나, 최근에는 과거 높은 출산율을 보였던 대졸 이하의 저학력 부모, 낮은 임금과 비정규직 등 직업적 지위가 불안한 계층의 출산율이 빠른 속도로 하락하고 있다. 저학력과 직업적 지위가 낮은 계층이 일자리와 소득, 주거의 안정성이 낮아짐에 따라 결혼과 출산을 꺼리고 있기 때문이라고 추정된다.

기로에 선 한국경제

이에 더하여 교육수준이 높아진 여성의 경제활동 참여가 크게 확대되었음에도 불구하고, 직장 및 육아환경은 일과 가정의 양립이 충분히 가능하도록 변하지 않고 있기 때문에, 많은 여성들이 결혼을 더욱 기피하고 있는 것으로 보아야 한다. 설령 결혼에 이른다고 하더라도 자녀에 대한 높은 교육비 부담, 자녀 교육을 위한 시간과 금전비용의 확대는 자녀의 수를 제한하는 중요한 원인으로 작용하고 있다.

따라서 저출산 극복을 위한 출산장려 정책은 직접적이고 명시적인 목표보다는 출산과 양육에 대한 부담을 줄여 궁극적으로 출산에 긍정적인 영향을 미치는 간접적인 방법으로 접근해야 한다. 여성이 출산에 대한 자기 결정권을 갖기 때문에 직접적인 정책은 효과를 기대하기 어렵고 인권보호와 상충되는 결과를 가져오기 때문이다. 대부분의 선진국들은 간접적인 방식으로 저출산 문제를 완화하는 방향으로 추진하고 있다.

영유아 지원은 현금보다는 서비스 중심

대표적인 저출산 대책인 영유아 보육정책도 부모의 경제-사회활동을 지원하고 취학 전 아동의 인지능력을 제고하는 등 인적자본 확충을 위해 추진하는 것으로 인식해야 한다. 출산율 상승은 간접적인 효과로 보아야 한다. 물론 영유아 보육에 대한 부담이 출산기피의 주된 요인이기도 하다. 2018년 전국보육실태조사에 의하면 일을 그만둔 경험이 있는 영유아 어머니의 약 3명 중 1명이 "자녀를 믿고 맡길 곳이 마땅치 않아 일을 중단했다"고 응답하고 있기 때문이다. 만약 보육의 질적 수준에 충분히 만족했다면 어머니가 출산을 하더라도 일을 그만두지 않고 아동을 보육기관에 맡길 확률이 높을 것이다.

그러나 보육지원의 궁극적 목표를 양육부담 완화보다는 지속가능한 성장을 위한 인적자본 축적의 측면에서 접근해야 한다. 최근의 연구 흐름도 이러한 목적을 강조하고 있다. 제임스 헤크먼 교수의 연구[24]에 따르면 인적자본 투자의 효과가 가장 큰 시기가 청소년기, 성인기보다는 미취학 시기라는 것이다. 따라서 영유아 보육에 대한 정부의 적극적인 투자는 필요하지만 그 목적을 질 좋은 서비스 제공을 통한 인적자본 축적에 두어야 하며 출산율 제고를 통한 저출산 현상 완화는 부수적인 것이 되어야 한다고 주장한다.

한국의 미취학 영유아 시기의 예산을 보면 정부가 보육지원에 적극적인 투자를 하고 있음을 알 수 있다. 2010년 이후 영유아 보육료 지원 사업비는 연평균 7.1%의 증가율을 보이며 2021년 3.4조 원으로 늘어났고 가정양육 지원비도 연평균 27.6% 증가하여 0.8조 원으로 확대되었다. 2018년 9월부터는 만 7세 미만 모든 아동에게 월 10만 원을 지급하는 아동수당을 신설하여 2021년 예산에는 2.2조 원이 반영되었다. 현금지원을 제외한 영유아 보육 및 교육지원 예산을 OECD 주요 국가와 비교할 때 2005년에는 최하위권에 머물렀으나 2013년에는 OECD 평균 수준에 이르고 있다. 그때부터 전 계층에 대해 영유아 보육료와 유치원 교육비를 지원하기 시작했기 때문이다.

영유아 보육 및 교육관련 예산이 늘어나고 있는 것은 바람직하지만 중요한 것은 지출의 효과가 있느냐와 영유아 보육기관이 질 높은 서비스를 제공하느냐의 문제이다. 우선 모든 계층에 보편적으로 지

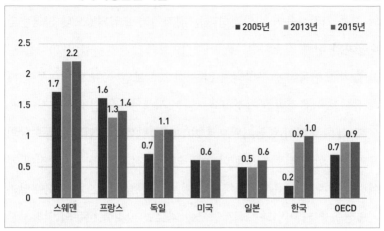

그림 7-7　**GDP 대비 아동관련 지출**　　(단위 : %)

원하고 있는 영유아 보육료와 유치원 교육비의 효과성을 점검할 필요가 있다. 앞서 언급한 대로 사회 경제적 지위에 따른 저출산 현상을 분석하면 최근 어려운 계층의 출산율이 급격히 낮아지고 있기 때문이다.

　이런 상황에서 소득수준과 양육 자녀 수를 고려하지 않고 모든 아동에게 일괄적인 형태의 급여와 서비스를 제공하여 사회적 형평성이 오히려 더 악화되었을 가능성이 있다. 보편적 지원에서 취약계층이 직면하고 있는 상대적인 어려움에 대해 더 많은 배려가 필요하다. 고소득층, 예를 들어 상위 30% 또는 40%에 있는 계층에 대한 지원을 배제하고 그 재원을 저소득층에 집중 투자하면 효과가 배가될 수 있다.

　어린이집과 유치원에 대한 지원과 또 다른 축인 가정양육수당에 대한 재검토도 필요하다. 매달 최대 20만 원을 책정하고 있는데 기관에 아동을 보내지 않는 경우에만 지급하고 있다. 사실 0~2세의 영아의 경우 가정보육이 바람직하다는 취지에서 도입되었으나 양육수당 수급자가 점차 감소하고 어린이집 등 보육기관 등록률이 70%를 넘고 있어 도입목적에 부합되지 않는 것으로 보인다. 부모가 아동에 대해 유아보육에 적합한 가정양육보다는 시설양육을 선호하는 것이다.

또 다른 형태의 현금지원으로 2018년 9월부터 도입된 아동수당의 효과성도 함께 검토해야 한다. 아동의 기본적 권리와 복지증진에 기여하고 부모의 양육부담을 경감하기 위해 도입되었으나 양육수당과 차별성을 찾기 어렵다. 최근 연구에 따르면 미취학 아동의 인적자본 확충이나 여성의 경제활동 참여 확률에 미치는 영향을 고려할 경우 현금 지원보다는 현물 및 서비스 지원으로 전환하는 것이 맞다.

2020년 12월 발표된 제4차 저출산-고령사회 기본계획에 포함된 영아(0-1세)수당도 아동수당과 유사한 내용이다. 어린이집 이용 여부에 따라 보육료와 양육수당으로 이원화되었던 지원체계를 통합하여 2022년도 출생 영아부터 보편적인 수당을 지급하여 어린이집 서비스 또는 육아비용으로 사용할 수 있도록 한 것이다. 보육료와 양육수당을 통합한 것은 의미가 있으나 현금지원이 아동이나 여성의 경제활동에 도움이 되지 않는다는 지적에 유념할 필요가 있다.

현금지원이 출산을 하지 않은 계층의 출산율 제고에는 일정한 효과가 있으나 이미 출산을 한 부모의 경제활동 참여에는 오히려 부정적인 영향을 미친다[25]는 것이다. 지원된 현금 전액이 반드시 아동에게 쓰인다는 보장이 없고 가구의 가처분 소득을 늘려줌으로써 여성의 경력단절기간을 오히려 늘리고 있다는 분석이다. 이는 여성의 경력 격차를 유발하고 임금 격차로 이어질 수 있다. 선진 외국에서도 현금지원을 폐지하고 무상 유아교육 등 현물 서비스 지원으로 전환[26] 하는 것이 바로 이런 이유 때문이다.

무차별적인 현금지원보다는 소득 격차와 양육 자녀 수를 감안한 조세 유인제도가 훨씬 효과적일 수 있다. 저소득 계층의 양육비용에 대한 근로장려세제를 도입[27]하는 것이다. 양육비용에 대해 '부의 소득세'를 부과하여 선별적으로 자금을 지원하는 방식이다. 자녀장려 세제와 같이 사용처를 정하지 않는 현재의 현금지원에 비해 아동을 위한 경비지출에 연동되어 있기 때문에, 소득과 자녀의 수를 감안한 지원이 될 수 있다.

아이를 믿고 맡길 수 있는 환경 조성

아동을 양육하는 부모의 관심사인 보육기관에 대한 접근성을 제고하고 부모의 만족 수준을 높이는 데 많은 재원을 투자하는 것도 중요하다. 현 정부는 접근성 제고와 보육서비스의 질적 수준 제고를 위해 국공립 어린이집 이용률 목표를 제4차 저출산-고령사회 기본계획에 따라 당초 목표 40%를 50%로 늘려 확충하기로 하였다. 국가가 어린이집 수준을 평가하여 인증하는 평가인증 제도도 2019년 6월부터 전체 어린이집에 의무적으로 적용되고 있다. 그러나 국공립 어린이집 확충과 평가인증제도 의무화만으로 어린이집을 둘러싼 부모의 불신을 거둘 수 있을지 확신하기 어려운 사건이 자주 생기고 있다. 근본적으로는 모든 어린이집의 수준을 제고해야 한다. 왜냐하면 국공립을 50%로 확충한다고 하더라도 나머지 50%는 민간 어린이집을 이용해야 하고 부모가 선호하는 기관은 거주지 인근의 어린이집과 유치원이기 때문이다.

이러한 관점에서 보육부문에서 민간이 담당하는 비중이 크지만 강력한 질적 규제로 시설유형에 관계없이 우수한 보육서비스를 제공하고 있는 노르웨이와 네덜란드의 사례를 벤치마킹하여 보육기관을 내실화할 필요[28]가 있다. 아동을 양육하는 부모의 공통된 관심사는 인접성과 질적 만족도이기 때문이다.

이들 국가에서는 보육기관이 기관 내 아동의 생활과 재정 상황을 투명하게 공개하고 보육계획에 대해 학부모가 의견을 제시할 수 있도록 하고 있다. 현장 중심의 평가를 진행하고 평가과정에서 파견된 수업 컨설턴트가 수업구성에 대해 실질적인 논의를 한다. 또한, 아동의 특성에 따른 교육과정이 필요할 경우 학부모의 동의를 얻어 추가적인 비용을 징수할 수 있도록 하고 있다. 아동중심의 보육을 실시할 경우 기관별로 보육료가 달라질 수 있기 때문이다. 한국도 투명한 정보공개, 현장중심의 평가를 진행하고 공통 보육 과정 이외에 추가적인 과정을 실시할 경우 학부모의 동의를 얻어 인상 여부를 결정할 수 있도록 함으로써 부모의 다양한 수요를 맞출 수 있어야 한다. 그렇지 않을 경우 상대적으로 비싼 사교육 시장의 확대를 불러올 가능성이 있다.

출산 전후 유연하고 충분한 육아휴직

양육지원 정책을 구성하는 제도는 유기적으로 관련된 다른 정책과 연계하여 효율적으로 추진해야 한다. 먼저 양성평등 문화가 정착되고 합리적인 근로시간 단축과 함께 결혼 및 출산 등에 대한 우호적인 인식이 확대되어야 한다. 여성의 사회진출을 위해 남성의 가사·양육 참여가 현실화되고, 출산 후에는 부모의 출산 전후 휴가와 육아휴직을 통해 어린 자녀를 직접 돌보고 자녀와의 교감시간을 늘리며 업무에 복귀할 수 있도록 유연근무가 확산되어야 한다.

그동안 육아휴직에 대한 많은 개선이 이루어졌으나 활용률은 아직 OECD 국가에 비해 낮다. 현재 1년간 육아휴직이 가능하고 첫 3개월은 통상임금의 80%, 그 이후에는 50%를 받을 수 있다. 아빠가 휴직할 경우 첫 3개월은 통상임금의 100%(그 이후에는 50%)를 받을 수 있는 등 제도는 구비되어 있다. 육아휴직 사용률이 증가하고 있으나 다른 국가에 비해서 낮은 것은 경력단절에 대한 우려와 낮은 휴직급여 수준 때문인 것으로 보인다. 휴직급여 수준을 연간 소득기준으로 환산하면 어머니의 휴직급여는 29%, 아버지의 경우 31% 수준에 불과하여 일본의 67%와 50%보다도 크게 낮다.

따라서 현 정부가 제4차 저출산-고령사회 기본계획을 통해 생후 12개월 내 부모 모두 3개월 육아휴직 시 각각 월 최대 300만 원(통상임금 100%)을 지원하는 '3+3 육아휴직제'를 도입하고 육아휴직의 소득대체율을 현재 통상임금의 50%를 80%로 인상할 계획이다. 육아휴직 이용률이 늘어날 것으로 보이지만 통상임금이 아닌 연간 소득기준으로 환산할 경우 아직 부족하다.

육아휴직의 활성화를 위해 휴직급여 수준을 높이고 추가적인 출산과 연계하는 방법도 검토할 필요가 있다. 독일의 경우 2000년대 중반부터 12개월 동안 종전 평균임금의 65%를 지급하고, 부부 모두

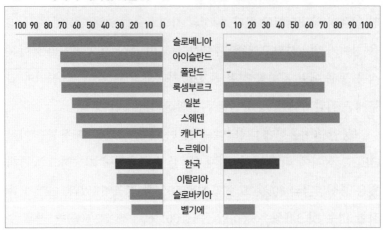

그림 7-8 **어머니 육아휴직급여**　　**아빠 육아휴직 급여**　(단위: 통상임금대비, %)

함께 2개월 이상 휴직급여를 사용할 경우 2개월의 보너스를 지급하고 있다. 추가적인 출산과 연계하는 스웨덴의 제도는 더욱 흥미롭다. 첫째 출산 이후 30개월 이내 둘째를 출산할 경우 둘째의 육아휴직이 종료되는 시점까지 휴직기간과 상관없이 휴직급여를 지급하는 '스피드 프리미엄Speed Premium'을 운영하고 있다. 이러한 제도가 여성의 출산으로 인한 경력단절기간을 줄이고 아동의 학업성적도 좋아지게 만든다는 결과[29]가 있다. 조기 출산이 여성과 아동에게 좋은 결과를 가져오기 때문이다.

　육아기간 중 파트타임 시간제 등 유연근로가 가능하도록 이를 늘릴 필요도 있다. 최근 연구에 따르면 시간제 등 유연근무를 하는 노동자가 정규 노동자에 비해 출산할 확률이 2%p 높으며 둘째 출산도 많다고 한다. 또한, 비정규직 근로자의 고용보험 가입률을 높여 출산 전후 휴가와 육아휴직에 대한 접근성을 높일 필요가 있다.

결혼과 출산을 가로막는 주거비 부담

청년과 신혼부부에 걸맞은 임대주택 지원

저출산 추세를 극복하기 위해서는 결혼, 출산을 겪으며 실제 주택 수요를 갖는 청년층에 대한 주택공급이 원활히 이루어질 수 있도록 해야 한다.[30] 또한 주택임대시장이 과거의 전세에서 월세로 패러다임이 전환되는 상황에서 결혼과 출산 적령기인 청년세대의 부담이 상대적으로 과중되지 않도록 임대지원 정책도 재정비할 필요가 있다. 특히 최근 저금리 등으로 인해 월세 비중이 확대됨에 따라 총소비에서 월세 주거비가 차지하는 비중이 사회적 차원의 문제로 부각될 것으로 예상된다.

연령별 월세 주거비 부담[31]에 따르면 〈그림 7-9〉에 나타난 것처럼 사회초년생인 30세 미만 청년 연령층과 60세 이상 고령층의 주거비 부담이 두드러진다. 2018년 기준으로 30세 미만과 60세 이상은 주거비 부담이 17.1%와 14.1%를 기록하여 10%대 초반을 보이고 있는 30~50대에 비해 높은 수준이다.

따라서 주택임대 및 보유 지원정책도 생애주기에 맞춰 정밀하게 설계될 필요가 있다. 청년기는 소득이 점차 증가하는 시기임을 고려할 때, 저렴한 월세주택 지원이 바람직하고, 보다 넓은 면적, 또는 보다 높은 주거의 질적 수준을 가지고 주거 점유형태도 월세에서 전세 또는 전세에서 자가로 이동하는 주거의 상향이동이 이루어지도록 지원할 필요가 있다.

현 정부가 2017년 11월 주거복지로드맵을 통해 2018~2022년간 공공주택 100만 호를 공급하고 이중 장기임대주택 30만 실을 신

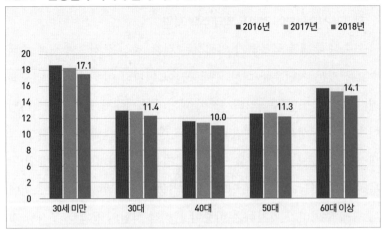

그림 7-9 **연령별 주거비 부담 추이**(가처분소득 대비) (단위 : %)

혼부부를 포함한 청년층에 특별 공급할 계획이다. 청년공공임대주택 13만 호, 공공지원주택 12만 실, 기숙사 등 5만 실로 구성되어 있다. 2020년에는 주거복지로드맵 2.0(2021~2025년)을 통해 공공주택 공급 규모를 105.2만 호로 상향 조정하였다. 2019년부터 시행되고 있는 저금리 전월세 대출도 1.1조 원에서 4.1조 원으로 확대되었다. 주거비 부담을 완화한다는 측면에서는 바람직하나 신혼부부 등 젊은 계층이 희망하는 것은 당장의 주거권 보장과 함께 저축을 통해 상향 이동할 수 있는 기회를 마련하는 것임을 유념할 필요가 있다.

주거의 상향 이동이 가능한 방식

청년과 신혼부부의 다양한 수요를 충족하고 주거의 상향이동을 가능하게 하기 위해 자가주택 마련을 위한 정책프로그램을 마련해야 한다. 희망의 사다리를 만들기 위한 금융지원 프로그램을 영국의

›› **2연혁**   2013년 주택구매의 어려움을 겪는 최초 구입자를 지원하기 위해 도입

›› **제도의 운영방법**   주택을 지분형태로 지역주택협회(Housing Association) 또는
금융기관과 구입자가 공동소유(Shared Ownership)하는 방식

- 주택가격의 구매자가 최소 25%, 금융기관이 최대 75%를 소유

- 구매자는 20%를 저리로 대출 가능(모기지)

- 구매자는 금융기관 지분에 대한 이자를 월세 형태로 지급

- 구매자가 희망할 경우 금융기관으로부터 추가 지분 획득 가능

- 구매자가 매각을 희망할 경우 공동소유하고 있는 금융기관 또는 주택협회가 구
매할 수 있는 우선권(First Right To Buy) 부여

›› **신청자격**   생애 최초 주택구입자

›› **종합저축계좌(ISA: Integrated Savings Account)와 연계**   당초 ISA 계좌와 연계
하여 생애 최초구입자의 자산형성까지 지원했으나 2019년 말 종료

'Help to Buy' 프로그램에서 찾을 수 있다. 2013년 도입되어 생애 최초 구입자가 주택가격의 5%만 불입하면 금융기관과 주택을 공동 소유하고 나머지 지분에 대해서 임대료를 지급하는 방식이다.

　주택담보대출 또는 주택 모기지 대출과 다른 점은 주택의 지분을 금융기관과 공동 소유하는 것이므로 구입자가 채무를 지는 것이 아니며 자금여유가 생기면 언제든지 추가 지분을 획득할 수 있는 권리를 가진다는 것이다. 주택 생애 최초 구입자의 어려움을 완화하고 가계부채 문제도 해결할 수 있다는 효과가 있다. 반면 고령층은 소득감소에 의한 주거비 부담이 커지는 시기임을 고려하여 매월 지불하는 월세보다는 전세를 선택할 수 있는 폭을 확대할 필요가 있다.

주거 서비스를 양육친화적으로 개선

주택을 가진다고 하더라도 자녀의 양육과 보호에 어려움이 없도록 주거환경을 갖추는 것도 중요[32]하다. 주택공급과 연계해서 추진해야 한다. 그러하지 않을 경우 보육시설 등 별도의 정책적 노력이 필요하기 때문이다.

우선 신혼부부 등 청년을 위한 공공임대주택 공급에 있어 학교나 학원 등 교육시설 인근이나 역세권 위주로 공급할 수 있도록 입지를 확보하는 것이 필요하다. 나아가 신규 공동주택의 경우 '주택건설기준 등에 관한 규정'(제55조의 2 제3항) 개정을 통해 주민공동시설로 '방과후 초등돌봄시설'의 의무화를, 기존 공동주택에 대해서는 이들 시설에 대한 용도기준 완화를 검토하는 것이 바람직하다. 공공주택공급 단계에서부터 양육을 위한 주거 인프라를 공급하는 것이다.

중장년층의 경험과 지식을 활용

저출산 고령화로 인한 노동력 감소에 대응하기 위해 출산과 양육 등의 부담을 덜어줌으로써 양질의 여성이 노동시장에 참여하는 방안과 함께 중요한 것은 중장년 또는 고령층의 역할을 강화하는 것이다. 중장년층이 주된 일자리에서 이탈하거나 중고령층이 노동시장에서의 완전히 은퇴하는 것을 방지하고 재취업을 효과적으로 지원하는 방안을 검토할 수 있다. 한국의 중장년층 또는 고령층의 노동시장 참여 행태를 살펴보면 그 필요성을 알 수 있다.

중장년층인 55~64세의 경우 경제활동참가율, 고용률이 지속적으로 상승하여 노동시장에서의 주된 계층인 30대와 유사한 수준이며

OECD 국가와 비교해서도 높다. 한편, 주된 일자리에서 조기 퇴직자도 늘어나고 있는 상황이다. 통계청 조사[33]결과에 따르면 중장년층이 주된 일자리에서의 퇴직하는 연령이 2005년 50.0세에서 2018년에는 49.1세로 낮아진 것을 보여주고 있다. 법정 정년인 60세 기준으로 10.9세나 이른 것이다. 실제 노동시장에서 최종적으로 은퇴하는 연령은 70대로 나타나고 있다. 노후소득 보장제도의 미성숙으로 연금 수급자가 많지 않고 소득대체율도 낮다는 점은 본인 또는 배우자로 하여금 저임과 노동환경이 열악한 2차 노동시장 참여를 불가피하게 한다. 중장년층의 경제활동 참가율과 고용률이 높게 나오는 이유 중 하나이다.

정년연장은 점진적으로 신중하게 추진

먼저 중고령 노동력 활용을 위한 정년연장의 필요성이 점차 커질 것[34]으로 보인다. 단순히 양적인 측면을 넘어 고령층 노동자의 인적자본 활용 측면까지 고려할 경우 최근 쟁점이 되고 있는 정년연장이 자연스러운 논리적 귀결이 될 수 있다. 고령가구의 소득 및 소비의 하락을 막고 연금재정의 지속가능성을 제고하는 효과도 있다. 사실상 연금수급 개시연령이 60세에서 65세로 점진적으로 상향조정되고 있고 2019년 대법원 판결에서도 육체노동 가동연한을 65세로 상향조정한 바 있다. 이러한 이유로 정년연장이 필요성이 제기되고 있다.

그러나 일자기 기회가 제한적인 상황에서 고령층 노동자의 정년연장은 청년 일자리를 제약할 가능성이 있다. 2016년부터 단계적으로 시행되었던 정년연장(60세로 연장)[35]이 청년 고용에 미친 영향을 보면 정년 연장 수혜자가 1명 늘어날 때 청년층 고용이 약 0.2명 감소한 것으로 분석[36]되고 있다. 따라서 정년 연장의 필요성은 인정하더라도 점진적으로 시행함으로써 노동시장에 가해지는 충격이 충분히 흡수될 수 있어야 한다.

4년당 1세씩 증가하고 있는 연금수급 개시연령 변화속도와 맞추는 방안을 검토할 수 있다. 추진하는 과정에서 정년의 보호를 받지 못하는 중소규모 사업체 종사자와 비정규직에 대한 보호조치를 선제적으로 마련할 필요가 있다. 또한 통계청 조사[37]에 나타난 것처럼 고령층 노동자가 선호하는 '시간선택이 유연한 일자리'를 가질 수 있도록 하는 배려가 필요하다.

임금체계의 유연화부터 시작

중장년층의 노동시장 이탈을 최소화하기 위해서는 직무급제를 포함한 임금유연화가 필요하다. 한국의 연공서열형 임금체계는 고도성장기 장기근속을 유도하는 역할을 수행했으나 저성장 시기에는 중장년층의 임금비용을 증가시켜 조기퇴직자를 증가시키는 요인이 되고 있다. 〈그림 7-10〉은 중장년층(55-64세)과 활발한 노동인구(25-54세)와의 평균임금 격차를 보여주고 있다. 다른 선진국은 중장년층의 임금이 낮아지는데 한국 등 일부 국가만 오히려 높아지는 모습이다.

생산성이 높을 수 없는 중장년층의 임금비용이 높으면 고용을 유지하기 어렵다. 이는 〈그림 7-11〉이 잘 보여주고 있다. 연령에 따른 임금노동자로서는 받아들이기 어려울 수 있으나 직장유지를 위해 필요하고 생산성에 부합하는 임금체계 도입이라는 점에서 한국경제의

그림 7-10 **임금 격차**(55~64/25~54세)   (단위 : %)

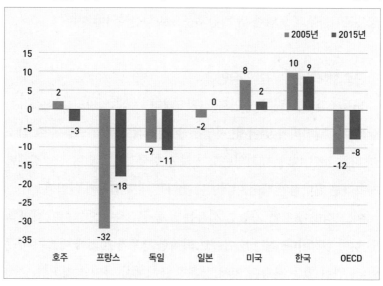

그림 7-11 **임금 격차와 고용유지율**   (단위 : %)

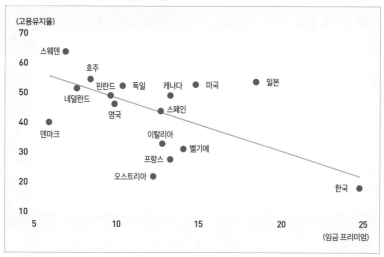

장기 지속가능성을 위해 필요한 과제이다. 우선 정부, 공기업 등 공공부문에서부터 도입한 뒤 민간부문으로 확산시켜야 한다.

근로 형태와 근무 시간의 유연화

노동조건과 관련한 유연화도 필요하다. 주된 일자리 퇴직사유를 살펴보면 일거리가 없어서, 사업부진, 정리해고 등의 노동 수요 감소에 따른 것이 많다. 대외의존도가 높은 한국경제에 있어 산업경쟁력 제고라는 일반적인 대책 이외에는 별다른 대책을 찾기 어렵다.

어느 정도 통제가 가능한 사유는 노동·공급측 요인들이며 대표적인 것이 건강이다. 건강을 이유로 퇴직한 경우가 20%에 이르기 때문이다. 관련 있는 사항은 앞서 통계청 조사에서 나타난 것처럼 55세 이상인 중장년층에서 연령이 높을수록 전일제 근로보다는 시간제 근로에 대한 선호가 높다는 점이다. 특히 65~69세의 경우 67%를 넘는다. 나이가 많을수록 일자리 선택기준이 임금보다는 일의 양과 시간대를 중시하게 되는 것이다. 따라서 시간 선택제, 유연 근로 등 고용형태의 유연화가 필요하다.

과도한 사회보장지출, 개인과 국가 간 역할 분담

저출산 고령화로 인한 부담은 사회보장지출에 직접적으로 나타난다. 급증하는 사회보장지출의 대다수가 국민연금 등 사회보험 증가에 따른 것이다. 근로소득이 줄어들거나 노동시장에서 퇴장한 은퇴자는 노후소득 보장이 이루어지지 않으면 빈곤계층으로 전락할 수밖에 없다. 그러면 복지지출 수요가 급증하게 된다. 기대여명 증가에 따른 노후의 삶에 대한 준비는 기본적으로 국가와 개인의 저축에 의해 조달된다. 합리적인 노후소득보장을 위해 생애 주기적 관점에서 노동기간과 은퇴기간에 미치는 영향이 모두 고려되어야 하며 국가와 개인의 역할분담이 이루어져야 한다.

공적연금 재정, 국민연금과 기초연금 통합

그런데 한국의 핵심적인 노후소득 보장 제도인 국민연금의 경우 개인이 내는 보험료와 국가가 약속한 연금급여 간 심각한 수지 불균형이 존재한다. 국민연금이 9%의 보험료로 소득대체율 40%를 보장하고 있는데, 지속가능한 공적연금제도로 평가되는 캐나다 연금이 소득대체율 25%를 달성하기 위해 9.9%의 보험료를 부과하는 것과 대조적이다.

따라서 국민연금 재정의 지속가능성을 유지하기 위해서는 소득대체율과 연계하여 보험료율을 국민적 합의를 통해 다시 설정해야 한다. 2018년 제4차 국민연금 재정 재계산으로 연금재정에 대한 추계와 제도 개선안이 논의의 출발점을 제공하고 있으므로 조속한 공론화를 추진해야 한다. 국민연금을 포함한 공적연금의 재구조화는 기초연금과의 관계를 고려해서 논의해야 한다. 국민연금은 소득대체율 기준으로 최저 소득보장 역할을 하는 20%의 정률급여와 20%의 소득비례급여로 구성되는데 기초연금은 정률급여와 중복된다. 기초연금은 재정에 의해 보편적으로 지급된다는 성격도 갖고 있다. 국민연금 정률급여를 기초연금과 통합하는 방안을 검토해야 한다.

퇴직연금 의무화, 사적연금과의 연계

공적연금만으로 노후소득의 적정성을 확보하는 것은 가능하지 않다. 가장 선진적인 노후소득 보장체계를 갖춘 것으로 평가되는 덴마크, 네덜란드, 호주 등과 비교할 때 한국의 취약점은 퇴직연금에 있다. 2005년에 도입된 퇴직연금은 의무가 아닌 개인 선택에 의한 임의가입 형태로 운영되고 있으며 중도인출 등으로 인해 연금으로서의 역할을 다하지 못하고 있다. 퇴직연금이 연금자산 역할을 충분히 하기 위해서는 모든 사업장에서 퇴직연금 도입을 의무화하고 중도인출 사유제한 등의 제도개선이 필요하다.

노동의 이동성이 활발해진다는 점에서 퇴직연금의 이동성을 제고하기 위해 사적연금과 개인퇴직계좌IRP와 연계할 필요가 있다. 종전 직장에서 퇴직할 경우 노동자의 퇴직연금 자산을 IRP로 전환하고 새로운 직장으로 옮길 수 있도록 하는 것이다. 퇴직연금기금 운용의 전문성 제고를 위해 중소기업진흥공단 등을 통해 퇴직연금 운용자문 서비스를 제공하는 방안도 검토할 필요가 있다.

퇴직연금과 사적연금의 중요성은 국민연금 재정의 지속가능성과 연계되어 있다. 국민연금 재정재계산 결과에 의하면 2047년 국민연금기금의 적립금이 정점에 이르고 2057년 고갈되는 것으로 나온다. 두 시기 사이 10년간 국민연금기금이 연금지급을 위해 연금자산을 매각할 수밖에 없는데 이를 받아줄 주체가 없을 경우 한국의 금융시장과 거시경제에 충격을 줄 수 있기 때문이다. 퇴직연금과 사적연금의 규모가 커지면 국민연금의 매각자산을 받아줄 수 있다.

국민연금기금을 분할해야

다시 말하면, 적립기금이 2020년 760조 원으로 GDP의 40%, 2040년에는 1,776조 원으로 GDP의 45%가 될 것으로 예상된다. 거의 한국경제 규모의 절반 수준에 해당하는 국민연금 자산이 10여 년 안에 '제로'로 떨어지는데 그 충격은 매우 클 것으로 예상된다. 연금 지급을 위해 연금기금이 보유하고 있는 금융자산을 한꺼번에 시장에서 매각해야 하기 때문이다. 이러한 문제 해결을 위해 해외의 공적 연기금은 해외투자를 확대[38]하는 전략을 추진하거나 기금을 분할운용하고 있다.

한국의 국민연금도 해외투자 비중을 늘리고 있으나 국민연금공단의 기금운용본부라는 조직의 한계로 인해 해외투자에 필요한 전문성을 키우기 어렵다. 따라서 국민연금을 스웨덴 방식으로 분할하여 투자기간 및 포트폴리오를 다양화하는 방안을 검토할 필요가 있다. 그럴 경우 투자위험을 분산할 수 있고 가입자 연령층에 따라 분할할 경우 기금 간 자산 매도·매입을 연계할 수 있어 급격한 기금축소로 인한 거시경제와 금융시장 충격을 완화할 수 있다.

노후 걱정 없는 실질 소득대체율 인상

또한 국민연금이 실질적인 노후소득 보장수단이 되기 위해서는 소득대체율에 대한 종합적인 검토가 필요하다. 현행 제도는 40년 가입한 경우 종전소득의 40%(2028년부터)를 보장하도록 되어 있다. 그러나 가입 기간이 짧거나 가입하지 않거나 가입하더라도 소득이 부족하여 납부를 연기한 납부 예외자 등을 감안할 경우 2088년이 되어

표 7-4 **국민연금 가입자 추이[39](연말)** (단위 : 만 명)

구분	총 가입자	국민연금 납부자	소득신고자					납부예외
			18~59세				60세 이상	
			소계	사업장	지역	임의	임의계속	
2010년	1,923	1,413	1,408	1,041	357	9	5	510
2012년	2,033	1,566	1,558	1,146	390	21	9	467
2014년	2,113	1,655	1,639	1,231	387	20	17	457
2016년	2,183	1,766	1,738	1,319	388	30	28	417
2018년	2,231	1,861	1,841	1,382	399	33	47	370

도 국민연금 수급자 평균 가입기간이 26.8년에 불과하다. 따라서 실질소득대체율이 24.3%에 그칠 것으로 전망[40]되고 있다.

이와 같은 낮은 소득대체율로는 안정된 노후생활을 보장할 수 없다. 2017년 말 기준 평균 국민연금 수령액이 약 39만 원으로 65세 이상 최소 생활비 95만 원[41]의 절반에도 미치지 못한다. 우선 보험료 인상과 연계한 명목 소득대체율 인상을 진지하게 검토해야 한다. 그리고 약속한 명목 소득대체율 40%와 실질적인 소득대체율의 격차를 줄여야 한다. 노후소득 보장뿐 아니라 국민연금에 대한 신뢰 회복과 가입 유인을 위해서도 필요하다.

실질소득 대체율을 높이기 위해서는 저소득 지역가입자에 대한 지원이 필요하다. 보험료 경감과 납부예외자의 보험료 납부재개 지원을 포함한다. 특히 한국의 경우 자영업자가 전체 취업자의 30% 수준에 이르러 이들 계층에 상당한 수준의 사각지대가 분포되어 있는 것으로 보인다.

또한, 4차 산업혁명이 진행되면서 특수형태근로 종사자 등 비전형적인 고용형태가 늘어날 것으로 보인다. 최근까지도 국민연금에 가입하지 않은 특수고용형태 근로자가 48% 수준[42]에 이르러 국민연금 사각지대가 더욱 확대될 가능성이 있다. 저소득 가입자의 연금보험료를 지원하는 두루누리 사업이 있으나 미가입자의 가입 확대보다는 기존 가입자의 보험료 경감 기능이 더 크다는 분석[43]이 있다. 저소득 가입자의 소득 축소 또는 회피로 인한 재정 낭비의 가능성도 있다. 따라서 국민연금 가입과 보험료 지원을 최근 확대되고 있는 근로장려금EITC과 연계할 경우 소득파악 및 행정에 용이하고 재정낭비를 축소할 수 있다.

연금감액제도 정비, 노후소득원의 다원화

노인인구의 경제활동 유인을 높이기 위해 현재 실시하고 있는 소득활동에 따른 감액제도를 재고할 필요가 있다. 감액연금제도는 국민연금을 받는 60~65세의 노령층에게 일자리와 소득이 생길 경우 일정한 금액을 지급하는 연금에서 감액하여 지급하는 제도이다. OECD에 따르면 연금제도를 운영하고 있는 35개국 중 감액제도를 운영하고 있는 국가는 한국을 포함한 7개국에 불과하다.

당초 고소득자에 대한 과도한 보호 억제라는 측면에서 도입되었으나 인구구조 변화로 인해 건강한 노인인구의 근로를 유인할 필요가 생겼고 노후소득 보장 차원에서도 연금 이외의 노동을 통한 소득이라는 다양한 소득원을 제공할 필요가 있기 때문이다. 따라서 고령

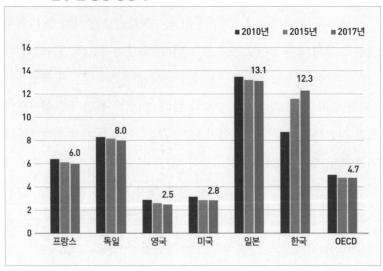

그림 7-12 **인구 천 명당 병상 수**[44]　　　　　　(단위 : 개)

층에 대해서는 감액연금제도를 폐지하여 일하고자 하는 유인을 제공할 필요가 있다. 정년연장 논의를 위해서도 반드시 재고될 필요가 있다. 물론 저임 노동이 아닌 노인인구의 자발적인 선택에 의한 양질의 일자리를 제공하기 위한 노인 고용정책이 병행되어야 한다.

건강한 노후를 보장, 치료보다 예방으로

고령화 시기에 다른 중요한 과제가 건강한 노후생활 보장이다. 앞서 언급한 대로 급속한 노령화로 인해 2030년경에는 인구 4명 중 1명은 노인이 된다. 한국은 인구 1,000명당 의사, 병상 수, 만성질환 병상 수 등이 OECD 국가 중 최상위 수준이다. 의료비 및 병상 수 등 의료 공급 증가도 꾸준하다. 한국보건사회연구원[45]의 추계로는 노인

인구 증가에 따른 수요 증가와 의료시설 확충 등으로 인해 65세 이상 노인 진료비가 2025년에는 40조 원을 넘을 것으로 예상된다.

의료서비스 수요관리, 치료보다는 예방과 민간과의 연계

고령화로 인한 노인진료비 증가를 억제하기 위해서는 우선 의료서비스에 대한 수요를 조정할 필요가 있다. 현행 행위수가제하에서 의료기관이 영업이익과 관계되는 장기입원이나 재입원 등의 억제를 위해 보험자의 역할을 강화해야 한다. 노인진료비의 증가원인이 외래보다는 입원비, 진료비용보다는 진료건수 증가가 주도하기 때문이다. 노인에 대한 의료 서비스에서 약국 서비스의 비중은 지속적으로 감소하고 있는 반면, 입원 서비스의 비중은 2012년 45.5%에서 2018년에는 48.2% 까지 증가하였다. 또한 〈그림 7-13〉과 같이 빠른 속도

그림 7-13 **노인 진료비와 진료건수**

로 증가하고 있는 노인진료비를 1인당 평균 진료비와 진료건수로 분해하면 진료건수가 진료비 증가를 주도하고 있다는 것을 알 수 있다.

따라서 건강보험의 재정안정화 방안에 거론되고 있는 포괄수가제의 확대, 약제비 절감, 주치의 제도 등 비용 효과적인 의료서비스를 강화할 필요가 있다. 특히, 노인이 될 모든 연령층에 대한 금연, 운동, 건강한 식생활 등 예방의 측면에서도 의료비 절감의 목적에서뿐만 아니라 개인 건강과 건강한 노인인구의 노동시장 활동을 위해 중요하다. 이와 관련하여 대형 병원은 주요 질환별 거점병원으로서의 기능을 하고 중소형 병원은 건강관리 기능을 한층 강화할 필요가 있다. 중증 또는 만성 질환에 대한 치료보다는 사전 예방과 건강관리를 위해 지역사회 차원에서 중소형 병원이 주치의로서의 역할을 하는 것이다. 특히 노인진료비의 증가가 진료건수당 진료비보다는 진료건수의 증가에 따른 것이라는 분석은 주치의 제도의 필요성을 강조하는 것이다.

민간자원의 활용과 질적 수준 제고

노인인구의 건강관리 및 질병예방 등을 위해 민간자원의 활용도를 높일 필요가 있다. 병원과 건강관리서비스를 제공하는 모든 민간기관의 서비스를 점검하고 평가함과 동시에 서비스 제공기관과 종사자를 보호하는 시스템이 필요하다. 영국에서는 2013년 'Care Quality Commission'이라는 비영리기구가 설립되어 주기적으로 의료서비스를 제공하는 기관을 평가점검하는 역할을 하고 있다. 한국도 지역병원, 요양병원, 재가 및 시설요양 등의 서비스를 제공하는 기관에 대한 점검과 평가 등을 하고 이와 관련한 정보를 투명하게 공개함으로써 노인인구의 의료서비스 접근성과 만족도를 제고할 필요가 있다. 이는 의료서비스 불만으로 인한 빈번한 진료건수를 줄이는 역할을할 수도 있다.

또한 4차 산업혁명으로 수요가 증가하고 있는 원격의료와 원격건강관리서비스를 활성화하는 방안을 적극적으로 검토해야 한다. 의사와 환자의 책임, 개인정보 보호 등을 이유로 아직 도입되지 못하고 있으나 개인정보 보호를 위한 법적 안전장치를 마련해야 한다. 원격의료에서 발생하는 책임의 문제 등을 조속히 정리하여 새로운 산업을 육성하고 노인진료비도 함께 억제해야 한다.

PART 08

지역균형을 위한 각 지역의 자율성과 혁신능력

지역발전 현황,
선별 지원 방식의 종언

추격형 발전 전략이 효율적이었던 고속성장 과정

한국은 짧은 시간 내 농업 중심의 극빈국에서 선진화된 산업 국가로 변신하였다. 그 과정에서 경공업에서 출발하여 중화학 공업으로 가는 '순차적이고 체계적인' 산업 정책을 추진했다.[1] 정부가 육성 대상 산업을 선정하고 이에 필요한 인력을 양성하고, 한정된 재원을 집중 배분하였다. 정책은 7차례에 걸친 경제개발 5개년 계획에 반영되고 실천되었다.

이러한 산업육성 전략은 현재의 지역 간 격차 형성에 많은 영향을 주었다. 한국이 경험하고 있는 수도권 과밀현상 등 지역 간 격차의 상당 부분은 지난 수세기 동안 지속되었던 중앙집권적 정치와 행정 전통 때문이기도 하지만 일부는 추격형 산업육성 정책과 관련이 있다. 한국은 성장과정에서 수도권과 수출산업의 전략기지가 될 수 있는 해안지역에 대한 투자를 유도하고, 주된 생산 주체로서 대기업을 지원하고 육성했다.

그 결과 지원 대상이 되지 못했던 지역은 지역 경제를 발전시키는 데 필요한 재원, 인력, 기업 등을 확보할 수 없었다. 특정한 산업과 지역을 선정하여 집중하는 발전 전략은 특정 지역의 발전 효과가 다른 지역으로 확산될 것이라고 하는 낙수효과를 기대하며 시작했지만 실제 그 효과는 미미하였고 지역 간 격차만 심화되었다.

한국에서 지역 간 격차가 본격적인 정책적 관심이 된 것은 1990년대 이후였다. 1980년대 후반 정치적 민주화의 영향을 받아 1991년에 지방 의회가 구성되고 1995년에 지방자치단체장 민선이 실시되었다. 경제적으로도 1997년 외환위기와 2000년대 중반 글로벌 금융위기의 영향으로 불균형 성장전략이 한계에 부딪히자 산업혁신의 기반으로서의 지역에 대한 관심이 높아진 것이다.

그러나 지역균형 발전 전략의 핵심은 낙후된 지역의 발전을 돕는 적극적인 정책보다는 상대적으로 발전되어 있는 수도권의 집중을 억제하는 데 있었다. 지역균형 발전을 위한 보다 높은 관심과 적극적인 투자를 위해 2004년 국가균형발전위원회를 신설하고 균형발전특별회계[2]를 설치하는 등의 노력을 기울였다. 국가균형발전위원회는 국가균형발전 5개년 계획을 수립하여 추진하였으며 2019년에는 분권, 포용, 혁신의 가치를 핵심으로 하는 제4차 5개년 계획을 발표하였다.

한편, 지자체가 자체적인 사업에 사용할 수 있는 지방재정의 규모도 커졌다. 국세와 지방세를 합한 총조세수입에서 지방이 사용하는 재원, 즉 지방세와 지방교부세, 국가보조금의 합계가 차지하는 비중이 1990년 47.4%에서 2019년 67.5%로 높아졌다.[3] 특히 참여정부 이후 지자체의 자율 재원으로 분류되는 교부세율 대폭 인상[4], 국고보

제4차 국가균형발전 5개년 계획의 주요내용

» 비전 지역이 강한 나라, 균형 잡힌 대한민국

» 목표 지역 주도 자립적 성장기반 마련

» 전략 및 과제

- **사람** 안정되고 품격 있는 삶
  · 지역인재·일자리 선순환 교육체계
  · 지역 자산을 활용한 특색 있는 문화·관광
  · 기본적 삶의 질 보장을 위한 보건·복지 체계 구축

- **공간** 방방곡곡 생기 도는 공간
  · 매력 있게 되살아나는 농산어촌
  · 도시재생, 뉴딜 및 중소도시 재도약
  · 인구감소지역을 거주 강소지역으로

- **산업** 일자리가 생겨나는 지역혁신
  · 혁신도시 시즌 2
  · 지역산업 혁신
  · 지역 유휴자산의 경제적 자산화

조금 제도 정비 등에 따라 지자체 가용재원이 지속적으로 증가하고 있다.

현 정부에서도 재정분권 공약에 따라 국세의 일부를 지방으로 이양하는 방안이 추진되고 있다. 2022년까지 현재 8:2 수준인 국세와 지방세의 비율을 7:3으로 개선하는 것을 골간으로 하고 있으며 중앙정부에서 징수하고 있는 부가가치세를 재원으로 하는 지방소비세를 확대[5]하였다. 국세-지방세 재배분 및 지방재정조정제도를 개편하는

2단계 방안은 추가적인 논의를 거쳐 2021년부터 추진할 계획이다. 재정분권 추진방안의 본격적으로 실행되면 지방재정 규모도 계속 늘어날 것으로 예상된다.

지역 간 경제력 격차, 수도권에 비해 낙후된 지역

수도권-대도시 집중 확산

2000년대 이후 다양한 지역 정책 추진에도 불구하고 인구, 경제력 등의 부문에서 격차가 줄기보다는 늘고 있다. 과거 선별적인 집중 개발전략 등에 따라 전체 국토면적의 11.8%에 불과했던 서울과 경기도 등 수도권 지역의 인구가 1970년 28%에서 2000년에 41%로 증가하였다. 적극적인 지역균형발전 전략을 추진한 2000년 이후에도 증가세는 둔화되었으나, 수도권 인구가 2018년 11월 사상 처음으로 전체 인구의 50%를 넘어섰다. 특히 〈그림 8-1〉에 나타나 있는 것처럼 수도권을 포함한 부산, 광주 등 대도시에 거주하는 인구가 70%를 상회함으로써 한국이 OECD 국가(평균 63%) 중 대도시 지역[6] 인구 비중이 가장 높은 국가로 분류된다.

경제력 격차도 확대되었다. 빠른 속도의 경제발전으로 거의 모든 지역의 GDP가 증가하였으나 서울과 경기 등 수도권 지역이 전체 GDP의 75% 이상을 차지하고 GDP 기여율 측면에서도 수도권이 74%를 기여하고 있다. 특히 한국의 경우 대도시 기여율의 2/3를 서울이 차지하고 있는 것으로 나타난다.

그림 8-1 **대도시 집중도**　　　　(단위 : %)

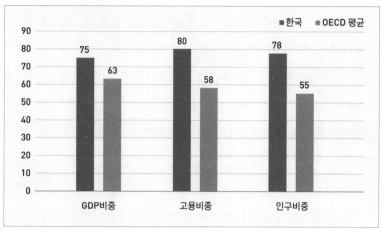

그림 8-2 **대도시 GDP 기여율**(2000~2016년)　　　　(단위 : %)

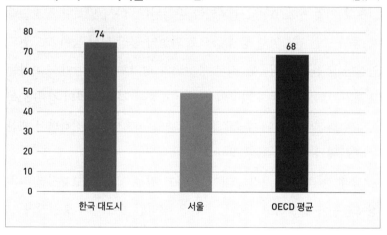

지역 간 혁신역량과 고용격차 확대

지역별 혁신역량의 차이도 여전하다. 2010년대 중반 이후 조선, 자동차 등 주력산업의 침체로 경제 여건이 악화되는 가운데 일부 지역은 혁신역량 미흡으로 자립할 수 있는 성장기반을 구축하는 데 한계에 부딪히고 있다. 2008년에서 2016년까지 생산성이 연 평균 2.9%한 것으로 나타나고 있는데 지역별로는 충청지역이 가장 높은 증가율을 보였다. 반면 1인당 GDP가 상대적으로 높았던 경남권은 같은 기간 중 생산성 증가율이 0.8%에 그치고 있다.

1인당 지역총생산GRDP의 격차를 살펴보면 1인당 GRDP가 가장 높은 지역은 울산이며 부산에 비해 2배 이상 높다. 이러한 결과는 수년간에 걸쳐 실시되었던 수도권 집중억제 정책과 글로벌 금융위기의 이후의 기업 구조조정의 결과라고 추정된다. 다시 말하면 공장총량제 등 수도권 집중억제 정책 등으로 기업의 공장 신설 등이 수도권과 인접한 충청권에 집중된 결과 충청권의 성장과 생산성이 증가하는 모습을 보였고, 조선과 자동차 산업이 집중된 경남 지역의 경우 조선산업의 경쟁력 하락과 구조조정의 영향으로 투자가 부진하면서 생산성 증가세가 크게 둔화된 것이다.

지역 간 격차가 가장 크게 발생하고 있는 부분은 고용시장이다. 경제활동이 활발하고 생산성이 높은 지역인 수도권과 충청권의 고용률이 높을 가능성이 크다. 2019년 고용률이 가장 높은 제주지역과 가장 낮은 부산의 고용률 격차는 12%p에 이른다. 부산의 고용률 하락은 조선 산업 구조조정과 해운업의 부진 등에 기인한 것으로 보인다.

그림 8-3 **시도별 고용률**

(단위 : %)

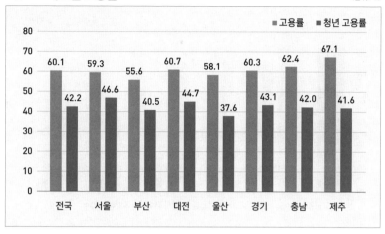

그림 8-4 **시도별 1인당 소득**

(단위 : 천 원)

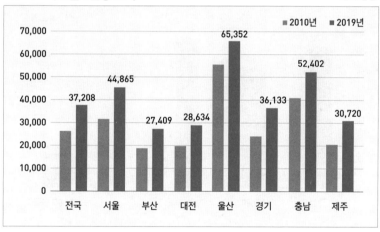

삶의 질에도 존재하는 격차

경제력의 격차는 지역 간 삶의 질 격차로 이어진다. 〈그림 8-5〉에 나타나 있는 것처럼 상하수도 보급률, 응급 의료기관 등 수도권과 지

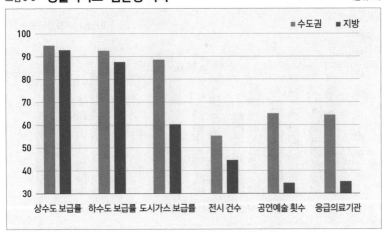

그림 8-5 **생활서비스⁷ 접근성 격차**

(단위 : %)

■ 수도권　■ 지방

상수도 보급률　하수도 보급률　도시가스 보급률　전시 건수　공연예술 횟수　응급의료기관

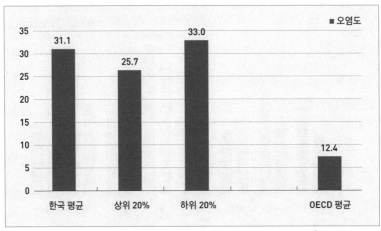

그림 8-6 **지역별 환경오염**(PM 2.5)

(단위 : ppm)

■ 오염도

31.1 / 25.7 / 33.0 / 12.4

한국 평균　상위 20%　하위 20%　OECD 평균

방 간 생활서비스 접근성에 불균형이 지속되고 있다. 환경 측면에서는 반대의 경향을 보인다. 대도시 권역의 대기오염 물질(PM 2.5)은 OECD 평균에 비해 높다. 특히 대전의 덕진 지구가 OECD에서 5번

째로 대기오염 물질이 많은 지역으로 선정[8]되기도 한다.

글로벌 메가트렌드, 지역 간 격차를 확대하는 요인

특정 지역중심의 발전전략으로 인해 발생한 지역 간 격차는 최근 국내외 경제환경 변화에 따라 확대될 것으로 예상된다. 이러한 글로벌 메가트렌드로는 디지털화, 자동화 등의 기술변화와 저출산 고령화로 인한 인구구조 변화와 도시화가 대표적이다.

기술변화로 지역격차 더욱 심화

인공지능, 자동화 등의 새로운 기술은 파트3에서 설명한 바와 같이 개별 경제주체가 생활하고, 생산하고, 소통하는 방식을 변화시킴으로써 한 경제의 생산성과 생활수준을 변혁시키는 요인이 될 것으로 기대된다. 이러한 변화의 효과가 지역별로 다르게 나타나고, 지역 간 격차를 더욱 크게 확대할 것으로 보인다.

예를 들어, 자동화는 노동시장의 변화를 가져온다.[9] 고숙련 직업의 경우 임금상승과 고용증가가 이루어질 것으로 보이지만 중간 수준의 역량을 요구하는 직업은 기계로 대체될 가능성이 높다. 이러한 일자리 대체효과는 지역별로 다르게 나타난다. 금융 등 전문직이나 고숙련 기술을 요구하는 사업장이 많은 수도권 등 대도시 지역의 고용에는 긍정적인 영향을 미칠 수 있지만 서비스업이 취약하고 공장 등 제조업이 많은 농촌 등 지방경제에는 부정적인 영향을 줄 것으로 예상된다.

또한, 새로운 기술의 적용 등을 위해서는 인프라 개선이 필요하다. 대도시 지역의 경우 제품 또는 서비스 수요자가 많고 도로, 정보, 연구기관, 학교, 기업 등의 관계자가 밀집되어 있어 새로운 기술이 산업화될 수 있는 여건이 양호하다. 결국, 새로운 기술과 산업은 대도시 지역 위주로 출현되면서 지역 간 격차를 더욱 확대시킨다.

저출산 고령화와 도시화로 인한 지역격차

저출산 고령화의 영향도 지역별로 다르게 나타난다. 출산율이 낮은 상황에서 새로운 인구 유입이 이루어지지 않고 대도시 지역으로의 유출이 증가하면서 소멸 가능성이 높은 지역이 증가하고 있다. 20~39세 가임여성 인구 수를 65세 이상 노인인구 수로 나눈 소멸위험지수 분석이 있다. 즉, 가임여성이 노령층에 비해 적으면 출생아동이 줄어들면서 그 지역이 소멸될 수 있다는 인식에 따라 지수화하여 분석하는 것이다. 구체적으로 0.2 미만은 소멸고위험지역, 0.2~0.5는 소멸위험지역, 0.5~1.0은 소멸위험주의지역, 1.0~1.5는 소멸위험보통지역, 1.5 이상은 소멸저위험지역으로 분류된다.

이러한 소멸위험지수 분석에 따르면 〈그림 8-7〉에 나타난 것처럼 2018년 기준으로 전체 시군구의 39%인 시군구가 읍면동 기준으로는 43%인 1,503개가 소멸될 위험에 처해 있는 것으로 나타난다. 2005년에 비해 늘어난 것이다. 시군구 기준으로 소멸고위험지역은 총 16곳으로 경북 군위군과 의성군이 0.14로 가장 위험하고 전남 고흥 등이 뒤를 따르고 있다.

인구구조의 변화는 지방자치단체의 세수와 세출 등 재정상황에 큰 영향을 미친다. 인구의 변화는 지방의 소득세 등 세원을 축소시키

그림 8-7 **소멸위험지수 분포**[10]

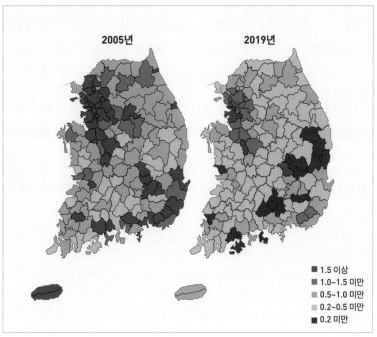

는 반면, 노인복지 등에 대한 지출을 증가시켜 지방 재정상황에 부담 요인이 된다.

코로나19 사태에도 대도시 집적 현상

한편, 2020년 이후 코로나19 사태로 인한 사회적 거리두기와 재택근무 증가가 대도시 집적효과를 억제할 수 있다는 지적도 있다. 실제 2020년 3~4월 중 강력한 봉쇄조치로 인해 미국과 유럽에서는 각각 전체 근로자의 50%, 37%가 재택근무에 참여[11]했으며 한국에서도 상당수 기업이 재택근무제를 시행하였다. 굳이 직장이 있는 대도시에 가지 않고 교외의 집에서 근무하기 때문에 집적현상이 완화될 수 있다. 미국의 연구에 의하면 코로나19 이전 재택근무 비중이 5%에 불과했으나 이후에는 20%까지 증가할 것으로 전망[12]하고 있다.

그러나 대도시 집적현상을 완화하는 데는 한계가 있다. 여전히 인재를 충원하고 성과를 모니터링하며 대면접촉을 통한 관계형성과 지식전달의 필요성이 있기 때문이다. 대다수 기업이 실제 재택근무와 사무실에서의 접촉과 협업이라는 사무실 근무를 혼합하는 형태로 노동 패턴이 변화[13]하고 있다. 대도시들이 이와 같은 지식의 축적과 전달에 용이한 인프라를 갖추고 있다.

지역균형발전 전략, 자율과 상생협력 시대로

지역 간 격차 완화에서 지역의 경쟁력 강화

1990년대 지방자치제가 도입되면서 추진하기 시작한 지역 간 격차완화 정책의 초점은 격차 축소를 통한 형평성 제고에 있었다. 2000년대에 들어와서야 기반시설soc 건설과 투자에 대한 유인 제공을 통해 낙후지역의 개발을 유도하는 방향으로 전환되었다. 그러나 앞에서 설명한 것처럼 지역 간 인구, 경제력, 삶의 질 차원에서 격차가 축소되기보다는 오히려 확대되는 모습을 보였다. 초기 지역 간 불균형 발전전략의 효과가 낙후지역으로 확산될 것이라는 믿음이 사라지고 있다. 더욱이 본격적으로 진행되고 있는 기술진보, 도시화, 저출산 고령화는 지역 간 격차를 심화시키는 요인으로 작용할 것으로 보인다.

이러한 인식에 따라 OECD 등 선진국에서는 포괄적인 전략, 즉 낙후지역의 혁신과 경쟁력을 높이기 위한 전략 추진 필요성을 인식하게 되었다. 소극적인 격차 축소보다는 지역의 특수성을 인정하고

도시와 지역 간 연계 강화, 지방정부의 혁신역량 강화, 중앙과 지방정부 간 협력을 통한 다차원적인 조정과 거버넌스 시스템 개혁 등을 주요 내용으로 하고 있다.

한국도 지역 간 격차완화 정책의 변화를 추진하고 있다. 중앙정부 주도의 방식으로는 격차완화에 한계가 있음을 인식하고 지역 실정을 잘 아는 지방정부 주도의 문제해결을 추진하려 하고 있다. 즉, 제4차 국가균형발전 5개년 계획에 따라 지자체가 자율적으로 추진하는 지역발전계획을 수립하고 중앙정부와 협약을 체결할 계획이다. 지역 주도의 발전전략은 지역 내 지자체와 학계, 기업계, 연구기관 등이 참여하는 지역혁신협의회를 중심으로 마련되는 것이다.

이들 사업의 효과적인 집행을 위해 국가균형발전특별회계 개편 및 재정분권을 추진하고 있다. 그러나 지역의 자율적인 발전과 혁신 역량 제고를 위한 재정분권의 내용이 아직 지역의 자율성과 책임성 강화라는 본질과는 거리가 있다. 또한 1982년에 도입된 수도권정비계획법에 따른 지구 규제라는 입지 규제도 그 효과에도 불구하고 국가경제 전체로 보면 비효율성을 띄고 있어 아직 개선의 여지는 많다.

사실상 공장이나 학교설립이 불가능한 과밀억제권역, 엄격한 승인절차가 요구되는 성장관리권역, 자연보호 차원에서 적용되는 자연보전권역이라는 규제가 얽혀 적용되고 있다. 공장 신증설뿐 아니라 일정 규모 이상의 서비스업체와 연구개발시설 신증설에는 과밀부담금이 부과됨에 따라 지역의 혁신과 지역산업의 경쟁력을 저해하는 요인으로 작용한다는 비판이 제기된다. 지구 규제에 지역분산과 균형발전이라는 이점도 있으나 집적효과를 제약하고 필요한 인력을 조달할 수 없어 투자를 저해할 가능성이 있기 때문이다. 수도권 집중 억제라는 정책과 지역경쟁력 제고라는 두 가지 목적을 충족할 수 있는 효율적인 정책수단 개발이 필요하다.

수도권의 집적화 장점을 활용하는 정책

수도권에 대한 정책은 획일적인 진입과 행위규제에서 벗어나 수도권이 갖고 있는 입지적 이점을 활용하고 이를 통해 발생한 효과가 비수도권으로 확산되도록 하는 것이 바람직하다. 수도권과 비수도권 간의 상생이 가능하도록 하는 환경을 조성하는 것이다.

특히 기술진보 등 경제 환경의 변화에 따라 도시가 갖는 이점이 변하고 있다는 것에 주목할 필요가 있다. 글로벌 경제 환경 변화에 따라 금속, 기계, 자동차 등 전통 제조업의 경쟁력이 약화되고 정보, 서비스 등이 융합된 혁신 제품에 대한 수요가 늘고 있다. 혁신은 대학 및 연구기관과 같은 혁신창출의 주체가 산업계와 유기적으로 상호작용하는 과정에서 발생한다는 것이 최근의 견해다. 이런 과정에서 집적의 효과가 발생한다. 다시 말하면, 동일한 업종이 한 지역에 모여 있을 경우 기업이 필요로 하는 다양하고 숙련된 노동력이 모이고 동일업종 내 공동관심을 가진 사람들 간에 정보공유와 지식전파가 일어날 수 있다. 또한 인구집적과 높은 소득수준 등으로 인해 소비의 다양성과 집적이 가능하게 된다. 이러한 환경을 반영하여 수도권에서 입지 우위를 갖고 있는 업종은 물류, 금융 등 사업지원 서비스업이다.

또 다른 특징은 신설법인과 벤처기업이 수도권에 집중되어 있다

그림 8-8 **지역별 신설법인** (단위 : 개)

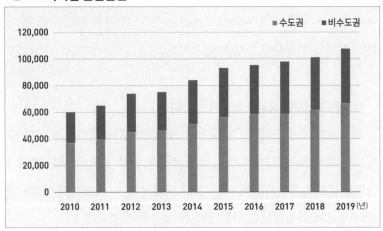

는 점이다. 〈그림 8-8〉에서 볼 수 있는 것처럼 2010년 이후 서울, 경기, 인천 등 수도권 지역의 신설법인이 꾸준히 60% 이상을 차지하고 있다. 2019년 사상 최대로 많은 11만 개의 신설법인이 만들어졌는데 이중 70% 수준인 6만 7,000개가 수도권에 위치해 있다. 혁신형 창업을 위해 필요한 지식과 정보의 집적과 교류, 소비 기반을 갖춘 대도시의 장점이 작용한 것이다.

이런 점들을 고려하면 수도권 입지규제 정책이 수도권 과밀억제를 해결하기 위한 최선의 정책이 아닐 수 있다. 앞서 언급한 바와 같이 수도권 입지규제 정책에도 불구하고 수도권과 비수도권 간의 격차가 축소되기보다는 오히려 확대되는 효과를 가져왔다. 신설법인과 벤처기업이 여전히 수도권 입지를 선호하기 때문이다.

대안으로 도시의 이점을 활용하기 위해 규제보다는 상생을 도모하는 조장 정책을 검토할 필요가 있다. 현재 진행되고 있는 서울 등

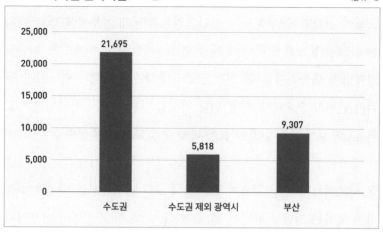

그림 8-9 **지역별 벤처기업**(2018년)　　　　　　　　　　　　(단위 : 개)

수도권에 대한 정책은 기술진보와 자동화, 서비스화라는 미래산업의 트렌드를 감안하여 새로운 시각에서 만들어져야 한다. 수도권이 갖고 있는 집적효과로 인해 창업 초기단계의 기업이 수도권에 모여드는 것을 막을 수 없기 때문이다. 따라서 수도권 내 창업 중소기업에 대한 규제를 먼저 개선하여 창업을 할 수 있도록 하고 창업 후 생산 등 안정화 단계에 돌입하면 비수도권으로 이전하도록 지원하는 방안을 검토해야 한다.

　이와 관련하여 지방으로 생산기지를 이전하는 기업에 대한 과감한 세제지원 방안을 검토할 필요가 있다. 현재 조세 제도상 지역균형발전을 위해 지방창업 중소기업 세제지원,[14] 지방이전기업 이전 및 운영단계 세제지원,[15] 지방 중소기업 우대지원,[16] 지역특구 입주기업 세제지원 등을 운영하고 있다. 그러나 총감면액이 2018년 기준으로 연간 1.1조 원 수준[17]에 불과하다. 조세지원 제도를 전면적으로 재점검하여 실질적인 인센티브로 작동할 수 있도록 해야 한다. 나아가 수도권에 잔류할 수밖에 없는 첨단산업과 연구개발 투자에 대한 예외를 검토할 필요가 있다. 인공지능, 정보, 가상현실, 바이오 등 4차 산업혁명에 대응하기 위한 첨단산업의 육성에는 대학과 연구기관 등과의 연계가 중요하다. 이를 위한 기반을 갖춘 대도시 지역에 입지를 허용함으로써 관련 산업이 꽃을 피울 수 있도록 해야 한다.

제조공장 기지는 해외에 두더라도 고부가가치 기술 및 연구개발은 국내에서 수행할 필요가 있는데 수도권 입지규제로 아예 진입을 하지 못하는 기업에 유인이 될 수 있다. 국내 유수 기업이 연구기지를 만들려면 입지의 하방 한계선이 충청남도 탕정이라는 얘기도 나오는 상황임을 감안하면 입지와 행위는 허용하되 혜택에 따른 비용을 부담하도록 하면 충분한 유인이 될 수 있다. 이를 위해 업종별로 현행 과밀부담금[18]을 대폭 상향하는 방안을 검토할 필요가 있다.

지방에 비해 수도권에 집중되어 있는 인적·물적 자원을 활용하는 혜택에 상응하는 비용을 부담하고 입지를 허용한다면 아예 진입도 못하는 것에 비해 받아들여질 수 있는 대안이 된다. 수도권을 포함한 대도시로 진입하고자 하는 기업에 대해서는 상응하는 비용을 부담하도록 하고 지역발전기금으로 만들어 이를 세제지원과 함께 지방이전 기업에 지원한다면 지역균형 발전에 긍정적인 기여를 할 수 있다.

코로나 사태 이후 수도권에 대한 도시세 도입 검토

2020년 이후 코로나19 팬데믹(대유행)으로 인한 글로벌 밸류체인 GVC을 보는 시각의 변화는 지역균형발전을 가능하게 하는 여건을 조

기로에 선 한국경제

성하고 있다. 보건위기로 인한 지역별 폐쇄lock-down가 원료, 소재, 부품 조달의 어려움과 생산차질을 유발하기 때문에 효율성보다는 여유가 필요하고 최종 생산공장 또는 소비지 인근에 조달망을 갖추어야 한다는 인식이 생기고 있다. 따라서 해외 진출을 추진했던 다수의 기업이 국내에 생산 생태계를 갖출 유인이 된다.

이러한 이유로 세계 주요 국가는 필수 품목의 경우 국내생산을 하도록 유인하거나 해외에 진출한 자국 기업이 국내로 돌아오도록 하는 소위 유턴 정책을 추진하고 있다. 코로나 사태를 국내 제조업 부흥의 기회로 삼고자 하는 것이다. 우리도 고용과 투자 촉진을 위해 해외진출 기업의 유턴을 추진할 필요가 있다. 산업에 대한 각종 규제, 노동시장의 경직성이 유턴의 장애물이 되고 있는 것은 이미 알고 있는 사실이다. 그런데 최근의 경향은 유턴 또는 제조업 리쇼어링이 효과를 내기 위해서는 고부가가치 기술 제조업 중심으로 이루어져야 한다는 것이다. 인건비 절감 또는 해외시장 진출을 이유로 나간 제조업은 돌아오기도 어렵고 오더라도 생존하기 어렵기 때문이다.

고부가가치 제조업은 수도권 또는 대도시의 인력과 양질의 인프라를 선호한다. 이는 지역 간 균형발전 정책과 배치될 수밖에 없다. 이를 해결하기 위해 수도권 등에 입지를 허용하되 양질의 인프라를 활용하는 것에 대한 부담금을 부과하는 방식도 유효한 수단이지만, 이에 더해 또 다른 방식을 활용하자는 견해도 있다. 이른바 '도시세'의 신설이다.

옥스퍼드대학의 폴 콜리어Paul Collier 교수에 따르면[19] 수도권 입지에 대한 과중한 부담금 징수는 경제학자 헨리 조지Henry George의 지대론에 근거한 것으로 이를 보다 발전적으로 계승하면 도시에 거주하는 고소득 개인에 대한 도시세 부과도 가능하다고 주장한다. 도시의 양호한 인프라가 토지 또는 건물 가격에 반영되므로 도시지역 토지, 건물, 주택에 추가적인 부담금을 부과하는 것인데 도시 거주 개인도 이러한 혜택을 받고 있으므로 소득세를 가중할 필요가 있다는 것이다. 이를 '도시세'로 명명하고 있다. '도시세'를 통해 거둔 세수는 지역균형발전의 기금이나 지역균형발전을 위한 개발은행을 설립하는 데 사용하자고 제안하고 있다.

지역에 입지하는 기업에 대해 파격적인 혜택을 검토할 필요가 있다는 주장을 함께 하고 있다. 특히 처음 입지하는 기업에 대해서는 추가적인 혜택을 부여할 것을 주장한다. 처음 입지 기업이 관련 인프라를 설치하고 인력을 끌어들이는 클러스터의 핵심 역할을 하기 때문이라는 것이다.

이와 유사한 주장은 일본에도 있다. '미스터 엔'으로 불리던 사카기바라 에이스케 전 일본 재무관은 일본의 수도권 집중을 막기 위해 지방으로 본사를 이전하는 기업에 대해 세제혜택을 주고 기업은 지역인재를 채용하고 혁신 인프라를 구축해야 한다고 말한다. 이를 위해 기업이 지역에 투자한 금액만큼 배당을 유예하자고 제안하기도 한다. 이러한 제안도 검토할 가치가 있다고 본다.

지방을 혁신 시험기지로 활용하는 방안

앞에서 설명한 것처럼 지역별 생산성 증가율 등 혁신역량의 격차가 큰 것으로 나타나고 있다. 생산성 등 혁신역량이 일자리와 임금으로 바로 연결되기 때문에 혁신역량의 격차는 바로 소득격차로 이어진다. 따라서 지역별로 특성에 맞는 혁신 클러스터를 조성함으로써 생산성과 소득을 높일 수 있는 방안을 검토할 필요가 있다.

특히 혁신을 위해서는 연구개발과 지식정보 공유, 인력양성 등이 함께 이루어져야 하기 때문에 지자체, 지역혁신협의회, 특별행정기관, 대학, 테크노파크 등과의 연계가 긴밀히 이루어져야 한다. 여기서 기업이 사회적 책임을 인식하고 적극적인 노력을 기울여야 한다. 산학연 등을 통해 기업이 새로운 산업에 대한 정보를 대학과 연구기관 등에 전파하고 관련 인력을 양성하며, 산업과 기술을 전국에 적용하기 전에 시험해보는 것도 중요하다.

제한된 정보를 갖고 있는 지역의 대학과 연구기관, 창업 중소기업을 대기업 또는 중소기업이 나서서 육성하는 것이다. 지자체 또는 기업 등이 상호협력을 통해 전략산업을 선정하고 관련 클러스터를 형성하는 것이다. 이를 위해 제4차 국토균형발전 5개년 계획에서 설립하기로 한 지역혁신협의회의 역할이 필요하며 규제 샌드박스 등을 지역별로 적용하는 방안을 검토할 필요가 있다. 특히 지역혁신협의회는 부처별로 산재된 혁신역량을 결집하여 전략수립과 추진에 기여할 것으로 보인다.

지방의 혁신역량 육성을 위해 투자하는 기업에 대한 지원방안도 검토할 가치가 있다. 즉, 혁신 인재양성을 위해 대학 및 연구기관에 전문 인력을 파견하거나 관련 연구기관 설립을 위해 투자하는 기업에 대해서는 투자세액공제 등을 적용하여 기업의 부담을 줄여주는 것이다. 또는 이들 기업에 대해서는 각종 부담금을 줄여주거나 매칭을 통해 기업 투자와 연결하여 지자체의 적극적인 협조를 이끌어내고 투자위험에 대한 책임을 분산할 수 있다.

지역 특성과 산업을 융복합한 지원체계 구축

지역혁신협의회와 관련하여 정책의 추진단위를 기존 광역시도, 시군구 등 행정구역을 넘어선 중층구조로 설정하는 것을 검토할 필요가 있다. 각 지역이 직면한 문제들과 그에 따른 정책수요가 다르기 때문에 중앙정부가 획일적인 정책을 수립하는 것은 효율적이지 못하다. 따라서 지역혁신협의회의 취지는 지역이 참여하여 산업계, 대학, 공공기관, 행정기관 등이 함께하는 것이다.

그러나 산업 간 융복합이라는 새로운 움직임과 지역산업의 어려움 등을 감안하면 기존 행정구역 범위 내의 정책이 효과적이지 못할 수 있다. 지역이 자립경제 기반을 갖추기 위해서는 공간적 범위를 넓혀 통합 경제권 형성이라는 측면에서 접근할 필요가 있다. 예를 들어, 지역산업이 요구하는 인재를 해당 행정구역 내 대학과 연구기관으로부터 공급받는 것에 한계는 있을 수 있다. 개별 기관의 강점이 있고 이를 연계하는 것이 오히려 효과적이다. 통합 경제권이라는 시각에서 산업공동체를 형성하고 지역대학의 역량 제고와 노동자들에 대한 재교육과 직업훈련 확대, 삶의 질 개선과 주거-교육-문화 등 생활서비스를 함께 제공하는 방안[20, 21]이 필요하다.

이와 관련하여 '말뫼의 눈물'로 대표되는 조선업 붕괴로 도시 전체가 위기에 직면했던 스웨덴의 말뫼, 1990년대 자동차산업 위축으로 어려움을 겪었던 독일의 볼프스부르크의 사례를 검토할 필요가 있

기로에 선 한국경제

다. 스웨덴의 말뫼는 인근 코펜하겐으로 연결되는 대교 건설을 기반으로 인근 지역기업과의 네트워크를 형성하고 대학 자원의 공동사용과 분야별 창업지원 등으로 신산업 육성에 성공했다. 독일의 볼프스부르크는 폭스바겐사와 공동으로 중소기업 유치 및 창업을 지원하고 주거문화 생활환경 개선 등을 포괄하는 종합전략을 수립하여 위기를 극복했다. 지방자치법 개정으로 지역 간 연합이 가능하게 된 만큼 한국도 기존 행정구역을 넘어 경제권이라는 관점에서 공간범위를 넓혀 정책을 재검토해야 한다.

자체 혁신역량을 위해 지방에 자율성을

재정에 대한 지자체의 자율성과 책임성 강화

지자체가 지역의 성장과 일자리를 제공하며 주민의 생활 여건을 개선하기 위해서는 특성에 맞는 사업을 자체적으로 발굴하고 효과적으로 집행해야 한다. 이런 측면에서 지자체의 자율성과 책임성을 담보할 수 있는 구조를 만들 필요가 있다. 앞서 소극적인 지역격차 완화를 넘어 지역의 경쟁력과 혁신역량 제고를 위해 지역혁신협의회를 구성하여 자체적인 사업을 발굴하는 것은 자율성이라는 측면에서 바람직한 방향이다.

그러나 자율적인 사업추진을 위해서는 이를 뒷받침할 수 있는 재정적 지원이 필요하다. 지역수요에 맞는 사업이 있더라도 지방재정이 중앙정부에 의해 영향을 받는다면 자율성을 확보할 수 없다. 현재 지방재정의 상황은 자율성이라는 측면에서는 거리가 멀다. 지자체별로 지방재정자립도의 격차가 크며, 시군과 자치구의 경우 특히 취약하여 18~30% 수준에 불과하다.

총조세 수입에서 지방 가용재원이 67% 수준까지 늘어나는 등 지방 재정규모가 크게 확대되었으나 그 구성을 살펴보면 지자체의 자율성은 오히려 줄어들고 있다. 지방이 쓸 수 있는 전체 가용재원에서 국고보조금은 늘고 있으나 지방세의 비중은 점차 줄어들고 있는 모습을 보인다.

지방세는 지자체가 부과하는 세금으로 탄력세율이 허용된 세목에 대해서는 세율을 조정할 수 있고 징세 노력에 따라 세수입이 영향을 받는 자율 세원이다. 교부금도 국세수입 중 일부분을 아무런 조건 없이 지방으로 이양하는 재원이므로 지방세와 교부금은 중앙정부의 관리나 감독을 받지 않고 자유롭게 사용할 수 있다.

국고보조금은 다르다. 특정사업에 사용한다는 조건으로 중앙정부가 지자체에 배분하는 것이며, 상황에 따라 지자체에 대응 투자를 요구하는 재원이다. 지자체가 자율적으로 집행하기 어렵고 대응투자를 요구함에 따라 지자체가 자율적으로 발의하여 수행하는 사업에 필요한 재원을 줄어들게 하는 요인이 된다. 지자체의 가용재원은 늘어났으나 지자체의 자율성은 오히려 줄어든 것이다.

지방세와 교부금의 특성을 비교할 때 자율성이라는 측면에서 지방세 중심으로 운영하는 것이 맞다. 교부금은 중앙정부가 징수하여 지방에 나눠주는 재원이므로 지자체 입장에서는 중앙정부로부터 교부금을 많이 받으려는 유인만 있고 지역주민의 세 부담에 대한 관심이 없게 된다. 지방세에 비해 교부금의 비중이 더욱 늘고 있어 지자체의 '세입과 세출의 자율성'은 후퇴하였음을 알 수 있다.

지자체 자율성을 위해 국고보조금 비중을 줄여라

따라서 세입의 자율성과 책임성을 제고하기 위해 국고보조금을 축소하고 중앙정부의 통제와 감독 없이 지출할 수 있는 지방세와 교부금의 비중을 늘려야 한다. 국고보조금을 축소하기 위해 현재 보조금으로 운영되는 사업을 지방사업으로 이전하고 관련 재원을 지방세 또는 교부금을 확충하여 보전하는 것을 검토해야 한다.

다만 사업을 현재와 동일한 방식으로 운영하도록 한다면 명목상 지방재정 규모는 확대되지만 지자체의 자율성은 개선되는 것이 아니게 된다. 지자체에 재량권을 부여하기 위해 국가에서 최소한의 기준을 정하고 그 이상의 지출에 대해서는 지자체가 자율적으로 결정하도록 하면 된다. 국고보조사업을 모두 중앙정부로 다시 이전하여 집행하는 방안도 있으나 이를 위해서는 현행 국고보조금 축소가 병행되어야 하는데 주던 재원을 다시 거둬들이는 것은 현실적으로 실현 가능성이 높아 보이지 않는다.

지자체에 과세 자주권을 주어라

다음으로 지방의 과세 자주권을 높이기 위해 지방세 제도 개편을 검토할 필요가 있다. 쉽게 생각할 수 있는 지방세에서 탄력세율 적용을 확대하는 방안을 들 수 있다. 취득세, 등록면허세, 재산세 등 총 12개 세목에서 4개 세목(레저세. 담배소비세, 지방소비세, 자동차세 주행분)을 제외한 모든 세목에 탄력세율을 적용할 수 있으나 적용된 사례를 거의 발견할 수 없다. 탄력세율을 통한 특정 지역의 세수 증대 분의 75%는 지방교부세 감소로 상쇄되고 25%만 그 지역에서 사용할 수 있게 되는[22] 등 유인이 적기 때문이다.

따라서 지방세 재원에서 소득세 지방분[23]에 대해서는 지방에 과세 자주권을 허용하는 방안을 검토할 수 있다. 다시 말하면, 소득세 과세표준에 지방에서 자율적으로 결정한 단일세율을 적용하여 지방소득세를 징수하도록 허용하는 방안을 말한다. 중앙정부와 소득세 세원을 공유하면서 지방이 지방세를 자율적으로 결정하여 추가 징수하는 것이다.

한편, 지방세 재원에서 법인세 지방분[24]과 부가가치세 지방분[25]에는 이와 같은 과세 자주권을 적용하기 어렵다. 법인세의 경우 여러 지역에서 사업을 영위하는 경우 세수입 배분이 어렵고 지역에 따라 법인이 편재되어 있기 때문에 어려움이 발생한다. 부가가치세의 경우는 지역별 세원을 정확히 파악하기 어렵다. 따라서 법인세와 부가가치세 지방분은 지역 간 격차를 완화하기 위한 지방교부세 재원으로 활용하는 것이 바람직하다.

지역 간 격차를 줄이기 위한 형평화 방안으로는 현재 사후적 형평화 방식을 사전적 형평화 방식으로 전환하는 것을 검토해볼 수 있다. 사후적 형평화 방식은 지역별 세수입 결산 금액이 예상 금액과 다른 경우 사후적으로 정산함으로써 세수입의 변동을 해당 지자체가 아닌 모든 지방이 공동으로 부담하는 것이다. 이는 위험의 분담이라는 점에서 바람직할지 모르나 자율성과 책임성이라는 원칙에는 부합되지 않는다. 이보다 각 지역별 과세표준을 근거로 기준 재정수입을 결정하고 이에 따라 재원을 나눈 다음, 세수입 결산 이후의 사후정산을 폐지하여 세수입 변동에 따른 성과와 위험은 해당 지자체가 감당하도록 하는 것이다. 그래야 해당 지자체의 책임성을 확보할 수 있다. 다만 주기적(예를 들어, 3-5년)으로 기준 재정수입을 재검토하고 과세표준을 조정하도록 함으로써 과도한 격차를 완화할 필요는 있다.

지방교육재정교부금 편성 방식 개편, 낭비 요인을 줄여라

중앙정부가 징수하는 내국세의 일정 부분(20.46%)을 지방교육청에 이전하는 지방교육재정교부금도 재검토할 필요가 있다. 지방교부세(내국세의 19.24%)와 유사한 제도지만 같은 방식으로 개편하기는 어렵다. 왜냐하면 지자체와 달리 지방교육청에는 과세권이 없고 교육이라는 한 가지 기능만 수행하기 때문이다. 오히려 내국세의 일정 비율로 산정하는 경직적인 편성방식보다는 재정수요를 감안한 방안을 별도로 모색해야 한다. 저출산에 따른 학령인구의 변화로 인해 조정 필요성이 제기되고 있기 때문이다.

지방교육청이 담당하는 초중고 학교의 학생 수가 지속적으로 감소하면서 학생 1인당 교부금이 2015년 647만 원에서 2020년 1,014만 원으로 큰 폭으로 증가하고 있으며 앞으로도 이러한 추세는 더욱 심화될 것으로 예상된다. 교육의 질적 수준 제고가 필요하다는 점에서 학령인구 감소를 이유로 지방교육재정교부금을 일률적으로 조정하라는 것도 무리한 주장이다. 중요한 것은 지금의 획일적인 방식에서 벗어나 교육수요와 사업을 평가하고 이에 따라 투명한 방식으로 지방교육재정교부금을 편성해야 한다.

다음으로 비효율과 낭비를 사전적으로 예방하고 정치적 쟁점화를 방지해야 한다. 유치원의 누리과정 재정 부담과 관련하여 교육청별로 예산편성을 거부하며 정치적인 쟁점화하지 못하도록 재원의 용처를 명확히 하는 특별회계 편성을 적극 검토할 필요가 있다. 현행 제도에서 누리과정, 초등 돌봄, 방과후학교 등을 위한 예산을 교부금으로 집행하고 있지만, 교육청마다 예산편성 기준이 불분명하고 집행의 투명성이 담보되지 못하고 있기 때문이다. 특별회계 신설을 통해 안정적으로 예산을 지원하고 교육청의 법적 의무이행을 담보해야 한다.

주민을 위한 지자체의 책임성

1995년 지방자치단체장 민선이 이루어진 이후 지방재정규모가 확대되었고 중앙정부의 지역균형발전 정책에 대한 관심이 제고되었다. 그간의 지역 간 격차 완화를 넘어서 지역의 경쟁력과 혁신역량 제고를 위한 정책사업 발굴과 재원의 자주성을 높인다면 지자체가 지역의 혁신의 주체로 자리매김할 수 있을 것으로 기대된다. 지자체가 수동적인 위치에서 능동적으로 혁신기업을 유치하고 창업을 활성화하기 위한 여러 가지 유인책이 마련되어 있지만 보다 궁극적으로는 각 지자체가 전국 평균을 뛰어 넘으려는 노력이 필요하다.

정치적으로 지자체의 노력과 책임성은 지자체장 선거를 통해 담보되는 것이지만 이를 보다 원활하게 하기 위해 지자체별로 인구, 경제력, 고용, 재정, 생활의 질 등에 대한 정보를 지속적으로 공개하는 방안이 필요하다. 통계청 국가통계포털이나 행정안전부의 e-나라지표 등을 통해 핵심 통계를 확인하고 비교할 수 있지만 이보다는 주기적으로 중앙정부 차원에서 지역별로 핵심지표 등을 비교하고 분석결과를 발표하는 방안이 필요하다. 단순히 결과만 비교하는 것이 아니라 우수한 성적을 내는 지자체의 경험 등을 함께 발표한다면 정보 공유와 경험 확산에 기여할 수 있을 것이다.

PART 09

포용적 성장을 위한
안정적
거시경제

글로벌 저성장 시대의 거시경제정책

글로벌 저성장 기조의 도래

2008년 글로벌 경제위기는 한국경제의 성장률이 0%대 초반으로 하락하는 등 작지 않은 충격을 가져왔다. 2010년대 초에 비로소 안정을 되찾았으나 그 이후 저성장이라는 새로운 국면을 맞이하게 되었다. G2로 일컬어지는 미국과 중국을 중심으로 지정학적으로는 물론 경제적으로도 긴장 관계가 형성되면서 한국경제의 교역환경이 악화되었고, 인구구조 고령화가 본격적으로 진행되는 등 내부적인 요인들도 부정적인 영향을 미쳤다. 물론 글로벌 금융위기 이후 한국경제에만 성장세 약화 현상이 나타났었던 것은 아니다.

2000년대 초 중국을 비롯한 신흥국들의 견실한 성장세를 바탕으로 선진국들의 잠재성장률도 완만히 상승하는 추세를 나타냈으나, 글로벌 금융위기 이후에는 선진국은 물론 신흥국들의 성장세도 둔화되면서 세계경제 성장률이 전반적으로 하락하는 모습이 나타났다. 물가는 전 세계 시장에서 과잉 공급 및 수요 부족 상황이 지속되면서

표 9-1 **세계경제 성장률 추이**[1]　(단위:%)

구분	1990~1999년	2000~2007년	2008~2010년	2011~2015년	2016~2019년
세계	3.1	4.5	2.8	3.7	3.5
선진국	2.7	2.7	0.1	1.8	2.0
신흥국	3.7	6.6	5.3	5.2	4.4

장기간 낮은 수준에 머물고 있는 모습이다.

　이와 같이 글로벌 경제가 2000년대 초의 성장세를 지속하지 못하고 2010년대 들어서 저성장 기조로 전환한 데에는 신흥국 경제의 중심에 있는 중국 경제의 구조적 변화가 그 배경으로 작용했다. 글로벌 금융위기의 진원지였던 미국은 위기 이후 구조개혁이 진행되면서 역사상 최장기 경기상승 국면을 유지할 수 있는 계기를 마련했다. 반면, 중국 경제는 위기극복 과정에서의 경기부양 정책에 따라 발생한 과잉 투자 및 공급 등의 부작용을 해소하는 데 어려움을 겪었던 것으로 평가된다. 이에 따라 중국에 원자재 및 중간재를 공급하면서 중국과 더불어 글로벌 성장세를 이끌어 왔던 한국경제를 비롯한 여타 신흥국 및 자원수출국들의 성장세도 둔화될 수밖에 없는 구조였던 것이다.

　더불어 글로벌 경제의 성장세 둔화가 장기화되었던 데에는 경제위기의 극복 과정에서 주요국의 통화금융 등 거시경제정책이 적극적인 역할을 하면서 정책여력을 거의 소진한 것도 그 배경이자 추가적인 원인으로 작용하였다. 단기적인 충격으로 인한 경기 부진이 발생할 경우 충분히 대응할 정도의 정책여력이 없다고 인식되면 경제주

기로에 선 한국경제

그림 9-1 **글로벌 교역량[2]**(전년동기 대비)   (단위 : %)

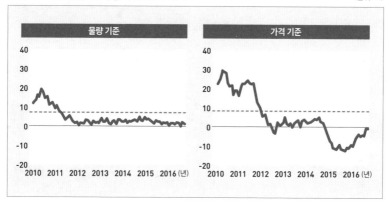

※ 전년동기 대비
주 : 점선은 1992~2008년 평균

체들의 활력도 저하될 수 있기 때문이다.

　글로벌 경제의 성장세 둔화 또는 저성장 장기화는 국가 간 교역 위축의 경로를 통해 한국경제 성장세 둔화 요인으로 작용했다. 수출이 한국경제 성장의 70% 수준을 기여하고 있어 가장 중요한 성장의 동력이자 아킬레스건이기 때문이다. 글로벌 교역 증가세는 2010년대 들어 둔화하는 추세가 나타났는데, 중국 등 신흥국보다는 미국 등 선진국에서 더욱 빠르게 진행되었다. 2010년대 후반 들어서는 미국과 중국 간 무역전쟁 등 주요국의 보호무역주의가 강화되면서 글로벌 교역의 둔화가 보다 두드러지게 나타났다.

글로벌 성장 환경의 회복은 어려운 상황

　앞으로도 글로벌 교역환경이 한국경제에 수출 경로를 통해 긍정적인 영향을 미치도록 개선되기를 기대하기는 어려울 것으로 보인다. 먼저, 글로벌 교역 규모의 성장세가 약화될 것으로 전망되고 있

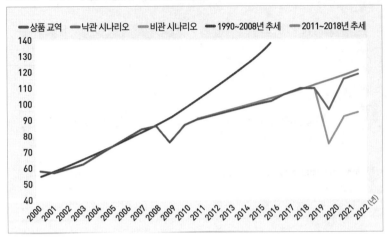

그림 9-2 **WTO의 글로벌 교역량 위축 전망**

━상품 교역 ━낙관 시나리오 ━비관 시나리오 ━1990~2008년 추세 ━2011~2018년 추세

※ 교역량은 수출과 수입의 평균치. 2020년 이후는 전망치. 기준연도는 2015년 (2015=100).

다. 세계무역기구wto는 글로벌 교역 규모의 성장세가 2008년의 글로벌 금융위기 이후 크게 약화된 데에 더하여, 이번 코로나19 사태 이후에는 더욱 악화될 것으로 예상[3]하고 있다.

과거 글로벌 금융위기와 달리 감염병 확산 차단을 위해 노동공급, 부품 등 글로벌 공급망이 차단되고, 운송과 여행에 장애가 생기면서 경제전체에 직접적인 영향을 미치고 있기 때문이다. 〈그림 9-2〉에서 보는 것처럼 2020년 중반에 코로나19 사태가 다소 진정된다는 낙관적인 시나리오와 유사한 상황이 전개되었지만, 글로벌 교역량은 전년도에 비해 10% 이상 감소하는 충격이 발생한 것으로 평가된다.

이에 더하여, 이번 코로나19 사태 이전에도 벌써 정책여력 소진으로 세계경제가 저성장 기조에 빠지고 있었다는 점을 감안하면 현재의 코로나19 충격이 글로벌 성장세를 더욱 위축시킬 가능성이 있다.

기로에 선 한국경제

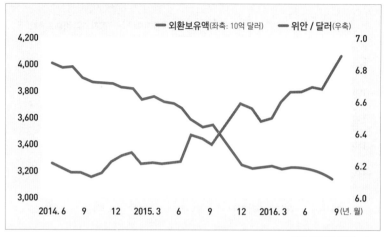

그림 9-3 **중국 외환보유액 및 환율**

외환보유액(좌측: 10억 달러)   위안 / 달러(우축)

4,200   7.0
4,000   6.8
3,800   6.6
3,600   6.4
3,400   6.2
3,200
3,000   6.0

2014. 6   9   12   2015. 3   6   9   12   2016. 3   6   9 (년. 월)

출처: CEIC; CPB; BIS; Bloomberg.

제2차 세계대전 이후 가장 큰 규모의 충격에 대응하기 위해 과감한 위기대응 조치가 필요하지만 이미 소진된 정책여력을 되살리기 어려울 것이라는 시장의 예측이 있기 때문이다. 따라서 글로벌 성장세의 회복이 더욱 어렵고 오히려 저성장 또는 '구조적 장기 침체' 현상이 심화되는 모습이 불가피하다고 판단된다.

한국경제의 최대 교역 대상국인 중국경제가 2021년 이후 더욱 심각한 경착륙을 경험할 가능성도 있다. 코로나19 대유행 이전에도 중국의 GDP 대비 기업부채 비율이 과거 10년 동안 연평균 10%p 이상 상승해왔고, 적자기업의 증가 및 산업의 수익성도 악화되어 부채조정이 불가피한 상황이었다. 이러한 와중에 미국과의 통상마찰이 확대되면서 중국의 성장률의 하락세도 빨라지는 모습이 나타났다.

코로나19 대유행의 억제라는 공통된 목표로 인해 미국과 중국의

그림 9-4 **중국 기업부채 및 적자기업**　　　　　　　　　　(단위 : %)

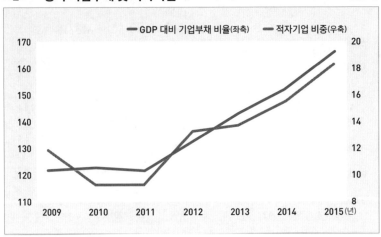

※ GDP 대비
출처 : CEIC; CPB; BIS; Bloomberg.

통상마찰이 비교적 원만하게 해결될 수 있을 것이라는 낙관적 견해
도 있지만, 오히려 최근 미국 정부의 중국에 대한 정치 및 외교 등 비
경제적 분야에서의 입장은 강경해지는 모습으로 나타나고 있다. 이
에 따라 통상마찰의 경우에도 보다 더 정치적 외교적 상황과 결부되
어 향방이 결정될 것으로 보인다. 한국경제에 입장에서는 여전히 강
한 불확실성으로 작동될 것이다.

장담하기 어려운 한국경제의 성장력

　대외환경 악화와 더불어 대내적으로도 한국경제는 인구구조 고령
화로 인해 잠재성장률이 하락하는 가운데 가계, 기업, 정부 등 각 부
문에서 자생력과 건전성이 약화되고 있다. 먼저 기업부문의 경우 한
국의 수출시장 점유율이 글로벌 금융위기 이후 정체된 가운데, 2010

년대 이후 한국 기업들이 수출경쟁력이 있는 부문들에서 중국 기업들이 수출잠재력을 지속적으로 확대하고 있다.[4] 과거에 한국이 부품 국산화 등을 통해 일본을 추격하는 과정에서 일본의 대외 수출에 부정적인 영향을 미쳤듯이, 중국이 한국을 추격하면서 한국 기업들의 주요 수출품목에서 수출시장 점유율을 잠식하고 있는 것이다.

가계부문은 소득 증가세가 정체되면서 민간소비의 증가세도 정체되고 있다. 2000년대 이후 OECD 국가 대부분에서 가계소득 증가세의 정체가 관찰되기는 하였으나, 한국경제에서 가계소득 증가세 정체속도는 가장 빠른 국가에 속해 있었다. 한국경제 전체의 성장률 및 소득(총가처분소득) 증가세가 둔화되고 있는 가운데 가구 소득의 원천인 임금상승률도 경제성장률을 밑돌았기 때문이다. 수출과 대기업 중심의 성장과정에서 기대했던 낙수효과가 제대로 작동하지 않은 점도 있으나 반도체, 디스플레이, 유화 등 고용창출효과가 작은 산업 중심의 경제구조가 영향을 미친 것이다.

민간소비를 결정하는 가장 중요한 요인이 가계소득이라는 점에서 가계소득의 정체는 민간소비를 제약할 수밖에 없다. 또한, 기대수명의 증가로 인해 은퇴 이후 미래의 생활을 유지할 수 있는가에 대한 불안으로 전 연령층에서 소비성향이 하락한 것도 민간소비를 제약했다는 연구도 있다. 코로나19 사태는 민간부문의 예비적 저축을 증가시켜 소비를 더욱 위축[5]시킬 수 있다. 미래의 실직 위험 등을 대비하여 소비를 줄이는 경향이 나타나는 것이다. 이는 총수요를 위축시켜 다시 경제전반의 실직위험을 높이는 악순환을 심화시킬 수 있다.

빠른 속도로 증가한 가계부채의 이자 및 원리금 상환 부담이 중고령층을 중심으로 소비 성향을 추가로 위축시킬 수 있다. 가계부채 규모 자체도 2020년 9월 처분가능소득 대비 171%를 상회하는 등 주요국에 비해 매우 높은 수준에 있어 가계부채의 취약성 및 부채위기의 발생 가능성을 높이는 중요한 요인이다.

공공부문의 기초여건도 약화되고 있다. 한국의 GDP 대비 국가채무비율은 2019년 기준 40% 정도로서 여타 선진국에 비해 크게 양호한 것이 사실이다. 그러나 코로나19 사태의 충격을 흡수하기 위해 이미 재정지출이 빠르게 확대되었고 앞으로도 경제위기 극복과정에서 국가부채가 더욱 늘어날 것으로 보인다. 이에 더하여 앞으로 인구구조 고령화에 따른 잠재성장률 하락과 복지지출 증가는 한국경제의 재정건전성을 빠르게 악화시킬 것으로 예상된다.

이러한 구조적 변화요인에 효율적으로 대응하기 위해서는 경제체질을 전반적으로 유연하게 바꾸어 나가는 구조개혁이 필수적이며, 거시경제의 안정은 이를 위한 중요한 전제조건이다. 즉, 거시경제정책이 직접적으로 잠재성장률을 높이거나 구조개혁을 성공적으로 이끄는 핵심요인은 아니지만, 핵심이슈에 접근하여 문제를 해결하는 데 가장 기초적인 여건을 제공한다는 점에서 그 어느 때보다 거시경제정책의 효율적인 운용이 중요하다.

하지만 글로벌 금융위기 이후 지난 10여 년간의 한국의 거시경제정책은 장기적인 안정보다 단기적인 경기부양이라는 목표에 가깝게 운용되었다. 2010년 이후에도 대외적으로는 글로벌 금융위기의 여파가 거시경제의 안정을 위협했고, 대내적으로는 세월호 참사, 메르스 확산, 북핵 위협 등 비경제적 위험요인 때문에 대응이 불가피했던 측면도 있다. 이와 더불어 더욱 직접적인 영향을 준 것은 대내외 경제 환경의 악화로 인해 경기 개선을 열망하는 정치적 사회적 요구가 높아지면서 경제정책의 성과를 평가하는 기간이 계속 짧아졌다는 점이다.

이에 따라 정책 담당자들의 시계도 단기화되는 경향이 나타났다. 한국경제의 성장률이 2000년대에 4~5%를 유지하다 최근 2%대로 하락하고 있었던 것처럼 잠재성장률이 하락하는 시기였음에도 불구하고, 장기적인 성장잠재력을 확보한다는 목표보다는 단기 성장률을 유지한다는 목표와 정치적 관심이 높은 미시적 문제에 대응한다는 목적을 위해 거시경제정책이 활용되어 왔던 것이다.

단기 소규모의 대증적인 경기부양 정책들이 지속되었고 정책목표에 대한 일관성을 찾기 어려운 거시경제정책들의 조합이 산발적으로 제시되기도 하였다. 정부가 성장률 하락을 구조적인 변화의 결과로 인식하기보다 경기순환적인 경기 하강으로 인식하여 3%대의 성장률을 목표로 거의 매년 추경이 편성되었다. 본예산과 추경 과정에서 통과해야 하는 국회 예산심의를 피하기 위해 공기업 부문의 투자 확대의 방법까지 동원하는 등 수년간 다수의 경기활성화 대책을 추진하였다.

일관성이 결여된 정책으로 시장의 신뢰를 잃은 사례도 있다. 비교적 최근에도 2018년 하반기 이후 경기 하강의 충격을 완화하기 위해 확장적인 거시경제정책이 필요한 상황에서 재정지출의 확대를 시도했으나 부동산 시장 불안 가능성을 이유로 한국은행이 2018년 12월에 기준금리를 상향 조정하는 방향을 선택했던 것이다.

코로나19 위기와 거시경제정책 환경의 변화

2020년 코로나19 사태는 과거의 위기와 달리 경제의 수요와 공급 등 경제 전반에 충격을 주면서 거시경제정책의 새로운 과제를 안겨 주고 있다. 전례 없는 확장적인 정책이 추진되었으나 이번 위기가 앞으로도 얼마나 지속될 것인지 알기 어려운 상황이다. 또한 보건 위기로 시작된 코로나19 사태 초기에 감염 확산을 최소화해야 했고 이에 따라 공급과 수요의 양적 측면에서 빠르게 진행된 대내외 경제활동의 위축을 막기 위해 긴급한 조치가 불가피했던 것은 사실이다. 그러나 위기가 장기화되면서 이제 거시경제 안정과 함께 정책여력을 어떻게 확보할 것인가가 과제로 등장했다.

다시 말하면 전 세계가 11조 달러 이상의 전례 없는 수준의 대규모 재정지출을 이미 실시하였고 통화정책의 기준금리도 과거에 불가침 영역으로 인식되어 왔던 0%대로 인하했는데 위기가 지속되면서 여전히 어떻게 대응할 것인가의 문제가 대두되고 있다. 특히 자칫하면 코로나19가 진정되더라도 앞으로 수년간은 또 다른 위기나 경기침체에 대응하기 위해 동원할 수 있는 정책여력이 거의 소진된 상황에 노출되는 위험을 견뎌내야 한다는 것이다. 이를 감안할 때 향후 거시경제정책의 방향도 성장 환경의 안정이라는 목표를 장기적으로 꾸준히 달성해야 하는 것으로 설정하고 거시경제적인 정책여력을 확보해 나가야 한다.

좀 더 길게 시간을 보면, 지난 4~5년간 단순한 경기변동보다는 구조적인 요인에 의해 저성장 국면이 지속되었던 한국경제가 코로나19 극복과 그 이후의 환경변화에 어떻게 대응해야 하는가를 인식하고 판단해야 한다. 이러한 관점에서도 "필요한 경우 거시경제정책 조합을 통해 과감하게 대응한다"라는 원칙과 함께, 장기적으로 거시경제정책은 경제의 안정을 목표로 하는 것이 바람직하다. 여기서 거시경제 안정은 실제 경제성장률이 한국경제의 잠재성장률로부터 크게 벗어나지 않음을 의미한다.

우선 한국경제를 둘러싼 대내외 환경이 급변하는 과정에서 예상치 못한 충격이 발생했을 경우에는 이를 내부의 힘으로 흡수하기 위해 사전적으로 건전한 거시경제 기초여건을 유지하는 것이 중요하다. 이론적으로는 충격의 발생을 최소화하는 것이 최선이지만, 대부분의 충격이 외생적이며 이를 사전적으로 제어하는 것이 쉽지 않다. 따라서 충격의 흡수과정에서 그 진폭과 기간을 축소시키는 정책이 보다 효과적일 수 있다.

1997~1998년 외환위기 당시에는 비교적 작은 외부 충격에도 경제 전체가 붕괴되었으나, 2008년에 발생한 글로벌 금융위기 속에서도 한국경제가 비교적 빠른 회복세를 보였던 경험은 내부의 기초여건이 얼마나 중요한지를 보여준다.[6] 다시 말하면 적극적인 구조조정, 외환보유액 확충, 견실한 재정, 상대적으로 경미한 주택시장 버블 등 안정적인 거시경제 기초여건이 회복세의 바탕이 되었다.

물론, 단기적인 충격완화를 위해 총수요 관리를 통한 경기대응도 거시경제정책의 중요한 목표이다. 예를 들어, 경제성장률이 잠재수준보다 빠르게 낮아지면서 마이너스 총수요압력이 크게 확대된다면 적극적인 경기대응을 위한 거시경제정책이 불가피하다. 경제적 충격이 산업별, 계층별로 달리 나타날 수 있기 때문에 취약 산업과 기업에 대한 지원과 함께 고용시장의 변화를 감안하여 고용유지 및 실업 대책 등도 보완할 수 있어야 한다. 이 과정에서 경기대응은 재정 및 통화정책 등 거시경제정책을 중심으로 운용하되, 부동산정책 및 외환정책 등 시장의 규율과 관련된 미시경제정책은 일관성 및 시장의 신뢰 유지를 위해 단기적인 변화를 최소화하는 것이 바람직하다.

여기서 놓쳐서 안 되는 것은 구조개혁 정책이 함께 병행되어야 한다는 것이다. 2008년 글로벌 금융위기 당시 완화적인 거시정책으로 한계선상에 있는 좀비기업을 정리하지 못하고 존속시키면서 혁신적인 기업의 창업을 통한 잠재성장률 제고와 일자리 창출에 어려움을 겪었기 때문이다. 따라서 코로나 사태가 유발하는 경제사회 시스템 변화를 파악하고 산업 등 경제시스템을 변화시킬 수 있는 구조개혁 정책을 함께 추진해야 한다.

향후 거시경제정책
수립 방향

　큰 틀에서 보면 앞으로의 거시경제정책의 방향은 과거 우리가 겪었던 다양한 경제위기 이후에 반드시 추진해야 했던 방향과 크게 다르지 않을 것으로 예상된다. 거시경제정책의 영역에서 세상에 없던 새로운 수단을 매번 찾아내어 당장 실행하기도 어렵기 때문이다. 또한 파트10에서 설명하는 것처럼 2010년대 이후 진행되고 있는 기술진보, 부문 간 격차 확대, 불평등 심화가 이번 코로나19 사태 이후 보다 가속화되는 것일 뿐 결코 새로운 것이 아니기 때문이다.

　하지만 이미 다른 국가들에서 시행하고 있는 정책 수단들 중에서 아직 우리가 선택한 적 없었던 다양한 수단들을 검토하고 시도해볼 수는 있다. 이러한 시도에 있어서도 정책들이 추구하고 있는 방향을 명확하게 제시하고 정책방향과 정책조합 사이 일관성을 잃지 않도록 해야 한다. 또한 정치권을 비롯한 한국사회가 거시경제정책과 미시경제정책의 역할에 대한 이해를 높일 수 있도록 하는 노력을 통해, 각각의 역할이 서로 충돌하거나 역할 분담이 미흡해서 생기는 정책과잉 또는 공백의 가능성을 최소화해야 한다.

거시경제정책의 강도는 경제 전반의 안정성 확보 및 유지라는 큰 방향 아래 결정하는 것이 바람직하다. 어떠한 수단을 선택하거나 시도할지를 결정하는 고민은 다음 문제이다. 먼저, 거시경제정책의 강도를 결정한다는 것은 각각의 정책수단과 이들 정책의 조합이 얼마나 확장적이어야 하는지 또는 긴축적이어야 하는지를 의미한다. 이러한 결정에는 현재 상황에 대한 정확한 진단과 중장기적인 시각에서 경기를 예측하는 것이 중요하다. 경제성장률의 추세적인 변화를 경기순환상에서 나타나는 단기적 변동으로 인식하여 거시경제정책의 강도를 설정하고 중장기적으로 유지하는 경우 정책의 과잉 대응 또는 정책여력의 소진 등의 부정적 결과를 초래할 수 있다.

다음으로, 다양한 정책수단들 중에서 구체적으로 선택할 때에는 달성하고자 하는 목표와의 정합성과 효과성을 동시에 고려해야 한다. 정책담당기관의 전문가가 선택하도록 하는 것이 바람직하다. 구체적 정책수단을 선택할 때는 다양한 이해관계의 충돌 등과 같이 발생 가능한 문제를 미리 판단하고 해법도 같이 모색하는 미시적인 선택의 능력이 요구된다. 이러한 선택을 위해 사회구성원들의 의견을 수렴하는 과정을 거칠 경우, 정치적인 이슈로 부각되면서 오히려 비전문적인 방식으로 비효율적인 수단이 선택될 수도 있고 나아가 정책의 강도까지 수정되는 결과가 초래될 수도 있다.

거시정책에서 통화정책은 한국은행의 독립된 금융통화위원회가 결정하도록 되어 있으나 재정정책은 예산 또는 조세부담을 이유로 대의기관인 국회의 심의를 받고 있다. 국민 부담으로 귀결될 수 있기 때문에 국회심의가 당연하지만 구체적인 정책의 방향이나 강도에 대한 정치적인 논쟁이 벌어져서는 안 된다. 구체적인 근거와 정책 간의 일관성을 토대로 논의하고 제시함으로써 정책에 대한 신뢰를 확보해야 한다.

위기극복을 위한 확장적인 거시경제정책

구조적인 위기에 대비한 확장적인 정책

거시경제정책을 위한 첫 번째 선택인 '방향과 강도'와 관련해서는, 한국경제의 현재 상황이 확장적 거시경제정책 대응을 요구한다고 볼 수 있다. 코로나 사태 극복뿐만 아니라 구조적인 측면에서도 긴축적 기조의 거시경제정책을 운용하기가 어려운 상황이다. 유례없이 빠르게 진행되고 있는 저출산 고령화로 인해 한국경제의 잠재성장률은 점차 하락할 것으로 전망되고 있으며, 이 과정에서 인플레이션 또한 낮아질 것이라는 우려도 있다.

이를 감안할 때 앞으로의 거시경제정책 기조는 확장적으로 유지할 필요가 있다. 특히 코로나 경제위기 대응을 위한 과감한 정책대응에도 불구하고 여전히 낮은 물가상승률이 보여주는 것처럼, 중장기 디플레이션 우려가 완전히 사라지지 않은 상황에서 긴축적 거시경제정책이 발생시킬 수 있는 부작용은 더욱 클 수 있다.

그러나 위기 상황에서도 일반적인 환경에서와 같이, 거시경제에 대한 과도한 낙관적 혹은 비관적 편의bias가 발생하고 있는지 검토할 필요가 있다. 이와 같은 편의는 적절한 거시경제정책을 운용하는 데 상당한 장애요인으로 작용할 가능성이 높다. 예컨대 경제성장률의 추세적인 하락을 일시적인 경기침체로 판단하여 경기 대응적 정책기조를 유지할 경우 재정적자를 큰 폭으로 확대시켜 재정건전성을 훼손할 수 있다. 1990년 GDP의 60% 수준이었던 정부부채가 불과 20여 년 만에 GDP의 200% 이상으로 급증한 일본의 경험이 바로 이러한 사례에 해당한다.

현 상황은 일반적인 경기변동 과정에서 발생하는 문제가 아니라 구조변화 과정에서 나타나는 상황이므로 적극적인 지출이 당연하지만 강도에 있어서는 과도하지 않도록 주의할 필요가 있다. 상황점검과 함께 지출이 당장의 어려움을 극복하기 위한 '현금살포'가 아닌 새로운 인적·물적 자본 축적과 구조조정을 촉진할 수 있도록 해야 한다. 코로나 사태와 관계없이 경쟁력을 잃어가고 있는 좀비기업 등에 대한 지원은 낭비일 뿐이다. 사실상 기축통화국과 같은 대우를 받는 일본과 달리 한국경제는 부채가 급증할 경우 언제든지 다른 위기가 유발될 수 있다.

거시경제정책에 포용정책을 결합

이와 더불어 성장정책의 패러다임이 포용적 성장을 지향하는 방향으로 변하고 있는 상황에서 경제의 안정을 위한 거시경제정책의 수단을 결정할 때도 포용적인 관점을 도입해야 한다. 특히, 코로나19로 인한 경기의 급락에 대응하여 과거에는 상상하기도 어려울 정도로 확장적인 기조의 거시경제정책 조합이 실행되고 있다. 이러한 정책의 효과가 의도하지 않은 방향으로 일부 계층 또는 부문에만 한정되어 나타날 가능성은 지속적으로 점검되어야 한다. 예를 들어, 2008

년 글로벌 금융위기 직후 각국에서 추진했던 확장적인 정책들로 인해 위기의 원인을 제공했던 기업과 금융회사들만 구제받고 혜택을 받은 반면 그러한 정책의 부담은 일반 국민들이 지고 가야 했다는 평가를 염두에 둘 필요가 있다.

이번의 코로나 경제위기 극복을 위한 확장적인 재정정책의 경우에는 과거의 위기 대응이나 여러 차례의 추경들에 비해서 저소득층 가계나 어려움을 겪고 있는 중소기업들에 초점이 맞추어져 있기는 하지만 과거와 같은 부작용이 발생하지 않을 것이라고 장담하기는 어렵다. 또 한편으로는 정책의 성격이 기존 복지정책과 유사하기 때문에 단기적인 경기 급락에 대응하기 위한 거시부양정책이 구조적인 문제에 대해 접근하는 정책수단들과 혼동되고 있다. 경기상황에 따라 일시적이어야 하는 확장정책이 예산 등과 관련하여 장기적으로 고착화될 위험도 있다.

따라서 거시경제정책의 경우에도 포용적인 관점에서 구체적인 정책수단들을 모색하되, 그러한 정책의 혜택을 받는 경제주체들이 다른 부문의 경제주체들에게 혜택을 적극적으로 나누도록 하는 사회적 책임의 기제를 마련할 필요가 있다. 예를 들어, 자금 조달 등 재무구조 개선의 혜택을 받은 대기업들이 협력업체에 대한 자금지원을 하도록 하거나 생산성 향상을 위한 투자를 하도록 유도하는 방안을 고려할 수 있다. 또한 소득 보전의 혜택을 받은 가계와 그 구성원들이 앞으로 경기가 안정화된 이후에는 재정 건전성을 개선하기 위해 조세 부담을 분담하는 한편 일부 지출은 구조조정할 수 있다는 점을 강조하여 홍보해야 한다.

미래를 위한 정책여력을 비축하라

거시경제정책 기조는 거시경제의 안정을 담보하는 수준으로 결정 되어야 한다. 단기적인 경기변동성 축소뿐 아니라 한국경제가 잠재 성장경로에서 이탈하지 않도록 하기 위해 항상 거시경제정책의 여력 을 확보하는 노력을 기울여야 한다는 것이다. 최근 코로나 경제위기 상황에서도 경험하고 있는 것처럼, 통상적으로 발생하는 경기변동 이외에 예상치 못한 큰 규모의 경제위기가 발생할 경우 거시경제정 책을 탄력적으로 활용할 수 있는 정책여력을 확보해 두어야 한다. 대 내외 충격을 흡수하고 거시경제 안정을 유지하기 위해서는 경제위기 에 적극적인 대응이 필수이므로 평상시에 정책여력을 충분히 비축해 두는 노력이 필요하다.

따라서 현재 추진하고 있는 정책 프로그램에서 구조적인 대책과 일시적인 대책을 구분하고 일시적인 대책은 특정 시점에는 소멸된다 는 것을 명확히 밝힐 필요가 있다. 그렇지 않을 경우 위기 대응으로 도입되었던 정책이 제도로 고착화되고 일본과 같은 잃어버린 30년을 재현할 우려가 있기 때문이다. 여기에서 단기적인 대책과 그러하지 않은 대책을 구분하기는 어려우나, 최소한 고용유지 등과 관련한 실 업대책, 유동성 위기를 겪는 기업에 대한 지원 등은 반드시 한시적임 을 명시할 필요가 있다.

지출구조조정을 통한 재정정책

재정정책의 경우 현재의 코로나 경제위기로 인한 확장적 기조를 영원히 지속하기는 어렵다는 점에서 확장적 정책기조의 중단과 재정

건전성의 유지 및 개선을 위한 조치들을 미리 준비할 필요가 있다. 코로나 관련 보건 및 방역강화 조치와 함께 이에 따른 경기의 추가적인 위축 가능성에 대비한 충분한 지출이 이루어져야 한다. 이와 함께 생산성 혁신, 기업지원 인프라 등 잠재성장률을 제고할 수 있는 부문과 기술발전, 사회구조 변화 등으로 야기되는 실업 및 소득분배 악화 등을 위한 복지 지출도 필요하다. 그러나 이러한 경우에도 다른 부문에 대한 재정지출 구조조정을 통해 재정의 여력을 확보하는 것이 전제되어야 한다.

지출구조조정으로 부족한 부분은 국채를 발행하거나 조세부담을 늘리는 것으로 채울 수밖에 없다. 경제위기 상황에 세목 신설 또는 세율 인상을 통한 세 부담을 늘리기 어려우므로 당장은 국가부채 증가가 유일한 수단이 된다. 우리나라 국가부채의 GDP 대비 비율이 2019년에는 40% 이하였지만 코로나 사태 대응을 위한 4차례의 추경으로 인해 현재 국가부채비율이 44%에 이를 것으로 전망되고 있다. 좀 더 길게 보면 2020~2024년 중기재정계획은 2025년에는 국가부채비율이 59% 수준에 이를 것으로 예측하고 있다. 국가부채비율을 계산할 때 분모가 경상 GDP 규모이므로 만약 경제가 예상보다 위축될 경우 부채비율은 상승하게 된다. 정부 전망은 2021년 이후 4%대의 낙관적인 경상성장률을 전제로 하고 있어 부채비율이 추가적으로 악화될[7] 가능성도 예상할 필요가 있다.

이와 관련하여 국가부채비율 40%를 넘지 말아야 한다는 근거가 없다거나, 국가부채 증가를 통해 재정을 증가시켜 경제가 빠르게 성장하면 또는 물가가 상승하여 경상 GDP가 증가하면, 국가부채비율이 줄어들 수 있으므로 현재의 재정 지출 확대가 크게 문제되지 않을 것이라는 견해도 있다. 그러나 이러한 주장들은 과거에 국가부채비율 증가의 위험을 경고하기 위한 '수단'으로 사용되는 국가부채비율을 '목표'로 잘못 인식한 데서 비롯되는 착오에 불과하다. 또한 부채는 언젠가는 갚아야 한다는 점을 다른 목적을 위해 도외시한 것이므로 유의해야 한다.

재정 지출을 크게 확대하여 경제를 안정시킨 후에는 재정 건전성 회복을 위해 어느 정도의 긴축적 기조가 요구될 수밖에 없고 이는 결국 우리의 자녀들인 미래 세대의 부담으로 귀착될 것이다. 정부의 담당자들은 물론 정책의 수혜자들인 국민들이 철저히 인식해야 할 부분이다. 현 시점에서의 불필요한 재정 지출과 낭비적 지출을 최소화하고, 위기 대응을 위해 동원되었던 다양한 프로그램들은 단기적이고 한시적인 것이어야 한다는 원칙이 요구된다. 그에 따라 새로운 재정 프로그램을 포함한 재정의 지출구조를 조정하고 개혁하는 데 더욱 적극적인 관심을 갖도록 유도할 필요가 있다.

재정준칙 도입 필요하지만 정밀한 설계를

미래의 재정여력 확보와 관련하여 재정준칙 도입에 관한 논의가 이루어지고 있다. 앞서 설명한 것처럼 2020년 4차례의 추경으로 재정적자와 국가채무가 큰 폭으로 증가한 가운데 향후 고령화에 따른 복지수요 등으로 지출소요가 더욱 늘어나면서 아무런 조치가 없으면 재정상황이 더욱 악화될 것으로 예상되기 때문이다. IMF 자료에 따르면 전 세계 92개국이 재정준칙을 운용하고 있기 때문에 한국경제에서는 다소 늦은 감이 있다. 정부 전망에 따르면 2024년 국가채무가 59%에 근접할 것이고 관리재정수지는 5.6%, 통합재정수지는 3.9%의 적자가 전망되고 있다. 장기적으로 2060년에는 국가부채가 65~81%에 이를 것으로 예상되고 있다.

재정준칙이 과도한 지출을 억제하고 재정의 지속가능성을 담보할 수 있는 수단이기는 하나 경기변동에 따른 재정의 자동조절장치 기능을 제약할 수 있다는 점에서 균형된 접근이 필요하다. 코로나 사태와 같은 예상하지 못한 충격이 발생할 경우 재정준칙이 허용한 수준을 훨씬 뛰어넘는 규모의 재정적자를 수반한 확장재정을 해야 하기 때문이다. 과거 30여 년간 재정준칙을 운용했던 유럽 국가들도 2008년 글로벌 금융위기 이후 이러한 필요성을 반영하여 유연성 확대, 모니터링 강화, 집행력 강화 등의 방향으로 수정하고 있는 상황이다. 이를 차세대 재정준칙[8]이라고 한다.

차세대 재정준칙은 재정에 의한 자동조절기능을 허용하는 구조적 재정수지 또는 경기조정 재정수지를 활용하고, 예외적인 상황을 인정하되 준칙으로의 이행과정을 명확히 하거나 재정준칙 준수상태 감시 및 장기 거시재정전망을 위한 독립적인 기구를 설립하는 등을 주요 내용으로 하고 있다. 최근 IMF와 세계은행에서도 코로나 위기 이후 이러한 유연성을 강조[9, 10]하고 있다.

이러한 측면에서 정부가 2020년 발표한 재정준칙 도입방안[11]은 개선의 여지가 많다. 먼저 실효성의 측면[12]이다. 국가채무비율 기준을 60%, 통합재정수지 적자를 3%로 설정하되 상호보완적으로 작용하도록 되어 있다. 유연성의 측면에서 하나의 지표를 초과하더라도 다른 기준치를 하회하면 충족하도록 하는 취지이지만 오히려 과도한 이탈을 허용할 우려[13]가 있다. 다수 국가가 재정준칙을 헌법이나 법률에 규정하고 있는 데 이를 시행령에 규정하는 것도 실효성에 의문을 갖게 하는 부분이다.

반면, 재정의 자동조절장치 기능을 감안하지 않는다는 문제점도 있다. 앞서 설명한 대로 2008년 글로벌 금융위기 이후 다수 국가가 재정의 자동조절기능 활성화를 위해 구조적인 재정수지 적자를 제외한 재정수지 또는 경기조정 재정수지를 목표로 삼고 있는 것과 차이가 있다.

또 다른 문제는 재정준칙의 적정성을 담보할 시스템이 존재하지 않는다는 것이다. 한국경제에서 재정적자가 발생하는 것에 두 가지 사유가 있다. 예외적인 경기부진 또는 지출소요 증가에 따라 발생하는 것도 있지만 상당수는 재정의 전망편향, 즉 낙관적인 경기상황과 재정수입 전망에 따른 것이기 때문이다. 따라서 독립적이고 전문적인 장기 경제 및 재정전망 기구가 존재하지 않을 경우 재정준칙이 유명무실화될 우려가 있는 것이다.

결론적으로 코로나 사태로 인한 재정여력 소진과 고령화 등으로 인한 장기 재정전망 등을 감안할 때 재정준칙 도입의 필요성은 인정된다. 도입하더라도 재정의 자동조절기능을 담보하기 위해 구조적 재정수지 등 재정준칙의 목표를 재검토할 필요가 있다. 보다 근본적인 문제는 독립된 기구에 의해 장기적으로 경제 및 재정상황에 대한 전문적인 전망이 전제되어야 한다는 것이다. 이와 관련하여 미국이 실시하고 있는 페이 고Pay-go 원칙 도입을 신중히 검토할 필요가 있다.

페이 고 제도는 새로운 제도를 도입할 때 의회의 독립된 기관이 관련 제도로 인한 재정수입과 지출을 전망하고 제시함으로써 과도한 재정 지출을 막는 제도이다.

재정준칙보다 페이 고 제도가 실질적으로 한국경제에 적합하다는 주장[14]도 있다. 실효성이 담보되지 않는 재정준칙보다는 단기적으로 지출확대와 채무증가의 속도를 완화할 수 있는 제도이기 때문이다. 한국의 경우 국회에서 입법 등을 추진하는 과정에서 수반되는 재정 지출과 이를 조달하기 위한 재정수입을 검토하지 않는 관행이 많다는 점에서 고려해볼 가치가 있다.

통화정책 목표와 수단은 거시경제의 관점에서

다음으로 통화정책은 물가안정목표의 달성을 우선적으로 고려하여 수행되어야 하므로 물가상승률이 물가안정목표를 큰 폭으로 하회하는 현상이 장기화되면서 기대인플레이션이 하락하고 통화당국에 대한 경제주체들의 신뢰도 약화되는 문제가 생길 수 있다. 따라서 이에 대해 적극 대응하여 확장적으로 운용하는 것이 타당하다.

2008년 글로벌 금융위기 이후 금융안정을 통화정책의 목표에 추가하였으나, 통화당국이 금융시장의 불안을 방지하기 위한 정책수단은 사실상 없기 때문에 금융안정을 물가안정과 동일한 수준의 책무로 여기는 것은 현실적으로 한계가 있을 수밖에 없다. 금융안정과 관련된 주요 수단인 거시건전성 규제와 금융감독 등 주요 정책수단은 한국은행이 아니라 금융당국이 가지고 있기 때문이다.

따라서 통화정책은 물가안정을 최우선 목표로 설정하고, 금융안정과 관련해서는 금융당국이 주도하되 한국은행과 금융당국이 유기적으로 대응하는 것이 바람직하다. 주요 선진국의 중앙은행들도 물가안정을 최우선 목표로 하여 통화정책을 운용하고 있다는 점에 유의할 필요가 있다. 이를 감안할 때, 사족처럼 붙어 있는 금융안정 책무 관련 한국은행법 조항을 삭제하는 등의 조치를 통해 통화정책 목표에 있어서 우선순위를 명확하게 해둘 필요[15]가 있다.

물가안정목표제의 대안으로서 물가수준목표제가 제시된 바 있다. 물가안정목표제하에서 물가상승률이 목표치를 지속 하회하는 경우 물가수준이 장기추세치에 도달할 때까지 목표 이상의 높은 인플레이션을 용인함으로써 기대인플레이션을 높이고자 하는 의도가 반영된 것이 물가수준목표제이다. 글로벌 금융위기 이후 물가상승률이 목표치보다 낮은 상황이 지속됨에 따라 통화정책의 신뢰성 저하가 우려되는 상황에서 중앙은행이 장기 물가목표 달성의지를 공표함으로써 정책에 대한 신뢰성을 높일 수 있다고 평가된다.

하지만 대부분의 경제주체들이 주로 현재 및 미래 경제여건을 고려하여 의사결정을 하는 상황에서 과거의 경제상황이 더 많이 반영되는 물가수준을 기준으로 통화정책을 운용할 경우 오히려 통화정책에 대한 신뢰를 얻기 어렵다는 문제가 있다. 또한 다양한 물가지수에 대한 이해가 부족한 상황에서 특정 물가지수의 수준을 기준으로 할 경우, 시장과의 소통이 더욱 어려워진다는 문제가 있으므로 유용하지 않을 수 있다.

이러한 문제를 감안하여 2020년 8월에는 미국 연방준비은행이 단일 물가목표를 평균물가로 대체한다는 방침을 발표하였다. 2012년 채택했던 단일 물가목표제를 수정한 것이다. 도입 당시 고물가를 피하고자 선제적으로 금리를 인상했던 연준의 30년 넘은 관행을 깨뜨리는 새로운 전략이다. 다시 말하면, 구조적인 저물가 장기화가 예상되는 상황에서 단일물가보다는 평균물가를 채택함으로써 상당 기간 저금리 정책을 유지하는 등 적극적인 통화정책을 추진하겠다는 의미이다.

이와 유사한 제안으로 경상 GDP 목표제가 있다. 경상 GDP 성장률 또는 수준을 통화정책의 목표로 정함으로써 경제성장과 물가안정을 동시에 고려하는 통화정책체계를 만들 수 있다는 아이디어[16]를 배경으로 한다. 이 제도하에서는 글로벌 금융위기 이후 잠재성장률 하락 등으로 경상 GDP가 낮아진 상황에서 일정 수준 이상의 경상 GDP 성장을 목표로 제시함으로써 기대인플레이션을 높일 수 있을 것이다.

예를 들어, 경기침체 국면에서 경제주체들은 생산활동이 목표치 수준으로 회복될 때까지 완화적 통화정책 기조를 예상하게 되어 투자 및 소비의 위축을 예방할 수 있고 경기부진에서 벗어나는 데 기여할 수 있다는 것이다. 또 한편으로는 공급충격으로 생산이 위축되지만 물가가 급등하는 경우에 효과적인 대응이 가능하다는 이점도 있다. 2008년 글로벌 금융위기 초기의 사례가 그렇다. 유가 급등으로 인해 물가가 높아지면서 미국 연방준비은행이 위기에 적극적으로 대응하지 못했던 것이다. 이런 경우 경상 GDP 목표제를 적용했다면 통화정책 대응에 시의성을 확보할 수 있었을 것이다.

GDP 통계와 관련하여 시차 및 오차 등 다양한 기술적 문제 때문에 목표치를 설정하기가 복잡하다는 문제가 있지만 지금과 같이 수요와 공급 양면에서 발생한 충격으로 경제가 구조적인 침체에 빠진 경우 유효한 수단이 될 수 있다. 일부에서 고용을 통화정책의 목표로 도입해야 한다는 주장도 있으나 고용과 물가의 상충관계가 불분명[17] 해진 상황에서 고용을 정책목표로 도입하는 것보다 대표적인 경제지표인 GDP를 활용한 통화정책 운용이 바람직할 수 있다.

또한 한국경제에 현재 2%로 설정된 물가안정목표의 수준 역시 검토할 필요가 있다. 한국경제의 중장기 수요 및 공급 능력 등 현재 상황하에서도 일정 수준의 기대인플레이션이 필요하다는 점 등을 감안할 때 적정하다고 판단되지만, 앞으로도 계속 그 수준이 한국경제의 적정 물가상승률인지에 대해서는 재검토해야 한다.

고령화의 영향으로 장기균형실질금리가 하락하고 있는 상황에서 인플레이션 목표치를 너무 낮거나 혹은 높게 설정할 경우 전통적인 통화정책의 역할이 제약될 가능성이 높다. 만일 기대인플레이션이 하락할 경우 균형명목금리가 하락하여 확장적 통화정책의 여력이 균형명목금리의 하락 폭만큼 축소될 우려가 있다. 이와 같은 상황이라면 통화정책의 효과는 제한적일 수밖에 없다.

최근까지 주요 선진국들이 물가안정목표 및 기대인플레이션이 낮은 상황에서 단기 명목금리의 제로 하한으로 대규모 장기국채 매입과 같은 비전통적 통화정책 수단을 활용할 수밖에 없었다는 점을 고려할 때, 효과적인 통화정책 운용을 위해 적정 물가안정목표에 대한 재검토가 반드시 필요하다.[18]

외환정책의 투명성을 강화해야

한국경제의 외환건전성에 대한 우려는 글로벌 금융위기와 같은 대내외 불확실성이 확대될 때마다 제기되어 왔다. 특히 IMF 외환위기와 글로벌 금융위기 때 자본이 급격하게 유출되면서 큰 어려움에 처한 경험이 있다. 이에 따라 한국경제에 불확실성이 부각될 때마다 외환건전성이 이슈가 되고 있다. 이번 코로나19 경제위기 상황에서도 예외는 없었다.

먼저 외환건전성 유지를 위해 가장 중요한 것은 견실한 경상수지 흑자를 유지하는 것이다. 다행스럽게도 한국경제는 2012년 이후 경상수지 흑자가 빠르게 확대되면서 대규모 흑자를 유지하고 있다. 수출경쟁력 유지 또는 제고를 통해 경상수지 흑자를 유지하는 것도 중요하지만 가격변수인 환율을 인위적으로 조정하여 대규모 경상수지 흑자가 발생한다는 비난은 피할 필요가 있다.

따라서 현재 한국경제에 경상수지 흑자가 발생하고 있는 근본 원인을 파악하고, 환율조작 의심을 면할 수 있는 개선 방향을 마련해야 한다. 예를 들어, 미국에서 제기한 바 있는 외환시장 개입 이력 공개 요구에 대응하여 무조건 거부하기보다는 실용적으로 접근해야 한다. 외환시장에서는 정부가 굳이 공개하지 않더라도 외환시장 참여자에 대한 추세 분석을 통해 개입 여부와 규모를 추정할 수 있기 때문에 거부가 능사는 아니다. 또한 외환시장의 규모가 지속 확대되고 있어 정부가 개입하여 환율을 결정할 수 있는 환경도 아니다. 따라서 분기별 또는 반기별 시장 운용 내역을 공개하더라도 문제가 되지 않는다.

최근 코로나19 경제위기 상황에서도 미국 등 선진국의 경기 급락

그림 9-5 **연간 경상수지 및 대미 무역수지[19]**　　　　(단위: 억 달러)

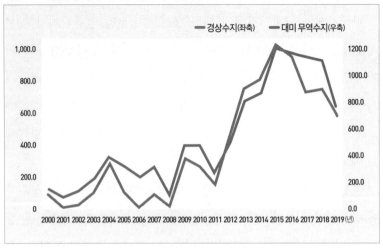

과 이에 따른 일부 신흥국의 위기 가능성 등이 제기되면서 한국의 외환시장이 다시 불안해질 수 있다는 우려가 확대되고 있다. 물론 한국경제의 외환건전성은 외환보유액, 단기외채비율, 경상수지 측면에서 양호한 수준을 유지하고 있어 급작스러운 자본유출 등 외환위기의 가능성은 낮은 것으로 판단된다. 외환보유액은 2020년 말 4,363억 달러에 이르렀으며, 단기외채도 외환보유액 대비 34.3%에 불과하다. 아울러 경상수지 흑자가 GDP 대비 7% 내외를 기록하면서 외환공급도 원활하다.

　그럼에도 불구하고 외환시장 불안 가능성을 완전히 배제할 수는 없다. 외환시장의 불안은 대개 원화가치 하락과 자본유출을 동반한다. 만약 이때 외환보유액을 이용하여 경제 기초여건과 괴리된 환율을 유지할 경우, 외환보유액이 쉽게 소진되고 투기세력에 단기적 수익 기회가 제공되는 등 외환시장이 오히려 혼란해질 수 있다. 따라서 외환시장의 안정을 위해서는 우선적으로 환율의 신축성을 용인해야 한다.

아울러 2008년 글로벌 금융위기의 경험을 보면, 외환보유액을 유지하는 것에 비해 비용이 들지 않고 외환시장 안정에도 더 효과적이라는 점에서 통화스왑을 추진할 필요가 있다. 코로나19의 경제위기가 시차를 가지고 러시아, 브라질 등 신흥 시장국에서 심화되고 나아가 이러한 신흥 시장국들의 문제가 또 다시 국제금융시장의 불안을 확대시키면서 우리나라 금융시장에 영향을 미칠 수 있기 때문이다. 자금의 급격한 유출입이 발생하고 주가와 환율 등 가격지표들이 급등락하는 현상이 재연될 수 있다. 이러한 상황을 미리 준비하는 차원에서 통화스왑의 만기를 연장해 두거나, 2008년 글로벌 금융위기 극복과정에서 성사시켰던 한일, 한중 통화스왑 등을 적극 추진할 필요가 있다.

지속가능한 성장을 위한 구조개혁을 동시에

확장적인 거시경제정책 기조를 바탕으로 우리 경제의 지속가능한 성장 환경을 확보한다는 것을 목표로 개혁정책을 함께 추진할 필요가 있다. 거시경제정책만으로는 한국경제의 구조적인 취약점을 완화하고 잠재수준을 높이는 데 한계가 있기 때문이다. 잠재성장률이 높아지지 않으면 거시경제정책의 여력도 축소되기 때문에 거시경제정책과 구조개혁은 상호보완 관계에 있다. 글로벌 금융위기 이후 소득 불평등 문제가 정책목표로 부각되었지만 가시적인 성과를 거두었다고 보기 어렵다. 따라서 소득불평등과 저성장의 악순환 문제에 대해 새로운 시각에서의 해소방안을 함께 모색하는 시도가 바람직하다.

특히, 규제개혁, 기술혁신 등 공급측면의 경제 역량을 확대하는 노력이 중요하다. 거시경제정책을 통한 총수요 확대가 공급측면에도 영향을 미치기 위해서는 증가하는 수요에 적기 대응할 수 있도록 노동시장의 유연성을 제고해야 하고 투자가 이루어질 수 있도록 상품시장의 규제개혁이 함께 이루어져야 한다. 그렇지 않을 경우 비효율 또는 낭비적인 소비지출만 늘어나면서 한국경제의 경쟁력 및 활력을 저하시킬 수 있다. 노동시장 유연화와 상품시장 규제개혁 과정에서 상대적으로 많은 부담을 가지는 계층과 업종이 있을 수 있다. 이들 계층과 업종에 대한 지원은 복지 차원에서가 아니라 구조개혁을 위한 비용이라는 점에서 긍정적으로 보아야 한다.

특히, 자원의 효율적 배분을 저해하는 정책, 제도, 관행의 타파 등 경제 전반의 생산성 향상을 유도하는 개혁은 필수적이다. 기업 및 산업의 구조조정과 경제시스템에 대한 구조개혁 정책은 보다 장기적 관점에서 한국경제의 경쟁력을 확보하고 생산성을 향상시켜 지속성장 가능성을 높이기 위한 중요한 수단이다. 따라서 앞으로의 구조개혁은 경제의 유연성을 제고하고 공정성을 확보하는 방향으로 추진함으로써, 자원의 효율적 운용을 통해 성장잠재력을 강화하고 성장의 균형 및 공정한 배분을 확보하는 경제구조를 정착시키는 데 초점을 맞추어야 한다. 예를 들어, 노동시장 개혁은 기존 취업자와 잠재적 취업자 간에 존재하는 노동시장의 불공정성을 완화하고 기업 간, 산업 간 인적자원의 원활한 재배치가 가능하도록 함으로써 한국경제의 생산성을 높여야 한다.

한편 급격한 기술발전에 따라 고용의 장기적 안정성에 대한 우려가 제기되고 있다. 경제주체들의 기술발전에 대한 적응성을 높임으로써 사회경제적 갈등의 소지를 최소화한다는 차원에서 평생교육 및 직업훈련을 중심으로 한 교육개혁이 필요하다. 더불어 금융과 노동시장 제도를 포함한 규제환경을 혁신 친화적으로 바꾸고 국민적 공감대 형성을 통해 경쟁 제한적 진입 및 영업 규제들을 개선하는 등의 규제개혁도 성장잠재력 강화와 공정한 성과배분 체계를 확립하는 데 기여할 것이다. 시장실패 및 사회적 약자 보호를 목표로 유지되고 있는 기존의 정책수단들도 효과성 점검을 통해 개편해 나가야 한다.

수출과 내수의 균형성장을 위한 정책 논의도 본격적으로 추진할 필요가 있다. 4차 산업혁명 및 글로벌 교역구조 변화와 같이 수출 의존적인 한국경제의 산업경쟁력 유지를 장담하지 못하는 환경이 전개되고 있다. 이와 관련된 우려가 코로나 경제위기 이후 글로벌 경기 회복세에도 불구하고 반도체 등 일부를 제외한 산업들의 수출이 견실하게 유지되지 못하는 현실로 나타날 가능성도 점검해 보아야 한다. 특히, 중국의 기술 추격에 따른 한국의 주력 산업들의 대외경쟁력 약화 등 구조적 문제가 당장 가시화되고 있을 가능성에도 주의를 기울일 필요가 있다.

수출 주력산업의 대외경쟁력에 대한 냉정한 평가를 통해 산업구조조정, 나아가 전반적 경제구조 개편의 시급성을 점검할 필요도 있다. 질서 있는 구조조정을 통해 경쟁력을 상실한 산업과 기업 등 경제의 구조적 비효율을 제거하고, 물적자원은 물론 인적자원의 재배치가 원활하게 이루어져 생산성을 높일 수 있는 환경을 조성해야 한다. 보다 선제적인 구조조정을 통해 노후화된 제조업 기반을 정비함으로써, 신기술 접목과 활용을 통한 제조업 고도화의 환경을 제공할수 있을 것이다.

서비스 등 내수중심 산업에서 민간의 혁신과 경쟁력 강화를 지원하기 위해 기득권과 기존사업자 보호 목적의 진입·영업규제를 전면 개편하는 정책적 역량을 발휘해야 한다. 고부가가치 서비스업의 활성화를 통한 양질의 일자리 창출은 정부의 가장 중요한 정책목표와도 합치된다는 점을 부정하기는 어려울 것이다. 이러한 관점에서 혁신성장 관련 정책방향을 보다 명확히 제시하고 규제개혁 등 신속하면서도 일관된 정책의 실행체계를 확보하는 것이 중요하다.

PART 10

코로나19 이후
경제사회적
환경 변화

코로나19
확산 전개와 영향

전례 없는 충격, 코로나19

2019년 말 중국에서 시작한 코로나19가 전 세계로 확산되었다. 2000년대 이후 2009년 신종플루, 2013년 사스, 2015년 메르스에 이어 네 번째 바이러스 확산이다. 코로나 바이러스 확산이 아직 진행 중에 있어 정확한 치명률을 알 수는 없으나 2021년 1월 현재 3% 내외에 머물고 있어 독감(0.5%), 신종플루(0.1%)에 비해서는 높고 사스(10%)와 메르스(30%)보다는 낮다. 그러나 감염 속도가 빨라 전 세계 190여 개국에서 감염자가 발생하고 있고 확진자가 9,300만 명을 넘고 있어 사스 8,096명, 메르스 1,401명, 신종플루 1,632,258명보다 매우 높다.

세계보건기구who도 2020년 4월 11일에는 기구 창설(1948년) 이래 세 번째[1]로 감염병 경고의 최고 단계인 팬데믹을 선언하였다. 강력한 봉쇄조치와 방역노력으로 2020년 7월까지 확진자 증가세가 정체되는 모습을 보였다. 그러나 〈그림 10-1〉에서 보는 것처럼 제2차와 제3

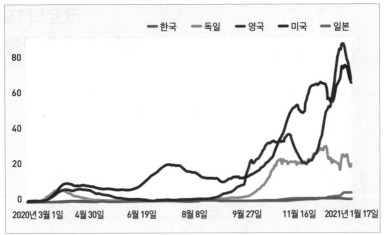

그림 10-1 **인구 1백만 명당 신규 확진자**[2]　　　　　　　　　(단위 : 명)

한국　독일　영국　미국　일본

2020년 3월 1일　4월 30일　6월 19일　8월 8일　9월 27일　11월 16일　2021년 1월 17일

차 유행으로 확진자가 다시 늘고 있고 최근에는 변이 바이러스가 출현하면서 제4차 유행 가능성까지 제기되고 있다.

전염성이 강한 변이 바이러스가 출현하고 확진자와 사망자가 늘면서 영국, 프랑스, 독일 등 일부 유럽국가에서는 다시 국경봉쇄 등 강력한 전염 차단조치를 취하고 있다. 2020년 12월 백신이 개발되면서 백신확보와 접종 노력을 강화하고 있으나 접종에 따른 집단면역이 이루어지는 데 상당한 시간이 소요되고 치료제 개발이 지연되고 있어 불안감은 지속될 것으로 보인다.

코로나19 확산의 경제적 영향

제2차 세계대전 이후 최악의 충격

코로나 바이러스 확산이 경제에 미치는 영향은 백신접종과 치료제 개발경과에 따라 상당히 달라질 수 있다. 빠른 속도의 감염확산을

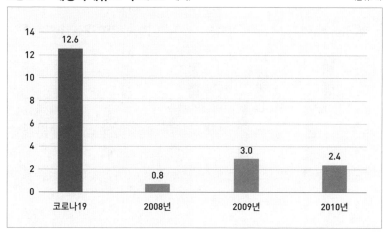

그림 10-2 재정확대규모 비교(GDP 대비)　　　　　　　　　　(단위 : %)

막기 위해 세계 각국은 방역강화와 함께 국경 간 이동을 포함한 봉쇄
조치와 사회적 거리두기를 추진하였다. 앞서 언급한 바와 같이 7,100
만 명의 목숨을 앗아간 1918년의 스페인 독감에 비해 치명률은 낮을
수 있으나 단기간 내 세계경제 성장을 5%p 이상 깎아내리는 등 코로
나 사태가 경제에 미치는 영향은 크고 광범위하다.

감염 리스크에 따른 경제주체의 자발적인 경제활동 위축과 봉쇄
조치 등 방역 조치로 인한 비자발적인 경제활동 중단이 계속되고 있
고 글로벌 경제 네트워크를 통해 빠르게 확산되고 있다. 이러한 경제
적 충격을 완화하기 위해 전 세계 국가가 전례 없는 대규모 정책대응
을 추진하고 있다.

통화정책 측면에서 미국, 유럽, 일본 등의 중앙은행이 금리인하
와 함께 국채와 회사채 매입 등 자산매입의 규모를 대폭 확대하였
다. 재정부문에서는 실직자 지원, 고용유지 기업 등을 위해 전 세계

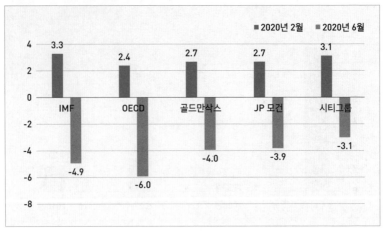

그림 10-3 **2020년 세계성장률 전망**

(단위:%)

■ 2020년 2월   ■ 2020년 6월

	IMF	OECD	골드만삭스	JP 모건	시티그룹
2020년 2월	3.3	2.4	2.7	2.7	3.1
2020년 6월	-4.9	-6.0	-4.0	-3.9	-3.1

GDP의 12.6%에 달하는 11조 달러 규모를 지출[3]하였다. 여기에 미국이 바이든 행정부 출범 이후 1.9조 달러를 추가 지출하기로 함에 따라[4] 그 규모는 더욱 커질 것으로 보인다. 2020년 4월에 집계한 8조 달러에 비해 크게 증가한 것이다. G20 국가만 하더라도 GDP의 6%에 이른다. 한국도 적극적으로 재정을 확대한 결과 GDP의 10%를 넘고 있다. 2008년 글로벌 금융위기 이후 3년 동안 평균 2% 수준으로 재정을 확대했던 것에 비하면 매우 큰 것이다.

그러나 이와 같은 대규모 정책대응에도 불구하고 코로나19 사태에 따른 경제적 충격은 과거 감염병 팬데믹의 영향을 크게 상회할 전망이다. 주요 국제기구와 연구기관이 팬데믹 선언(2020년 4월) 이후 〈그림 10-3〉과 같이 최근까지도 2020년 성장전망치를 지속적으로 하향조정하고 있다. 이와 같은 급격한 경제활동 위축은 글로벌 금융위기를 넘어 제2차 세계대전 이후 최악의 상황[5]이다.

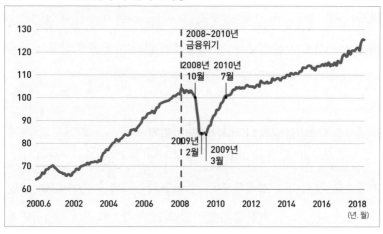

그림 10-4 **2008년 위기 시 세계교역량** (단위 : %)

세계 성장률 하락은 글로벌 교역량 감소로 이어진다. 수출 중심의 성장모델을 갖고 있는 한국경제에는 큰 충격이 될 수 있다. 한국 내에서 방역당국과 의료진의 노력으로 코로나 바이러스 확산을 차단한다고 하더라도 대외환경의 악화는 한국경제에 부정적인 영향을 미칠 수밖에 없다. 한국의 수출이 4월부터 본격적으로 감소하기 시작하여 2020년 5.4% 감소하는 등 충격이 현실화되었다. 글로벌 교역량이 2020년에 15~20% 수준까지 감소한 것으로 보이고 회복에 상당한 기간이 소요된다는 연구기관의 전망*을 보면 앞으로가 더욱 문제임을 알 수 있다.

〈그림 10-4〉에서 보는 것처럼 2008년 글로벌 금융위기 당시 교역 증가율을 성장률과 비교하는 탄성치(1:7)를 적용하면 글로벌 교역량이 급격히 감소할 것임을 예상할 수 있다. 또한 회복기간도 18개월 소요되었다는 점을 감안하면 이번 팬데믹으로 인한 교역량 감소효과

는 훨씬 클 것으로 예상하는 것이 타당하다. 대외환경 변화가 한국경제 전망에 미치는 영향은 아직 예단하기는 어렵지만 과거 세계성장률과 한국경제의 탄성치(1:4)를 적용하면 팬데믹 이전에 비해 성장률이 최대 3%p 이상 위축될 것이라고 추정할 수 있다.

계층별 산업별로 달리 나타나는 경제적 충격

앞서 설명한 세계경제 전망은 코로나 사태가 2020년 하반기에 점진적으로 통제되고 경제활동이 재개된다는 전제를 근거로 하고 있다. 과거 팬데믹 현상을 불러왔던 스페인 독감(1918년)의 경우 'V'자형 반등을 이루어낸 사례도 있었다. 그러나 2020년 9월 이후 신규 확진자 증가, 전염력이 강한 변이 바이러스 출현 등으로 인해 일부 국가가 봉쇄조치를 다시 단행하였다. 따라서 백신접종이 빠르게 이루어진다고 하더라도 집단 면역 또는 치료제가 개발되기까지는 충격이 예상보다 커지고 있고 장기화될 가능성이 있다.[7]

이와 같은 이유로 최근의 주식시장 반등[8]에도 불구하고 한국경제는 경기침체가 장기화되는 'U'자형 또는 'L'자형 회복 형태가 될 것이라는 견해가 확산되고 있다. 또한 충격이 계층과 부문별로 달리 나타나기 때문에 부문 간 격차가 심화되는 'K'자형 회복을 예상하는 시각도 있다. 이번 경기침체가 보건위기로 인해 발생했기 때문에 근원적인 의료 해결책이 제시되지 않는 한 실물충격과 이에 따른 금융불안 문제가 단기간 해소되기 어렵기 때문[9]이다.

2020년 9월 IMF와 OECD가 기존 베이스라인 대비 2020년 하반기 신규 확진자 증가에 따른 경제회복 시나리오에 대한 전망을 제시

기로에 선 한국경제

그림 10-5 **IMF 시나리오 전망**[10]　　　　　　　　　　　　(단위 : %p)

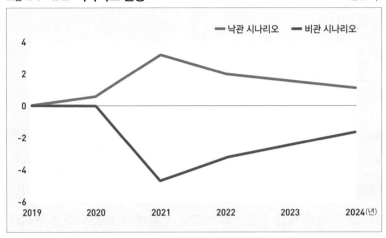

한 바 있다. 〈그림 10-5〉에 나타난 것처럼 베이스라인에 비해 세계성 장이 2~3%p 추가 하락할 것으로 예상하였으나 최근 변이 바이러스와 새로운 봉쇄조치 등을 감안할 때 실물경제가 더욱 침체될 가능성이 있다.

이들 전망에서 주목할 점은 경제가 코로나19 이전 상태로 돌아가는 시기가 2022년이라는 점이다. 당초 올해 하반기부터 회복국면에 접어들 것이라는 종전의 전망과 상당한 차이가 있다. 코로나19 확산이 진정된다고 하더라도 팬데믹으로 인한 심리적 충격이 경제주체의 행태변화를 유발하는 구조적인 충격[11]으로 작용하면서 경기회복이 추가적으로 지연될 수 있다는 것이다. 일부 민간연구기관에서는 2021년에도 코로나19 이전인 2019년의 90% 수준에도 미치지 못할 것이라고 전망[12]하고 있다. 또한 장기간 경기침체가 가져오는 실직과 불확실성에 대한 소극적인 행태로 경제주체의 인적 물적 자본이 훼

손[13]되는 이력효과가 경기회복을 제약하는 요인으로도 작용할 가능성이 있다.

코로나19 팬데믹과 경제환경의 변화

당초 예상과 달리 코로나19 경제적 충격이 장기화될 것으로 예상되면서 추가적인 정책대응의 방향에 대한 논의가 증가하고 있다. 특히 전염병 확산에 따른 경제적 불확실성이 지속되면서 경제주체의 행태가 변화하는 전혀 새로운 환경New Normal의 도래 가능성도 제기되고 있다. 이와 함께 환경변화 예측과 정책대안 개발에 대한 논의가 활발해지고 있다.

최근 연구를 종합하면 전염병 감염 리스크로 인해 소비자 선호 및 기업생산 방식 변화가 불가피해지고 자국 또는 지역주의 확산 등 국제무역질서 재편이 예상된다. 코로나19 충격의 차별적 영향에 따른 불평등 심화, 인적·물적자본 축적 둔화에 따른 생산성 둔화와 함께 비대면 접촉 행태 강화로 인한 디지털 경제가 앞당겨 도래할 것이다.[14]

이와 함께 저탄소 경제로의 전환, 사회안전망 확대의 필요성 증대로 인한 정부의 역할이 강조될 것으로 보인다. 다만 이러한 전망도 향후 코로나19 전개 상황 및 백신 접종과 치료제 개발 향방에 따라 달라질 것임에 유의할 필요가 있다.

코로나19 사태가 가져오는 새로운 환경이 완전히 새로운 것이라는 주장도 있으나 글로벌 금융위기와 4차 산업혁명으로 인해 이미 변해왔던 경제환경이 가속화된 것이라는 견해도 있다. 어떤 방향이든 새로운 환경에 대한 준비가 긴요하다. 일부 연구기관에서 분석한 것처럼 글로벌 금융위기 당시에도 충격을 흡수하고 미래를 대비한 기업과 그렇지 못한 기업의 매출액 변화를 추정한 결과, 미래 대비 기업은 매출액이 10% 증가한 반면, 그렇지 못한 기업은 15% 감소했다는 점을 유념해야 한다.[15]

세계화의 위축, 탈세계화와 심화되는 통상마찰

2000년대 초까지 '거리의 종언Death of Distance'[16]이라는 말이 화두가 될 정도로 세계화가 빠른 속도로 진행되었다. 중국의 세계무역기구WTO 가입으로 글로벌 교역량이 급격히 증가하고 정보통신기술 발전으로 국가간 통신과 소통이 원활해졌다. 세계 각국은 비용절감과 경제적 효율성 제고를 위해 글로벌 밸류체인 참여와 아웃소싱을 추진했다. 그러나 2000년대 중반 이후 세계적인 소득불평등과 양극화의 주된 원인으로 세계화가 지목되면서 미국 등 일부 국가에서 보호무역주의와 이민제한의 움직임이 발생하기 시작했다.

중국이 세계의 공장이 되면서 저가 제품이 세계시장에 등장하기 시작했고, 그 결과 물가가 안정되었으나 경쟁심화에 따른 선진국 공장의 이전과 폐쇄 등으로 일자리가 감소하면서 세계화에 대한 불만이 심화되었기 때문이다. 과거에도 경제적 충격에 따른 어려움이 발생할 경우 아웃소싱 등 글로벌화가 퇴조하는 경향을 보였다. 1, 2차 세계대전 및 대공황 당시에도 탈세계화 현상이 나타났으며 2008년 글로벌 금융위기 이후에도 일자리 감소 등에 대한 불만으로 세계화가 이미 후퇴하고 있었다.

세계화의 후퇴는 지역 내 무역자유화를 통한 공급망의 지역중심

재편의 모습으로 나타나고 있다. 앞서 설명한 탈세계화는 비경제적인 이유보다는 경제적인 논리에 의해 진행되고 있었다. 제조업이 점차 자동화되면서 낮은 인건비에 대한 유인이 감소하고 있으며 2010년대 이후 일본의 쓰나미,[17] 태국의 홍수 등 몇 번의 자연재난을 겪으며 어느 한 곳에 의존하는 공급망의 위험성을 인식하게 된 것이다. 이러한 이유로 최종 조립공장 인근에 공급망을 두거나 다변화하는 경향이 나타나고 있다. 글로벌 교역의 역내 무역비중은 2012년을 기점으로 증가하고 있다.

이러한 흐름에 코로나19는 탈세계화와 지역주의 확산을 더욱 가속화시킬 것으로 보인다. 코로나 사태 초기 봉쇄조치 등으로 인한 공급망 충격이 과거 국적을 불문하고 가장 저렴한 가격으로 공급할 수 있는 생산자를 찾고 적기 배송을 미덕으로 여겼던 믿음이 더 이상 유효하지 않다는 것을 보여주었기 때문이다. 따라서 노벨 경제학상 수상자인 스티글리츠 교수는 앞으로 외부충격을 흡수할 수 있고 자생할 수 있는 능력을 갖춘 경제를 구축하려는 움직임이 늘어날 것으로 예상하고 있다.

이제 수익보다는 안정이 우선 가치가 되고 있는 것이다. 이러한 움직임은 글로벌 컨설팅사인 맥킨지의 조사에서도 나타나고 있다. 이들 조사에 의하면 다국적 기업의 93%가 향후 5년 내 공급망의 안정성 회복이라는 관점에서 재편될 것[18]이라고 한다. 공급망을 위협하는 위험이 감염병이나 자연재난에만 있는 것이 아니다. 세계 유수 기업은 이번 팬데믹을 계기로 정치적 불안, 환경과 노동 관련 이슈를 중요한 위험 요소로 평가하게 되었다. 지속적으로 모니터링하거나 분산할 필요성이 생긴 것이다. 이로 인한 비용상승은 생산공정의 스마트화로 대응할 수 있을 것으로 판단하고 있다.

로컬라이제이션 심화, 유연하고 스마트해지는 공급망

탈세계화 또는 세계화의 퇴조가 세계화의 종언을 말하는 것은 아니다. 일방적으로 자국 내 생산-공급으로 전환하는 것이 설득력이 없고 오히려 글로벌 충격에 따른 위험 흡수가 어렵기 때문[19]이다. 공급망을 자국으로 리쇼어링할 경우 인건비 상승, 경직된 노동시장 여건으로 인해 기업과 소비자에 부담으로 작용하므로 글로벌 가치사슬GVC: Global Value Chain 축소보다는 기능적인 진화를 선택할 것으로 보인다. 인공지능, 머신러닝, 빅데이터 등을 결합한 스마트 GVC를 구축함으로써 상시적인 불확실성에 대비하여 신속한 리스크 관리, 플랫폼 공유와 표준화를 통한 복원력 강화와 위험분산 전략을 추진하는 것이다.

이러한 전략도 원가상승을 통한 기업과 소비자 부담으로 이어져서는 안 된다. 여기서 스마트하고 유연한 GVC의 필요성이 제기된다. 정보통신기술의 발달에 따른 생산시설의 스마트화가 이루어지면서 소비자의 기호 변화를 실시간으로 반영할 수 있는 유연한 산업구조를 구축할 필요가 있다. 효율성과 적응력은 스마트화와 유연화를 매개로 연결할 수 있는 것이다. 대표적인 사례로는 독일 BMW, 아디다스 등의 스마트팩토리를 들 수 있다. 환경오염을 저감할 수 있는 생산기술의 발달로 수요지 인근에 생산시설을 설립하고 스마트한 공급망을 구축하고 소비자의 수요에 대응하고 있다.

스마트하고 유연하며 짧은 공급망 구축의 경향은 해외로 이전된 국내기업의 해외 생산기지와 관련하여 한국경제에 많은 시사점을 준다. 저렴한 인건비와 해외시장 공략을 위해 이전한 생산기지가 생산의 지속성과 안전성을 확보하기 위해 국내로 다시 돌아올 유인이 생겼지만 스마트화와 유연성을 갖출 수 있는 환경을 조성해야 한다는 것이다. 생산기반 등 인프라와 노동시장 등이 유연하지 않을 경우 공급망으로서 한국의 위치를 확보하기 어렵다. 외국기업의 생산기지를 국내로 유치하는 경우에도 마찬가지다.

비대면 서비스 증가, 디지털 경제의 가속화

감염병 확산 리스크는 비대면 접촉을 통한 경제 사회활동을 증가시키고 있다. 온라인, 쇼핑, 배달 서비스 등이 오프라인 소비를 대체하고, 기업에도 온라인 교육, 재택근무, 화상회의 등이 적극 도입되고 있다. 〈그림 10-6〉에서 보는 것처럼 코로나19 사태 이후 비대면 서비스 신규 가입자가 빠르게 늘어나고 있다.

생산과정도 디지털화되고 있다. 코로나19의 확산으로 생산차질을 경험한 주요 제조업체가 생산시설의 자동화와 유연화를 위한 스마트팩토리 투자를 확대하고 있다. 무인자동화와 유연 생산을 통해 효율성을 높이고 소비자 수요 변화와 수급불균형에 유연하게 대응하고자 하는 노력의 일환이다. 이러한 결과 향후 글로벌 스마트팩토리 시장이 〈그림 10-7〉에 나타난 것처럼 2025년까지 연평균 4% 이상 증가할 것으로 전망되고 있다.

비대면 접촉에 대한 거부감이 사라지면서 데이터와 정보통신기술

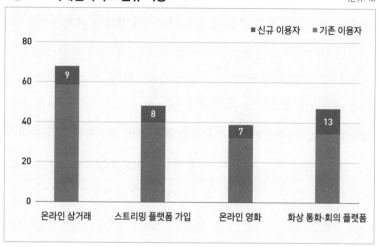

그림 10-6 **비대면서비스 신규 비중**[20] (단위 : %)

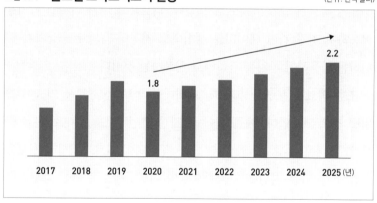

그림 10-7 **글로벌 스마트팩토리 전망**[21] (단위 : 천억 달러)

에 바탕을 둔 새로운 산업과 서비스가 증가할 것으로 전망된다. 대표
적인 것이 정보통신기술에 기반한 플랫폼 산업 또는 기업이다. 플랫
폼이라는 개방된 인프라에서 다수의 생산자와 소비자 간 연결을 통

해 가치를 창출하고 수수료 또는 광고 등을 통해 수익을 창출하는 산업이다. 개인의 성향과 특성에 맞춘 서비스가 성공의 관건이다.

정보 탐색에서 출발하여 제품거래 중개, 결제 등의 서비스에 이르기까지 금융, 일자리 매칭 등의 광범위한 영역으로 확대되고 있다. 중개 매개체가 아닌 주체가 되어 제조업 등을 거느리는 단계까지 진화할 것으로 보인다. 이미 2020년 현재 글로벌 시가총액 Top10 기업 중 7개[22]가 플랫폼 기업이며 국내에서도 정보통신 하드웨어보다는 서비스 시장 전망이 밝은 것으로 나타나고 있다.

한편 코로나19 사태로 인한 의료에 대한 관심과 데이터 기반 기술의 발달로 바이오헬스 산업의 성장 가능성도 확대되고 있다. 특히 오프라인 의료기관 및 의료인 부족 등을 경험한 이후 디지털 헬스케어 수요가 빠르게 증가할 것으로 보인다. 의료 수요자가 디지털 기기를 이용하여 건강 관련 데이터를 생성하고 저장하면 의료 공급자가 데이터를 활용하여 환자를 관리하고 치료하는 것이다.

또한 의료부문 생산성 제고 및 비대면 의료 등 새로운 기술이 개발될 것으로 보인다. 예를 들어, 철저한 개인정보를 토대로 미국 등은 블루 버튼Blue Button 플러스 서비스를 구축하여 의료기관끼리 정보를 교류할 수 있는 기반을 구축함으로써 정밀의학으로 가는 디딤돌을 만들었다는 평가를 받고 있다.

없어지는 일자리는 다시 돌아오지 않아[23]

지금까지 언급한 생산과 소비의 디지털화와 자동화는 일자리에 영향을 미친다. 기계가 중간 숙련도의 일자리를 빠르게 대체할 것이

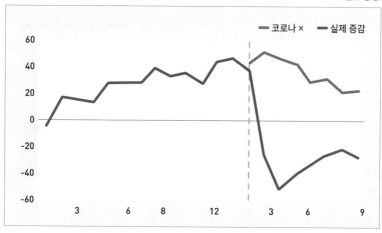

그림 10-8 **지역서비스 일자리**(전년동월 대비)　　　　　　　　　　　　　　(단위: 만 명)

다. 적어도 기계는 보건위기에 따른 생산차질을 가져오지 않기 때문
이다. 생산 과정뿐 아니라 서비스 방식도 바뀔 것이다. 사회적 거리
두기와 대면 접촉을 꺼리는 경향이 강해지면서 비대면 접촉에 의한
서비스 제공을 선호하게 되고 그에 따라 기존의 저임금 대면 접촉 서
비스 일자리가 사라질 것이다. 비대면 접촉에 의한 서비스는 온라인
유통, 원격진료 등이 대표적이다. 코로나19 사태에 따른 이러한 추세
는 일시적인 것이 아니며 사라진 일자리는 돌아오지 않을 것으로 보
인다. 미국의 연구에서는 코로나 충격으로 사라진 일자리의 1/3이 다
시 돌아오지 않을 것으로 추정[24]하고 있다.

　구체적으로 살펴보면 코로나19로 인해 한국뿐 아니라 전 세계가
공통적으로 실업급증, 장기화 등을 경험하고 있다. 전염병은 기업
매출감소로 인한 노동수요 감소와 함께 안전에 대한 우려 및 구직
포기로 인한 노동공급 위축을 동시에 유발한다. 주요국의 실직자 소

그림 10-9 **코로나19 취업자 감소**(전년동월대비)　　　　　　　(단위 : 만 명)

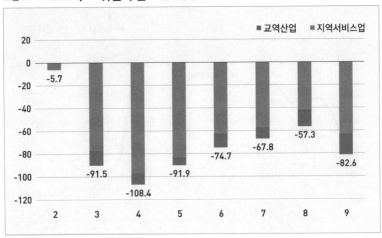

득보전, 고용유지 등의 정책에도 불구하고 OECD 회원국 평균 실업률이 두 자릿수를 상회하고, 한국에서도 2020년 3월 이후 신규취업자가 감소하고 있다. 코로나19로 인한 일자리 충격을 분석한 국내 연구에서도 없어진 일자리가 4월과 9월에 각각 108만 개, 83만 개에 이른다고 추정[25]하고 있다. 사라진 일자리의 대부분이 교역과 관련한 서비스가 아닌 도소매, 음식숙박, 교육, 보건 등 내수관련 서비스 업종(지역 서비스)이라는 분석이다.

내용을 살펴보면 이러한 실직, 무급휴직 등이 대체로 청년, 여성, 저소득층, 자영업자 등을 중심으로 발생[26]하는 등 계층별로 다르게 나타나는 것이 우려된다. 한국에서 취업자가 본격적으로 감소한 3월 이후 12월까지 남성취업자가 43만 명 감소한 데 비해 여성은 73만 명 감소하였다. 여성이 폐쇄와 사회적 거리두기의 영향을 많이 받고 있는 음식숙박업, 도소매업 등 대면서비스 업종에 주로 고용되어 있

그림 10-10 **성별 취업자 증감**(2020년) (단위: 천 명)

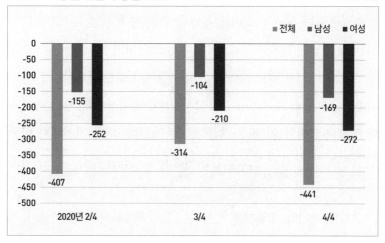

그림 10-11 **연령별 취업자 증감**(2020년) (단위: 천 명)

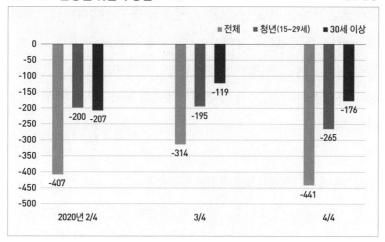

기 때문인 것으로 추정된다. 특히 가사노동과 돌봄 시간이 많은 여성에게 보육시설 휴원과 학교 온라인 수업 등은 여성에게 더욱 큰 타격

을 준 것으로 보인다.

연령별로는 장년층에 비해 청년층이 큰 충격을 받고 있다. 같은 기간 중 청년은 66만 명의 취업자가 감소한 반면 30세 이상은 50만 명 감소에 그치고 있다. 청년층의 근무경력이 짧고 파트타임 일자리 비중이 높아(OECD 기준 15~19세 52.8%, 20~24세 23.8%) 경기가 어려울 때 해고의 위험이 큰 데 기인한 것으로 보인다. 또한 자영업자 비중이 높아 대면 서비스 감소로 인한 어려움에 직면한 계층이 다른 나라에 비해 크다.

실직뿐 아니라 취업자로 분류되는 일시휴직자의 90% 이상이 서비스업을 중심으로 집중 발생[27]하고 있다. 종사상 지위별로도 임시직과 자영업자의 임시휴직이 대폭 증가하는 특징을 보이고 있다. 노동시장의 특성상 코로나19 사태가 종식될 경우 취업자가 증가하고 일시휴직자가 직장으로 돌아가는 선순환이 발생할 수 있다. 그러나 조기종식이 어렵고 이에 따른 경기회복이 지연되면 노동자의 인적자본이 훼손되면서 실직자 수가 쉽게 감소하지 않고 장기화될 가능성[28]이 크다.

자동화에 따라 불평등 및 양극화는 더욱 심화

감염병에 대응하기 위한 자동화는 취약한 일자리의 감소를 더욱 가속화시키고 임금과 소득불평등을 심화시킬 것으로 예상된다. 자동화 촉진[29]으로 비대면 서비스 및 설비개발로 인해 반복적 업무를 수행해온 저임금의 판매·조립 종사자와 기능직에 대한 수요가 지속적으로 감소할 것이다. 반면, 기계로 대체하기 어려운 관리직, 전문직

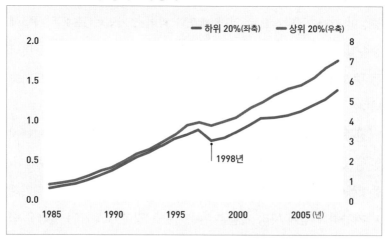

그림 10-12 **위기 이후 명목소득 증가** (단위 : 연평균, 백만 원)

등 고숙련 직종과 청소 등 임금이 낮아 기계로 대체하는 데 비용 효율적이지 못한 일자리는 늘어날 것이다.

따라서 중간 임금의 노동자가 저임 직종으로 이동하고 중숙련 노동자는 훈련을 통해 고임 직종으로 옮겨 가면서 임금 불평등이 심화될 것이다. 과거 경제위기 사례를 살펴보더라도 위기 이후 소득분배 상황이 원래의 추세 수준으로 회복되는 데 상당한 기간이 소요[30]되는 것으로 나타났다. 한국의 경우에는 1997~1998년 경험에서도 위기 당시 벌어진 소득격차가 지금까지도 회복되지 않았다는 것을 알 수 있다.

산업구조의 변화도 불평등 심화에 영향을 미칠 것으로 보인다. 앞서 설명한 대로 정보통신기술에 바탕을 둔 플랫폼 기업의 성장이 주도하는 산업구조로 재편될 것이다. ICT 인프라와 데이터가 경쟁의 척도가 되며 기술과 데이터를 선점한 기업의 독점 현상이 심화될 가능성이 크다. 극단적으로 일반 제조와 서비스 기업이 플랫폼 기업에 종속될 가능성도 있다. 노동자도 마찬가지다. 이러한 이유로 미국 등 주요 선진국에서 플랫폼 기업에 대한 독점관련 쟁점을 검토하고 있다.

전통적인 독점 관련 쟁점과 많은 차이가 있어 향방이 불투명하지만 플랫폼 기업 관련 경쟁질서를 규정하는 계기가 될 것으로 보인다. 플랫폼이 노동시장에도 영향을 미칠 수 있다. 자유로운 노동의 거래가 가능하게 됨에 따라 기술과 전문역량을 갖춘 노동자는 일감을 쉽게 찾고 소득을 올릴 수 있지만 그렇지 않은 일반 노동자는 플랫폼에 종속되고 파트3에서 설명한 것처럼 노동관련법의 보호를 받지 못하는 처지가 될 수 있다. 그 결과 임금과 소득불평등은 더욱 심화될 것이다.

미래 위험에 대한 민감도 증가, 저탄소 경제로

코로나19 사태는 세계경제가 외부 충격으로 순식간에 어려움에 빠질 수 있다는 것을 보여주었다. 그 결과 새로운 위기에 대한 민감도가 증가하게 되었다.

대표적인 것을 들자면 코로나19와 같은 감염병 위기와 유사성이 높은 기후변화와 자연재해에 대한 관심이 늘어나면서 저탄소 경제로의 전환을 촉진할 것으로 예상된다. 기후변화가 동물 서식지 파괴, 해빙 등에 따른 새로운 바이러스 출현을 통해 팬데믹 위험을 높일 수 있다는 인식[31] 때문이다. 이번 코로나 사태가 진정된 이후에는 환경

기로에 선 한국경제

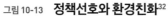

그림 10-13 **정책선호와 환경친화**[32]

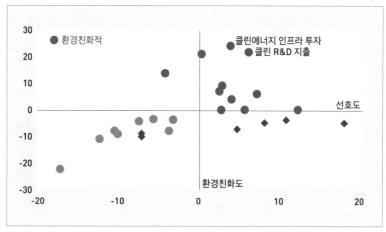

문제에 대한 인식 전환과 함께 탄소세 등을 부과하는 세수증대 필요성도 작용하면서 저탄소 경제로의 전환이 본격화될 가능성이 크다. 미국의 바이든 행정부는 출범 직후 파리기후협약 복귀를 선언하고 2025년 탄소 국경세 도입, 2050년 탄소 배출량 제로 선언 등 기후변화에 대한 정책대응을 강화하고 있다.

실제 2008년 이후 최근까지 발표된 정책에 대한 선호도 조사에서 정책담당자와 수요자의 환경친화적인 정책에 대한 선호도가 높은 것으로 나타나고 있다. 〈그림 10-13〉이 이를 분명하게 보여주고 있다. 저탄소 친환경 경제로의 전환은 한국경제에 기회일 수 있으나 부담요인이 될 수도 있다. 저탄소 경제에 대한 관심은 제조업 등 산업에 대한 규제로 귀결될 가능성이 크기 때문이다. 신재생에너지 활용도 제고, 온실가스 저감 제품 개발 등에 대한 선제적인 투자를 통해 경쟁력을 회복할 수 있는 계기가 될 수 있으나 지금과 같이 온실가스

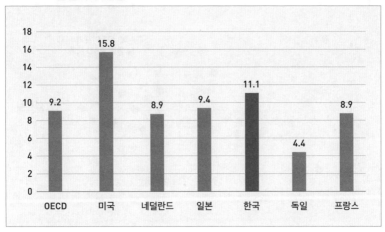

그림 10-14 **온실가스 배출**　　　　　　　　　(단위: 인구당 톤)

배출량이 많은 한국경제로서는 단기적으로 부담요인이 된다.

저금리, 자산가격 상승세 지속

코로나19 사태는 거시경제 환경에도 영향을 미칠 것으로 보인다. 초기 대응을 위해 각국 중앙은행이 정책금리를 0%대 내외로 조정하고 유동성 공급을 확대하였다. 유동성이 확대되면 물가가 상승한다는 것이 전통적인 견해로 자리잡고 있다. 그러나 코로나19 사태는 예비적 저축 증대, 자동화 등을 통해 저물가 추세를 지속시킬 가능성이 크다. 먼저 실직 등 미래에 대한 위험이 각계의 예비적 저축을 증가시켜 총수요를 위축시키고 이는 다시 경제 전반의 침체를 가져오는 디플레이션 악순환을 유발할 수 있다.

또한 자동화 등 디지털 경제의 가속화는 중간 단계의 거래비용을 절감하여 물가하락을 유발한다. 물론 저물가 추세는 저금리로 이어질 것이다. 이와 함께 정책당국의 입장에서 금리 인상압력이 있더라도 당분간 금리를 인상하기 어려울 것이다. 코로나 사태로 인해 큰 폭으로 증가한 국가부채의 원리금 상환부담이 있기 때문이다. 금리 상승은 재정의 악화를 통해 다시 경제를 위축시킬 우려가 있다.

저금리는 자산가격에 영향을 미친다. 이미 저금리와 과도한 유동성으로 인해 주식시장이 실물경제와 괴리된 채 상승국면을 유지하고 있고 부동산 등 실물자산도 상승하고 있다. 자산가격 상승 자체가 경제에 문제가 되지는 않는다. 그러나 앞서 언급한 계층 간 불평등을 더욱 심화시키는 요인이 될 것이라는 점을 유념할 필요가 있다. 이미 자산을 갖고 있는 고소득 중장년층과 저소득 청년층 사이의 격차에 대한 불만이 심화될 가능성이 있다. 다만 저금리로 자산시장이 과열된 상황에서 코로나 백신 접종 확대로 인한 기대심리로 금리가 소폭이라도 상승할 경우 자산시장에 충격을 줄 가능성을 우려하는 시각도 있음을 유념할 필요가 있다. 자산시장 급등락은 상대적으로 소득기반이 취약한 중산층뿐 아니라 청년층에 충격을 줄 수 있기 때문이다.

성장률 장기 침체, 생산성 향상 여부가 관건

새로운 경제환경의 변화가 글로벌경제 및 한국경제의 성장추세에도 영향을 미칠 것이다. 일반적인 관측은 일차적으로 생산성 둔화를 통해 글로벌 경제가 구조적인 침체에 빠진다는 것이다. 이미 글로벌 경제는 인구고령화 등으로 인해 노동공급이 줄고 있는 상황에서 4차 산업혁명에 따른 기술진보와 생산성 향상이 경제시스템에 체화되지 못한 채 세계화가 점차 퇴조하면서 잠재성장률이 추세적으로 하락하고 있었다. 코로나19 사태로 인한 감염병 위기가 추가로 노동공급과 수요를 감소시키고 실업의 장기화에 의한 교육과 훈련, 근무경험 상실에 따른 이력효과 등으로 인적·물적자본의 훼손이 예상되기 때문이다. 과거 경제위기 이후 경제의 흐름을 분석한 결과[33] 회복된다고 하더라도 위기 이전의 수준으로 돌아가는 데 4~5년 소요된다고 한다. 한국경제도 잠재성장률이 지속 하락하고 있는 상황이다.

하지만 기회는 있다. 생산성 향상이 성장률 회복의 기회요인이 될 수 있을 것으로 보인다. 경제환경 변화에 대응하기 위한 ICT 중심의 디지털경제 전환과 바이오헬스 산업 육성 등을 위한 R&D 투자 확대, 제조업 스마트화를 위한 인프라 구축 등을 통해 생산성을 높여 잠재성장률 하락요인을 상쇄할 수 있을 것으로 예상된다. 비대면 생산 및 서비스 확산도 생산성이 낮은 전통 서비스업이 생산성이 높은 비대면 신산업으로 전환되는 계기가 될 수 있다.

정부 개입과 책임에 대한 요구 증가

마지막으로 미래 정부의 역할을 어떻게 조정할 것인가에 대한 논란이 확산될 것으로 보인다. 세계 각국 정부가 코로나19 사태 극복을 위해 모든 정책역량을 동원하고 있다. 보건과 생활 관련 필수 소비재 공급, 일자리 유지 및 실업자 지원, 기업의 생존을 위한 유동성 지원 등 11조 달러 이상의 지원만으로도 제2차 세계대전 이후 미국이 유럽부흥을 위해 추진했던 마셜 플랜의 투자 규모를 훨씬 넘은 수준이며 점차 커질 것으로 예상된다. 이와 같은 경제정책과 함께

기로에 선 한국경제

행정력을 동원한 봉쇄조치 등을 추진하였다.

코로나 이후 미래의 경제환경 변화에도 대응하기 위해 사회안전망 관련 투자와 함께 디지털과 저탄소 경제로의 전환을 위한 투자 등으로 높은 수준의 재정지출 증가세가 이어질 것으로 예상된다. 그동안 확장적인 정책에 보수적이었던 IMF도 향후 감염병 사태에 대비하여 코로나19 사태 대응 차원에서 확대된 사회안전망 중 일부를 영구화할 것을 권고하고 있다. 특히 재정여력이 있다고 판단되는 국가의 경우 지금의 환경에서 디지털 친환경 등 정부의 인프라 투자를 통해 잠재성장률을 제고할 수 있다고 분석하고 있다.

앞으로 정부 역할을 어디까지 둘 것인지의 판단이 중요한 문제로 다가올 것이다. 한국뿐 아니라 세계 각국이 일부 조치는 항구적이 아닌 일시적인 것이라고 규정하고 있으나 역사적으로 한번 늘어난 정부 역할이 그 이전 수준으로 쉽게 줄어들지 못하는 경향이 있기 때문[34]이다. 정부 역할이 조정되지 않을 경우 이미 악화된 국가부채 등 재정상황을 개선하기 위해 소득세 등의 증세가 필요할 수 있고 국내 일자리 유지와 불평등에 대한 불만을 무마하기 위해 보호주의[35]와 대중영합적인 잘못된 국가개입이 늘어날 우려가 있다. 과거에도 위기 이후 정부 역할이 조정되지 않아 소득세 증세, 국유화 등이 추진된 경험이 있다. 이는 코로나19 사태 이후 변화하는 경제환경에 적응하기보다는 변화를 막는 우를 범할 수 있다. 시장경제의 역동성을 저해하는 것이기 때문이다.

환경변화에 대한 대응은 기업, 노동자 등 개별 경제주체가 자발적으로 하는 것이며 정부가 모든 것을 예측하고 결정할 수 없다. 소위

'코로나 정부'는 일상생활에 적합하지 않다는 것을 인식해야 한다. 따라서 정부는 경제정책적으로 코로나19 사태로 확대된 재정을 다시 조정하여 건전성을 제고하고 그 역할을 미래 성장동력 확보를 위한 기초 투자와 함께 시장에서의 게임을 감독하는 것으로 제한할 필요가 있다. 물론 정치적으로 확대된 정부의 역할에 대한 견제와 국민의 기본권 보호 문제를 어떻게 함께 풀어갈 것인가도 문제가 될 것이다.

코로나19 이후
경제정책의 변화

코로나 사태, 대응정책 틀의 변화가 필요

코로나19로 인한 감염병 위기에 대해 방역, 확진자에 대한 치료, 보건 관련 필수재 공급 등을 통해 확산을 차단하는 것이 선결 과제이다. 한국에서도 방역 강화, 사회적 거리두기, 보건 용품 등을 포함한 생필품 공급 등을 추진하였으며, 경제적 피해를 최소화하기 위한 정책도 함께 추진하고 있다. 이러한 정책은 '생산자(기업과 노동자), 수요자(소비자)가 경제활동을 본격 재개할 때까지 경제시스템을 코로나 이전 상태로 보전하는 것'을 주요 목표[36]로 하고 있다.

이러한 목표에 따라 정부는 코로나 이전에는 문제가 없었던 경제주체들에 대해 유동성을 지원하고 방역기간 중 일시적으로 저하된 지급능력을 보전하기 위해 현금을 지급하거나 납부의무를 면제하는 조치를 취했다. 중앙은행은 유동성을 낮은 비용으로 공급하기 위해 금리를 인하하고 채권 등 자산매입 등을 통해 대출을 실시했다. 신용보증, 세금납부 유예 등 유동성 지원과 함께 피해 산업과 실직자 지원 등을 통한 가계와 기업의 지급능력 보전 노력도 병행했다.

한국도 지난 3월 이후 한국은행이 정책금리를 0.75%p 내렸으며 (1.25% → 0.50%), 금융중개지원대출 확대를 포함한 유동성 공급을 늘리고 있다. 정부와 산업은행이 설립한 회사채-CP 매입 기구에 출자하여 사실상 한국은행이 회사채 등을 직매입하는 조치를 취하기로 했다. 재정측면에서도 자영업자 등 소상공인에 대한 금융지원, 실업자 대한 실업급여 지급기준 완화 등을 통해 위기로 인한 취약계층의 어려움을 완화하기 위해 노력하고 있다. 2020년 4차례에 걸친 추가경정예산과 금융 등 유동성 지원과 납부유예 및 만기연장 등 간접지원을 시행했고 2021년에도 4차 긴급재난지원금 지급을 결정하게 되면 추경편성이 불가피할 것으로 보인다.

이는 위기극복을 위해 단기적으로 불가피한 정책이다. 그러나 이들 정책의 전제였던 2020년 하반기 또는 2021년 코로나 사태 조기진정이 요원해지고 있다. 따라서 각국은 그간 경제시스템 보전을 위해 취했던 정책의 추가 연장을 실시하거나 준비하는 것과 동시에 코로나19 이후의 새로운 경제사회 환경 변화에 대응한 미래 성장동력에 대한 투자를 검토하고 있다. 이번 팬데믹은 단순한 경기충격을 넘어 경제사회 구조를 재편하는 계기로 작용하고 있다는 점에서 새로운 균형, 즉 뉴노멀에 대비한 정책을 통해 성장과 경쟁력을 확보해야 하기 때문이다.

그러나 이들 변화가 완전히 새로운 것이기보다는 현재 진행되고 있는 추세적인 변화를 가속화하는 것으로 이해해야 한다는 주장이 설득력을 얻고 있다. 예를 들어, 경제불균형 심화, 자동화 및 디지털

경제로의 전환, 저탄소경제로의 전환 등이 이미 2008년 글로벌 금융위기 이후 진행되고 있었으며 세계화의 퇴조로 인한 글로벌 밸류체인GVC의 변화 등도 이미 상당 수준 진전되고 있었기 때문이다.

코로나 사태 이후 새로운 경제환경에 대한 대응

코로나19가 현재 진행형이고 2, 3차에 이어 4차 대유행 가능성까지 제기되고 있는 상황에서 방역과 백신 접종을 확대하고 치료제를 개발하는 것이 최우선 과제임은 틀림이 없다. 사회적 거리두기에 영향을 받거나 코로나로 인한 수요와 공급의 위축으로 어려움을 겪고 있는 계층, 기업 등에 대한 유동성과 지급능력 보전 정책은 당분간 지속될 필요가 있다. 봉쇄조치 또는 사회적 거리두기로 인한 경제적 손실, 위험 노출 정도, 인구 구조적 특성 등을 감안하여 차별적인 봉쇄조치를 취하는 것이 비용효율적이라는 주장도 일부 있다. 그러나 경제활동 과정에서 타인에게 감염시키는 비용에 대한 경제사회적 고려가 충분하지 못한다는 점을 감안할 때 고려할 수 있는 대안은 아니다.

이제 코로나가 조기 진정되기 어려울 수 있을 것이라는 상황인식 하에 정책을 본격적으로 준비할 필요가 있다. 경제환경 변화가 새로운 것이 아니고 이미 진행되고 있는 상황을 더욱 가속화하고 있다는 점에서 정책 고려사항은 파트2에서 파트9에 이르기까지 설명된 것과 맥을 같이 한다. 이들 내용을 간단히 정리하면 다음과 같다.

세계화 퇴조에 대응하여 유연한 경제시스템으로

글로벌 금융위기 이후 퇴조하던 세계화의 흐름이 코로나19 사태

그림 10-15 **한국 유턴기업 추이**　　　　　　　　　(단위 : 개)

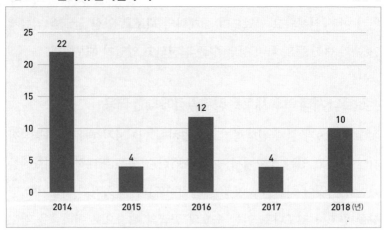

그림 10-16 **미국 유턴기업 추이**　　　　　　　　　(단위 : 개)

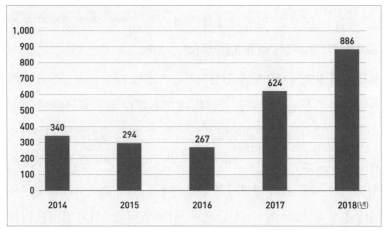

로 인해 더욱 가속화되는 움직임이 확산되고 있다. 탈세계화는 아니
더라도 공급망을 단순화하거나 수요지 인근으로 재배치하는 움직임
이 일어나고 있다. 특히 코로나의 진원지였던 중국 등 한 지역 또는

　　　　　　　　　　　　　　　　　기로에 선 한국경제

국가에 대한 과도한 의존도가 기업의 안정적인 생산시스템 유지에 어려움을 초래할 수 있다는 사실을 보여주었다.

이에 따라 세계 유수의 기업이 해외진출 전략을 수정하고 각국 정부는 국내로 기업을 유턴할 수 있는 환경을 만들기 위해 노력하고 있다. 미국, 일본, 유럽 등은 이번 위기를 자국 기업의 리쇼어링과 제조업 부흥의 기회로 인식하고 있는 것이다. 한국도 2013년 '해외진출기업의 국내기업 복귀지원에 관한 법률'을 시행하면서 유턴기업에 대해 5년간 소득세와 법인세를 면제해주고 입지와 설비보조금을 지급하고 있으나 사실상 유치실적이 미미하고 돌아왔던 기업도 부도를 내거나 또다시 해외로 나가는 처지에 내몰렸다. 미국의 경우 지난 10년간 3,300개 이상의 기업이 돌아온 것과는 사뭇 다른 결과이다.

2020년 4월 말 정부가 '민관합동 유턴기업 지원반'을 출범시켜 유턴기업 지원체계를 가동하기로 하였으나 법인세, 인건비, 공장부지 등에서 경쟁력이 떨어져 실효성이 의문시된다. 일본이 유턴기업에 이전비용의 2/3를 지원하겠다고 한 것과도 비교된다. 〈표 10-1〉에서 보는 것처럼 한국의 경우 기업 유턴에 성공적인 미국과 달리 중소·중견기업만 지원하고 지원업종도 제약이 있으며 지원수준에도 상당한 차이가 있다. 따라서 유턴기업의 지원조건과 수준에 대한 종합적인 점검이 필요하다. 특히 기업규모에 따라 차등 지원하는 것은 후진적인 제도로 보인다. 인건비를 이유로 해외에 진출했던 중소·중견기업이 국내로 유턴할 경우 높은 국내 인건비 등을 감안할 때 경쟁력을 유지하기 어렵다는 것이 현실이고 대기업이 유턴하게 되면 협력업체가 공급망 유지를 위해 동반 유턴하게 된다는 점을 유념할 필요가 있다.

표 10-1 한국과 미국의 기업유턴 지원제도 비교

구분	한국	미국
공장 이전비용	○ 복귀 사업장 입지지역에 따라 보조금 지원비율 상이 ○ 중견-중소기업 간 다른 보조금 ○ 대기업은 보조금 없음	○ 기업규모와 관계없이 공장 이전 총비용 세액공제 20%
유턴기업 조건	○ 해외사업장 2년 이상 계속 유지 제조업 및 지식서비스업 기업	○ 해외에서 복귀하는 모든 사업장

또한, 첨단 제조업, 연구시설, 지식서비스업의 경우 입지에 민감하다는 점을 고려해야 한다. 이는 지역균형발전 정책과 배치될 수 있다. 파트8에서 제시한 대로 업종의 특성을 반영하여 수도권 또는 대도시에 입지를 허용하되 높은 부담금을 부과하여 지역균형발전의 기금으로 활용하는 방안을 검토할 필요가 있다. 또한 도시 지역의 고소득 거주자에 대해 도시 인프라와 고용기회를 누린다는 점에서 소득세를 추가하여 부과하는 '도시세'를 검토할 가치가 있다. 거둬들인 세수는 지역에 입지하는 기업에 대한 지원 또는 관련 사업을 추진하는 신설 지역개발은행의 자본 등으로 활용하는 방안을 마련함으로써 이익의 균형을 추진해야 한다.

이러한 세제-재정지원보다 근본적인 것은 유연한 노동시장과 생산-규제 시스템을 정비하는 것이다. 국내 기업의 해외 진출의 가장 큰 동인은 임금 등 생산비 부담과 경직된 노동시장이다. 안정되고 충격을 흡수할 수 있는 공급망을 갖추기 위해 일정한 생산비 상승을 감내할 수 있다. 그러나 세계 시장에서 경쟁하는 기업 입장에서 생산비 상승을 최소화할 수 있는 방안이 필요하다.

이를 위해 생산성 향상을 위한 스마트 제조공장과 생산기법이 필요하며 노동시장의 유연성과 ICT 기술을 융복합한 제조기업이 필수적이다. 노동시장 유연성은 파트3에서 설명한 것처럼 '해고의 자유'가 아니며 시장상황에 유연하게 대응할 수 있는 '노동조건 유연화'를 말한다. 세계 수준의 ICT 기술을 갖고 있는 한국으로서 강력한 개인정보 보호를 전제로 빅데이터를 활용한다면 스마트한 생산시스템도 갖출 수 있다. 디지털 경제, 바이오헬스 산업 등에 강점이 있다.

디지털 경제, 저탄소 경제를 위한 미래 투자를 확대해야

새로운 경제환경에 한국경제의 중장기 경쟁력 제고를 위한 투자를 확대해야 한다. 2020년 7월 정부가 코로나 시대 이후를 대비하여 '한국형 뉴딜' 정책을 발표한 것은 이러한 측면에서 좋은 방향이다. 경기충격에 대한 대응을 위해 시중에 풀린 막대한 유동성이 생산적인 부문에 투자될 수 있고 한국경제의 성장잠재력을 제고할 수 있는 계기가 될 수 있다.

다만, 정부 등 공공부문에 의한 투자는 민간부문 투자를 구축할 수 있다는 점을 유념할 필요가 있다. 기업 등 민간부문의 투자를 촉진할 수 있도록 규제 시스템 재정비가 전제되어야 한다. 예를 들어, 스마트 뉴딜, 그린 뉴딜도 대상 기업의 경영성과가 개선되어야 고용과 투자효과를 낼 수 있고 투자자에게도 배당을 할 수 있다. 그러나 스마트 생산체제에 따른 유연한 노동력 배치가 필요하고 신재생 에너지 활용과 온실가스 저감의 유인과 기업의 투자유인을 유도하기 위해 전기요금 체계 변화, 환경관련 규제 시스템 재정비가 전제되어야 한다. 관련 시스템에 대한 검토가 시급하다.

기업의 장기투자 촉진을 위한 지원

미래 성장동력 확보를 위해서는 기업의 장기투자 촉진을 지원할 수 있어야 한다. 확장적인 통화정책에 따라 풀린 시중 유동성을 생산적인 부문으로 유인할 수 있는 방안이 되기도 한다. 특히 4차 산업혁명에 대응하기 위해서는 단기적인 투자보다는 데이터, 인공지능 등 관련 인프라에 대한 장기적인 투자가 필요하기 때문이다. 임금 등 생산비용을 줄일 수 있고 주주이익만을 추구하는 행동주의 투자자를 억제해야 한다. 이를 위해 투자자의 주식 장기보유에 대한 인센티브를 도입하는 방안을 검토할 필요가 있다.

벤처 창업자의 경영권 보장을 위해 차등의결권을 도입하는 방안과 함께 주식 보유기간에 비례하여 추가적인 의결권을 부여하는 EU 국가의 제도[37]를 참고할 만하다. 프랑스, 이탈리아 등은 주식 장기보유자에게 자동으로 2배의 의결권을 부여하는 제도를 시행하고 있다. 최근 정부가 일부 벤처 창업자에 한해 허용하겠다고 발표한 복수의결권[38]은 앞서 언급한 차등의결권과 유사한 개념이다. 다만 상장 후 3년만 복수의결권을 허용하고 있어 벤처기업가의 경영권 방어수단으로 효과적으로 활용될 수 있을지 의문이다. 주요 경쟁국과 같이 사용기간 제한을 푸는 것이 바람직하다.

그동안 한국경제에서 특히 대기업이 투자와 고용을 주도하면서 경제발전에 기여한 것은 사실이지만 경제력 집중 등 많은 폐해를 가져온 것도 사실이다. 이러한 이유로 기업의 장기투자 촉진지원 방안이 한국사회에서 화두가 되고 있는 경제민주화와 배치된다는 지적이 있을 수 있다. 따라서 기업과 관련 이해관계자의 인식변화와 노력이 필요하다.

개별 사안별로 접근하기보다 정부, 국민, 노사가 이익 균형의 관점에서 기업의 장기투자 촉진 지원, 노동조건 유연화, 공정경제라는 3가지 균형을 추구하는 사회적 대타협 추진을 고민할 필요가 있다. 경영계 내부에서도 기업이 노동을 존중하면서 투자, 환경, 윤리 등에 대한 관심을 가져야 하고 기업의 구성원인 노동자, 협력사, 소비자의 이익을 중요한 경영가치로 설정해야 한다는 움직임도 있어 충분히 논의할 수 있을 것이다.

비대면 접촉 등 새로운 산업유형에 맞는 규제와 노동시장

비대면 접촉 서비스는 수요자의 요구와 특성에 맞는 서비스를 특징으로 한다. 이를 위해서는 온라인 등 비대면 서비스를 위한 통신망 등 인프라 구축이 필요하고 수요자에 대한 정보가 축적되어야 한다. 한국의 광대역 통신망, 5G, 인터넷망 등은 강점이 될 수 있다. 필요한 부분은 수요자에 대한 정보의 축적, 클라우드 서비스, 정보를 빠른 속도로 처리할 수 있는 컴퓨팅 기능 등이다. 관련 분야에 대한 R&D 투자와 함께 정보의 축적과 활용에 대한 규제를 완화할 필요가 있다.

파트4에서 설명한 바와 같이 정보의 축적과 활용을 허용하되 개인정보 보호를 위반할 경우 강력한 처벌로 허용을 하되, 위반에 대한 불확실성을 해소할 필요가 있다. 보건 분야에 있어서도 최근 부각되고 있는 원격진료와 처방에 대한 규제도 재정비할 필요가 있다. 원격 진료를 허용하되 의사와 환자 등 이해관계자의 책임을 명확히 함으로써 활성화하는 방안을 검토해야 한다. 특히 GVC가 축소된다고 하더라도 서비스 교역과 유통은 더욱 증가할 것으로 예상되는 만큼 정보 흐름과 보호 등 서비스와 관련한 규제완화가 시급하다.

생산 등 제조과정에도 많은 변화가 있을 것으로 예상된다. 자동화로 반복 업무를 수행하는 중간숙련도 일자리가 줄어드는 반면, 저숙련과 고숙련 일자리는 늘면서 일자리 양극화가 생길 것이다. 따라서 파트3에서 설명한 직업훈련, 평생훈련 체계 구축과 함께 파트5에서 제시한 교육개혁이 필요하다. 학교 졸업부터 디지털 등 새로운 시대에 필요한 역량을 갖추어야 하고 노동자에게도 지속적으로 역량유지와 제고를 위한 직업훈련의 중요성이 크게 부각될 것이다. 직장 내 직무훈련의 효용성도 줄어들 것이다.

따라서 평생교육-훈련 체계를 구축하고 노동자의 훈련을 기본권으로 인정하는 방안을 고민해야 한다. 이와 관련한 것이 싱가포르의 스킬스퓨처SkillsFuture 프로그램이다. 재원은 고용보험에서 사용자가 부담하는 직업능력개발 계좌를 분리하여 사실상 건강보험처럼 전 국민을 대상으로 지원하는 방안을 검토할 필요가 있다.

이와 함께 일자리를 잃는 노동자를 위해 노동조건의 유연화를 전제로 파트2에서 제기한 것처럼 기본소득제 등을 포함한 사회안전망 재편 방안을 적극 검토할 필요가 있다. 노동자 보호의 광범위한 사각지대가 존재하는 상황에서 기존 사회보장제도로는 한계가 있기 때문이다. 노동자의 1/3에 해당하는 비정규직과 자영업자, 그리고 플랫폼 노동자 등을 보호하기 위해서도 반드시 정비해야 하는 과제이다.

계층 간 불평등 심화에 적극 대응하고 취약계층을 지원해야

계층 간 소득불평등으로 심화되고 있다. 특히 코로나19의 충격이 업종, 연령, 성별 등 계층별로 다르게 나타나고 있기 때문에 불평등은 더욱 확대될 것으로 예상된다. 코로나19 대책의 일환으로 각국 정부가 실직자 지원, 고용유지 지원을 추진하고 있는 가운데 한국도 취약계층의 고용유지와 직접적인 일자리 창출, 직업훈련 등을 내용으로 하는 10조 원 이상의 고용안정 패키지를 추진하고 있다. 고용유지를 조건으로 기업에 대한 지원, 저숙련 공공부문 일자리 마련, 전통적인 직업훈련 등의 과거 방식으로는 재원의 비효율적인 낭비만 초래할 가능성이 있다.

따라서 실직자에 대한 실업급여 지급요건을 완화하고 지급기간을 연장하는 것도 바람직하지만 미국 등과 같이 부분 실업급여를 도입[39] 하는 것이 오히려 도움이 될 수 있다. 팬데믹으로 영향을 받는 업종에 한하여 노동시간을 줄일 경우 줄어든 시간에 대해서만 실업급여를 받고 그 직장에 근무하는 것이다. 노동자 입장에서 임금이 줄더라도 실업급여로 보전을 받을 수 있고 고용상태를 유지할 수 있는 장점이 있다. 기업도 숙련된 노동자를 해고하는 것보다 비용을 줄이고 고용을 유지함으로써 미래를 대비할 수 있다.

단기-저숙련 아르바이트 등의 일자리 제공보다는 직업훈련 강화를 통해 노동자의 역량 유지와 제고에 역점을 둘 필요가 있다. 4차 산업혁명으로 인한 자동화에 더해 팬데믹으로 인한 사회적 거리두기가 디지털과 정보통신 역량을 가진 인재를 요구하고 있기 때문이다. 정부와 공공기관에 의한 적극적인 투자와 함께 산업계 내부의 자체 노력을 강조할 필요가 있다.

대기업, 업종별 협회 등이 온라인 인재교환 플랫폼을 만들어 이직하는 인재, 필요로 하는 인재에 대한 정보를 공유[40]함으로써 이직과 전직을 원활하게 하는 방법도 있다. 동일 업종 내 기업이 경쟁자가 아닌 협력자로 나선 것이다. 정부가 기업에 대해서도 적극적으로 요구할 수도 있다. 경제적 충격으로 어려움을 겪는 기업에 대해 지원을 하되, 그 조건으로 노동자에 대한 역량 유지와 제고훈련을 요구[41]하는 것이다. 기업 규모에 따라 대기업은 전액 자체 부담으로 중소기업은 50%를 기업부담으로 하는 방안이다. 독일의 사례[42]를 참조하여 검토할 필요가 있다.

추가적으로 소상공인, 자영업자, 하청업체 등 취약계층과 피해 업종을 지원하기 위해 손실보상, 협력이익공유제, 사회연대기금 조성 등의 필요성이 제기되고 있다. 미국, 캐나다, 독일 등 선진국의 사례를 벤치마킹하여 사회적 거리두기에 따른 피해액의 상당 부분을 재정에서 지원하거나 상대적인 이익을 얻은 기업과 업종이 피해를 입고 있는 기업과 업종을 지원하는 내용이다. 전례 없는 위기상황에 대응하기 위한 불가피한 조치로 이해되나 많은 논란이 예상된다.

손실보상의 경우 지원대상 자영업자 등의 선정과 피해액을 산정하기 어려워 형평성과 도덕적 해이 문제를 유발할 수 있다. 검토 가능한 대안으로 자연재해로 발생하는 농작물의 피해를 보전하는 '농작물재해보험'의 사례를 원용하는 등의 방법을 생각해볼 수 있다. 가입자가 부담하는 보험료의 일부와 보험사업 운영에 필요한 비용의 상당 부분을 재정에서 지원하는 제도이며, 가입자(자영업자 등)는 적정한 보상을 얻기 위해 매출액 등 소득을 성실하게 신고할 유인이 생기게 된다. 피해액 산정에 필요한 소득파악 인프라가 구축되는 장점도 있다. '재난 및 안전관리 기본법'의 '사회재난'에 이미 코로나 등과 같은 '감염병'도 포함되어 있으므로 재정지원의 근거도 마련되어 있다. 다만, 이러한 제도로 이미 발생한 피해를 보상하기 어렵다는 한계가 있다. 논의과정에서 긴급재난지원금과 연계하거나 재정의 추가부담을 전제로 일정 기간만 인정하는 방법을 고려해볼 수 있을 것이다.

협력이익공유제 등은 이미 기업이 원하청 등의 관계에서 생산성 격려금productivity incentive 또는 이익공유profit sharing의 형태로 자발적으로 실시하고 있다. 이를 원하청을 벗어나 광범위하게 법률로 정하는 것은 쉽지 않으며 사회연대기금은 준조세라는 비판을 받을 우려가 있다. 또한 코로나 등으로 발생한 이익의 산정, 이익의 일부분을 내야 하는 기업과 업종, 수혜기업을 어떻게 결정하는가의 문제도 있다. 논의과정에서 면밀한 검토가 있어야 한다.

어떠한 제도를 도입하더라도 이들 제도를 상시화하기보다는 위기 상황에 대응한 일시적인 조치라는 점을 명확히 해야 한다. 보다 궁극적으로는 현재의 코로나 등 감염병 위기뿐 아니라 미래 다른 형태의 위기 또는 4차 산업혁명 등이 불러올 수 있는 일자리의 위기 등을 포괄적으로 대응할 수 있는 사회안전망의 재편이 필요하다. 특히 한국경제의 지속가능한 성장을 위해 파트2와 파트3에서 설명한 것처럼 생산성을 높일 수 있는 구조개혁을 추진하는 한편 기본소득제 도입

검토, 고용보험 정비 등 그 과정에서 어려움을 겪는 취약계층의 안전판을 마련하는 것이 정부의 책무이기 때문이다. 기존 제도와의 충돌 가능성, 재정부담에 따른 이해관계자의 형평성 등을 감안한 사회적 대화와 합의가 필요한 이유이다.

국가부채 관리에 대한 준비

코로나 충격을 완화하기 위해 전 세계가 재정지출을 확대하면서 재정수지 적자가 모두 악화[43]되고 있으며 GDP 대비 국가부채의 비율도 늘어날 것으로 예상하고 있다. 국제통화기금IMF[44]에 따르면 선진국만 하더라도 GDP 대비 재정수지 적자가 2020년 평균 14%에 이르고 국가부채가 2019년 83%에서 2020년 102%로 19%p 수준 급증할 것으로 전망하고 있다. 팬데믹 현상이 장기화될 경우 재정수지 적자와 국가부채는 추가로 늘어날 것이다. 이러한 규모는 과거 어느 경제위기 사례에서 찾을 수 없는 수준이다.

사실상 제로금리이거나 금리가 마이너스인 상황에서 경상성장률이 이자율보다 높으면 국가부채 증가가 그리 나쁘지 않다[45]는 의견도 있다. 낮은 이자율로 국가부채에 대한 이자비용이 낮고 경상성장률이 높으면 GDP 대비 국가부채 비율에서 분모가 커지므로 비율이 낮아지기 때문이다. 이러한 논리는 기축통화국의 경우 어느 정도 타당한 측면이 있으나 신흥국가와 저소득국가의 경우 신용등급 하락을 통해 경제위기에 직면할 수 있다. 다행스럽게도 〈표 10-2〉에서 보는 것처럼 한국경제의 주요 대외지표와 글로벌 금융안전망은 과거 위기와 비교할 때 건전한 상황이다.

표 10-2 **주요 대외지표 및 글로벌 금융안전망 비교**　　　　(단위 : 억 달러, %)

구분	외환위기 이전(1996)	글로벌 금융위기(2008)	최근
외환보유액	332	2,012	4,205(9월 말)
단기외채비중(총외채대비)	48.5	47.2	28.8(2019년)
단기외채비중(외환보유액대비)	211.7	74	32.9(2019년)
순대외채권	△414	246	4,806(2019년)
국가신용등급	AA-	A+	AA
양자 간 통화스왑체결국	없음	미, 일, 중	미국 등 8개국

　　당면한 위기의 충격을 완화하기 위해 재정지출 확대가 불가피하지만 위기 극복 이후 재정수지 적자와 국가부채 관리방안에 대한 준비가 필요[46]하다. 2020년 4번의 추경으로 정부의 관리재정수지는 GDP의 6.1% 적자를 보여 2019년(△1.9%)에 비해 3배 이상 증가할 전망이다.

　　코로나 극복 이후 확대된 재정적자를 줄이지 못하면 국가채무비율이 2020년 44%에서 2024년에는 59% 수준에 이르고 2060년에는 80%를 넘어설 것으로 예상하고 있다. 정부 전망은 낙관적인 거시경제지표를 전제로 하기 때문에 실상 정부가 제시한 전망보다 악화될 가능성도 있다고 보아야 한다. 일본이나 미국 등은 자국 통화가 기축통화국이거나 그에 준하는 지위를 갖고 있는 국가와 우리는 상황이 다르다. 지금까지 양호했던 국가신인도가 급락하면서 위기의 징조가 될 수 있다.

　　최근 정부가 이러한 점을 인식하여 국가채무 60%와 관리재정수지에 사회보험수지 등을 포함한 통합재정수지 적자 3%를 혼합한 재정준칙을 2025년 회계연도부터 도입할 계획을 밝혔다. 파트9에서 설명한 것처럼 전 세계 92개국에서 실시하고 있는 재정준칙을 도입할 필요는 있다. 다만, 재정준칙의 실효성을 확보하기 위해서는 여러 가지 선행조치가 필요하다. 재정적자와 국가부채 증가가 경기변동보다는 낙관적인 경제·재정전망에서 출발하고 있기 때문에 독립적인 경제재정전망위원회 설치가 전제되어야 한다. 자칫 재정준칙이 재정의 경기조절 기능을 저해하지 않도록 예외 허용기준과 허용 이후 준칙으로 회귀하는 과정에 대한 명확한 규율이 필요하다. 재정준칙과 다소 다른 형태이나 재정소요를 수반하는 프로그램이나 법률에 대해서 페이 고pay-go 원칙을 적용하는 것도 함께 검토할 수 있는 방안이다.

PART 01

1   IMF, OECD, G20 회의 등에서 위기극복의 "교과서적인 사례(a textbook case)"라는 평가를 받음

2   OECD 자료 (http://data.oecd.org/gdp/gross-domestic-product-gdp.html)

3   서울대학교 행정대학원 시장과 정부 연구센터 자료, 2020

4   기업부채비율(%): (1997) 424.6 → (2008) 129.8 → (2019) 78.5

5   은행 BIS비율(%): (1997) 7.04 → (2008) 12.31 → (2019) 15.25 → (2020. 9) 16.02

6   외환보유액(억 달러): (1997) 204 → (2008) 2,012 → (2019) 4,088 → (2020) 4,363

7   단기외채/외환보유액(%): (1997) 286.1 → (2008) 73.0 → (2019) 32.9 → (2020. 9) 34.3

8   국가신용등급(Moody's): (1997) Ba1 → (2008) A2 → (2019) Aa2

9   OECD, Education At a Glance, 2019

10 OECD, Digital Economy Outlook, 2018

11 중국 성장률(%): ('96) 9.9 ('00)8.5 ('02) 9.1 ('04) 10.1 ('05) 11.4 ('06) 12.7 ('07) 14.2

12 중국경제 비중(%, IMF): ('00) 3.6 → ('05) 4.9 → ('10) 9.2 → ('15) 15.0 → ('19) 16.3

13 한 경제가 통상 위기를 극복하고 정상궤도로 복귀하는 데 4~5년 소요되나 한국은 단기간 내 회복 (International Monetary Fund, World Economic Outlook: Uneven Growth-Short- and Long-Term Factors, 2015)

14 권지호, 김도완, 지정구, 김건, 노경서, 우리나라의 잠재성장률 추정, 조사통계월보, 2019.12

15 박정수, 한국경제의 저생산성과 저성장의 구조적 원인, 2020 한국경제발전학회 학술대회. 2020.10.13.(10 대 주력산업은 자동차, 자동차부품, 조선, 일반기계, 철강, 석유화학, 정유, 휴대폰, 디스플레이, 반도체)

16 고용탄성치: (91~96) 0.31 (97~99) -0.34 (00~05) 0.35 (06~10) 0.22 (11~15) 0.56 (16~19) 0.33

17 가계소득 연평균 증가율(%): (1990~2000) 4.0 (2001~10) 2.8 (2011~15) 3.6 (2016~17) 1.7

18 임시·일용직(만 명, 전년비): ('15)4.7 ('16)△7.8 ('17)△10.1 ('18)△19.6 ('19)△8.7 ('20)△41.3

19 OECD 등은 국가 간 비교를 위해 고용의 한시성을 기준으로 임시직(temporary workers)을 파악하고 있다.

20 통계청, 경제활동인구 부가조사, 2019. 8

21 2018년 한국보건사회연구원 조사

22 2010년 통계청 조사

23 통계청, 2019년 사회조사, 2019

24 권규호, 글로벌 금융위기 이후 우리 경제의 성장률 둔화와 장기전망, 경제현안분석 2019-2, 한국개발연구원, 2019

25 OECD, Growth Propects and Fiscal Requirements over the Long Term, OECD Economic Outlook, 2013

26 Booz Allen & Hamilton, 한국보고서-21세기를 향한 한국경제의 재도약, 1997

27 합계출산율 1.2가 지속될 경우 2,136년에는 인구 1천만 명 이하, 2,750년에는 대한민국 소멸; 합계출산율이 1 미만으로 하락하면서 이런 시기는 더 당겨질 가능성이 있다.(국회 입법조사처, 2014)

28 한국고용정보원(2019), 인구소멸 위험지수, 2019

29 한일 인구 비교총인구 정점: (日)2009년 (韓)2028년(잠정) / 생산연령인구 정점: (日)1994년 (韓)2018년 일본: 고령화사회(1970년) → 고령사회(1994년) → 초고령사회(2014년) 한국: 고령화사회(2000년) → 고령사회(2018년) → 초고령사회(2025년 예상)

30 순연금자산은 연금소득의 현재가치에서 은퇴기간 중 세금 또는 사회보험료 부담을 제외한 자산이다.

31 OECD 데이터 (https://data.oecd.org./pension/net-pension-replacement-rates.htm)

32 McKinsey Global Institute, The social contract in the 21st century, The Mckinsey & Company, 2020

33 중국 성장률 1%p 하락 시 한국경제 성장률 0.5%p, 수출 1.6%p 하락(현대경제연구원)

34 이러한 점을 감안하여 국제통화기금(IMF)과 세계은행(World Bank) 등에서는 파괴적 혁신(disruptive innovation)이라고 부르기도 한다.

35 WEF, Davos Forum, 2019

36 McKinsey Global Institute, Future of Works, 2019

37 다른 연구에서는 자동화로 대체될 가능성이 있는 고위험군 일자리가 55~57%로 분석하고 있다.(김세운, 2015)

38 OECD, Future of Works, 2019

39 The Economist, The Economy after COVID-19, October 16, 2020

40 The Economist, Winners and losers – The pandemic has caused the world's economies to diverge, October 8, 2020

41 World Economic Forum, Here's how we need to change global supply chains after COVID-19, September 20, 2020

42 The McKinsey & Company, Risk, resilience, and rebalancing in global value chains, August 6, 2020

43 Shafik, N., A New Social Contract, Finance & Development Vol. 55 No. 4, IMF, December 2018; The McKinsey Global Institute, The Social Contract in the 21st Century, January 2020

PART 02

1 IMF는 2020년 세계성장률이 △4.4%에 이를 것으로 예상(IMF, World EconomicOutlook, September 2020)하였다.

2 ILO, ILO Monitor: COVID-19 and the World of Work, January 25, 2021

3 고소득층의 자발적인 기부를 기대했으나 그 결과는 0.2%인 282억 원에 불과한 것으로 나타났다.

4 A Basic Income is a periodic cash payment unconditionally delivered to all on an individual basis without means-test or work requirement (Basic Income Earth Network, 2019)

5 기본소득 개념은 16세기에 최초로 등장했으며, 토마스 페인, 존 스튜어트 밀, 밀턴 프리드먼 등에 의해 발전되었으며 1970~80년대 이후 기본소득 도입을 위한 정치. 사회적 운동이 시작되었다. 1988년 기본소득 유럽 네트워크(BIEN), 2004년 기본소득 지구네트워크가 설립되는 등 시민운동으로 발전되었다.

6 백승호, 기본소득 실현을 위한 기본소득 모형들, 월간 복지동향 221, 2017

7 Weil D., 균열일터: 당신들을 위한 회사는 없다(송연수 옮김), 2015

8 핀란드 사회보험청(KELA) 연구진의 보고서에 따르면, 기본소득 수급자의 2017년 연간 평균 근로시간은 49.64일로 기본소득을 받지 못한 대조군(49.25일)과 거의 비슷하게 나타났다.

9 한국경제연구원에서는 차액소득보장을 '안심소득제'으로 명명하고 기본소득제의 대안으로 제시하고 있다.(조경엽, 기본소득제가 소득재분배와 노동공급에 미치는 영향, 한국경제연구원, 2017)

10 Burman, L. E., A Universal EITC: Sharing Gains from the Economic Growth, Encouraging Work, and Supporting Families, The Brookings Institutions Tax Policy Center, 2019

11 이원재, 윤형중, 이상민, 이승주, 국민기본소득제: 2021년부터 재정적으로 실현 가능한 모델 제안, LAB2050, 2019

12 월 30만 원 지급 시 효과: 지니계수(0.3243 → 0.2304), 5분위 배율(5.912 → 3.491), 상대적 빈곤율(15.2 → 14.7%)

13 조경엽, 기본소득제가 소득재분배와 노동공급에 미치는 영향, 한국경제연구원, 2017

14 최한수, 각국의 기본소득 실험과 정책적 시사점, 재정포럼, 한국조세재정연구원, 재정포럼, 2017. 5

15 OECD, Basic Income As a Policy Option, OECD 2017

16 서울연구원, 기본소득의 쟁점과 제도연구, 서울연구원, 2017.10

17 석재은, 기본소득에 관한 다양한 제안의 평가와 과도기적 기본소득의 제안, 보건사회연구, 한국보건사회연구원, 2018. 4

18 Frey, Carl Benedikt, Covid-10 will only increase automation anxiety, Financial Times, April 21, 2020

19 Van Parijs, Phillipe and Yannick Vanderborght, Basic Income, 2018

20 조세부담률은 GDP 대비 총조세(국세+지방세) 비율이며, GDP대비 총조세 및 사회보장기여금 비율을 국민부담률이라 한다. 2018년기준 우리나라 조세부담률은 19.9%, 국민부담률은 26.7%이다. 2017년 기준 OECD 국가 평균 조세부담률은 25%(한국 18.8%, 하위 10위), 평균 국민부담률은 34.2%(한국 25.4%, 하위 6위)이다.

21 최한수, 각국의 기본소득 실험과 정책적 시사점, 재정포럼, 한국조세재정연구원, 2017. 5

22 조경엽, 기본소득제가 소득재분배와 노동공급에 미치는 영향, 한국경제연구원, 2017

23 이원재, 윤형중, 이상민, 이승주, 국민기본소득제: 2021년부터 재정적으로 실현 가능한 모델 제안, LAB2050, 2019

24 세수효과는 가용 통계를 활용하여 추정한 것으로 향후 본격 도입 논의 과정에서 국세청 통합소득자료 등을 통해 정밀하게 조정하고 검증할 필요가 있다.

25 LAB2050 제안은 소득세 공제-감면 폐지 시 82.8조 원의 세수가 증가되나, 세율 3%p 인하를 통해 결과적으로 56.2조 원이 증가되며, 증가세수는 모든 소득자가 부담하게 되지만, 모든 국민이 기본소득을 지급받게 되므로 전체적으로는 상위 22%만 손해를 보게 되는 결과가 되는 구조가 된다고 한다. 통합소득자료는 아니지만 근로소득 및 종합소득 신고통계를 활용하여 LAB2050 제안을 대략적으로 자체 분석해본 결과, 전체 재원확보분(56.2조 원) 중 근로소득자 부담 분은 약 45.1조 원으로 추정되고, 이중 급여 5,000만 원 이하자(77.1%)가 19.6조 원(43%)을 부담하고, 급여 5,000만 원 초과자(22.9%)가 25.5조(56%)을 부담하는 것으로 추정된다. 급여 5,000만 원 이하자의 경우 1인당 평균 세 부담 증가는 +137만 원으로 기본소득 지급액 360만 원보다 적지만, EITC 등 여타 지급액 감소요인을 고려하면 불리하게 될 가능성도 없지 않을 것이다. 또한, 급여 5,000만 원 초과자의 경우 1인당 평균 세 부담 증가는 +600만 원으로 기본소득 지급액 360만 원보다 크지만, 가구 구성원이 많을 경우 유리하게 될 가능성도 있다. 계층과 가구구성별로 혜택의 유불리가 달라지므로 세밀한 시뮬레이션이 필요하다.

근로소득자 1,858만 명에 대한 모든 공제폐지 효과 분석결과 (단위 : %)

	인원	급여	세액		
			현행	개정	증가
계	1,858만 명	681.6조 원	38.3조 원(206) *1,136만 명	83.4조 원(449) *1,858만 명	+ 45.1조 원 (1인당 +243만 원)
급여 0.5억 원 이하	1,433만 명 -77.10%	318.8조 원	3.5조 원(24) *718만 명	23.1조(161) *1,433만 명	+ 19.6조 원 (1인당 +137만 원)
급여 0.5억 원 초과	425만 명 -22.90%	362.8조 원	34.8조 원((819) *417만 명	60.3조(1,419) *425만 명	+ 25.5조 원 (1인당 +600만 원)

※기본소득 과세분(3~39%) 및 지방소득세는 미고려, 18년 귀속 소득 통계자료로 분석

26 2013년 소득세법 개정으로 의료비, 교육비, 연금. 기부금 등의 소득공제를 세액공제로 전환하는 대폭적인 개편이 추진되었다. 이에 따라 종전 실효세율 수준의 공제혜택이 12~15%수준의 정액공제 혜택으로 바뀌어 고소득층 중심으로 세 부담이 대폭 늘어나게 되고, 중저소득 근로자의 경우에도 자녀수, 공제대상 지출 규모 등에 따라 세 부담이 늘어나는 사례가 다수 발생하여 전수분석을 실시하여 2015년 연말정산 보완대책을 통해 사후적으로 제도를 보완한 바 있다. 당시 논란의 핵심은 근로소득 5,500만 원(상위 17%) 이하자는 평균적으로 세 부담이 늘지 않는다는 당초 세법개정안 발표와 관련한 것이었다.

27 개인소득세 비중이 낮은 주된 이유로는 가계소득비중이 GNI대비 62.1%로서 OECD국가 평균 66.2%대비 낮은 수준이고, 과다한 공제제도(약 42조 원)로 인해 근로소득 면세자 비율이 2017년기준 38.9%(2014년 48.1%)로 높은 수준이며, 금융소득 감면 등으로 인한 소득종류 간 과세 불형평 등이 지적된다.

28 조세지출은 조세특례제한법 등에서 관리하는 공제-감면 등 조세지원제도로서, 소득세법 등 개별세법에서 기본 과세체계를 구성하는 항목들은 제외하고 있다. 조세지출 항목들은 매년 실적 및 전망치를 국회에 제출하도록 하고 있다. 전체 조세지출 규모는 2019년 총 49.6조 원이며, 소득세 30.3조 원, 부가가치세 9.3조 원(간접세 11.3조 원), 법인세 7.4조 원 등이다.

29 이원재, 윤형중, 이상민, 이승주, 국민기본소득제: 2021년부터 재정적으로 실현 가능한 모델 제안, LAB2050, 2019

30 부가가치세 비중이 낮은 주된 이유로는 10%의 낮은 세율(OECD 국가 평균 19.3%)과 과다한 면세. 감면, 간이과세 제도 등이 주된 원인으로 지적된다. 간이과세제도는 연매출 4,800만 원(21년 이후 8,000만 원) 이하 사업자에 대해 업종별 부가가치율을 적용하여 과세하는 제도로서 세금계산서 발행의무 없이 업종별 부가가치율(5~30%)을 기준으로 과세하며, 현재 약 160만 명(개인사업자의 26%)에게 적용되는 제도이다. 소비과세에 있어서는 에너지, 주류 등에 대한 세금이 국제비교 시 상대적으로 낮은 수준이라는 지적이 제기된다.

31 이원재, 윤형중, 이상민, 이승주, Ibid, LAB2050, 2019

32 로봇세는 타당성은 크지만, 개념이 추상적이고 기술적으로 과세대상, 과세표준. 세액을 산출하기 어려워 외국에서도 사례가 없으며, 우리나라의 자동화 설비 등에 대한 투자세액공제 축소를 로봇세로 평가하기도 한다. 보유세는 재산 간 과세 형평성, 부동산정책 차원에서 다뤄져야 한다. 부유세는 효과. 기술적 문제 등으로 OECD 대부분의 국가에서 폐지하여 현재 3개국만 운영하는 제도이고, 상속. 증여세는 2~3% 고액재산가를 대상으로 OECD 국가에서 가장 높은 수준의 세율(50%)로 과세하고 있어 세수확보를 위한 추가 인상은 어렵다. 법인세는 2017년 대기업 위주 세율인상(25%, OECD 평균 21.5%), 감면 축소를 통해 과세를 대폭 강화한 점을 고려할 때 추가 인상은 신중할 필요가 있다.

PART 03

1 Van Reenen, John, Alex Bell, Raj Chetty, Xavier Jaravel, and Neviana Petkova, Lost Einsteins: Who Becomes an Inventor in America?, Centerpiece 23-1, 2018

2 통계청, 사회조사, 2009~2019년 각호(19세 이상 개인). 세대 내 이동 가능성은 "우리 사회에서 일생 동안 노력을 한다면 개인의 사회경제적 지위가 높아질 가능성은 어느 정도라고 생각하십니까?"라는 질문에 대한 응답결과를 나타낸다. 세대 간 이동 가능성은 "우리 사회에서 현재 본인 세대에 비해 다음 세대인 자식 세대의 사회경제적 지위가 높아질 가능성은 어느 정도라고 생각하십니까?"라는 질문에 대한 응답결과이다.

3 세계경제포럼(WEF), Global Social Mobility Index 2020

4   한국은행, 코로나19 이후 경제구조 변화와 우리경제에의 영향, 2020. 6

5   OECD, Income Distribution Database

6   임금 중간값(median wage)의 2/3 이하 임금을 받는 노동자를 저임금 노동자로 정의(LPI: Low-Paid Workers Incidence)한다.

7   반가운, 김미란, 김봄이, 박동진, 최혜란, 한국의 기업은 왜 교육훈련에 투자하지 않는가?, 한국직업능력개발원, 2018

8   한국노동연구원, 한국노동 및 소득패널 데이터 2010~2016

9   통계청, 경제활동인구 부가조사 – 고용형태별 부가조사, 2020

10 통계청, 경제활동인구 부가조사 고용형태별 부가조사, 2020

11 박윤수, 김세익, 기간제법의 현황, 노동이동과 고용형태 변화, 한국개발연구원, 2016

12 유경준, 비정규직에 관한 연구, 한국개발연구원, 2009; 금진호, 한국노동패널을 통해 본 외환위기 이후 노동시장의 주요 변화, 2018; KDI, The Korean Economy: Six Decades of Growth and Development, 2010

13 OECD Structural and Demographic Business Database

14 OECD, Income Distribution Database

15 OECD, Employment Database, 2018

16 OECD, Youth Employment and Education in Korea, in Investing in Youth 2019

17 OECD, Working Better with Age: Korea, 2018

18 연금 등의 소득대체율 41% 수준에 불과하다.(OECD, Pension At A Glance, 2018)

19 은퇴 대비 전혀 저축을 하지 못하는 인구는 31% 수준(McKinsey Global Institute, 2019)

20 OECD, Automation, Skill Use and Training, OECD Social, Employment and Migration Working Paper, No. 202, 2018

21 김세운(2015)은 일자리 대체 위험군이 55~57%라고 분석하였다. Frey and Osborne (2017)은 미국 일자리의 47% 수준이 감소할 것으로 추정한다.(Frey and Osborne, Future Shocks and Shifts: Challenges for the Global Workforce and Skills Development, OECD, 2017)

22 WEF (Future of Works, 2019), McKinsey Global Institute(Future of Works, 2019)는 2018~2022년간 주요 20개국에서 7,500만 개의 일자리가 사라지나 1억 3,300만 개의 일자리가 창출되어 전체적으로는 6천만 개의 일자리가 늘어날 것으로 예측한다.

23 OECD, Going Digital: Shaping Policies, Improving Lives, 2019

24 OECD, How technology and globalization are transforming the labor market?, 2017

25 한국은행, 코로나19 이후 경제구조 변화와 우리경제에의 영향, 2020. 6

26 Haltiwanger, John, Ron S. Jarmin, and Javier Miranda, Who Creates Jobs Small versus Large

versus Young, Review of Economics and Statistics, 95-2. 2013

27 최경수, 김정호, 기업성장의 동태성과 일자리, 한국개발연구원, 2016

28 The Economist, Winners and losers – The pandemic has caused the world's economies to diverge, October 8, 2020

29 독일에서 채택하고 있는 규칙으로 1개의 규제가 도입되면 1개 규제는 폐지하는 제도를 말한다.

30 OECD, Entrepreneurship At a Glance, 2015

31 독일 Industry 4.0, 영국 Innovative UK, 프랑스 Digital In France

32 미국 Manufacturing Extension Partnership

33 한국은행, 금융안정보고서, 2020. 6

34 2년 이상 이자보상배율 1 이하인 기업

35 박윤수, 박우람, 기간제 근로의 사용기간 제한에 관한 실증연구, 한국개발연구원, 2016

36 생산직 근속연수별 임금 격차(30년 근속 대비 초임): 한국 3.3배, 일본 2.5배, 독일 2.0배, 프랑스 1.3배 (통계청, 임금동향)

37 일본은 단위기간을 1년으로 하되 연간 노동시간을 규정하고 있으며, 독일은 노사협의에 의해 자율 결정한다.

38 2020년부터 주 52시간을 시행하는 50~299명 규모 기업 중 주 52시간 초과자가 있는 기업은 17.3%('19.5월 기준). 200~299인(25.5%)→100~199인(18.2%)→50~99인(15.9%)으로 기업규모가 클수록 초과자 비율이 높게 나타나고 있다. (고용노동부 노동시간 현장 실태조사, 2019)

39 2,200명을 감원하되 퇴직자 재취업 교육, 장기계약직 또는 견습생을 채용하는 구조조정에 합의하였다.(2018년)

40 비정규직 보호 3법은 기간제 및 단시간 근로보호 등에 관한 법률, 파견근로자 보호 등에 관한 법률, 노동위원회법을 말한다.

41 원칙적으로 최대 3년 사용이 허용되고, 노사협의에 따라 연장 가능하며 횟수에는 제약이 없다.

42 OECD, OECD Job Strategy, 2014

43 OECD, Assessing Recent Reforms ad Policy Directions in France, OECD Department of Employment, Labor, Social Affairs (DELSA) Working Paper, 2019

44 IMF, Article IV Report – France, 2019

45 최저임금 인상이 고용에 미치는 영향이 크지 않았다는 분석(KDI, 한국노동연구원)도 있으나 3조 원 내외의 일자리 안정자금의 영향이 크며 추가적인 분석이 필요하다.

46 실직 후 구직급여 수령 후 1개월 이후의 임금대체율(실업이후 소득/월평균 임금), 4인 가족 기준

47 The Danish Agency for Labour Market and Recruitment 자료

48 자녀 1인당 육아휴직 기간 1년, 육아휴직에 대한 고용보험 혜택을 받기 위해 직전 6개월 고용유지 요건이

부과되며, 첫 3개월은 통상임금의 80%(상한 월 150만 원), 4개월 이후에는 50%(상한 월 120만 원), 2차 육아휴직자(아빠)의 경우 3개월은 통상임금 100%(상한 월 250만 원)를 지급한다.

49 보육기관 중 어린이집은 기초 지방자치단체 신고만으로 설립 가능하여 자격을 가진 중장년 교육경험 유관 인사가 운영하는 경우가 많아 국공립 기관 증가 시 경쟁 심화를 이유로 반발하였다.

50 OECD, Part-time and Partly Equal, 2019

51 국민연금공단, 2017 국민연금 생성통계, 2017

PART 04

1 하완규, 최남희(2015), 미래창조과학부 미래준비위원회(2017), 최해옥, 최병삼, 김석관(2017) 등을 토대로 구성

2 그러나 탄탄한 기술기반 및 충분한 과학기술 인력이 확보되지 못해 여전히 부분적으로만 탈추격 상황에 있는 경우 이러한 수준의 산업정책으로는 성장에 기여하기 어렵다.

3 TIPS (Tech Incubator Program for Start-up) 프로그램 – 민간투자주도형 기술창업지원 프로그램으로 세계시장을 선도할 기술아이템을 보유한 창업팀을 민간주도로 선발하여 집중 육성하는 프로그램이다. 글로벌 시장을 지향하는 기술력을 갖춘 유망한 창업팀의 창업도전 기회를 제공하기 위해 성공벤처인 중심의 엔젤투자사, 초기 전문 벤처케피탈, 기술대기업 등을 운영사로 지정하여 엔젤투자, 보육, 멘토링과 함께 R&D 자금 등을 매치하여 일괄 지원하고 있다.

4 최경수, 김정호, 기업성장의 동태성과 일자리, 한국개발연구원, 2016

5 이성호 외(2017), KISTEP, NSF, 일본 총무성 자료를 취합

6 OECD Structural Analysis database.

7 김민호, 정성훈, 이창근, 공장의 스마트화를 위한 스마트한 정책방안, KDI Focus 제97호, 2020

8 OECD Structural and Demographic Business Statistics.

9 장우현, 양용현. 중소기업지원정책의 개선방안에 관한 연구, 한국개발연구원, 2014; 2009년 중소기업에 대한 20조 원 규모 금융지원의 경제적 효과를 분석한 결과, 지원기업의 생산성 하락으로 인해 잠재적 부가가치는 2.5조 원 감소한 반면, 정부지원에 기대어 한계기업의 잔존율은 5.3%p 증가했다고 분석하고 있다.

10 독일은 'Qualification Opportunities Act'를 통해 자금지원의 조건으로 협력사 지원이나 자사 직원 등에 대한 직업훈련을 의무화하고 있다.

11 예를 들어, 1,300개가 넘는 중소기업 지원제도에도 불구하고 우리나라의 많은 창업기업 및 신생 중소기업들은 낮은 생존율 및 성장률을 유지하고 있다. 특히 서비스업의 경우에는 종업원 10인 미만 기업들 중에서 2.5%만이 성장하는 것으로 나타나는데, 이는 6% 수준을 보이는 여타 OECD 국가들에 비해 상당히 낮은 수치이다.

12 중소기업 육성 및 경쟁력 향상이라는 목표를 달성하기 위해서는 제도의 운영 절차에 대한 투명성을 강화하여 합의 결과에 대한 범국민적 동의를 확보할 필요가 있다.

13 The McKinsey & Company, A New Social Contract, January 2020

1   Aiyar, S. and C. Ebeke, "Inequality of Opportunity, Inequality of Income and Economic Growth", IMF Working Paper, 2019

2   교육기본법 제3조 학습권

3   김기환, 한국의 경제기적: 지난 50년, 향후 50년, 기파랑, 2013

4   대학진학률은 고교졸업자 중 대학에 진학하는 학생 비율로 2020년 72.5%이다.

5   OECD, Education At a Glance, 2019

6   Ashiton, D., Francis Green, Johnny Sung, and Donna James, The Evolution of Education and Training Strategies in Singapore, Taiwan and S. Korea: A Development Model of Skill Formation, Journal of Education and Work 15-1, 2002

7   OECD, PISA 2009 Results: Students On line, 2011

8   OECD, PISA 2015 Results: Student Well-being, 2017

9   통계청, 생활시간조사, 2015; 초등 39시간, 중학 50시간, 고등 64시간, 대학생 이상 38시간

10 OECD, Education At a Glance, 2019

11 OECD, The Causes and Consequences of Field-of-Study Mismatch, 2015; OECD PIAAC 데이터에서 고등교육 이상을 이수한 15~34세 임금 노동자에서 최종 이수한 전공과 현재 직업 간 연계가 없는 비중으로 계산한다.

12 OECD, Education At a Glance 2019; 한국은 2015년 통계

13 통계청, 사교육비 실태조사, 2019

14 김희삼, 사회 이동성 복원을 위한 교육정책의 방향, 한국개발연구원, 2015

15 이광재 의원실, 서울대 입학생 자료, 2020년 국정감사 자료, 2020.10.19

16 박경미 의원실, 2019학년도 신입생 출신 고등학교 현황, 2019.10.21; 강남 3구는 강남, 서초, 송파구, 비강남 3구는 양천, 광진, 강동구, 취약 5개구는 구로, 금천, 중, 성동, 중랑구

17 Goldin, Claudia and Lawrence F. Katz, Race Between Education and Technology, Harvard University Press, 2008

18 OECD, OECD Skills Outlook 2019 – Thriving in a Digital World, 2019

19 OECD, Teaching and Learning International Survey (TALIS), OECD, 2015

20 Kreuger, Dirk and Krishna B. Kumar, Skill-Specific rather than General Education: A Reason for US-Europe Growth Differences?, Journal of Economic Growth 9, 2004; World Bank, The World Development Report 2019: The Changing Nature of Work, 2019

21 이주호, 정혁, 홍성창, 한국은 인적자본 일등 국가인가? 김용성·이주호 편, 인적자본정책의 새로운 방향에 대한 종합 연구, 연구보고서 2014-08, 한국개발연구원

22 한요셉, 전공 선택의 관점에서 본 대졸 노동시장 미스매치와 개선방향, KDI Focus 99호, 2020

23 Collier, Paul, The Future of Capitalism-Facing the New Anxieties, Harper, 2018; "사카키바라 에이스케, 미즈노 가즈오, 자본주의의 종말, 그 너머의 세계"(김정연 옮김), TAKE ONE, 2017

24 The Economist, What Works, at What Cost, 2016.6.11

25 Heckman, J., J. Garcia, D. Leaf & M. Prados, The Life-cycle Benefits of an Influential Childhood Program, NBER Working Paper 22993, 2016

26 김희삼, 사회 이동성 복원을 위한 교육정책의 방향, 한국개발연구원, 2015 재인용

27 Jonathan Shieber, Udacity will offer 10,000 free programming classes as part of the Pledge to America's Workers, TechCrunch, October 11, 2019

28 관계부처 합동으로 '비전 2030: 2년 빨리, 4년 더 일하는 사회 만들기 전략'을 제시했다. (2007.5.17)

29 박재윤 등, 미래사회에 대비한 학제개편방안(II), 한국교육개발원 연구보고 RR 2007-3, 2007

30 통계청, 장래인구특별추계, 2019

31 초등학교 교원과 보육교사의 사격요건(학위 등)과 양성과정이 날라 전환배치가 어렵다는 지적이 있으나 일정 보수과정 이수 후 보조교사로 채용하면 된다.

32 모든 국민에게 공통으로 필요한 기본 교과중심의 일관성이 있는 교육과정으로 1997년 처음 도입되었으며 현재 초등학교 1학년부터 고등학교 1학년까지의 10년간을 규정하고 있다.

PART 06

1 Shumpeter, J., The Theory of Economic Development, Harvard University Press, 1912

2 Stiglitz, J. E., J. Y. Lin and C. Monga, The Rejuvenation of Industrial Policy, Policy Research Working Paper 6628, World Bank, 2013

3 한재준, 외환위기 이후 각 정부의 금융산업정책 형성 배경과 평가, 금융학회 2017. 6

4 시중+지방은행을 포함한 일반은행 기준이며 영업모델이 다른 특수은행(산업, 기업, 수출입, 농협 및 수협은행)은 제외한 것이다. 인터넷 전문은행인 케이뱅크와 카카오뱅크는 시중은행에 포함된다.

5 2008년 도입되어 저소득층 자활지원을 위한 소액대출(micro-credit) 사업으로 4.5%의 금리로 창업과 운영자금 용도로 지원하는 상품이다.

6 2008년 도입된 상품으로 저소득/저신용 계층의 고금리 대출을 10.5% 이내 금리의 중금리 대출로 대환할 수 있도록 은행을 통해 지원하는 상품을 말한다.

7 2010년 도입되어 저소득/저신용 계층의 생계자금 용도로 10.5% 이내 금리로 상호금융과 저축은행을 통해 지원한다.

8 Beck, T., H. Degryse and C. Kneer, Is More Finance Better? Disentangling Intermediation and Size Effects of Financial Systems, Center for Economic Research, Discussion Paper 2012-060, Tilburg University, 2012

9 Stiglitz, Joseph E., Capital Market Liberalization, Economic Growth and Instability, World Development Volume 28, Issue 6, 2000

10 Kneer, E. C., Essays on the Size of the Financial Sector, Financial Liberalization and Growth, Tilburg University Working Paper, 2013

11 김천구, 박정수, 금융발전이 경제성장에 미치는 효과: 우리 경제에 대한 시사점, 2018 한국금융학회 특별 정책심포지움, 2018. 6

12 황순주, 금융자원의 양적확대와 경제성장의 관계, 한국개발연구원, 2019

13 남창우, 경제성장을 위한 금융시스템의 발전방향, 연구보고서 2015-01, 한국개발연구원, 2015

14 신용보증기금: (2009) 21.7 → (2018) 25.8%, 기술신용보증기금: (2009) 24.2 → (2018) 21.9%

15 한국은행, 금융안정보고서, 2020. 6

16 Frost, J., Leonardo Gambacorta, Yi Huang, Hyun Shin and Pablo Zbinden, BigTech and the Changing Structure of Financial Intermediation, BIS Working Paper 779, 2019

17 동산-채권 등의 담보에 관한 법률이 2012년 6월 시행되어 동산도 부동산처럼 법원 등기소에 담보등기를 할 수 있게 되었고 8월부터는 동산을 담보로 한 대출상품이 개발되어 판매되고 있다.

18 이대기, 제로금리 시대의 은행업 리스크와 대응과제, 금융포커스, 한국금융연구원, 2020. 4

19 McKinsey Global Institute, Asia's Future Is Now, July 2019

20 Spotify, Slack, Airbnb 등은 이미 거래소에 직접 상장했거나 상장할 예정이다.

21 Jane Street, Bridgewater, Citadel, Black Rock 등의 헤지펀드가 데이터에 기반한 단기거래(퀀트 전략) 비중을 늘리면서 수탁 수수료 수익이 급감하였다.

22 보험연구원 전망

23 미국의 11.3%, 중국의 7.5% 수준

24 미국에서는 고성장 기업은 신규 일자리의 67%를 창출한 기업을 말하고(Kaufman 재단, 2010) 스케 일업 기업(또는 Gazelle)은 고용 10명 이상, 매출-고용 성장률이 3년간 평균 20% 이상인 기업을 말한 다.(OECD)

25 2015년 IPO에 성공한 미국 벤처기업 중 47%가 실리콘 밸리은행(Silicon Valley Bank)의 벤처대출을 받았 으며 벤처대출을 받은 기업의 투자단계별 지분투자금액이 벤처대출을 받지 않은 기업보다 크다.

26 '부실징후기업'이란 주채권은행이 신용위험평가를 통하여 통상적인 자금차입 외에 외부로부터의 추가적 인 자금유입이 없을 경우 금융채권에 대한 차입금 상환 등 정상적인 채무이행이 어려운 상태에 있다고 인 정한 기업(기업구조조정촉진법 제2조 제7호)이다.

27 한국과 상황이 다를 수 있으나 미국 WSJ는 1/4분기에 코로나 사태가 진정되지 않을 경우 특히 중소기업 의 파산이 이어질 것으로 예견하고 있다. (Wall Street Journal, "Bankruptcy Pros Want Protections Broadened to Blunt Coronavirus Impact, 2020.3.23)

28 한국은행, 금융안정보고서, 2020. 6

29 '기업구조조정 촉진법'에 따라 채권은행협의회 운영협약 등을 근거로 금융채권에 대해 구조조정을 추진할 수 있다.

30 '채무자 회생법'에 따라 법원이 상거래 채권을 포함한 모든 채권을 대상으로 구조조정하는 것을 말한다.

31 개인사업자 대출이 있는 차주의 주택담보대출을 합산. 개인사업자 대출이 없는 차주의 주택담보대출은 제외하였으므로 과소추정되었을 가능성이 있다.(한국은행, 금융안정보고서, 2019)

32 IMF, Financial System Stability Assessment, IMF, 2020

33 국토연구원, 코로나 19가 가져온 부동시장 시장 충격과 대응방안: 사태악화 및 장기화시 대응방안, 국토이슈리포트, 2020. 4

34 임진, 한국과 유로지역의 가계부채 미시구조 비교 분석: 과다채무자를 중심으로, 한국금융연구원, 2020

35 추심과정에서 제3자에 채무자의 연체사실을 알리거나, 시간 및 장소 구분 없이 상환을 독촉하는 행위를 말한다.

36 채권추심에 관한 법률을 위반하지는 않으나 채권소멸시효 완성채권에 대한 추심과 같이 정당성 측면에서 문제가 있는 추심행위를 말한다.

37 오윤해, 정책서민금융상품에 대한 평가와 개선방향, KDI Focus 제101호, 2020. 9

38 은행법에 따라 산업자본의 은행소유를 금지하기 위해 소유한도를 4%로 제한하였으나 인터넷 전문은행 활성화를 위해 혁신 정보통신기술(ICT) 기업에 한해서는 한도를 34%까지 확대했다. (2019.1.17. 발효)

PART 07

1 한 여성이 가임기간(15~49세) 동안 낳을 것으로 예상되는 평균 자녀의 수. 합계출산율이 2.1(대체수준 출산율, replacement-level fertility rate) 이하가 될 경우 현 세대의 부부가 그들 자신을 대체할 수 있는 자녀를 갖지 못하기 때문에 인구가 감소하는 현상이 발생한다.

2 출생아 수: 2018년 326,822명, 2019년 303,054명

3 통계청, 장래인구특별추계, 2019

4 우해봉, 장인수, 인구변동의 국제동향과 중장기 인구정책 방향, 한국보건사회연구원, 2017

5 우해봉, 인구정책 전망과 과제, 보건사회정책, 한국보건사회연구원, 2019.12

6 신윤정, 동아시아 국가의 출산동향과 시사점, 저출산고령사회 대응 국제비교 공동연구: 동아시아 초저출산 현상의 장기화, 한국보건사회연구원, 2019

7 McKinsey Global Institute, Global Growth: Can Productivity Save the Day In An Aging World?, 2015

8 국회예산정책처, 2016~2060년 NABO 장기 재정전망, 국회예산정책처, 2016

9 유경원, 초저출산-초고령화와 금융, 한국보건사회연구원, 2014

10 사회보장위원회, 2013~2060 사회보장재정 추계실시, 2014

11 Maetas, N., K. J. Mullen & D. Powell, The effect of population aging on economic growth, the labor force and productivity, NBER Working Paper 22452, 2016

12 통계청, 장래인구특별추계, 2019

13 OECD, Adapting to Demographic Change, 2019

14 The McKinsey & Company, Global Growth: Can Productivity Save the Day In An Aging World?, McKinsey Global Institute, 2015

15 이삼식 外, 고령화 및 생산가능인구 감소에 따른 대응전략 연구, 한국보건사회연구원, 2015

16 한국보건사회연구원, 전국노인실태조사, 2019

17 통계청, 2018년 가계금융복지조사, 2018

18 Mckinsey Global Institute, The social contract in 21st centry, the Mckinsey & company, 2020

19 김연명, 한신실, 빈곤완화 효과를 통해서 본 기초연금의 정책목표 설정, 한국사회정책 24-4, 2017

20 2005년 '근로자퇴직급여보장법' 도입 당시 2011년 7월 26일 이후 설립된 사업장은 1년 이내에 퇴직연금에 의무가입하도록 하였으나(제5조) 사용자가 퇴직급여 제도나 개인형 퇴직연금제도를 설정하지 않은 경우 종전의 퇴직금 제도를 설정(제11조)한 것으로 해석하고 있다. 2014년 사적연금 활성화 대책으로 2022년까지 단계적으로 사업장이 의무가입하도록 하였으나 입법화되지 못했다.

21 통계청, 2017년 하반기 및 연간 퇴직연금 통계, 2017

22 건강보험심사평가원, 2017 건강보험통계연보, 2017

23 United Nations, Report of the International Conference on Population and Development, 1995

24 Heckman, J. J., Skill Formation & the Economics of Investing In Disadvantaged Children, Science 312-5782, 2016

25 Del Boca, Daniella, Sivia Pasqua and Chiara Pronzato, Motherhood and Market Work Decisions in Institutional Context: A European Perspective, Oxford Economic Papers 61, 2009

26 OECD, Strengthening Social Cohesion in Korea, 2013

27 OECD, Rejuvenating Korea: Policies for a Changing Society, 2019

28 김인경, 모든 영유아를 위한 어린이집 내실화 방안, KDI Focus, 한국개발연구원, 2019

29 OECD, Rejuvenating Korea: Policies for a Changing Society, 2019

30 리얼미터 여론조사(2019.12.31)에서도 주거비 부담완화 정책(24.7%)이 양육부담 완화정책(26.9%)에 이어 가장 필요한 저출산 대책으로 지적되고 있다.

31 통계청, 가계금융복지조사, 2016~2018년 각호

32 김지혜, 이길제, 이재춘, 저출산 시대에 대응한 양육친화적 주거정책, 국토정책 Brief, 국토연구원, 2020.

33 통계청, 경제활동인구조사 고령층(55~79세) 부가조사, 각호

34 권규호, "조동철, 20년 전의 일본, 오늘의 한국: 인구구조 고령화와 경제역동성 저하" (조동철 편), 우리 경제의 역동성: 일본과의 비교를 중심으로, 연구보고서 2014-03, 한국개발연구원, 2014

35 2013년 개정된 고령자고용법에 따라 사업체 규모별로 단계적으로 시행되었다. 300인 이상은 2016년 1월 1일부터 그 외의 사업장은 2017년 1월 1일부터 적용되었다.

36 한요셉, 정년 연장이 고령층과 청년층 고용에 미치는 효과, KDI 정책포럼 제277호(2020-02), 한국개발연구원, 2020. 5

37 통계청, 2019년 경제활동인구조사 고령층 부가조사, 2019. 8

38 노르웨이 연금(GPEG)은 100% 해외투자

39 국민연금공단 내부자료(2018년 말 기준)

40 보건복지부, 제4차 국민연금 재정계산을 바탕으로 한 국민연금 종합운영계획, 2018

41 국민연금연구원, 국민노후보장패널 7차 부가조사, 2018

42 박찬임, 특수형태근로종사자 근로실태: 산재보험 적용 9개 직종을 중심으로, 월간 노동리뷰, 2018년 7월호, 2018

43 최옥금, 조영은, 국민연금 사회보험료 지원의 현황과 과제, 비판사회정책 45, 2014

44 OECD, Health Data, 2019

45 한국보건사회연구원, 고령인구 증가와 미래 사회정책, 2020

PART 08

1 OECD, Industrial Policy and Territorial Development: Lessons from Korea, Development Centre Studies, 2012

2 2008년 광역지역발전특별회계로, 2013년에는 지역발전특별회계로 개편되었다.

3 e-나라 홈페이지; 중앙정부의 지방이전 재원규모

4 지방교부세 법정교부율: ('99) 13.27 → ('00) 15 → ('05) 19.13 → ('06) 19.24%
지방교육교부세율: ('00) 11.8 → ('01) 13 → ('05) 19.4 → ('08) 20.0 → ('10) 20.27%

5 현행 지방소비세(부가가치세의 11%)를 2020년은 15%, 2021년은 21%로 인상할 계획이다.

6 OECD는 대도시 지역(metropolitan regions)을 최소 인구 150만 명 이상의 도시지역으로 정의한다.

7 한국농촌경제연구원 자료, 2016년

8 OECD, Regions and Cities at a Glance 2018 – Korea, 2018

9 OECD, Automation, Skill Use and Training, OECD Social, Employment and Migration Working Paper, No. 202, 2018

10 한국고용정보원, 2019년 10월 기준

11 Brynjolfsson, E., J. J. Horton, A. Ozimek, D. Rock, G. Sharma & H. Y. TuYe, Covid-19 and remote work: An early look at US data, NBER Working Paper No. 27344, 2020

12 Barrero, J. M., N. Bloom & S. Davis, COVID-19 Is Also a Reallocation Shock, University of Chicago, Becker Friedman Institute for Economics Working Paper No. 2020-59, 2020

13 The Economist, Labor Markets – Zoom and Gloom – The transition to remote work is welcome. But it will be painful, October 8, 2020

14 수도권 과밀억제권역외 지방에서 창업한 중소기업에 대해 소득세와 법인세를 감면(5년간 50%)하고 사업용 부동산 취득에 대한 취득세(75% 경감) 및 재산세(3년간 100%, 그 후 2년간 50% 경감)를 경감한다.

15 이전할 때 발생하는 양도소득세를 과세이연하고, 기업의 운영단계에서 발생하는 소득세와 법인세를 감면(7년간 100%, 그 후 3년간 50%)한다.

16 중소기업 소득세-법인세 특별세액감면(1억 원 한도)에 있어 감면율을 수도권 소재 중소기업(업종별 0~20%)에 비해 우대(5~30%) 적용한다.

17 2018년 감면실적: 창업중소기업 감면 1,977억 원, 양도세 과세특례 3억 원, 지방이전 중소기업 세액감면 834억 원, 법인공장-본사 이전 세액감면 7,901억 원

18 현재 부과대상 건축물에 표준건축비를 적용한 금액의 5~10%를 부과하여 징수금액의 50%는 지역발전특별회계에, 50%는 해당 시군에 귀속된다.(수도권정비계획법 제12조, 제14조 및 제16조)

19 Collier, Paul, The Future of Capitalism-Facing the New Anxieties, Harper, 2018

20 박소영, 권규상, 지방 산업도시 위기극복을 위한 정책현황과 중장기 과제, 국토정책 Brief No. 765, 국토연구원, 2020

21 민성희, 이순자, 홍사흠, 조정희, 유현아, 국토 균형발전을 위한 중층적 권역 중심의 공간전략, 국토정책 Brief No. 757, 국토연구원, 2020

22 지방세 수입의 80%가 지방교부세의 기준 재정수입액에 반영되고 재정부족액의 95% 정도가 배분되는 경우를 가정하였다.

23 소득세 과세표준에 0.6~4.0%의 세율을 정해 부과하는 지방소득세

24 법인세 과세표준에 1.0~2.5%의 세율을 정해 부과하는 지방법인세

25 부가가치세의 15%를 지방으로 배분하는 지방소비세

PART 09

1 IMF, World Economic Outlook, April 2020

2 World Bank 자료

3 World Trade Organization, "Trade set to plunge as COVID-19 pandemic upends global economy," April 8, 2020

4 정규철, 중국경제 구조변화가 우리경제에 미치는 영향, KDI 현안분석, 2014

5 Goy, G. & J. W. van den End, The Impact of the COVID-19 Crisis on the Equilibrium Interest Rate, VOX CEPR Policy Portal, April 20, 2020

6 조동철 外, 경제세계화와 우리 경제의 위기대응 역량, 한국개발연구원, 2011

7 만약 성장률이 1%p 낮아지면 부채비율이 0.5%p 상승할 수 있다.

8 국가재정운용계획 총괄분야 작업반, 2015~2019년 국가재정운용계획 – 총괄작업반 공개토론회 자료, 2015

9 Bandaogo, M. S., Fiscal Rules in Times of Crisis, Research & Policy Briefs, World Bank, 2020

10 IMF Department of Fiscal Affairs, Fiscal Rules, Escape Clauses, and Large Shocks, Special Series on Fiscal Policies to Respond to Covid-19, IMF, 2020

11 기획재정부, 재정준칙 도입방안, 2020. 10. 5.

12 2025년 회계연도부터 적용하므로 실효성이 없다고 하나 이보다 실질적인 문제가 있다.

13 "(국가채무비율/60%) x (통합재정수지 비율/△3%) ≦ 1.0"으로 목표를 설정한 결과, 통합재정수지 비율이 0.0001%라도 흑자면 국가채무 비율은 아무리 상승해도 위반이 아니며, 통합재정수지 비율이 △2%만 돼도 국가채무 비율은 90%까지 늘어날 수 있는 결과가 된다.

14 김도형, 재정제도 개선을 통한 재정책무성 제고, 재정책무성 강화를 통한 재정건전성 제고방안, 한국개발연구원, 2016

15 2011년 8월 한은법 개정 이후 한국은행의 책무로 물가안정에 더해 금융안정이 추가되었다. '물가안정'목표를 달성하는 데 있어 '금융안정'에 유의해야 한다는 의미에서, '금융안정'의 책무는 물가안정에 비해 부수적인 책무로 볼 수 있다. 그럼에도 불구하고 금융안정에 유의해야 한다는 책무는 그와 관련된 명확한 책임과 권한이 부여되지 않아 본래 목적인 물가안정을 달성하는 데 혼란을 야기할 소지가 있다. 예를 들어, 물가상승률이 목표치를 상당 폭 하회하는 상황에서 물가안정목표를 달성하기 위해서는 통화정책을 확장적으로 운용하는 것이 바람직하다. 그러나 신용팽창에 대한 우려로 통화정책을 충분히 확장적으로 운용하지 못한다면, 물가안정 책무를 소홀히 하는 결과를 초래할 수 있다.

16 Meade, J. et.al, Macroeconomic Policy – Inflation, Wealth and the Exchange Rate, Routledge Library Editions: Macroeconomics, 1977

17 고용과 물가 간의 상충관계를 나타내는 필립스곡선의 기울기가 영(0)에 가까워지고 있어 상충관계가 불분명하다.

18 한편, 설정된 물가안정목표를 달성하는 데 있어 통화정책의 유연성을 보장한다는 차원에서, 과거 한국은행이 운용하였던 바와 같이 물가안정목표를 범위로 설정하는 것이 바람직하다는 견해가 있으나, 목표가 불명확하여 의도하지 않은 불확실성이 발생할 수 있고 경제환경 변화에 따라 물가안정목표를 변경해야 할 때 기존의 범위를 벗어나는 경우 물가안정목표제도에 대한 신뢰성이 약화되는 문제가 발생할 수 있으므로 유용한 대안이 되기 어렵다.

19 한국은행 자료

1   WHO가 과거 팬데믹으로 선언한 것은 1968년 홍콩독감과 2009년 신종인플루엔자(H1N1) 였다.

2   Our World in Data, https://ourworldindata.org/coronavirus

3   IMF, World Economic Outlook Update, June 2020

4   바이든 행정부가 제시한 1.9조 달러의 추가지출안이 상원을 통과했다.(2021.2.6.)

5   The McKinsey & Company, Safeguarding our lives and our livelihoods: The imperative of our time, March 2020

6   Hufbauer, G. C. and Zhiyao Lu, Covid-19: How far will global merchandise trade fall?, Peterson Institute for International Economics, April 17, 2020

7   Powell 美 연준의장 기자회견 발언(2020. 5. 17)

8   주가 상승이 실물경제가 아닌 미래에 대한 과도한 낙관에 근거하고 있어 코로나19 전개상황, 경기의 실질적인 개선 여부에 따라 급락할 가능성이 상존한다. (The Economist, 2020. 5 .17)

9   Baldwin, R. and B. V. di Mauro, "Mitigating the COVID Economic Crisis: Act Fast and Do Whatever It Takes", A VoxEU.org Book, 2020

10 IMF, World Economic Outlook Update, June 2020; 회색선은 2020년 하반기부터 빠른 속도의 회복을 보이는 경우이며, 파란선은 2차 유행이 발생하는 경우를 가정한 것이다.

11 Kozlowski, J., L. Veldkamp & V. Venkateswaran, "Scarring Body and Mind: The Long-term Belief-scarring Effects of Covid-19", Covid Economics 8, 2020

12 Oxford Economics, Coronavirus Watch: IMF forecasts too downbeat. October 20, 2020

13 Cerra, V., A. Fatas & S. C. Saxena, "The Persistence of a COVID-induced Global Recession", VoxEU.org., 2020

14 The Economist, Winners and losers – The pandemic has caused the world's economies to diverge, October 8, 2020

15 The McKinsey & Company, Saving our livelihoods from COVID-19: Toward and economic recovery, April 2020

16 Cairncross, F. C., The Death of Distance: How the Communications Revolution Is Changing our Lives, Harvard Business School Press, 2001

17 2011년 일본 쓰나미로 인한 부품공급 차질로 미국 Toyota 생산이 1/3로 줄었으며, 2011년 태국 홍수로 인해 전 세계 컴퓨터 하드 드라이브 공급의 1/4 축소되었다.

18 The McKinsey & Company, Risk, resilience, and rebalancing in global value chains, August 6, 2020

19 Bonadio, B., Z. Huo, A. Levchenko and N. Pandalai-Nayar, Global Supply Chains in the Pandemic, NBER Working Paper No. 27224, 2020

20 2020.3.24~26일 중 미국 성인 2,200명 대상 질문(코로나19로 인한 해당 서비스 신규이용), Morning Consult

21 Market&Markets 자료(2020. 4)

22 마이크로소프트(미국), 애플(미국), 아마존(미국), 알파벳(미국), 페이스북(미국), 알리바바(중국), 텐센트(중국)

23 Laura D'Andrea Tyson, "Many Lost Jobs Will Never Return"

24 Barrero, J. M., N. Bloom & S. Davis, COVID-19 Is Also a Reallocation Shock, University of Chicago Becker Friedman Institute Working Paper No. 2020-59, 2020

25 이종관, 코로나19로 인한 고용충격의 양상과 정책적 시사점, 한국개발연구원, 2020. 10

26 한국은행, 코로나19의 노동시장 관련 3대 이슈와 대응방안, BOK 이슈노트, 2020. 9

27 한국은행, 일시휴직자 현황 및 평가, BOK 이슈노트, 2020. 9

28 Petrosky-Nadeau, N. & R. G. Valletta, Unemployment Paths in a Pandemic Economy, IZA Discussion Paper No. 13294, 2020

29 HFS Research의 조사(2020. 4)에 따르면 코로나19 이후 프로세스 자동화 투자를 더욱 늘리겠다는 응답은 54% 수준에 이른다.

30 Furceri, D., P. Lounganni, J. Ostry and P. Pizzuto, Will Covid-19 affect Inequality? - Evidence from past pandemics, Covid Economics CEPR, 2020

31 Winston, A., "Is the Covid-19 outbreak a black swan or the new normal?," MIT Sloan Management Review, March 16, 2020; Jordan, R., "How does climate change affect diseases?," Stanford Earth, School of Earth, Energy & Environment, March 15, 2019

32 Hepburn, C., B. O'Callaghan, N. Stern, J. Stiglitz, and D. Zenghelis, Will COVID-19 fiscal recovery packages accelerate or retard progress on climate change? Oxford Review of Economic Policy, 2020

33 IMF, World Economic Outlook, April 2015

34 The Economist, Everything's under control – The state in the time of covid-19, Big government is needed to fight the pandemic. What matters is how it shrinks back again afterwards. March 26, 2020

35 IMF는 2020년 한 해에 이미 120여 개의 무역규제가 도입되었다고 한다. 영국도 일부 품목에 대한 수출입을 규제하는 'Project Defend'를 도입할 계획이었으나 EU 및 국내 업계의 반대로 무산된 경험이 있다.

36 Georgieva IMF 총재 발언(2020. 3)

37 2015년 2년 이상 주식을 보유한 투자자에 추가의결권, 세금 인센티브 등을 부여하기로 하였으며 프랑스는 Florange Act를 통해 2/3 이상 주주가 반대하지 않는 한 2년 이상 보유자에게 자동으로 2배의 의결권을 부여하고 있다.

38 복수의결권 도입을 주요내용으로 하는 벤처기업육성법에 관한 특별조치법 개정안을 당정협의에서 확정

(2020. 10. 16)하였으나 시민단체 등의 반발로 2020년 정기국회에서 논의되지 못했다.

39 IMF, Options to Support Incomes and Formal Employment During Covid-19, April 28, 2020

40 미국 음식업계(food sector)가 2020년 4월부터 온라인 인재 플랫폼을 만들어 인재교환을 실시한다.

41 The McKinsey & Company. How to Rebuild and Reimagine Jobs amid the coronavirus crisis, April 2020

42 독일은 "Qualification Opportunities Act"를 통해 지원 기업에 직업훈련 의무를 부과하고 있다.

43 전 세계 –3.7%에서 –9.9%, 선진국 –10.7%, 이머징 마켓 –9.1%, 저소득 국가 –5.7%

44 IMF, World Economic Outlook Update, June 2020

45 Market Watch, 2019,1.7, Leading economist says high public debt might not be so bad/ Blanchard, O., 2019, Public debt and low interest rate, PPIE

46 The Economist, Government Finances – After the Disease, the Debt, April 23, 2020

기로에 선 한국경제

초판 1쇄 2021년 2월 26일
초판 2쇄 2021년 3월 29일

지은이 김부겸 이찬우 최영록 정국교
펴낸이 서정희
펴낸곳 매경출판㈜
책임편집 정혜재
마케팅 강윤현 이진희 김예인
디자인 김보현 김신아

매경출판㈜
등록 2003년 4월 24일(No. 2-3759)
주소 (04557) 서울시 중구 충무로 2(필동1가) 매일경제 별관 2층 매경출판㈜
홈페이지 www.mkbook.co.kr
전화 02)2000-2641(기획편집) 02)2000-2636(마케팅) 02)2000-2606(구입 문의)
팩스 02)2000-2609 **이메일** publish@mk.co.kr
인쇄 · 제본 ㈜M-print 031)8071-0961
ISBN 979-11-6484-226-1(03320)